BEM-VINDO AO INFERNO

Parte da renda deste livro será destinada
à ONG Vítimas Unidas, em prol de vítimas de violência.

CLAUDIO TOGNOLLI
e MALU MAGALHÃES

BEM-VINDO AO INFERNO

A HISTÓRIA DE VANA LOPES, A VÍTIMA QUE CAÇOU O MÉDICO ESTUPRADOR ROGER ABDELMASSIH

MATRIX

Matrix Editora
www.matrixeditora.com.br

Diretor editorial
Paulo Tadeu

Projeto gráfico e capa
Monique Schenkels

Revisão
Adriana Wrege
Silvia Parollo
Maria A. Medeiros
Lilian Brazão

CIP-BRASIL - CATALOGAÇÃO NA FONTE
SINDICATO NACIONAL DOS EDITORES DE LIVROS, RJ

Tognolli, Claudio

Bem-vindo ao inferno / Claudio Julio Tognolli, Malu Magalhães.
1. ed. - São Paulo: Urbana, 2015. 424 p.; 23 cm.

ISBN 978-85-8230-179-1

1. Lopes, Vana. 2. Abdelmassih, Roger, 1943-. 3. Mulheres - Brasil - Biografia. 4. Violência contra as mulheres - Brasil. 5. Crime contra as mulheres - Brasil. 6. Mulheres maltratadas - Brasil. I. Magalhães, Malu. II. Título.

15-21521 CDD: 929.2
CDU: 929.52

Dedico esta biografia à minha mãe, minha filha Leda, minha neta Julia e ao meu amor Jorge Duarte.

Escrevi minhas recordações incentivada por familiares, amigos, autoridades, informantes e pelas vítimas anônimas de Roger Abdelmassih. A essas mulheres presto minhas homenagens.

In memoriam de Armando Mildes Iguario Filho e Luís Roberto Coutinho Nogueira.

Vana Lopes

Para Ana, Joaquim e Isadora, pelo apoio, amor e paciência.

Claudio Tognolli

À minha mãe, vítima de violência doméstica, *in memoriam.*

Malu Magalhães

AGRADECIMENTOS

Carmem, Marli e Tania

Antes de chegar o bendito dia em que pude dar boas-vindas a Roger Abdelmassih ao inferno, eu vivi martírios. Meu padecimento foi de certa maneira aliviado na gangorra entre a tribulação e o aconchego, pendendo para este último por causa destas três pessoas: Carmem Lucia Araújo, Marli Mildes Iguario e Tania Carvalho Ortega, a quem parabenizo por dizimarem minhas amarguras. Sem elas não teria sobrevivido para contar a história que vocês vão ler.

Vítimas e amigas

As vítimas têm na alma canteiros de cicatrizes irreparáveis, e nesta horta devemos deixar o fluxo sanguíneo seguir com informações construtivas e produtivas. Nesse aspecto, contei com um esteio extenso para não desmoronar no precipício de dores. A ordem dos que citarei não altera o mérito de cada gesto glorificante e revigorante que me ofertou palavras de estímulos. Não conseguiria escrever em apenas um livro o nome de todas para externar meus agradecimentos. Lembrou-me uma das vítimas, quando soube deste livro e do nosso desafio em tantas outras lutas, que ainda enfrentamos o que Deus nos prometeu: "Grite de alegria, ó mulher estéril, que não deu à luz!" - Isaías 54:1-17. Por tudo e muito mais que tudo, cortejo e teço elogios às mulheres corajosas e minhas companheiras Silvia Franco, Joseli Bernardes, Danielle Pinholato, Gislaine Afanasiev, Crystiane Souza, Regina Araujo, Marina Bartsch, Valmira Pontes Nascimento, Waleska Spinelli Pimenta, Cristina Silva, Viviane Hernandez e as queridas vítimas anônimas com quem converso diariamente.

Servidores públicos

Secretário de Segurança Fernando Grella, promotores Fabio Ramazzini Bechara, José Reinaldo Carneiro, Luiz Henrique Dal Poz e Roberto Porto, juíza Kenarik Boujikian Felippe, delegada Celi Paulino Carlota, delegado Renato Topan, Adinei Brochi, investigador de polícia da

DEAS, policiais da Delegacia de Captura Johnny Silvatti Adams, Marcelo Biondi, Luiz Eduardo Navajas Telles Pereira, chefe da Interpol, e um especial agradecimento aos policiais do Gaeco de Bauru.

Meus advogados
Dr. Martim de Almeida Sampaio, Dra. Heidi von Atzingen e Dr. Eduardo von Atzingen de Almeida Sampaio.
Agradeço os conselhos dos juristas Dr. Olimpio Paulo Filho, Dr. Luiz Salvador e Dr. Claudio Macedo.

Meus médicos
Marcos Duchene, Sergio Braga, Denise Gersen, Zanine Dias Cambui, Tatiana Fukuda, Yuri Dias e Neidjane Sholl Pinheiro, nutricionistas Marcia Magalhães Oliveira e Flora Caribé.

Minha família
Silvania Lisboa, Sonia Pedreira, Rui Diogenes Rehem, Pedro Barbosa Oliveira, Tania Carvalho Ortega, Luis Fernando Ortega, Ana Paula Rehem, July Guerreiro, Lucas Barbosa de Oliveira, Luca Carvalho Ortega, Armando e Amanda Iguario, Artur Ferreira Junior, Pedro e Sofia Barbosa Oliveira, Diego Pereira, Vivi Julian, Gonçalo Duarte e Joana Correia, Zeka Duarte, João Duarte, Anabela Patrício Bento, Ni Duarte, Alberto Rocha Santos, Felipe e Michel Chufan, Renata Ajala, Maria João Duarte, Madalena Duarte, Iracema Alencar, Carlane Alencar, Avany Castro Alencar, Alice Duarte, Thelma Carvalho Leite, Antonio Moacyr Castro, Daniel Castro, Celia Alencar, Elaine Cavalcanti, Francisco Luiz Castro Alencar, Gui Nadolny, Juciara Carvalho Leite, Clara e Laura Rellstab, Luciano Alencar, Mara Carvalho Leite, Sérgio Alencar e Tiago Monteiro.

Amigos
Alessandra Muniz, Alexandre e Alda Marmo, Alice e Victor Valente, Ana Bernadete Pereira, Ana Cristina Adas, Anita Ferreira Lima, Antonio Edelgardo Pereira da Silva, Bia Deck, Camilla Saboia, Carla Gialluca Hossri, Carlos Alberto Rillo, Carlos Mirandola, Carlos Terra, Célia

Angelin, Célia Massoti Nacarato, Célia Vaz, César Carvalho, Christine Oliveira, Cinthia Anhensini, Claudia Schmidt, Cris Werneck, Cristhina Rangel, Cristina Praia, Dario Alves Galvão, Deborah Crystina Barreto Dete e Fran Damasceno, Dr. Luiz Flávio Borges D'Urso, Elaine França, Elaine Mugnatto, Eli Martins, Eliana Montenegro Delgado, Eliana Pinheiro de Freitas, Eliane Faria Gangi, Elianne Alves Alexandrino e Elina Koga, Elizabeth Jangola, Elza Maria Vieira, Eriedna Santana, Esli Kian, Eugenio Figueiredo, Fabiana Fontanari, Fabio Rozemberg, Fatima Miranda, Fernanda Bispo, Gerhard Weigelt, Gisela Prochaska, Gislene Camargo, Huberlandia Oliveira Lobo, Ike MoraesIsabel Pachelli, Ivo Holanda, José Amoro, Larissa Sousa, Leide Novaes, Leila Sanjes, Leninha Farias, Leonardo Mallio Castelo Branco, Lívia Regina, Lucarv Corman, Lúcia Minervino, Malu Amêndola, Mara Colmatti, Mari Gomes, Maria Cecilia Ruiz, Maria Claudia Rehem, Maria Efigênia Almeida, Maria Ines, Kari Soares, Maria Lucia Heine, Maria Poppi Carvalho, Marisa Fróes Li, Mauro Garofalo, Merces, Miguel Noronha Feyo, Nara Balbhazar, Nazaré Sala, Nelia Almeida, Nuno Seco, Olga Regina Guimarães, Patricia Batulevicins, Pepe Fiorentino, Rafael Sampaio, Ramilla Soares, Restif de Labretone, Roberto Adas, Rosângela Morais, Rosangela Verchai, Rose Diani, Rosele Zigmundo, Roselene Cândida Alves, Rossana Zeloni, Sandra Alves de Alcantara, Sandra e Sônia Lopes, Selene Menna Barreto, Selma Guadalupe, Sheyla Bacharat, Silvana Gonçalves, Simoni e Carlos Castelo, Sissa Gonçalves, Solange Carvalho, Solange Ribeiro, Stella Samma Samma, Tatiana Rolim, Telma Fonseca, Thabata Yamauchi, Thais Menna Barreto Sanvitto, Vanessa Teixeira, Vera Moraes, Vic Guelfi, Victoria Sant'Anna, Will Guedes, Zélia Maria Martins e todos os meus amigos on-line.

Congratulações aos jornalistas e a toda a imprensa brasileira, destaque à Rede Record, Globo, SBT, Bandeirantes e Gazeta. Parabéns às revistas *Veja*, *Época* e outras mídias impressas, *Estadão*, *Folha*, *J Fonte* etc. Obrigada aos portais Ig, Uol, Terra e Yahoo. Cumprimentos aos repórteres Leandro Mansel, Cristiane Segatto, Gabriela Megale, Luciano Pinheiro, Tiago Dantas, Marta Serrat e um carinho especial a Ana Carolina Raimundi

e Beth Begonha, que se tornaram minhas amigas e a quem admiro profundamente. Quero felicitar e agradecer a todos os jornalistas que estão em meu Facebook.
Um particular obrigado aos jurados do "Prêmio Faz Diferença", do jornal *O Globo*, que vem coroar a luta de muitas pessoas, personalizando em mim um prêmio que dediquei às vítimas de qualquer violência do nosso país, sejam homens ou mulheres. Usarei esta honraria para ajudá-las. Portanto, agradeço à direção do evento, ao Antonio Queiroz Junior, ao Roberto Marinho e aos jurados Aluizio Maranhão, Ancelmo Gois, Ascanio Seleme, Merval Pereira, Miriam Leitão, Eduardo Eugênio Gouvêa Vieira e a indicação do jornalista Tiago Dantas.

Meus aplausos à beleza e seriedade do prefácio escrito pela advogada Rosangela Wolff Moro e seu esposo, juiz Sergio Fernando Moro, que simbolizam o ideal de família no quesito completo das palavras união, amor, verdade e justiça.

Meu carinho e sincera gratidão por me ajudarem a me curar, intermediando meu depoimento e louvores pela obra.

Registro também minha admiração ao trabalho do editor e amigo Paulo Tadeu, ao escritor Claudio Tognolli e à coautora Malu Magalhães.

Às vezes é das pessoas de quem
ninguém pode imaginar qualquer coisa que vêm
as coisas que ninguém pode imaginar.

Alan Turing, inventor do computador

Embora sejam apenas memórias,
algumas memórias duram para sempre...

Neil Peart, trecho da música "Lakeside Park"

PREFÁCIO

Esta é uma verdadeira história de superação, em que Vana Lopes, com riqueza de detalhes, conta ao leitor as mais profundas atrocidades cometidas em seu corpo e em sua alma, quando violentada na sua dignidade justamente por quem deveria lhe propiciar a maior das realizações: ser mãe biológica.

A autora trava sucessivas lutas. A luta para unir as vítimas, a luta incansável cooperando com as investigações, ainda quando a Justiça lhe impunha desprezo. A luta para mostrar que não se trata de vingança, mas do mais profundo sentimento de justiça buscado incansavelmente por anos a fio. A luta da superação do trauma, do medo e da insegurança que lhe tiraram tudo que possuía, que lhe tiraram a esperança e por pouco quase lhe tiram a vida.

Vana Lopes, estilista, autora, poetisa, mãe, avó, cidadã, dona de tantos outros predicados, deu ao mundo uma aula de como a fé não só move montanhas como, junto com a determinação, também refaz a história.

Fazer justiça com as próprias mãos é a clássica metáfora de irresignação à lei. Vana é a mãe espiritual de uma nova prática. Trata-se, agora, de fazer justiça com o próprio *mouse,* em que a cidadania conectada é a maior arma da justiça vigente: as redes sociais responsivas e responsáveis.

Talvez não exista na crônica recente deste país circunstância semelhante ou correlata. Afinal, uma mulher sozinha durante 15 anos, de uma caçada que durou 20, estipulou os parâmetros de como estabelecer o cumprimento da lei.

Vana Lopes primou pela ética de fio a pavio. Com convicção cheia de desassombro foi aos limites.

Passou-se por outra pessoa para poder acessar dados sobre um monstro laureado, liberto e, enfim, atocaiado. Vana, então já estudante de Direito, fez uso, digamos, de uma ética consequencial. Qualquer código de comportamento era aplicável no combate ao monstro desde que sua consequência última fosse o cumprimento da lei. Assim, ao se passar por outra pessoa, sempre mirando consequências cidadãs, Vana adotou o que se chama de *dolus bonus*: aquele bom dolo a objetivar (e buscar) o bem social supremo, que pode ter diversos significados, indo do respeito, por exemplo, ao estado de graça existencial. Quem faria do autossacrifício um exemplo de cidadania? Quem converteria a autodeterminação em história exemplar? A resposta é um *fait accompli*, um fato consumado: Vana Lopes.

O livro servirá de fonte de inspiração para muitas mulheres que sofrem diversas formas de maus-tratos, e que, mostrando ou não seus rostos, poderão com esta obra encontrar forças para seguir em frente. O livro enobrece a estante e o coração.

Rosangela Wolff Moro e Sergio Moro

O TRAPÉZIO

Agrada-me fazer fluir em silêncio a imagem convulsionada de uma geometria que teci: demoro compridamente meus olhos na cachola do doutor Roger. Estudo o melhor ângulo de ataque. Num movimento impreciso, mas com uma seleta simplicidade, extraio seu cérebro. Que agora já pulsa no meu crânio. Invento uma lógica: meus dedos fundem velozmente sua alma na minha. Conectados os pontos, vejo minhas mãos calmas convidarem a alma de doutor Roger a uma outra classe de espírito: a do arsenal construído em mim, sempre em rotação, em busca de justiça.

Agora Roger me habita, habitando a si mesmo. Todas as parcelas do meu eu trazem um desajeito, um desconforto, ao monstro.

Ao notar que nivela o seu destino com o meu, na mesma alma, Roger se esbate. Incomodam-lhe as minhas humanidades: a bem-aventurança, o senso de justiça, a profissão de fé, a luz azul nascida na minha infância em Diamantina, a minha inconsumível fé em Deus, a majestosa simplicidade de uma vida cumulada de sinceridades.

Sem opções outras, o monstro urra. Um extremoso guardião, a minha fé, o consome como uma chama azul. O monstro pede piedade. Eu lhe devolvo a filosofia de tomar contato com um ser humano em seu mais virtuoso estágio alquímico: o estado de graça. O monstro se autoconsome. Proclamo: "Bem-vindo ao inferno", dando-lhe a coisa mais simples: o sentido da vida. Ele se liquefaz e some, voando rumo a uma planura azul de justiça.

* * *

Esse trapézio mental, impenitente, me acompanhou por anos a fio. Não houve dia da minha vida que não tivesse pintado a cena diante de meus olhos. Eu me revitalizava, em júbilo, ao colorir esse quadro psíquico: era a minha zona de conforto. Podia estar numa quietude arcaica, só, ou num burburinho dos diabos, no meio de muita gente. Eu me refazia em anverso e reverso ao imaginar quanto iria ensinar ao ex-doutor Roger, ao reviver esse jogo mental.

Disso tudo, desse mantra pessoal que erigi, acabou sobrando (resultado de milhões de repetições) apenas a frase final de toda a cena: bem-vindo ao inferno.

Embora achasse ter me esquecido de toda essa pintura psíquica, ela me voltava, súbita, com força total: revivia-me reinstalando o cérebro de Roger na minha alma. Teria preferido não retomar isso, como fiz por noites desveladas a fio. Mas, até então, o meu passado era irrevogável. E o pesadelo não estancava.

A vaga imagem do monstro Roger perdurava no meu mundo mental, irreconciliável - e nele, acredite, eu não queria mais voltar a botar os pés. Deus, como poderia eu mesma deixar de me habitar?

A triste figura de Roger, apesar dos meus esforços, interpunha-se entre mim e o ato de viver as coisas mais simples.

Aprendi, então: se eu abjurasse da fé em vê-lo preso, esse folguedo torturante perduraria, indolente, totalitário, perene. Dele, sabia algo apenas: prefigurava a minha autodestruição.

Por vezes me achei liberta. Mas, não mais que de repente, tudo voltava a seu patamar anterior. Deus, o que me reconduzia a esse gatilho insistente, a esse velho estado de coisas? Achava que tinha me esquecido desse monstro...

* * *

Estou num momento em que ele me volta mais forte do que nunca, cumulando-me de suas monstruosidades.

Mal havia eu atentado, naquela nova classe de possessão, ao seguinte detalhe: estava mentalmente no Paraguai. Acompanhada de dezenas de policiais paraguaios, que orientei pessoalmente, em meu sonho, com esmeros de cientista social.

O Roger que eu via tête-à-tête não era mais monstro psíquico na solidão agreste dos meus pesadelos. Ele estava diante de mim, com seus olhos desorbitados. Em carne e osso.

Eu então passei a fingir uma calma que certamente não sentia...

Olho para o monstro, cercado de policiais numa uma blitz marcial...

Roger traz a boca torpe de sempre. Um sorriso íngreme. Olhos vazios, como de tubarão. Redondos como ovos de águia. Emoldurados, como sempre, por uma olheira azulada, como ovos de pintassilgo - e gorda como uma marmita.

Impressionou-me seu tranquilo ar de desfaçatez, mesmo cercado de policiais. Um jeito impassível (eu já o conhecia), achando-se no direito, mesmo sob a tocaia, de impor condições. Essa frieza científica de Roger falsearia qualquer cena de Hollywood.

Eu carregava naquele momento tais digressões, acumuladas por tantos anos, como um bolo duro na garganta.

Súbito, porém, saí desse quadro mental. Olhei para os lados. Belisquei-me. Não estou no Paraguai. Mas no aeroporto, em São Paulo. A única coisa a unir minha imaginação ao mundo real era o fato de Roger ter sido atocaiado e preso graças às minhas investigações - e eu poder vê-lo de perto novamente...

O Roger de carne e osso agora vem se arrastando. Está cercado de um pelotão regular de duas dezenas de policiais - cujos passos, por anos a fio, eu guiei de fato, com minhas investigações particulares.

Ali, no aeroporto, uma sequência de um zilhão de imagens de internet se interpõe entre mim e o monstro. Vejo, quase fisicamente, numa tela, no ar, os milhares de dicas que recebi pela internet. Sinto um júbilo, representante das palavras e vozes de todos os colaboradores da minha rede de informações, por anos. Vejo no ar, repito o vocábulo, os sorrisos jubilosos de quem me ajudou a levá-lo à prisão.

Aproximo-me do monstro, como se minha rede de informantes estivesse ao meu lado, qual uma legião de anjos. E, agora no mundo real, expulso o vazio do meu fígado quando disparo em sua cara:

- Bem-vindo ao inferno.

Preso, ele me olha frio como um peixe (é a sua forma de exercer a soberba) e abaixa os olhos. O meu inferno acabava ali. O dele apenas começava. Covarde, ele não me encarou, por mais que eu gritasse. A imprensa registrava tudo, em sua onipresença... Esperei vinte anos pela cena.

VENDENDO CABELOS PARA SOBREVIVER

Fui gerada em julho de 1959 no inverno de Diamantina, Minas Gerais, entre os cristais das montanhas que circulam essa cidade. Ciosa, minha mãe, Denise, a dona Dene, viajou a São Paulo em busca de melhor acompanhamento médico após as dificuldades no parto. Voltamos a Diamantina, onde morei por 13 anos com minha família. Primogênita de meu pai, eu era a terceira da minha mãe, já com dois filhos do meu tio Percy, primeiro marido dela. Minha mãe ficou viúva muito jovem. A boa voz de minha avó a aconselhou a se casar novamente. E assim fez: desposou o irmão do primeiro marido, o meu pai, Petrônio. Passei dessa forma a ter dois primos-irmãos, uma oito anos mais velha, e o outro, sete.

Nasci em 21 de maio de 1960, à zero hora e 15 minutos, um mês depois do dia da fundação de Brasília por meu futuro vizinho, o presidente JK. Sou, dependendo do horário de verão, tanto do signo de Gêmeos como de Touro. Ano lindo, em que Éder Jofre era campeão mundial de boxe. Em Diamantina todos liam a revista *Pererê*, do Ziraldo. A cada esquina se cantavam os versos da recém-lançada Antologia *Poética*, de Vinicius de Moraes ("De repente, não mais que de repente..."). As rádios moíam "Mulata Assanhada", de Ataulfo Alves. Esse clima embalava minha família.

Meu pai, baiano, homem resoluto e sonhador, vindo de família próspera, vendeu sua parte na herança de uma fazenda de laranjas na Bahia, perto de Feira de Santana, em Mundo Novo. E se mudou para a cidade de Jequié, onde minha avó materna tinha um hotel. Papai depois se mudou para Diamantina por conta de um caixeiro-viajante, chamado Ciro, instalado nesse hotel de minha avó Olívia. Dono de uma ginga verbal descarrilhada, de olhos de sabujo velho, certa tarde ele, Ciro, apareceu no hotel da minha avó. Falava pelos cotovelos da cidade encantada onde diamantes brotavam no Rio Jequitinhonha. Para tanto, mostrou o brilho de uma grande pedra ao meu pai. Ante o fulgor dos argumentos do caixeiro Ciro, os olhos de papai entraram em buliço imediato, e, desde aquele momento, ficou nadando em delírios, sonhando em encontrar tal raridade. Ou maior...

A casa em que fomos viver em Diamantina era grande, com alpendre e um quintal que dava para vastidões sem planuras. Nosso lar era fundeado na parte alta da cidade, e praticamente dentro de um vulcão extinto. Diamantina é um município de muitas ladeiras totalitárias. E a lembrança chegada à memória é de eu estar subindo e descendo os espigões para ir à escola.

Meu primeiro dia de aula foi em 27 de março de 1967, contou-me mamãe. Daquele ano minha memória guarda Milton Nascimento cantando "Travessia" e Sérgio Ricardo arrebentando seu violão num banco por ter perdido um festival em São Paulo. Minha mãe passou a assistir na TV Beto Rockfeller e apenas a folhear a recém-criada revista *Claudia*, que ela não tinha dinheiro para comprar. A musa do país era Leila Diniz.

Aos 8 anos eu já ia sozinha ao Colégio Matta Machado. Cidade pequena, e todos praticamente conhecidos. Ainda nos sentíamos orgulhosamente vizinhos da casa do presidente Juscelino Kubitschek. Mas os tempos estavam difíceis para minha família: vi brigas por causa da situação financeira, que piorava a cada dia. Às vezes, meu pai sumia por dois ou três meses, porque trabalhava no Rio Jequitinhonha, aonde uma vez me levou... E ainda trago na memória sorrisos esperançosos dos garimpeiros, do barulho do balançar das peneiras na água e a expectativa e os olhos brilhando quando olhavam o cascalho obtido.

Quando quero resgatar esses dias, ouço esta música de Paulinho Pedra Azul e fico cantando o refrão:

... já te quis, já te quis tanto... lá, lá, lá.. Jequitinhonha
Braço do mar
Leva esse canto pra navegar
traz do garimpo
pedra que brilha mais que a luz do luar
Jequitinhonha
jequitibarro
mete essa unha, tira da terra
vida talhada com as mãos
Já te quis, já te quis, já te quis tanto
já te fiz, já te fiz, já te fiz sonho

te cantei, te cantei, te cantei pranto
como a água da chuva que inunda esse chão

Minha mãe começou a vender seu enxoval para dar comida para nós. Quando eu contava 9 anos, ela, sempre muito tímida, me pediu que fosse oferecer sua louça para uma vizinha comprar. As xícaras, lembro, todas bem delicadas, de porcelana chamada casca de ovo... Minha mãe me recomendou muito cuidado, pois tinham gravuras chinesas, uma raridade mantida por dona Dene desde o tempo de meus avós, bem capitalizados, que lhe haviam dado o enxoval. Eu consegui vender esse jogo de xícaras e fui, toda feliz, entregar o dinheiro à minha mãe.

Veja você: passados trinta anos, um dia, numa loja de antiguidades em Diamantina, fui avaliar velhas faianças. Eis tudo: queriam me vender a mesma xícara! Quando contei a história a Marta, dona da loja, ela se lembrou da família de cujo espólio havia comprado a peça e me disse: "Vana Lopes, fica pra você de presente, pois raramente temos chance de rever algo perdido no tempo". Dei à mamãe essa xícara na data de seu aniversário: era a única que restara, e o pires estava levemente trincado, nem por isso sem grande valor estimativo e sentimental. Empavonei-me e repeti a mesma frase da vendedora. Foi um repatriamento e tanto!

As louças haviam tido o mesmo destino de meus cabelos – foram vendidos na mesma época, por necessidade análoga: comida para todos. Eu usava o cabelo comprido, com uma luz natural de diamante desvelada ao sol de Diamantina. Some-se a isso ele ser regularmente trançado por minha mãe, igual ao da Julieta do Romeu, com fios dourados. Nós éramos pobres, mas sempre tivemos a classe e a elegância que cabem numa família cristã.

"Éramos Seis", como na telenovela homônima produzida pela Rede Tupi. O número corresponde ao de pessoas da família Leite Lopes à qual pertenço, que moravam numa casa minúscula em Diamantina. Nunca tive boneca. Mas isso não trazia importância para mim: não sentimos falta do que não conhecemos.

Meu cabelo, porém, esse eu conhecia, e bem. E minha imagem nos espelhos, hoje imemoriais, com as tranças, era o alicerce de minha autoestima. Por conta disso tive de me resignar, não sem estupor, quando minha mãe, com seu jeitinho compassivamente delicado, me disse que era importante eu renunciar às minhas madeixas. Fui submissa e aceitei essa situação. Éramos, afinal, dignificados pela pobreza. Mas, ao me ver cabisbaixa, tosada, minha amorosa mãe me disse: "Filha, escolha algo para você que comprarei com parte desse dinheiro dos cabelos".

Na mesma hora eu quis experimentar Coca-Cola. Vêm da memória, como se fosse hoje, o cheirinho e as bolhinhas entrando pelas narinas enquanto sentia aquele sabor. Isso me deu forças. E quando porventura a depressão me atacou, busquei a sedante sensação das bolhinhas da Coca-Cola. Bebo ainda hoje um pouco de refrigerante, para entrar nesse sequestro psíquico que me remete a dias tão cálidos. Acredito que temos na infância uma espada mágica, do mesmo tipo que a de He-Man ou da Mulher Maravilha. Quando me vi fragilizada, totalmente fraca, recorri a essa varinha ilusionista em Diamantina para tentar sobreviver.

DIAMANTINA

Diamantina, uma cidade encantada, com sobrados e sacadas enfeitadas com tapetes portugueses. À noite, as lamparinas se acendem, dando ao lugar um tom acolhedor, no meio do ruído de serestas e vesperatas. Mesmo em uma arquitetura colonial em que prevalece o azul e branco dos tempos de colônia, ainda se encontram as casas coloridas no meio de muitas igrejas antigas, onde as imagens são folheadas a ouro. Uma para cada comunidade daquela época. Há uma que se chama Igreja do Senhor do Bonfim dos Militares, financiada por eles em 1771. Entre as atrações estão o altar com talhas de ouro e a torre dos sinos, e outras diversas, como a dos escravos que construíram uma igreja à noite, quando chegavam do garimpo. A fachada do templo desse povo sofredor é simples. Os escravos, mesmo cansados, insistiram em fazer uma igreja para os negros terem onde morrer. As pessoas eram enterradas nas igrejas, debaixo das tábuas do salão principal. Por causa disso, talvez não medissem esforços nem pensassem nos riscos quando retiravam do cabelo o pouco ouro amealhado para folhear as estátuas, roubado durante o dia. Percebe-se a Igreja Nossa Senhora do Rosário meio torta pelo fato de eles terem trabalhado na construção somente à noite. Há guias que contam essa história para cada visitante do cenário bucólico do Largo do Rosário, formado pela Cruz da Gameleira.

O município tem em sua trajetória o Caminho Real, muito procurado por casais em lua de mel. Daí o clima capturado ao pisar em Diamantina ser o de promessas de amor eterno, principalmente quando se conhece a cidade em dias festivos católicos como Corpus Christi, quando as ladeiras são enfeitadas com flores e serragem e, depois, coloridas em desenhos santos. Na manhã do domingo de Páscoa, a cidade acorda com as janelas dos sobrados repletas de colchas e toalhas coloridas. Ao baterem 18 horas, começa a procissão em que diversas senhoras carregam velas nessa data. Feita por moradores, a encenação lembra a morte e a ressurreição de Cristo. Na manhã da Sexta-feira da Paixão, cerca de cem guardiões romanos e mais de duzentos integrantes caracterizados reproduzem a Via Sacra, percorrida entre duas igrejas da cidade (escolhidas a cada ano) - a cena da crucificação finaliza a apresentação. À noite, a cerimônia de sepultamento vai da Catedral de Santo Antônio até a Igreja do Carmo. O Centro Histórico de Diamantina, tão perfeitamente integrado à paisagem severa e grandiosa, é um exemplo da mescla de aventureirismo e refinamento ocorrido nas Américas. Com um valioso acervo de construções do período colonial, o conjunto arquitetônico da cidade foi tombado em 1938 pelo Instituto do Patrimônio Artístico e Histórico Nacional - IPHAN. Em 1999, a Unesco concedeu a Diamantina o título de Patrimônio Cultural Mundial. Além dos monumentos significativos para a história da arte e arquitetura dos séculos XVII, XVIII e XIX, a cidade tem três obras de Oscar Niemeyer - símbolo do século XX. O conflito do moderno e antigo ocorre numa guerra de silêncio, interrompida na festa pagã do Carnaval. Os hotéis não mudaram muito, justamente por causa da proteção histórica: como não se pode mudar a fisionomia da cidade, eles nem cresceram nem diminuíram - somente apareceram mais alguns, chamados de pousadas, que oferecem um café da manhã digno de reis, com pão de queijo realmente mineiro. Os restaurantes no beco do Centro são tradicionais, passados de geração em geração para a mesma família, que conserva, de cada um, sua especialidade. Em um deles, dona Maria José, a mãe do proprietário, me ensinou o segredo do seu doce de limão-azedo, cuja acidez é amenizada pelo doce de leite.

Sempre alimentei fabulações sobre essas cenas, repletas de uma infinita energia, a me renovar continuamente. Demoro-me em todas essas venturas do meu passado, que me ajudaram a prefixar os planos futuros. Nos momentos mais difíceis, para combater o monstro que tomaria conta de minha vida, me detive demoradamente nessas figurações: o universo retorcido em abóbada sobre as capelas, a vaga astronomia dos dias nublados, as extensas manhãs no campo, o silencioso tempo de Diamantina.

A igreja mais impressionante para mim é a da personagem mais conhecida, a rainha do Tijuco, mulher dona de luxúrias e riquezas, mesmo escrava. Ainda nessa condição, Chica da Silva era tratada nos documentos como "Francisca mulata" ou "Francisca parda", visto que os escravos não tinham sobrenome e normalmente eram diferenciados de acordo com seu grupo étnico ou cor da pele. Ela foi a rainha no coração do português contratador de diamantes João Fernandes de Oliveira, que até mesmo um mar construiu para Chica. Se pudesse, esse "Rei do Arraial do Tijuco" daria a essa negra cacos de estrelas, como versa uma das músicas inspiradas na história da paixão desse casal. Chica que Manda era seu apelido, pois literalmente mandou e desmandou nessa antiga vila, atual Diamantina, durante a segunda metade do século XVIII. "Sua" igreja, ao fundo do solário onde morava, era o endereço mais famoso do período colonial, de onde se vê a única capela cuja torre está ao final. A Igreja Nossa Senhora do Carmo tem essa peculiaridade. Exigência de Chica Parda Forra era não ser acordada com o badalar logo cedo. Eis uma das lendas e histórias aprendidas na escola desde criança, intercalada com a do personagem mais famoso, o homem que construiu Brasília.

Da praça principal, vê-se uma estátua imponente de Juscelino no final da ladeira onde morei e meu ponto de referência. A escultura do grande filho de Diamantina é em tamanho natural. A imagem traja terno e está com a mão esquerda no bolso do colete e a mão direita segurando um papel dobrado, simbolizando, provavelmente, um documento ou pauta de música, como conta a sabedoria local. Esse ilustre morador amava serenatas e a música "Peixe Vivo", uma espécie de hino com que o povo o saudava. Também gosto dessa música. Quando era bem novinha, chorava imaginando o peixinho morrendo – eu não como nenhum animal! Minha família toda sabia de cor a letra.

JK era exímio dançarino, e sua estátua mostra bem seus pés, um diante do outro, como se estivesse caminhando, e um olhar voltado à esquerda, onde fica o centro nervoso de uma cidade calma. Por ali ficam os restaurantes e prefeituras e o Museu do Diamante, indicativo maiúsculo da tristeza de um povo escravizado. Apesar do nome, tem apenas uma sala sobre mineração, com amostras de pedras e aparelhos usados na classificação de diamantes e pesagem do ouro. Meu pai me deixou de herança memorial instrumentos parecidos. O maior acervo é o de arte sacra, composto por imagens e oratórios dos séculos XVIII e

XIX. As demais alas exibem objetos empregados no castigo de escravos, mobília de casas abastadas do século XIX e uma coleção de antigos sabres e armas de fogo.

* * *

A primeira lembrança que me chega é tão boba e com ela rio muito da minha inocência. Ao andar pelas calçadas de pedrinhas e ver uma bexiga no chão, eu a levei à boca, pensando ser um balão. Minha mãe ficou lavando minha boca, e, sem explicação, me mandava enxaguar. Muitos anos depois, ela me estabeleceu: "Olha, isso não é brinquedo de criança, e sim uma camisinha", já presente naqueles findos anos da década de 1960. Conto isso para se ter uma ideia de como sexo era tabu; aos 10 anos eu pensava na menstruação manando um fluido azul. Fui designada a descobrir pelas coleguinhas, por ter uma irmã mais velha – já, como se falava na época, uma autêntica mocinha.

Fiquei dias esperando, dela, o momento certeiro do uso dos paninhos – não existia absorvente. Depois de ficar observando sua saída do banheiro, onde sabia que iria tomar banho e trocar o "paninho", vi uma bacia com água azul. Não reparei que era apenas anil, antigamente usado para clarear roupas, não prestei atenção a esse detalhe, fui guiada pela pressa e euforia. Não pensei duas vezes e saí em disparada, toda feliz, contando às amigas: "Oh, menstruação é azul!". Somente descobri a verdade quando chegou minha vez. Não tinha sido preparada para isso, aliás, nada vai de déficit na educação recebida: minha mãe apenas acreditava que certas conversas só deveriam existir após o casamento. Ela foi criada dessa maneira e desejava educar as filhas da mesma forma. Moral da história: aprendi a ser cautelosa e a não fazer conclusões precipitadas...

Morávamos nesse período numa casinha tão pequenina perto da Rua do Burgalhau que a chamávamos de "caixinha de fósforo". Mesmo assim, pela riqueza de informações constantes da minha mente de criança, meu lar minguado se tornava enorme!

Diamantina conta hoje com 45 mil habitantes, alguns denominados flutuantes, os estudantes. Na minha época, não passava de 10 mil cidadãos. Eu, pequena, achava as ruas grandes, largas e com muita gente. Quando voltei, percebi que não passavam de vielas e becos. Eu havia crescido. Essa foi a diferença sentida ao retornar àquela árvore onde estavam minhas raízes. Quando do meu retorno, em 20 de janeiro de 2003, andei por todas as ruas pelas quais passava quando criança, encantada com a rapidez da locomoção, e notei a proximidade dos locais outrora tão distantes entre si. A subida para a escola, a quitanda onde comprávamos comida, o correio onde minha mãe me mandava enviar cartas aos meus tios. Consegui fazer o percurso em menos de uma hora. Foi o tempo necessário para respirar e saber que ali, naquele canto, conseguiria me cicatrizar, como num encanto.

Primeiramente resolvi me lavar numa cachoeira relativamente perto dali, estava precisando sentir a água gelada e me lembrar das brincadeiras de criança. Diversas cachoeiras rodeiam a cidade, mas minha predileta é a que tem este sugestivo nome: Cachoeira das Fadas – uma charmosa queda de água de 30 metros com piscina natural, cercada de exuberante vegetação. Fica a 49 quilômetros da sede, no distrito de Conselheiro da Mata. Minha mãe me ensinara muitas coisas: me disse sobre a vinda das tristezas adventícias... e que, se eu ficasse magoada com alguém, bastava relatar a diabrura em caneta azul num papel e esperar que se dissolvesse na água: depois de ilegível, que deixasse a cachoeira levar. Estava assim absorta, pensando, e me peguei escrevendo a palavra *Estupro*. Explodiu um choro abismal. Queria ter a força da água e nunca mais me deixar abater. Afinal, o rio, fraco em sua nascente, encorpa-se caudaloso após o encontro com afluentes. A metáfora foi poderosa e dela intuí: esse deveria ser o meu pensar, estava convencida disso. Secaria minhas lágrimas nos lenços da fé!

O clima de Diamantina é tropical, oceânico, com verões úmidos e dias mornos e alguns dias quentes e noites muito frescas. O mês mais fervente traz média máxima de 27,8°C e uma média mínima de 16,1°C. Precisava me apressar para me banhar antes que escurecesse.

Eufórica com o início de uma nova vida e me sentindo batizada, fui visitar no dia seguinte algumas das inúmeras igrejas da cidade. Minha criação era cristã, batista, mas, por força do casamento, me converti ao catolicismo, também por apreciar o interior de santuários. Os propostos à minha releitura, nesse dia, têm altares folheados a ouro, imagens portuguesas do século XVIII, lustres de cristal da Boêmia e lâmpadas de prata. O Barroco impera e o forro da nave possui pinturas e minuciosos presépios e colunas do coro no estilo rococó. Gostava de ficar dentro de basílicas imaginando se as pedras falassem. Quantas promessas e arrependimentos elas tinham ouvido, mas, como fiéis conselheiras, guardavam as confissões. Resolvi me ajoelhar em uma delas e orar. Pedi a Deus forças e iluminação. Implorei a Ele que não fizesse de mim uma pessoa descrente e amarga. Mas, naquele momento, me veio à memória uma música a dizer que animal ferido, domesticado, esquece o risco! Mesmo tentando manter minha fé no ser humano, decidi nunca mais ficar desatenta.

Saindo da capela fui visitar minha futura escola. A faculdade, um edifício moderno, fica no alto de uma ladeira, ao lado de um colégio de freiras, estabelecido em dois sobrados, um ainda setecentista e outro do tempo do Império. Ambos eram ligados por um elegante passadiço, por onde as freiras podiam transitar sem ser vistas. Essa história sempre havia me fascinado e, por um segundo, desejei isso: viver enclausurada, escondida, onde não me olhassem. A culpa estava presente o tempo todo. Fazia de tudo para não ser percebida.

Depois que comecei o curso, na sala de aula não havia como não ser notada. Sentava na primeira carteira. Saboreava cada palavra dita como alimento à minha mente. Consegui por um tempo esquecer o acontecido. Segundo a médica que me tratava, eu superaria o trauma dessa maneira: ocupando a cabeça com algo saudável e produtivo.

Ao me mudar para Diamantina, todos os meus dias eram assim: acordava cedo para ir à faculdade, que se chama Fundação Educacional do Vale do Jequitinhonha - Fevale, um aglomerado de universidades na Rua da Glória, pois juntas estão a Faculdade de Filosofia e Letras de Diamantina - Fafidia e a Faculdade de Ciências Jurídicas de Diamantina. Nesse *campus*, às tardes ficava na biblioteca devorando livros. Minhas noites eram preenchidas durante a semana, com trabalhos e resumos sem fim. Não me incomodava de dar várias versões de textos lidos, ajudando os colegas: para mim constituía um exercício. E entrei no mundo jurídico de corpo e alma.

Nos fins de semana ia ao Beco da Tecla, onde, desde o dia 28 de outubro de 2001, a cidade realiza o "evento" Cafés. Aos domingos de manhã, a ruela vira ponto de encontro de músicos, um culto às artes. Artesãos, poetas, corais e seresteiros se reúnem para celebrar as tradições mineiras. As quitandeiras também fazem sua parte, montando um café da manhã a céu aberto, recheado de delícias como queijo, broas e o tradicional cafezinho de coador. Há também jogos de bola, corda, mesas de xadrez e bilboquê. Ficava degustando esses quitutes recordando-me de que havia sido fera "campeã" de bilboquê, mas, como era pobre, o brinquedo usado para essa façanha era feito de latas amarradas a um barbante.

Às vezes, à noite ia com colegas à famosa Vesperata, conhecida dentro e fora do estado. Essa grande manifestação musical de Diamantina cria uma nostalgia festiva nas ruas do Centro Histórico. Duas vezes por mês, de março a outubro, bandas e músicos locais sobem às sacadas dos casarões para apresentar músicas do cancioneiro popular. Os maestros ficam embaixo, perto do público, que lota a pequena ladeira da Rua da Quitanda. Conseguir uma mesa requeria reserva antecipada. Nesses momentos esquecia do meu trauma, mesmo assim, quando me encontrava distraída, naquele universo, ao ouvir a orquestra tocar "New York, New York", entrava no "túnel do tempo", em que era estilista e visitava os Estados Unidos com frequência, me deliciando com as últimas óperas e shows na Broadway.

* * *

Aquele ogro gotejante Abdelmassih mudara o percurso da carruagem do meu destino: era um drama corporal presente, e começava com um trovão distante... Mas logo assumia proporções assustadoramente plurais, envolvendo cheiros abjetos, olhares escalafobéticos, esgares demoníacos, o diabo.

Antes desse brutal estado de coisas, obviamente muitas águas rolaram na minha vida. E não foram as de lavanda. Quando eu contava 13 anos de idade, meu irmão se suicidou. Foi no dia 13 de julho de 1973. Um marco de espedaçar. Lembro-me bem da gravitação cultural daquele ano dolorido: os capítulos de *O Bem Amado*, na TV Globo, os jornais falando que os militares tinham censurado a peça *Calabar*, de Chico Buarque. Amiguinhas fofocando que Arnaldo Jabor tinha feito um filme ainda vetado a nós, *Toda nudez será castigada*. As amigas fofocavam sobre nudez, mas eu não entendia bem, por causa da minha educação sexual ortodoxa fechada. As rádios despejavam Secos e Molhados com Ney Matogrosso.

Nesse clima meu pai se separou de minha mãe, que foi embora com a família para São Paulo, onde morava uma tia com o nome de Flor, a tia Flordinise. Eu, por ser a mais despachada, fui afastada da família. Eram muitos para minha mãe e minha irmã de 20 anos sustentarem sozinhas... Fui a escolhida a ir para Porto Alegre, por ser a mais velha dos pequenos. Meus tios cuidavam da filha Juciara, da mesma idade. Fui estudar no mesmo colégio que ela.

A viagem com meu tio foi no primeiro horário daquele longínquo 5 de agosto de 1973. Recordo-me bem, era Dia dos Pais quando cheguei ao Rio Grande do Sul, na glacial Porto Alegre. Havia um almoço de recepção para ele; não consegui comer quase nada, já era vegetariana, mas a governanta não sabia. Tampouco minha tia, alma a me receber sempre de braços abertos. Apressadamente, ela trouxe omelete, e comi com as guarnições, arroz e purê de mandioca, hum, uma delícia. A minha carinhosa tia se chamava Iracema Carvalho Alencar, parente distante do escritor José de Alencar – ela recebeu esse nome justamente por causa do clássico romance *Iracema*. Hoje, mesmo já com oito décadas de vida, está lúcida, é atualizada tecnologicamente e tem seu Facebook ativo.

Era inverno de 1973, início de agosto. Acabara de ter a melhor experiência da minha vida até então: andei de avião pela primeira vez. Ao chegar ao lar desses meus parentes na Rua Régis Bittencourt, estranhei a casa, pois era muito luxuosa. Era muito grande, quase uma pequena mansão, no bairro Menino Deus. Um quarto foi oferecido somente para mim e minha prima, com varanda, televisão, um luxo para quem vinha de uma situação precária. O banheiro era todo rosa, com banheira. Nunca havia tomado banho numa. Na sala da casa, com quatro ambientes cheios de sofás, havia uma lareira, e aprendi a jogar paciência e outros jogos nesse calorzinho com Juci, sentada num tapete felpudo, regados a lanches que a governanta trazia – principalmente vitaminas de abacate com deliciosos bolos.

O colégio de freiras levava o mesmo nome do bairro e ficava na mesma quadra, e íamos eu e minha prima às 7 da manhã, num frio que doía, com aquela touca semelhante às usadas pelos motoqueiros, em que somente os olhos ficam de fora. Ganhei uma bicicleta dos meus tios. Oh... rosa! Igual à da minha prima, e depois a enchi de adesivos... Novidade para mim, caí várias vezes antes de aprender a andar nela.

Vivia com o joelho machucado. Mas era divertido. Nos fundos da casa do meu tio Flodualdo, apelidado Duzinho, assentava-se um salão em que meu primo fazia bailinhos ao som das músicas da época. No interior da residência, mesmo sem as festas, soavam músicas dos Novos Baianos, "lá, lá, lá... preta, preta, pretinha... eu ia lhe chamar enquanto corria a barca...". Essa música me toca, pois minhas primas a cantarolavam. Meu tio Du, o Duzinho (falecido), criava cinco filhos: um homem, Marcos (falecido) – eu tinha 13 anos e ele 16 – Juci, com minha idade –, e as outras mais velhas, Mara, de 18, Lena, de 20 (falecida), e Thelma, de 23, mais ou menos. Todas estavam na faculdade. Thel acabara de se formar em Odontologia e ganhou um carro futurista, um SP2 vermelho. Ele ficava em uma garagem cheia de automóveis. De alguns ainda me recordo, como o modelo "rabo de peixe". Mas o veículo marcante era o enorme Galaxy prata da família. Com ele minha tia levava eu e Juci aos domingos para tomar sorvete nos arredores do bairro Ipanema, perto do lago. Localizado na zona sul da capital, o bairro não é totalmente nobre, tendo algumas áreas com residências de alto padrão, principalmente nas ruas mais próximas à beira do Guaíba. Belas tardes passamos nesse lugar quando havia sol nessa parte fria do nosso país. Costumava passar as manhãs das minhas férias escolares na confecção da minha tia, Iracema Modas. Era muito bom ver toda a animação e as roupas lindas que ela criava. Essa tia foi e é uma musa em minha vida:

por causa dela me tornei estilista. Desenhava as roupas famosas de Porto Alegre sem moldes de papel, direto no tecido.

Fiquei somente dois anos em Porto Alegre. Logo que minha mãe se estabilizou, chamou-me de volta a São Paulo. Precisava retornar à minha família e, mesmo com toda a riqueza do Sul, sentia falta de todos. Não havia telefones, e a comunicação era feita por cartas. Minha mãe, dona Denise, tinha textos que tocavam o coração. Assombre-se: certa vez, ela escreveu uma carta ao então presidente Castelo Branco fazendo um pedido para uma irmã da igreja batista e ele respondeu. Gostava quando a memória ainda se fazia presente em sua vida, e cultivava o ato de mostrá-la em rodas de conversas familiares. Eu estava, nesse estágio da vida, com 15 anos de idade, e fui trabalhar. Minha mãe, preocupada com o abalo gerado pelo suicídio do meu irmão e sem poder pagar um psicólogo, foi trabalhar como secretária numa clínica psiquiátrica, a Proap, e providenciou ali meu primeiro emprego. Meu primeiro dia na clínica foi em 4 de agosto de 1975, de acordo com minha carteira profissional. Naquele ano, lembro bem, a Cidinha Campos tinha sido censurada por falar sobre questões importantes para nós, mulheres, em sua peça-confissão, chamada *Homem não entra número 1*.

Comecei a trabalhar como recepcionista e conversava com os pacientes ou familiares enquanto esperavam as consultas. Muito aprendi sobre a mente nessa ocasião.

Recordo-me de um fato marcante: um deles, paciente havia anos, me disse que não suportava ouvir todo dia um pássaro cantar em sua cabeça. Sugeri à médica uma cirurgia de "mentirinha", a fim de produzir a morte fictícia daquela ave importuna, e depois mostrar umas penas, nem que fossem de galinha... Depois declarar, feliz e aos quatro cantos, ter finalmente extraído o passarinho da cabeça dele. Parece incrível, mas deu certo. Pelo menos enquanto eu ainda o encontrava na clínica, ele acreditou mesmo no silêncio imposto ao bicho.

Tive diversos outros empregos. Mesmo gostando de trabalhar nessa clínica, precisava ganhar mais; ajudava a família e o dinheiro ia contado. Entre eles, fui secretária de escola infantil e trabalhei como gerente de compras numa rede de restaurantes.

Os anos em que vivi com psicólogos e psiquiatras foram os mais significativos: aprendi a ouvir o drama alheio. Ainda acredito que quando temos dores psíquicas, algumas invisíveis para alguns, elas podem ser aliviadas pelo atalho da imaginação. Tal idealização foi incentivada por minha mãe: ela nunca contou uma história sem deixar que o final eu imaginasse. Com isso ela incentivou a minha criatividade e fez com que eu nunca me conformasse com algo dito ou escrito, independente da fonte ou oráculo. Minha Cinderela no final era diferente, assim como os arquétipos e príncipes dos contos infantis. Hoje valorizo a didática fortuna materna recebida, e noto na linguagem detalhes invisíveis à maioria.

Embora admirasse o diferente, em algo eu era tradicional: queria um dia me casar e ter filhos. Talvez por vir de uma família despedaçada, era essa minha meta no futuro. Depois de anos com uma juventude normal, incompreensível nos padrões de hoje (me mantinha virgem aos 18 anos), só dei meu primeiro beijo depois de ficar meses treinando no espelho e beijando laranjas. Quer experimentar? Verdade – foi isso que minhas amigas me ensinaram. Íamos a festas, mesmo de diferentes padrões financeiros. Uma vez, nos meus 17 anos, fui com uma querida colega do ginásio a uma recepção a um cônsul. Estavam falando de viagens para a Europa, o que parecia inatingível para minha condição financeira, no Brasil da década de 70, quando só endinheirados iam ao exterior.

Foi a última vez que menti, e me serviu para aprender que inverdades são de difícil administração. Resolvi fazê-lo para não ficar por fora da conversa sobre as cidades europeias naquela roda da sociedade... Então, ao me perguntarem quais lugares eu conhecia da Europa, em vez de humildemente dizer "nenhum", resolvi falar das minhas "estadas" em Assis, na Itália. Sabia dessa cidade, pois foi onde nasceram dois dos santos mais cultuados pelos católicos e que eu admirava: Francisco e Clara. Normal essa balela, se não viesse uma pergunta em seguida, de um rapaz encantado com meu jeito extrovertido, que exclamou: "Vana, então você conheceu Roma!".

Fiquei com medo de dizer que sim, e respondi não ter tido oportunidade de ir a Roma. Percebi que ele ficou sem graça com a minha resposta e que se desinteressou por mim na hora. Depois, quando cheguei em casa, vi no mapa a impossibilidade de ir a Assis sem passar por Roma. Seria como ir a Petrópolis sem descer no Rio de Janeiro. Naquele dia fiz uma promessa a mim mesma: não mais contaria mentiras a ninguém, mesmo necessárias e caridosas... Procuraria me omitir ou falar a verdade, mesmo que a situação exigisse verdades pausadamente, um pouco a cada dia, respeitando sua contingência...

Mas isso são coisas da juventude, quando estamos moldando nossa personalidade e fazendo nossos círculos de amigos. Ao contar essa situação para uma amiga, Eloisa, ela me disse que a mentirinha contada por ela certa vez, para se exibir, fora mais constrangedora. Eu, curiosa, quis saber de imediato. Ela me disse que, quando era jovem, não tinha televisão em casa, e suas colegas ficavam falando de novelas etc. Citaram Grande Otelo. Minha amiga apressadamente disse: "Eu o acho lindo, um gato!". As outras, espantadas, lhe perguntaram: "Como assim? Com aquele beiço?". Ela, em vez de assumir a verdade, sustentou a mentira, dizendo: "Ah, a boca é o que ele tem de mais bonito". "Esse foi o pecado da mentira vaidosa", resumiu ela ao término da narrativa.

Minha mãe me ensinou: a elegância da franqueza, com um toque de ironia, fala mais alto. Numa época em que morávamos na parte de baixo de um sobrado, havia uma vizinha no andar de cima que sempre jogava papel de bala e casca de banana pela janela. Minha mãe colocava num saquinho, amarrava com laço de fita e pedia que eu tocasse a campainha da vizinha e dissesse exatamente assim: "Olhe, dona Salete, estou lhe devolvendo estas coisas sem querer derrubadas no quintal da minha casa". Fiz isso e, com frequência em minha vida, revelo o meu desejo com educação e nunca levanto a voz.

Pessoas educadas, contidas na defesa de suas razões e contrarrazões, humanos sem arrogância são detentores do bem viver. Estava lendo um livro volumoso sobre ética e uma frase do autor, Alaôr Caffé Alves, se firmou em mim: "Se ao bater na razão a lógica não repercute no coração, não serve para nada".

De fato, tudo carece de interpretação em qualquer lugar, e não seria diferente na casa do nosso Criador, como contarei a seguir. Estudantes mudam o mundo, geralmente levantam bandeiras, com coragem de romper imposições, numa ausência de medos.

Nesse espírito universitário, eu, mesmo já com mais de 40 anos, cursando pela primeira vez uma faculdade, estava me sentindo, nos primeiros meses do meu curso de Direito, procuradora de quaisquer pessoas oprimidas – defendendo-as de qualquer trovejar, com os pequenos relâmpagos do que já havia aprendido.

Não foi diferente naquele domingo pela manhã na missa da Igreja do Pão de Santo Antônio, em Diamantina. Do lado dela existe uma casa de idosos que eu frequentava, cuja sede tem mais de 100 anos de existência. A Associação do Pão de Santo Antônio é um dos mais antigos e tradicionais asilos, uma obra cristã de qualidade e acolhimento. Entidade filantrópica de reconhecimento municipal e estadual, sob a tutela da Mitra Arquidiocesana de Diamantina e administrada por Monsenhor Geraldo do Nascimento Lúcio, seu diretor-geral, indicado pelo Arcebispo Metropolitano Dom Paulo Lopes de Faria.

Sua diretoria é formada por abnegados voluntários da sociedade local, um serviço relevante e altamente social, sem qualquer ajuda do governo, contando apenas com a solidariedade das pessoas, diamantinenses ou não, por meio de doações. A Associação faz parte da própria história da cidade e foi fundada aos catorze dias do mês de julho de 1901 por intrépidos e solidários diamantinenses, tendo à frente um professor de História e Geografia, o grande jornalista José Augusto Neves, o Zezé Neves. Hoje totalmente restaurado, esse refúgio para idosos abriga três dezenas de pessoas necessitadas. Ele está situado no Bairro do Rio Grande, local aprazível, sendo um complexo que possui uma linda capela, o jornal *A Voz de Diamantina* e o museu de uma das mais antigas imprensas do Brasil. A visita a essa casa de caridade cristã é um dos atrativos de Diamantina.

Dito isso, continuo minha narrativa para que saibam o que aconteceu com uma das idosas desse abrigo.

Havia um grupo de velhinhas, e eu as conhecia pessoalmente: muitas vezes, quando vinha a São Paulo, comprava-lhes calçolas grandes e confortáveis – e também algumas fraldas geriátricas. Doava tudo modestamente, não dispunha de dinheiro para comprar grandes quantidades. Gostava de visitar essas desamparadas anciãs e escutar suas histórias ricas de um passado pouco ouvido.

Na missa elas estavam todas arrumadas, mais de trinta, concentradas, rezando seus terços do lado direito da igreja. Eu me sentei atrás delas. Naquele final de verão de 2003, quase ao término da missa das 9 da manhã, chegou a hora da eucaristia. Foi formada uma fila, na verdade três, uma do lado esquerdo, outra no meio e a fila direita, onde eu estava. O padre era jovem, inexperiente, substituto temporário do velho pároco que estava em férias. Ele ficava no centro e suas ajudantes nas laterais.

Lá ia a igreja cheia de fiéis, e três filas enormes. Quando me dirigi a pegar a hóstia na fila das idosas, na minha frente estava dona Generosa, uma senhora simples, de quase 80 anos, cabelos curtos e branquinhos. Na sua vez, a ajudante do padre disse a ela que não poderia comungar: havia dito um palavrão naquela semana, isto é, cometido pecado. Generosa caiu de joelhos e implorou pela hóstia. Ao ver isso, fiquei indignada com a atitude severa da mulher ao negar a comunhão à idosa. Pedi que desse então a minha para Generosa. Não adiantou: ela me respondeu um sonoro "olha, eu não posso fazer isso...".

Insisti, a fila parou de andar, eu me recusava a receber o sacramento se não fosse dado à Generosa o quinhão devido.

Nem havia reparado, mas as filas na igreja pararam, e todos olhavam. Chamaram o dono do supermercado para tentar resolver a questão, afinal ele era um dos patronos do asilo. Eu continuei firme. Depois de muito alvoroço, mas sem haver escândalo, a não ser o choro de Generosa, ainda genuflexa, afirmei ao padre que se não dessem a hóstia àquela pobre mulher eu chamaria o Arcebispo da cidade, caso ele não tivesse autonomia para resolver aquele dilema. E discursei sobre constrangimento, Estatuto do Idoso, direitos etc.

Deve haver alguém na população diamantinense ainda que se lembre dessa história e possa ser testemunha do que ocorreu em seguida. Generosa recebeu sua hóstia, e eu, num tom educado mas firme, falei à ajudante sobre minha disposição, dali em diante, de comparecer todo domingo àquela missa, somente para verificar se ocorreria outra desarrazoada ação religiosa. Prometi expô-la a público, e para tanto citei os números dos artigos da Constituição Federal etc.

Não sou encrenqueira, tampouco vivo da adrenalina do suspense, mas sempre fui empolgada com o mundo de direitos e obrigações, em que a cegueira parece se alastrar há anos.

* * *

Deus sempre esteve presente em minha vida, e não seria diferente nos dias próximos aos feriados da Páscoa. Diamantina estava repleta de acontecimentos que eu admirava nesse período. Incorporado ao espírito de religiosidade tão característico do diamantinense, o folclore pascoal está presente de várias formas: na Bênção dos Ramos – manjericão, alecrim, folhas de palmeira etc., utilizados durante o ano para abençoar a casa; na Queima do Judas, promovida por iniciativa da comunidade em diversos bairros da cidade; mas também é uma época de doces e chocolates. Parece estranho eu me lembrar dos coveiros nessa ocasião, mas como não fazê-lo se iria visitar meu irmão? Se não tivesse se matado, faria aniversário justamente nessa semana. Caso estivesse vivo, estaria completando 50 anos naquele 4 de abril de 2003. Comprei flores para meu mano Pedro e dois ovos bem grandes de Páscoa para os dois coveiros cuidadores de seu túmulo. Era dona de um carro modesto. Um Palio dourado, muito útil, bem diferente dos veículos caros que tive, Mustang e Xantia, no ano de 1995. Entrei no meu carrinho e me dirigi à Rua da Saudade.

Até mesmo o cemitério, espetado nessa rua com esse nome nostálgico apropriado, aonde ia com frequência visitar meu irmão falecido, em Diamantina, é um lugar agradável. Patrimônio da humanidade, seus túmulos são antigos e os intervalos de um para o outro são feitos com árvores. Num lugar perto do cruzeiro eu fazia as orações, dali se avistava a Serra do Espinhaço. Aquela montanha me fascinava; ao entardecer, o sol batia e ela ficava quase dourada. Fim de tarde eram cor de malva. Quando cessavam as chuvas de outono, às vezes via arco-íris de cores áureas e me lembrava de contos infantis, nos quais meu falecido irmão me fez acreditar como verdadeiros. Potes de ouro brotariam no final do arco para quem fosse obediente. Saudade!

Conversava frequentemente com os dois coveiros. Eles mantinham com certo fervor suas histórias, riam de códigos e apelidos colocados nas ruas, inocentemente, para tirar a rispidez daquela profissão. Acredito que era uma maneira de lidar com a morte no dia a dia. Eram estigmatizados na cidade, quase ninguém gostava de ter amigos sepultureiros.

No dia seguinte, durante a aula de Sociologia, foi tratado o assunto *status* das profissões. A professora Flavia deu exemplos da mais respeitada profissão, se referindo ao juiz. Ela pediu que cada aluno dissesse a menos importante. Todos citaram empregada, motoboy etc. Na minha vez, disse ser a mais estigmatizada e menos respeitada a do coveiro. Fiz um discurso elogiando esse trabalho digno, mas que sempre assusta as pessoas. Inclusive citei que um digníssimo juiz um dia precisaria dos préstimos desse profissional, e o coveiro poderia promover a sua passagem existencial sem nunca necessariamente precisar se curvar aos desígnios de uma corte ou saber o que é uma lei banal...

Ganhei um 10 da professora, ela citou meu exemplo como verdadeira lógica forense. Feliz por ter defendido meus amigos coveiros, contei a eles. Gargalharam orgulhosos e me disseram: "Vana, quando você morrer, se for em Diamantina, vamos te enterrar de colherzinha!". Rimos e me senti segura com essas pessoas tão simples, a ponto de pensar em nunca mais sair daquela cidade e realmente ser enterrada naquele mágico cemitério, onde a dor da morte parecia passar longe. Assim superei o trauma da morte do meu irmão, onde o som de choros agora se fundia ao de sorrisos, onde faltavam os dentes de um dos dois coveiros...

* * *

Aprendi a ler com Agatha Christie, nos meus 15 anos de idade.

Devorei todas as obras dela, TODAS, que comprava com o pouco do salário que me sobrava, depois da entrega da parcela para ajudar minha mãe no sustento de todos. Do resto do salário poderia comprar o que quisesse, e todo mês – entre outras coisinhas de adolescente de que precisava de primeira necessidade, nada supérfluo – escolhia na livraria as aventuras do detetive Hercule Poirot, descrito como um homem de 1,60 m... Resolvia seus casos usando as células cinzentas.

Nas últimas obras que li de Madame Agatha, já conseguia adivinhar o final, de tão treinada a minha mente.

Na fase da faculdade, percorri tudo de importante para Teoria Jurídica, como Hans Kelsen, cuja obra é difícil de entender – *Teoria Pura do Direito*, em que prega a ideia da complicada "pirâmide". Mas, por ela, hoje consigo ter um bom raciocínio jurídico. Também contribuiu para esse fim a leitura de *O império do Direito*, de Ronald Dworkin, e muitas outras obras dele. Naturalmente mergulhei em quase todos os filósofos gregos, para depois me interessar pela filosofia alemã, sendo o meu autor preferido Jürgen Habermas e sua ideia de comunidade. Aprecio os filósofos ingleses e os americanos, como Thomas Kuhn e suas ideias de "anomalias em paradigmas". Finalizando esse período de leitura da faculdade, tentava decodificar Thomas Hobbes e seu livro mais fascinante para mim, *Leviatã*. Por fim, naturalmente inquiri os clássicos, Karl Marx e Max Weber.

Apreciei muito *O Mundo de Sofia*, de Jostein Gaarder, e todas as obras de Gabriel García Márquez, sendo *Cem anos de solidão* e *O amor nos tempos do cólera* as que mais gostei.

Devorei o livro *Minha luta*, de Hitler, o famoso Mein Kampf, já na fase monstro Abdelmassih, tudo para entender seu lado monstruoso. Apesar de o livro não tratar de Mengele, o monstro das cobaias humanas, queria saber como Abdelmassih conseguiu convencer em sua clínica o seu filho médico e outros profissionais "colegas" a esquecerem o juramento de Hipócrates. Tentava encontrar conexões "filosóficas" entre nazistas e Roger.

Enquanto traço estas linhas, passei a ler uma trilogia com esse título, *Minha luta*, porém diferente, e estou na primeira obra, *A morte do pai* – Minha luta: 1, de Karl Ove Knausgård.

Procurava estar atenta a leituras: não pude frequentar a escola nos anos 80, pois estava trabalhando em dois turnos. Faltava-me, aos 20 e poucos anos, um estudo para formação profissional. Conheci vários bons partidos; o sonho de minha mãe era que eu me casasse bem, mas penso que o importante é a felicidade, sendo a harmonia a maior riqueza. Durante a juventude, eu, mesmo conhecendo homens ricos e "bons pretendentes", não me decidia em casar: sempre valorizei o amor como peça fundamental numa relação equilibrada.

* * *

Estava querendo abrir uma confecção pequena, de roupas infantis do Ceará, bordadas à mão, com muito valor no sul do Brasil, e para isso pensei em fazer uma parceria com minha tia, Iracema. Em outros países se vendem muito como vestidos de batizado essas roupas de linho ou cambraia. A mão de obra naquela época, em 1985, em Fortaleza, era barata, e para lá estava me mudando quando conheci meu futuro marido. Exatamente no dia 12 de junho, tinha ido visitar umas lojas de máquinas de bordar na Rua da Graça, em São Paulo. Depois que conversamos bastante sobre trabalho naquele dia, fomos jantar: foi a sua simpatia que me conquistou. Por coincidência ele era da mesma cidade do meu pai, Mundo Novo, Bahia. Inclusive ele tinha amigos, pais de seus colegas foram vizinhos do meu falecido avô, o fazendeiro Antônio Lopes.

Era Dia dos Namorados, e tanto eu como ele estávamos sem ninguém. Marcamos para sair às 21 horas e fomos a um simples mas elegante restaurante francês. Eu morava em frente à antiga loja de departamentos Sears, numa travessa da movimentada Avenida Antártica, bairro da Água Branca, em São Paulo, com minha mãe e meus irmãos. Fui delicada naquele dia adentrando a loja para comprar um LP (não sabia seu gosto musical e, na dúvida, o bom é apostar no clássico, então comprei Beethoven) para dar a ele; pensei: "Ah, hoje é Dia dos Namorados e não deixarei passar em branco. Mesmo que seja somente um jantar, o clima é romântico nos lugares". Engraçado, ele pensou o mesmo e também trouxe presentes: um lindo buquê de flores e uma camiseta na cor verde, estampada em *silk screen*, que ele já fabricava. O namoro começou nesse dia, mas eu já estava praticamente morando em Fortaleza, e até o dia de nos casarmos falávamos por telefone, por sinal caríssimo naquela época, em que não havia celular e suas operadoras com seus majestosos planos de ligações ilimitadas. Também nos víamos em feriados, quando ele viajava para o Nordeste. Tudo saía muito caro. Após muito conversarmos, resolvi voltar a São Paulo. Já de casamento marcado, vendi meu pequeno negócio e depois juntei os recursos de que dispunha com os dele, que ia bem com uma pequena fábrica de *t-shirts* de meia malha, e começamos a trabalhar juntos.

O mais fascinante naquele que escolhi para marido foi o fato de ele querer muito uma família, além de ser honesto. Casamos em 16 de setembro de 1986, com direito a festa num bufê para 400 pessoas. Nos primeiros anos de casamento, como era jovem, não me preocupei logo em ter filhos; precisávamos ganhar mais dinheiro para dar conforto à futura família. Resolvi estudar estilismo. Na época havia somente um local especializado nisso, onde quase todas as pessoas de confecção se matricularam: a bem frequentada escola de *design* Esmod-Brasil, na Rua Frei Caneca, 1.119. Alguns professores falavam em francês, por isso dispunham de um funcionário tradutor – lembro-me bem de um "professeur" que trabalhou na Galerie Lafayette em Paris, com quem muito aprendi. Nesse período, eu já ia para a Europa a trabalho de três em três meses. (O circuito era quase sempre o mesmo: Londres, Paris, Roma, Espanha, por vezes Holanda e muitas outras cidades, Düsseldorf, na Alemanha, onde fotografávamos as vitrines de magazines.) Viajava com a estilista e dona da fábrica de jeans Malagutti, Cida. Ela ficou minha amiga, e era mãe de duas meninas. Na verdade o casal e toda a sua família eram nossos amigos, e meu marido ficava tranquilo quando eu ia com ela, não tinha ciúme disso. Era uma boa parceria, não havia concorrência, ela via jeans e eu roupa feminina. Quanto mais me especializava na área, mais ricos ficávamos. Meu esposo também era muito bom na área comercial, então o sucesso vinha aos dois.

No entanto, algo não acontecia: eu não engravidava. Passados uns três anos, me falaram que era psicológico. Todo casal que adotava uma criança, diziam, logo depois gerava um filho biológico. Apresentaram a mim uma menina de 6 anos cuja avó não dispunha mais de condições para criá-la. Adotamos legalmente a Leda em 3 de agosto de 1990. Foi um dia especial, e me senti mãe dela no primeiro banho que lhe dei, quando Leda já foi me falando: "Mãe, estou com frio!". Minha filha é também baiana, as mesmas raízes dos meus pais e marido, mas estranhava, já que ela chegou "grandinha". No início não queria nada do que comíamos, algo normal para uma criança da idade dela. Seu café da manhã preferido eram as "quebradinhas" baianas, biju e leite. Mandava comprar especialmente esse "mimo" para ela em casas nordestinas no bairro da Lapa. Foi a melhor coisa que fiz, tomar a decisão de adotar. Independente do motivo que tivesse para engravidar, a adoção trouxe uma felicidade muito grande. Mas, ainda assim, perdurava em mim e no meu marido a vontade de sermos pais genéticos de uma criança.

Minha vida estava perfeita: realizada profissionalmente, e morava numa cobertura com piscina. Administrávamos duas fábricas de roupas no Bom Retiro, o polo de modas em São Paulo. Tínhamos amigos, todos se casaram e seus filhos estavam crescendo parecidos fisicamente com os pais. Foi quando, passados seis anos de casamento, decidimos investigar o porquê de eu não engravidar. Poderia ser um problema físico, meu ou dele. O primeiro médico que procuramos foi o doutor Milton Shim Ithi Nakamura (falecido em 31/1/1997), responsável pelo primeiro bebê de proveta brasileiro. O nascimento de Anna Paula Caldeira, em 7 de outubro de 1984, foi um marco na reprodução humana no Brasil. Ele era considerado o papa da fertilização. Sim, haviam me dito que deveria procurar um especialista em inseminação artificial.

Aconselharam-me a procurar outras opiniões. Ouvi então falar desse que seria o maior desacerto da minha vida, o famoso Roger Abdelmassih. Rumamos à sua clínica, na Avenida Brigadeiro Luís Antônio, no dia 27 de janeiro de 1993. Quando cheguei a seu consultório com meu marido, e contamos sobre o doutor Nakamura, eu deveria ter notado o primeiro sinal da falta de ética da criatura. Ele falou mal do médico e mencionou que haviam trabalhado juntos. O monstrengo alertou que eu teria apenas 15% de chance de ser mãe, caso estivesse aos cuidados de Nakamura – algo que não acontecia com as pacientes da Clínica de Reprodução Assistida Roger Abdelmassih.

O pomposo Roger fazia uso de uma apoteose mental na qual dançavam termos médicos a mim parecidos com o idioma russo. Daquele dia irreparável, lembro ter notado nele algo como uma respiração secreta, inespacial. Pareceu-me um augúrio... Ok, ele tinha certa condição humana, mas parecia carecer de humanidade! Relevei as más impressões. Dei-lhe voto de confiança tão intempestivo que até da fé no meu sexto sentido feminino abjurei...

O consultório (abatedouro) se instalava em uma casa de dois andares, nem tão grande, nem pequena. Estava naquela época pintada de um mostarda desbotado, e a garagem era na frente, para poucos carros. Como o movimento era grande, um motorista cuidava do estacionamento e fazia as vezes de segurança. Entrava-se ali e surgia um balcão, onde ficavam a recepcionista e mais duas moças. Naquele espaço acantonavam-se vários pequenos sofás e cadeiras, em que se amontoavam as pacientes. Estas também ficavam em bancos no corredor extenso. Passada essa sala, brotavam outras: de exames ginecológicos, consultórios afins, todos com banheiros privativos. E, no fim do corredor, via-se a porta do centro cirúrgico, e em seguida vinha a sala de descanso.

Do salão da frente surgia a escada. Levava direto ao andar de cima, onde estava a sala de Abdelmassih. Era um consultório regular, nem muito ornamentado nem pouco, um sofá, cadeiras, um pequeno quadro com o diploma dele e a mesa, além do banheiro. Notei, perto de sua escrivaninha, um pequeno aparador com porta-retratos de artistas abraçados a Abdelmassih. Um outro local servia para colocar os embriões, ao qual ele se referia como "a sala do pintor". Ambiente relativamente amplo, com mesa de atendimento, sofá e a mesa ginecológica, além de um biombo. Anexo, um banheiro.

Uma funcionária me mostrou o centro cirúrgico, sobretudo os equipamentos. Lembro apenas vagamente: estive ali, consciente, apenas nessa primeira visita. Nas outras vezes em que pisei naquele lugar estava desacordada ou semiconsciente. Havia lá todo o equipamento para uma emergência grave, balão de oxigênio etc.

O "feitiço" é tanto que nenhum casal pensa na possibilidade do risco daquelas cirurgias, o que justificava os aparatos na sala emergencial. Tudo aquilo parecia servir mais para ocultar do que para dizer...

Não cheguei a conhecer o local de trabalho da filha do monstro, a biomédica Soraya Ghilardi Abdelmassih (o laboratório de fato, para as experiências e onde ficavam os embriões). Acho que ali nenhuma paciente jamais colocou os pés.

* * *

Roger: um ser plural. Lento e plural. Não era uma tarefa insignificante, tinha um olhar oblíquo e, ao mesmo tempo, trazia uma falsa indiferença à minha presença. Dava risinhos nervosos, entremeados com lábios trêmulos – de quem se sentia, não sei o porquê, contrariado a cada segundo. Notei seu medo elementar do sorriso de meu marido. Às vezes Roger gesticulava muito, como que para mitigar um ar pesado a seu redor. Nosso inapreciável instinto feminino muitas vezes é maiúsculo demais, estabeleci em silêncio. Eu tentava levar isso em conta e, assim, não deixar que perdurasse a minha má impressão de doutor Roger.

Disse a mim mesma que essas minhas percepções eram uma bobajada. "Você deve estar emocionada, o novo sempre traz desconfiança", pensei. Achei que tais contrariedades eram apenas passageiras. E lá se foram as minhas incertezas...

O sonoro doutor Roger garantiu, numa conversa envolvente comigo e meu marido, que se fizéssemos o tratamento com ele, seria um fato: sairia dali grávida. Simples assim! Para isso, ofereceu um pacote de três tentativas, justamente, dizia ele, para tirar o compromisso psicológico "da cabeça". Tudo parecia apenas um papo profissional, fatigado, intuí. Mas resolvi não levar meus instintos tão a sério.

Sujeito a friezas demolidoras, e surtos de simpatia idem, Roger estudava nossos gestos e nos interrogava com os olhos. Por falar nisso, ele não olhava no relógio: parecia ter todo o tempo do mundo para ouvir o casal. Era dono de uma paciência mineral quando se tratava da arte do convencimento. Na verdade, puxou assunto de negócios com meu marido de uma maneira lateral, oblíqua, ladina ou, se preferir, "no sapatinho".

O consultório trazia um quê de tempo parado. Roger, volta e meia com o indicador nos lábios, demorava-se nos pormenores de nossas explanações financeiras. Suas averiguações minuciosas, então, não soavam como intenção de burla. Sua busca por detalhes lhe dava um tom de núncio apostólico a esperar uma confissão.

A incessante insistência de doutor Roger trazia um motivo: buscava sapear nossas fontes de renda para, numa análise do nosso padrão de vida, prefixar o preço. Investigava sofisticadamente, na conversa, até os nossos caraminguás no banco. Quando falou sobre o valor total, muito alto, calculei que era três vezes maior que aquele cobrado pelo médico anterior.

Meu marido pediu desconto, e, depois de muito insistir, Roger cedeu um pouco. No momento em que sentiu que íamos recuar por causa do preço, Roger mudou de figura e se mostrou "humano", acalorou a voz. Abriu um sorriso indignamente falso, ortopédico, e perguntou se dispúnhamos de uma reserva financeira. Respondemos que guardávamos um dinheiro para comprar um apartamento na praia...

Como se trabalhasse a preço de ocasião, condescendeu à tarefa humana de nos "permitir" regatear o valor da vida. Periódico como uma goteira, entesourou "n" papos sobre quanto dispúnhamos, ou não, nos bancos. Voltamos então ao tema do apartamento no litoral e nossas veleidades afins.

Foi quando Abdelmassih jogou a rede e nos deixou desconcertados, ao perguntar:

– Vocês preferem ver o mar ao sorriso dos seus filhos? Sim, pois podem ter gêmeos!

Diante da rósea possibilidade, isso nos soou como um tiro intempestivo de canhão. Roger falou em tom terminante, compadecido, numa voz soporífera – como se tentasse evitar que nos consolássemos na desgraça de não termos filhos. Tudo numa improvável combinação de tons graves e agudos de voz. Havia nele algo muito recôndito e mal disfarçado. Mas novamente me pus em xeque e prossegui, confiante.

Roger se levanta e sorri. Vem em direção a nós, ensaiando um abraço. Move-se num estranho andar de urso velho, numa ginga mole. O sorriso lhe some. A boca fica herniada. Ele muda o tom de voz, encarapita o pescoço e dispara uma pergunta que era então um cerco, infranqueável:

– Decidiram que sim, não é?

Não queria que ele evocasse novamente os pormenores de nossa situação financeira.

Assim, com a pergunta, ainda bem, ele terminara suas averiguações minuciosas. Pareceu-me emitir um suspiro de ópera quando intuiu que diríamos um sonoro sim. Notei que Roger fez um ajuste leve na gola da camisa, tão certinha que parecia fixada com goma.

Naquele momento, com a segurança dada por ele, cheguei a ver as crianças no meu colo. Bem, então o que se seguiu foi apenas o tempo de tirarmos o dinheiro do banco e já estava fechado o acordo. Doutor Roger era dono de uma lábia repleta de caprichos científicos, que lhe prometia o céu e as estrelas. Ainda sinto a reverberação daquela boa (e falsa) promessa. Sabia-me, por alguns minutos, destinada, enfim, ao melhor...

Hoje, depois de praticamente ter feito "Abdelmassologia" (estudei-o e seus passos), concluo que não existe violentador de apenas uma vítima. Todo estuprador tem um *modus operandi* e também o deflagrador, o gatilho seletivo, que o faz escolher esta e não aquela vítima. As mulheres violentadas por Abdelmassih não têm o mesmo biótipo, condição financeira, profissão etc. O que o levou a escolher suas presas, creio, entre outros motivos, foi a sua tara por sexo anal (comprovada em denúncias), o seu ódio e complexo íntimo perante homens, ou seja: o prazer maior de fazer de "corno" aquele marido pleiteador de descontos, a quem ele fez perder um pouco de dinheiro. Roger se sentia superior ao violentar as mulheres cujos maridos, inocentemente resignados, muitas vezes estavam à espera na antessala...

Anos depois vim a saber de uma de suas vítimas, homem, uma história brutal. Ele fora paciente de Roger quando o monstro ainda era urologista, e recém-formado.

Pelo ódio mostrado ao pênis desse indefeso "doente", tive esta certeza: Abdelmassih desprezava o sexo masculino. Vamos aos fatos: houve um desacerto financeiro entre E., o paciente, e o "médico". E. sustou o cheque. Quando foi retirar os pontos da cirurgia de varicocele, o monstro Roger segurava, com uma das mãos, o órgão genital do fragilizado recém-operado E., e com outra o bisturi. Com olhos apertados, pupilas liquefeitas, Roger ameaçou-lhe cortar o membro viril ali mesmo, caso E. não ligasse ao banco para autorizar o pagamento.

Essa vítima, na faixa de 60 anos, hoje meu amigo, chorou muito no dia da prisão do monstro. E me agradecia em lágrimas, dizendo que anos se passaram e ele ainda temia Abdelmassih.

* * *

Ano de 1993. Eu contava 33 anos. Sempre fui uma jovem bonita, assim me diziam, inclusive convidada a ser representante de um concurso mineiro, vencido por uma amiga, Silvania Lisboa, que depois viria a ser madrinha da minha filha. Ela ganhou um título de beleza. Tornou-se Miss Minas Gerais e levou o 3º lugar no Miss Brasil de 1976.

Eu exibia cabelos negros (desde aquele episódio na infância, procurava mantê-los longos). Pesava no máximo 60 quilos. Isso, para minha altura, me fazia esguia. Como estilista, eu era impecavelmente arrumada, usava roupas da moda, importadas. Por onde passava, sempre chamava atenção, talvez por ser uma pessoa risonha, de bem com a vida, e sempre trazia um caso engraçado para contar. E conservava amigos desde a adolescência. Eu respirava opondo leveza à lei da gravidade de cada um. Some-se a isso um certo quê de excentricidade, já que andava com um passarinho a tiracolo.

* * *

Eu, aos 33 anos.

Depois da primeira consulta, quando voltei à clínica do monstro, na semana seguinte, estava eufórica para começar o "tratamento". Eu vivia do trabalho para casa e para a vida social que cultivava. Não estava atenta a detalhes naquela "clínica", que hoje seriam visíveis a olho nu. Eu me vestia de esperança. E ia todos os dias àquele endereço tomar medicação e hormônios. Foram muitos os receitados pelo monstro, sempre dizendo que, quanto mais óvulos eu fizesse, maiores seriam as chances de dar certo. Nada de anormal eu percebia: apenas já sentia o cheiro do bebezinho, quem sabe vários, gêmeos ou trigêmeos. Nem sequer pestanejava quando tomava os remédios. Era um estado de espírito azul como um domingo.

No dia da primeira tentativa, uma manhã luminosa, 1º de março de 1993, Roger empertigou o gogó. Exibia, digamos, olhos propícios. Seu tom não excluía a soberba. E me disse, lento, plural:

– Nossa, como você está linda...

Estranhei o elogio tão caloroso, mas como estava em estado de graça e ouvia frequentemente isso, inclusive de amigos e pessoas com que me relacionava profissionalmente, relevei o gracejo. Naquela situação o galanteio ia em contraste à distância reverente dos médicos. Pelo sabido, um médico olhar fundo nos olhos da paciente e dizer isso ia contra os códigos de comportamento da tabela periódica da ética médica.

No entanto, lutei contra esse sentimento. Eu devia estar errada. Não poderia interpretar tão erroneamente um elogio de um doutor famoso, benquisto da mídia, vendo em suas palavras um sentido de carícia estremecedora.

Ele deveria, afinal, estar certo quanto à lisonja: meus olhos brilhavam mais; minha pele estava sedosa, estava pronta para a maternidade, aquele momento no qual a mulher se realiza de verdade.

Não considerei a impertinência dele como um sinal do seu desvio sexual, nem como sintoma de seus monstruosos amores de urgência. Tampouco me lembrei desse detalhe na segunda tentativa. Eu desejava os meus filhos com meu marido. Esse era o motivo real de estar ali, mesmo com todo o desconforto de ter de ir àquela clínica quase que diariamente, tomar injeções hormonais e sentir cólicas e dores nos ovários.

A primeira tentativa fracassou: não engravidei. Ainda cheia de coragem, mesmo um pouco triste, fui começar o novo ciclo. Pensava, realmente, sobre como ele "vendera" a ideia. Faltavam ainda mais duas tentativas e ele disse que era CERTEZA, então, nada com que se preocupar. Continuei trabalhando muito. Precisava fazer coleções para alimentar a fábrica por mais ou menos um ano, pois, se iria engravidar, queria ficar dedicada a isso. Trabalhava mais que o normal. Sempre ia correndo à clínica tomar os remédios e fazer exames. Isso é importante para eu me perdoar por não ter conversado com outras pacientes na antessala. Talvez tivesse percebido algo de diferente.

Quando finalmente chegou a segunda tentativa, em 6 de maio de 1993, o procedimento seguia o mesmo. O marido ficava na sala de espera, enquanto eu adormecia para sair dali grávida. Cheguei a pedir a entrada de meu marido, mas Roger disse não, intempestivamente. Estabeleceu ser aquele momento como o de um escultor a dar o último retoque à sua obra-prima. Defendia precisar desse momento a sós com a paciente. Como eu estava ansiosa (e com um pouco de dores abdominais por conta do excesso de hormônios), ele me deu um calmante. E disse para eu dormir. Logo mais, predicou, eu estaria grávida. Realmente engravidei naquela vez. Mas não demorei muito para descobrir ter a gravidez perdurado tão somente 15 dias. Isso me bastou para ir animada para aquela que seria a última tentativa.

Eu seguia realmente enfeitiçada pelo sonho de ser mãe. Havia comprado já os sapatinhos, apesar de ser supersticiosa, pois me diziam não ser bom comprar nada antes de estar grávida, mas não resisti ao ver um azul e rosa. Guardava a certeza de que seria um casal. Se não fosse, sem problemas, queria-os com saúde. Comprei assim mesmo, um de cada cor. Já havia escolhido os nomes. O menino carregaria o nome do pai, e a menina teria meu apelido de infância, Vana, minha querida Vaninha, em quem eu faria tranças. Minha filha adotiva já estava doida para dividir com a irmã as bonecas com as quais enchi o quarto dela. Leda mantinha o quarto que nunca tive, todo rosa-chá, com prateleiras cheias de bichos de pelúcia que trouxemos da Disney.

Faria uma viagem dessas com os futuros filhinhos. Na cobertura já havia o quarto que seria dos bebês. Não tinha decorado, achei que seria um exagero de otimismo. Mas pintei com uma cor neutra, verde--água. Sempre gostei de ler, e nos momentos livres lia um livro de Leon Eliachar que dizia em alguma parte que o sonho do herói era ter um iate, e, para se aproximar daquele ideal, ele havia comprado um traje de banho para usar no barco. Pensei: ora, o que é pintar o quarto de verde-água? Nada de mais perto do meu esforço em tornar esse ninho o mais confortável possível.

O ramo da moda me fazia cumprir uma rotina diária de supervisão e criação, pois tocava duas empresas. Porém, só ia a uma delas, por falta de tempo, não de vontade. Na verdade, amava minha profissão. Criar roupas, para mim, significava estar próximo da alma das pessoas. Afinal, a vestimenta é a segunda pele do ser humano. E com ela convive em todos os momentos, desde o despertar até o adormecer. O vestuário traz, em si, o compartilhamento de emoções e a identidade de cada usuário. Por isso, é fundamental em todas as sociedades, civilizadas ou selvagens.

Eu me sentia realizada profissionalmente e como pessoa trabalhando com moda. Gostava de acompanhar todo o processo de fabricação das peças, desde a criação ao acabamento. Era como fazer um filho, em minha opinião. A roupa nascia primeiro na minha imaginação, que eu alimentava constantemente lendo revistas especializadas e assistindo a novelas, todas as noites, antes de dormir.

Nossa fábrica ficava na Rua Aimorés, no centro da moda de São Paulo, um prédio com três andares. A loja ficava no térreo, e minha sala no primeiro andar. Lá, vivia como num reino encantado, de cores e texturas sempre renovadas. Graças ao que aprendi com a minha tia estilista, na infância, já havia desenvolvido um olhar diferenciado e um gosto refinado. O verão era a época para lançar coleções jovens e alegres, coloridas e descontraídas. O inverno pedia cores mais sóbrias e elegantes, com peças mais estruturadas e formais. Já o outono era a meia-estação, típica dos tons mais neutros, como o cáqui e o cinza. E a primavera, ah, a primavera, tão floral e rejuvenescida, a minha estação preferida. Sentia-me especialmente mais criativa nessa época do ano, e minhas coleções refletiam o desabrochar das flores, a vibração da natureza e a fertilidade do meio ambiente. Fazia peças exclusivas e me valia de todos os recursos especiais que conhecia. Era uma pesquisadora interessada e ávida por novidades. Tudo me estimulava e despertava a criatividade.

Por exemplo, em uma determinada coleção de primavera, fiz uma blusa que rapidamente se tornou o *hit* daquela estação: branca, de algodão e um pouco transparente, ajustada ao corpo, de modo a valorizar as curvas naturais, e na parte da frente trazia uma flor totalmente desabrochada em relevo. A exclusividade e originalidade desse adereço tornaram aquela blusinha um marco nas vendas.

Era a primeira a chegar à loja, antes mesmo das costureiras. Minha sala, envidraçada, ficava de frente para a fábrica, e ali eu tomava o café da manhã, pois acordava e ia direto trabalhar. A localização do meu ambiente de trabalho me dava mais gás ainda, pois ouvia o som das costureiras trabalhando em suas máquinas, embora não entrasse em contato com elas diretamente. Havia cerca de 50 trabalhando na empresa. Apenas três tinham acesso direto a mim, pois fabricavam as peças-piloto, ou seja, as primeiras, que ainda seriam aprimoradas até se tornarem o produto final para a venda.

A rotina do dia a dia de trabalho era assim: pela manhã, recebia visitas de vendedores de tecidos ou de revistas de moda. Naquela época, as publicações importadas eram vendidas nas fábricas, de porta em porta. Na minha sala, ao lado da mesa de trabalho, havia centenas delas, das mais variadas. Quanto mais as lia, mais ideias brotavam.

No terceiro andar do prédio ficava o corte das roupas. Também passava por lá de manhã, para ver se estavam cortando as peças de acordo com o modelo certo. Nesse mesmo andar também funcionava o estoque de tecidos. Era preciso verificar se algum item estava faltando. Um movimento intenso, pois fabricávamos cerca de dez mil a vinte mil peças por mês. Algumas, as mais fáceis, eram enviadas para ser costuradas fora. Esse sistema de trabalho tem o nome de facção, que é uma indústria de vestuário que não tem marca própria e é subcontratada pela confecção. Depois, hora de almoçar, o que eu fazia ali mesmo, na fábrica.

Às 14 horas, subia novamente e, então, me dedicava a desenhar. Na sala ao lado ficava uma modelista. Juntas, chegávamos a um consenso sobre o que seria produzido. Um determinado modelo da revista, sempre analisado e debatido. Em um manequim de madeira meio-busto, prendíamos, com alfinetes, uma amostra de mais ou menos um metro de tecido e víamos o caimento da peça, se ela esticava ou deformava. Se eram adequadas para determinado estilo, por exemplo, pregas, plissado ou mangas raglã. Esse momento era muito especial para mim. Mal comparando, era quando o filho, que era a peça de roupa, no caso, começava a ser gerado. Não atendia mais ninguém nessa fase do desenho. Precisava me concentrar ao máximo quando voltava para a minha mesa, pegava o papel e começava a desenhar. Munida das informações das revistas, das novelas e da prova no manequim, fazia meu primeiro croqui. Todas as ligações eram atendidas pela secretária, que informava a todos sobre minha indisponibilidade. Ela marcava as reuniões com os fornecedores para o dia seguinte, ou segurava outras ligações até segunda ordem. Quando, finalmente, eu terminava o desenho, bastava chamar, em voz baixa, a modelista e ouvir seu *feedback*.

Semanalmente, ocorria a reunião na loja. Ali, no mezanino, com uma mesa e um provador, apresentavam-se os modelos para o gerente de vendas e meu marido. Dependendo da aprovação, era feito o mostruário. Tínhamos a modelo de prova, que era uma das vendedoras, cujo corpo apresentava as medidas perfeitas. Ela vestia as roupas e todos na loja opinavam. Éramos uma equipe bastante unida. Eu mandava os modelos para a outra loja e fábrica, cujo gerente vinha buscar.

Também trabalhava com o vitrinista, geralmente às sextas-feiras. Como mantinha controle do estoque, sabia quais peças estavam saindo mais e quais, ao contrário, estavam encalhando. Assim, nos reuníamos para compor a vitrine, levando em conta as cores da estação, que entrariam também nos enfeites, para causar maior impacto nas vitrines.

Meu dia de trabalho se encerrava apenas depois das 19 horas. Na verdade, a loja fechava às 18 horas, e a fábrica, às 17h15. Para evitar o horário do *rush* na volta para casa, preferia ficar no trabalho, praticamente sozinha, exceto pelos gerentes da loja e um ou outro cortador, que fazia hora extra para abastecer as máquinas de costura. Para mim, era o momento da inspeção final. Percorria os andares para ver se tudo estava correndo bem. Verificava o acabamento das peças de roupa e ia até a passadoria, para checar se haviam sido bem passadas. Carregava sempre comigo um bloquinho de notas e, se detectasse algo de errado, fazia anotações para depois falar com os chefes de setor.

Nesse intervalo aproveitava para adiantar outras questões pessoais, como o tratamento para engravidar, caso sobrasse um tempinho. Fazia pesquisas em publicações e ligava para as amigas, para saber das últimas novidades. Na verdade, durante o dia, o único telefonema pessoal era para minha casa, para ver se estava tudo bem com Leda, minha filha adotiva. Tocávamos uma boa estrutura de suporte: babá, cozinheira e motorista, mas é claro que tudo só funcionava bem porque eu estava sempre a postos, me inteirando se Leda (apelido Leleu) havia almoçado na hora certa, feito os deveres de casa e ido à escola.

Voltava para casa por volta das 20 horas. Meu momento de relaxar, tomar um banho, assistir ao noticiário na TV e jantar. Fazia questão de comer sempre com minha filha, para saber do dia dela e conversarmos. Esse momento era sagrado para mim e dele nunca abri mão. A estabilidade familiar era o que eu mais prezava na vida. Depois do jantar, Leda ia brincar um pouco antes de dormir e eu assistia à novela, como uma continuação do trabalho. Precisava ver os modelos que estavam sendo usados. Depois, tomava um copo de leite junto ao meu marido, que chegava mais tarde. Colocava minha filha para dormir, assistia a mais um pouco de TV e íamos dormir, finalmente.

ATAQUE DO MONSTRO

Com vários pensamentos de uma rotina a me preencher e deixando na minha mesa de trabalho algumas revistas de decoração, me dirigi àquela que seria a última vez em que pisei naquela "clínica", em 15 de agosto de 1993. Quando cheguei, depois de ter ido dois dias antes retirar os óvulos (eles ficaram num tubo para se unir ao sêmen do meu marido), já sabia serem embriões magníficos, pois assim me dissera o ex-médico Roger ao telefone. Naquele fatídico dia, meu marido não poderia comparecer: eu estava muito concentrada no tratamento, e ele, sobrecarregado.

Não era necessária a presença dele, já havia feito a coleta e eu nem mesmo fui dirigindo. Resolvi ir de táxi, então meu irmão se ofereceu para me levar, mas não iria poder me esperar. Afinal, era no horário comercial, por volta das 11 horas. Eu lhe disse que voltaria de táxi, assim não teria problemas por causa da medicação, cuja bula me impedia de dirigir.

Lembro-me como se fosse hoje. Senti algo, como um sinal: Roger me perguntou se eu lembrava algo de dias anteriores em que estive anestesiada durante a coleta dos óvulos. Seu tom era de segredo, um cochicho... Não entendia bem. Nem pensava e observava nada, meus pensamentos eram minha futura gravidez! Abdelmassih havia me elogiado muito nos últimos dias, mas, ao pensar que meus embriões estavam naquela clínica – e jamais os abandonaria num vidro –, meus bebezinhos, nem cheguei a cogitar qualquer coisa que maculasse a conduta dele, um médico que eu respeitava. Eu o encarava como uma pessoa que tinha idade para ser o meu pai. Procurei ser um pouco mais ríspida, é verdade: achei que ele não se atreveria a me deixar encabulada com tantos elogios.

Fui preparada na sala isolada do andar de cima, para o momento do "pintor", por uma enfermeira que me levou a bata cirúrgica num tom de azul. Lembro-me de vê-la se afastar e eu ficar ali, em posição ginecológica. Quando Roger chegou com uma agulha, que se chama cateter, contendo meus filhos, ele disse, em tom arcangélico:

– Vana Lopes, desta vez não tenha dúvidas, fizeste doze embriões maravilhosos, vou colocar quatro em você; quando acordar, estará com seu bebê no ventre!

Não disfarcei minha alegria e ansiedade. Ele então me disse: "Você terá que tomar esse relaxante para não ter contração no momento da fecundação!". Fiquei apreensiva assim que ele passou a mão na minha coxa, mas o que eu estava pensando?... Não, era um engano meu, ele é médico e está apenas me examinando... Não tive dúvidas e engoli todo o remédio dissolvido num copinho. Somente deu tempo de orar um pai-nosso e uma ave-maria. Na parte do "bendito é o fruto do vosso ventre", pedi a Deus que me desse filhos com saúde, e não me incomodava que fossem quatro meninos ou quatro meninas, isso não tinha importância. Estava emocionada, e mesmo tendo já uma filha adotiva que considero do ventre de minha alma, agradeci a Deus por ela e pedi finalmente que viessem os meus.

Com o pensamento voltado a Deus e nas almas e anjos que iriam estar em poucos minutos dentro de mim, adormeci. Já era a terceira vez que tomava aquele remédio. A mesma dose. Por isso, daquela vez o efeito acabou antes do previsto, já que eu desenvolvera tolerância e a dose era a mesma. Se não fosse isso, não teria visto o que vi.

Não entendia o que estava acontecendo: meu raciocínio estava lento, meus braços pesados, minhas pernas não tinham força. Mas o que era aquilo? Eu dormi com pensamentos em anjos e acordei com o demônio... O que está acontecendo? Não conseguia reagir velozmente, ainda estava lenta, confusa por causa do anestésico.

Na hora, tive ânsias ao ver Abdelmassih ejaculando em mim, gemendo, e eu não entendia por que não conseguia me debater. Parecia um pesadelo. Cheguei a pensar que era. Mas sentia dores no ânus. Com dificuldade, em segundos que pareciam horas, passei a mão e vi que havia sangue. Foi quando consegui me levantar. Cambaleando, empurrava-o e chorava, ao mesmo tempo em que procurava minha roupa. Tudo estava pesado. Minha cabeça latejava. Aquele cheiro acre no ar me incomodava, aquela cena parecia surreal.

Eu sofria uns clarões de urgência. Tateava o ar, em gestos elétricos, que me convertiam num asterisco humano. Descrevia no espaço elipses e círculos, com meu corpo arqueado.

Com suas mãos nodosas, sua pele torpe e mole, ele havia me atacado por detrás, encolerizado. E repetia a dose na frente. Arfava vulcanicamente.

Ainda sinto a reverberação dos golpes. Embora eu tivesse os músculos relativamente intactos, ele havia me imobilizado quimicamente.

Sua agonia tenebrosa, cheia de vagares, fazia meus ossos se desconjuntarem. Roger era uma matéria gelatinosa que se descompunha em mim: era um ectoplasma, meu Deus. O monstro vomitava no ar uma sucessão de consoantes, abruptas e moídas, guiado por um complexo código de pequenos golpes para me imobilizar. Seus ataques musculares me mimoseavam sem perder o gume um único instante. Passados tantos anos, pergunto-me quanto ele não os treinara antes...

Durante muito tempo passei a ouvir aquele seu murmúrio delirante de monstro. Seu olhar de alheamento, envolto numa aura de mal tenaz. Bastava ver nas ruas alguém de compleição física semelhante à de Roger e era envolta, imediatamente, por um suor gelado. Era psiquicamente sequestrada àquela cena, à sensação de que o bizarro sortilégio que me imobilizou poderia voltar ali, com força total... Quantas vezes não enxerguei nos olhos de um senhor humilde entrevisto na calçada a reverberação dos olhos fumigantes do monstro? Só eu e minha sombra sabemos...

* * *

Desci as escadas quase caindo, lembro-me de ouvir vozes e de alguém perguntar "o que ela tem?". Acredito que era uma paciente na sala de espera. Ouvi-o dizer que era normal, que era meu desespero por não ter dado certo. Nem pensei em desmentir e falar que ele tinha gozado em mim, que tinha sido violentada. Apenas saí chorando e rapidamente. Queria ir embora daquele lugar, me lavar. Queria tirar de meu espírito o cheiro daquele consultório, a me trazer a sensação da jurisdição e mando que o monstro me impôs.

Eu andava em desnível ao chão. Os funcionários de Roger, de tão experimentados nas coisas da ciência do monstro, eram impermeáveis aos formalismos da ética. Lá ia eu me arrastando, trinchada, sentindo que havia consumido algo como uma noz vômica. Tudo que há de sombrio e pesaroso pairava no ar. E o exército regular dos funcionários de Roger entrava em ação. Falavam às demais pacientes que tudo era parte dos meus delírios, decorrentes de uma má reação aos medicamentos. Meu corpo me mandando furacões de dor abismal, uma dor física em meu coração, e ainda uma funcionária robótica, pantográfica, me abraça (me lembro de sua pele acartonada, de múmia gotejante) e levanta a voz. Manda a quem quisesse ouvir uma onda compacta de palavras angelizadas, do tipo: "Tadinha, mas vai passar, viu?".

E lá atrás, em sua sala, o monstro Roger de pé, em absoluta bonomia, com a porta aberta, esperando a nova vítima cair prisioneira de sua saliva salitrosa...

Deus sabe como desci, às apalpadelas, pela escada. Se me olhasse no espelho, veria um roxo de cianose ambulante. Desabo na avenida movimentada. Fiz sinal a um táxi. Ele saiu a meu socorro, já não havia local para estacionar, e eu escutei as buzinas por ele ter parado. Depois de alguns minutos, o motorista perguntou para onde eu ia. Como não respondi, o chofer me olhou pelo retrovisor e, ao me ver aos prantos e vomitando, parou numa esquina e disse: "O que aconteceu com a senhora, está doente?". Foi quando eu consegui, ainda chorando, responder que tinha acabado de ser violentada.

Aquele homem simples me aconselhou o certo: eu deveria ir a uma delegacia. Nem mesmo pensei duas vezes e me deixei levar. A delegacia era relativamente perto da clínica. Nunca havia estado num distrito policial antes. Pedi àquele taxista que me esperasse. Ele gentilmente estacionou perto da porta. Quando entrei, não vi uma única mulher, somente homens de rostos tisnados. Falei, envergonhada, que uma pessoa me violentara, e tentei explicar o acontecido ao primeiro que me atendeu. As minhas palavras não eram vocábulos, mas murmúrios enevoados. Esforçava-me... Sabia que minha voz vinha em borrifos entrecortados, ondas de tremor chegavam aos magotes.

Grave e magro, o escrivão policial me orientou, meio incrédulo, da necessidade de explicar tudo ao delegado. Esperei um pouco e fui atendida. Relatei o que lembrava. Foi chamado um outro homem para redigir cada palavra dita numa antiga máquina de escrever. Compeliram-me a repetir várias vezes a mesma coisa: o escrivão, sonolento e cheio de bonomia, não entendia o meu abaixar da voz, contorcida de dor...

O delegado tinha também um olhar de alheamento, impermanente. E não parecia nada convencido do que havia ocorrido, depois que eu falei o nome do Abdelmassih. "Ele, o médico das estrelas, fez isso com a senhora?", foi o que me lembro de ele ter perguntado algumas vezes. Notou minha insistência no depoimento, ao término me fez assinar o dito e me disse para ir para casa me acalmar: estava aos prantos e tremendo. Estabeleceu ser bem-vinda minha volta ali para prestar novo depoimento. Assoprou que eu teria tempo para pensar se iria levar adiante o boletim de ocorrência. E comunicar a meu marido...

Despedi-me do delegado e daquele ambiente rarefeito lavada de um suor glacial. Sem alternativa, fui embora para minha casa (nem sei como). A princípio tonta e, afinal, um pouco controlada, ao chegar, a primeira coisa que fiz foi tomar banho. Fiquei horas debaixo do chuveiro esfregando a bucha no corpo para extrair aquele odor abismal, cheio de lubricidade. Quanto mais lavava a epiderme, mais suja ela se tornava. Minha pele ficou irritada na altura da coxa de tanto que esfreguei. Uns 120 minutos depois, recuperada da anestesia, consegui raciocinar um pouco. Minha filha havia chegado da escola. Quando ouvi sua voz me falando que iria brincar, pedi a ela, que não entendia por que eu chorava tanto, que chamasse a mãe da amiguinha.

Quando minha vizinha Rosângela B. chegou (num tempo psíquico para mim com horas e horas de atraso) e me viu em estado de total desamparo, ficou lívida. Eu não sabia por onde começar a contar tudo. Mas comecei dizendo que precisava de ajuda, pois não sabia como explicar ao meu marido que tinha sido violentada. Na hora ela pensou que isso teria acontecido na rua, que eu havia sido atacada por um "motoboy ou algo parecido". Eu disse: "Nãooooo, foi na clínica, por um colega de profissão do seu marido". Rosângela era casada com um conhecido oncologista. Nem por um minuto ela duvidou ou deixou de me apoiar.

Na verdade, ela foi fundamental para o final desta história não ter sido mais trágico. Deu-me um calmante, depois de amparar o meu choro dilatado por centenas de minutos, e me disse da necessidade de dormir e contar para meu marido outra hora, com calma. Iria se aconselhar com o seu marido sobre como eu faria isso, sem que meus movimentos levassem meu marido a tomar uma atitude radical: a de se vingar na base da justiça com as próprias mãos. Mais à frente, você verá, eu mesma fiz justiça com as minhas mãos, e absolutamente dentro da lei.

Carinhosamente, depois de me preparar um chá, ela esperou que eu adormecesse. Naquela noite não vi quando meu marido entrou em casa. Nem mesmo o vi sair pela manhã; o calmante que havia tomado era muito forte. Eu padecia estafada e em estresse pós-traumático, e queria ficar dormindo na posição fetal, na qual me sentia protegida. Não sabia se estava com meus embriões e não sabia o que fazer. Se ele os houvesse colocado em mim, com sucesso, eu não podia ficar nervosa, teria de repousar como das outras vezes. Resolvi passar o dia na cama. No final daquela tarde minha vizinha foi me ver. Havia se aconselhado com o marido, que não duvidou do acontecido, mas ressaltou a fama de Roger, a qual faria com que não acreditassem no meu relato. Eu deveria tomar outro calmante, disse. Naquele instante meu choro ia para uma outra classe de lágrimas: as de indignação e inconformismo - mais perenes, grossas, de um debrum holográfico. Ela também se preocupou se eu estava com os embriões.

Obedeci e adormeci novamente, agora com um chocolate quente e algumas torradas. Não havia comido nada o dia todo e o corpo estava dolorido. Sentia-me febril, e algo quente para beber me parecia um carinho ao meu corpo que estava sofrendo. Acordei de madrugada, com meu marido dormindo ao meu lado um sono profundo. Levantei com sede e frio. Nosso dúplex ficava no alto da Rua Carlos Weber, Vila Leopoldina, no último andar, isto é, o 22º. A porta da sacada do quarto estava levemente aberta e fechei-a. Pelo vidro, viam-se as luzes de todos os ângulos de vários prédios mais baixos que o meu em São Paulo, além das marginais tanto do Rio Tietê quanto do Pinheiros. Estávamos morando num bairro muito bem localizado, a dez minutos do então recém-arborizado Parque Villa-Lobos. Mas naquela noite meu corpo tremia e fui com dificuldade à cozinha, longe do quarto. Eu me curvava por causa das dores abdominais. Voltei para a cama e virava de um lado para o outro, mexia-me tentando achar uma posição em que as dores fossem mais suaves. Pela manhã, meu marido estava de saída e perguntou o porquê daquilo – eu gemia. Antes que respondesse, ele ligou para a clínica do monstro, onde alguém respondeu, placidamente, que eram gases, "algo normal".

Preparei-me para contar o acontecido. Ele queria ouvir apenas quando voltasse.

Tão logo saiu, liguei para minha mãe. Pedi que viesse para minha casa. Me sentiria mais segura com mamãe ao lado para eu contar a ele. Ah, minha doce mãe: notou de longe meu suor frio, eu ardia em febre, com dores, e o corpo em estado vulcânico.

Antes que ela chegasse, passei a ser assaltada mentalmente por todo o meu estigma. Tudo ia e voltava. Começava com um odor amoniacal no ar, que precedia uma tempestade silenciosa. Progressivamente, e um tanto bárbaro, o silêncio era substituído pela crepitação de uma chuva de lágrimas. A atmosfera ficava rarefeita. Eu não achava nem na religião, nem nas doces e compassivas lembranças de Diamantina, uma forma de persuasão que pudesse apaziguar meu tormento.

Indiferente às minhas clemências, o ritmo colérico voltava. Aprendi ali que o terror traz infinitos matizes, num tropel a envolver imagens, cheiros, contrações musculares, dor física no coração. Muito raramente vinha uma nesga de luz, rapidamente sugada quando a imagem de Roger, seu rosto endurecido, surgia furtivamente do escuro.

Aprendi ali também: o prolongamento do meu pesadelo era a condição essencial para que meu corpo me convidasse a uma reação.

Estou nesse vaivém de angústia quando minha mãe entra em casa.

Mal entrou, pegou um termômetro e se assustou quando viu que minha febre era alta, mesmo depois de me medicar. Contei tudo a ela. Logo me aconselhou a não falar nada ao meu marido, que se eu o fizesse provocaria uma desgraça.

Com sua voz doce, mas firme, me ordenou a seguir o mais importante: me recuperar fisicamente, e depois decidiria. Realmente me parecia o mais coerente; as dores estavam insuportáveis, eu nem mesmo conseguiria levar uma discussão adiante.

Naquela toada de então, outra noite, depois de outra noite, depois de tantos incontáveis "depois", não mais conseguia dormir com as dores. Fui para a sala, pois temia acordar meu marido com os gemidos. Minha mãe, ao ver que eu me contorcia toda, preparou uma bolsa de água quente para eu colocar no ventre. Passados uns minutos, senti algo no meio das pernas. Meu desespero: ter perdido os bebês, mas era pus. Percebi que algo grave estava acontecendo. Mal raiou o dia, dona Dene, minha mãezinha, ligou para a clínica; aconselharam um exame de sangue. Não queria falar com aquele "médico", mas precisei do pedido de exames do médico assistente. Nosso motorista foi buscar. Fiz os exames em casa a pedido de urgência. Quando saiu o resultado, tive de relatar os números por telefone ao médico assistente, que disse que eu deveria ir a um hospital.

Já estávamos no fim da tarde quando finalmente decidimos em qual hospital me internar. Eu dispunha de um seguro-saúde que cobria maternidade, e não hospital como o indicado, especializado em infecção generalizada. Sim, o quadro era esse. Cheguei ao Hospital Albert Einstein em 20 de agosto de 1993, já estava jorrando pus, e não suportava as dores, porém não entendia o quadro clínico brutal. Somente ficava o tempo todo falando para vários médicos que eu estava com meus bebês, que não podia tomar qualquer remédio, poderia prejudicá-los etc. Foi quando tive de explicar que era paciente de Abdelmassih. Meu marido teve de deixar um valor alto de caução. Isso o pegou desprevenido, visto que havia feito um investimento na fábrica. Mas era uma questão de vida ou morte, e eu não podia ser transferida para um hospital mais simples. Nem chegamos a cogitar isso.

O médico plantonista explicou a importância da presença de alguém da clínica para esclarecer os fatos. Eu tremia em pensar que pudessem acionar o monstro Roger. Chegava um médico, me examinava e balançava a cabeça confuso, entrava outro e ficavam conversando. Percebi que algo sério estava acontecendo; resolveram me dar uma medicação venosa. Seguiram-se baterias de exames.

Por fim, fizeram uma junta: um obstetra foi chamado, um infectologista e um gastro, e todos decidiram ligar para Abdelmassih. Explicaram a Roger que a paciente não queria a presença dele no quarto, mas era importante que fosse ao hospital explanar o ocorrido para que me dessem o tratamento certo. Adormeci com remédios e minha mãe passando álcool em minhas veias para aliviá-las, pois são finas e não estavam suportando tanto remédio. Foi ministrada uma dosagem máxima de antibióticos. Ainda estava sonhando com a companhia dos bebês. Pela manhã, soube pelo médico plantonista, no quarto, do resultado: no exame de sangue não constava gravidez. Se eu gerara um filho, o havia perdido.

Não sei o que me fez sofrer mais naquele dia: se foram as dores, ou a dor na minha alma violentada em meu momento sagrado, ou se o fato de não ter segurado meus bebês. Comecei a me culpar pelo acontecido. Se... ah... se... se eu não tivesse ido àquela clínica, se... eu não tivesse assistido a um programa de TV em que ele apareceu... se... eu não tivesse... Tudo era culpa minha. Até meus cabelos longos achei culpados. Se fossem bem curtos... Se eu fosse feia, gorda ou magra demais, não teria sido violentada. Talvez se eu não tivesse sido educada e gentil... Me culpava de tudo que havia em minha essência.

Passaram-se quase dez dias em dores insuportáveis. Nas aplicações, as veias dos braços foram substituídas pelas dos pés (não estavam suportando tanta medicação). Os médicos falavam que por enquanto não poderiam me operar, que o risco de vida era muito grande com abcessos na barriga. Que eu não estava respondendo bem aos antibióticos, cuja ação ia lenta. Minha mãe não saía de perto de mim. Aconselhava-me o tempo todo que não era o momento de contar ao seu genro, meu marido, a verdade dos fatos. Que eu deveria falar aos poucos, para ele não reagir com agressividade. Eu concordei, mesmo porque ele seguia irritado, e a conta do hospital estava uma fortuna. Eu deixei o trabalho e a coleção inacabados. Contaria depois, quando estivesse saudável e de pé. Apenas frisei que não queria o doutor Roger no hospital; era por causa dele que estava passando por tudo aquilo. Isso bastou naquele momento para meu marido entender minha aversão à presença dele (soube depois que Abdelmassih esteve lá e assinou uns papéis do meu prontuário, porém graças a Deus não o vi).

Acordei no 11º dia, em 31 de agosto de 1993, com a notícia da operação. A cirurgia ia durar horas... Sim, havia risco de morte e precisava assinar papéis concordando com a intervenção. Fui para o centro cirúrgico no dia seguinte. Lembro-me de ver minha mãe e meu marido no elevador, quando eu já estava na maca, e me despedi, sem saber se voltaria. Via luzes no teto e um anestesista me entubando. Quando acordei da cirurgia ouvi gritos e urros: era a UTI. Pedi aos prantos, baixinho: "Me ajude, estou com dores, não estou suportando", e me deram morfina. Nem mesmo naquele momento gritei. Seguia resignada como nunca aos desígnios divinos. Eu me ofereci a Deus naquele instante, agradecendo por ter acordado.

A recuperação foi pior do que os dias que antecederam a cirurgia: se dores tive antes, essas eram piores, afinal haviam tirado todos os meus órgãos de dentro da barriga, "lavado" quimicamente (para debelar infecções) e colocado de volta, falando o português claro. Eles precisavam de tempo para se acomodar, e isso causava dores inimagináveis. Veio o diagnóstico: peritonite aguda, por causa de uma bactéria. Não conseguiram explicar como essa bactéria foi parar dentro do meu útero e no ovário. Estavam surpresos. Eu sabia, e nutria a vontade de contar. Resolvi ligar para uma amiga e pedir a indicação de um advogado, afinal, ao sair dali iria a uma delegacia. Estava decidida: contaria ao meu esposo tintim por tintim.

Passaram-se trinta dias e eu ainda naquele hospital. O advogado foi me visitar. Contei tudo a ele. Era a primeira vez que conversava com esse tipo de profissional em minha vida, e não sabia da confidencialidade existente. Ele era irmão de uma amiga da minha adolescência. Dr. Francisco adiantou que, logo após a minha alta, iríamos dar continuidade ao meu relato no distrito. Ponderou que eu não precisaria falar com meu marido até a ida à delegacia.

Saí do hospital no 40º dia, em 6 de outubro de 1993, mas ainda com sonda para tirar o restante do pus. Na cirurgia, por mais que tivessem lavado os órgãos, ainda ficou um foco infeccioso. Haviam retirado minhas trompas e parte do meu ovário necrosado. O corte era de ponta a ponta, na cruz do ventre. Uma cicatriz grande me assustava. Os braços e pés cheios de hematomas, havia emagrecido quase dez quilos. Meu marido foi me buscar, mas não estava muito feliz. Havia perdido dinheiro naquele mês, e isso o deixava irritado. Hoje eu entendo que, na verdade, ele também foi de certa maneira estuprado, violentado em seus sonhos paternos: preparou-se para que eu me afastasse dos negócios e assim tivéssemos um filho. Sentia-se enganado em algo, mas não sabia exatamente em quê.

Houve momentos nos quais eu achava que era a hora certa de contar, mas logo em seguida aparecia um problema na fábrica... e eu me recolhia ao silêncio. Por fim, já haviam se passado meses, e pude andar sem sonda e dreno, então, liguei para o advogado e falei que estava pronta para levar adiante minha denúncia. Ele me orientou: já fizera uma petição ao juiz, em 11 de novembro de 1993. Ouviram-me dias depois, ainda muito doente. Foi com muito esforço, e por se tratar de intimação, que me dirigi ao Judiciário, mas se pudesse teria adiado. A intenção específica dessa audiência era conseguir busca e apreensão dos meus dez embriões, isto é, buscar meus filhos deixados na clínica: nunca os abandonei. Porém, quando voltei do fórum, estava com febre alta e por isso adiei as atitudes legais seguintes. Já melhor de saúde, meu próximo passo era confirmar na delegacia a denúncia sobre a lesão corporal, gravíssima, e os embriões, ou seja, usando o que sei agora, o termo correto, "representar", e ir também ao Conselho Regional de Medicina do Estado de São Paulo – Cremesp.

Fiz isso. Liguei e fui em 19 de janeiro de 1994 à delegacia. Um dia antes havia feito exame de corpo de delito.

CONSELHO REGIONAL DE MEDICINA
DO ESTADO DE SÃO PAULO

FONE: (011) 3017-9300 - FAX: (011) 3231-1745
http : / / www . cremesp . org . br
Rua da Consolação, 753 - Centro
01301-910 São Paulo - SP

REQUISIÇÃO DE EXAME DE CORPO DE DELITO

Nome: Vanuzia Lopes Gonçalves.
Filiação: Petronio Lopes Ferreira e de Denise Leite Ferreira
Doc. Ident. RG [redacted] Idade 25 Est. Civil casada
Sexo fem. Cor bca. Profissão comerciante Natural de São Paulo
Estado ou País SP Resid. R. Carlos Ueber, 1418 - Aptº 202 - V.Burquesa.
Natureza do exame L.C.C. Flagrante? não.
Passou p/ PS em ___/___/19___ Internado em Halbert Eistein em ___/___/19___

I. M. L.
Laudo Nº 1300
data 18/01/94

Local de encontro do corpo
Data ___/___/19___ Hora ___
Remeter p/ 5º D. Policial - Aclimação. Cópia p/ não.
B.O. n/c Inq. 1647/93. Delegacia de Polícia 5º D. Policial - Aclimação.
Obs. Histórico ou Material: A examinanda contraiu infecção hospitalar quando realizava tratamento de reprodução humana, sendo necessário submeter-se a cirurgia com extração das trompas, sofrendo, ainda, lesões psíquicas e psicológicas.-

SP Data 17/01/1994 Nome do Autor

Dr. Antonio Carlos M. Barbosa

S.S.P. - Mod. DEPC-5EBA7
IMPRENSA OFICIAL DO ESTADO S.A. - IMESP

Em 26 de abril de 1994 fui ao Cremesp – demorei alguns meses porque minha saúde se agravou, ainda havia focos de infecção e o repouso deveria ser absoluto. Quando tive "alta" em parte (o médico sempre me lembrava de que era um milagre estar viva, e que não deveria abusar, nem subir escadas, fazer esforço nenhum, ou trabalhar), me dirigi ao CRM, na Avenida Consolação, 753, o mesmo local em que se situa hoje. Não podia dirigir ainda, então fui com meu motorista. Cheguei e fui atendida por uma pessoa que me falou sobre a demora do processo. Estava indignada, queria vê-lo penalizado, mas me curvei aos procedimentos daquele órgão.

Recebi um telefonema do Dr. Francisco dizendo que no dia 2 de maio de 1994, finalmente, Abdelmassih seria ouvido na delegacia. Resolvi ir junto, insisti, meu advogado me disse que não poderia fazer isso, mas, por ser meu amigo, e devido à minha insistência, ele concordou em me levar. Ficamos do lado de fora, em seu carro, a uma distância segura, mas que dava visão da porta. A delegacia fica numa leve descida e ficamos na parte alta. Vimos Roger entrar na companhia de um médico que eu conheci, Dr. Luiz, e uma outra pessoa, homem que desconheço até hoje. Depois da certeza de que Roger seria ouvido, fomos embora.

Pensei: "Logo ele será preso". Mais tarde soube que nada foi feito com o argumento de que meu depoimento de estupro não tinha mais validade: nada saíra do distrito para a promotoria...

O delegado foi perverso ao explicar tal quadro, dizendo que não tinha culpa se eu adoeci. Devido à insistência do meu advogado, o relutante delegado havia concordado em ouvir Roger novamente, em outro Boletim de Ocorrência, com o agravante da negligência e imperícia. Roger jamais seria ouvido por esse servidor da lei.

Esse meu amigo, doutor em Direito, o querido Dr. Francisco, mesmo não havendo legislação na época que protegesse meus embriões, levantou a questão dos que não me foram implantados. Sabia que eu os queria, mesmo porque ainda trazia o desejo de ser mãe. Eu tentaria em outra clínica. Mas eu tinha ficado estéril para todo o sempre, graças aos trabalhos realizados na "sala de escultor" de Roger, tão paparicada na mídia.

Veja você: eu havia me agarrado à imagem da delegacia como minha única salvação provável. Voltavam meus quadros mentais. Eu imaginava aquele monstro de cabelos nevados, em sua "elefância", entrando impávido no distrito e ficando atrás das grades, derrotado. E imaginava o ódio de Roger ao se ver preso, a caçada renhida da imprensa contra ele. Eu via sua postura falsamente monacal exposta à intempérie das celas. Via suas mãos nodosas espremendo o ferro da cela, seus olhos apagados registrando o amanhecer dilacerado do catre, os crepúsculos momentâneos. Horizontes sobrepostos de grades. Via Roger condenado ao tempo dos séculos, via um magistrado sublinhando seus defeitos e imoralidades, via suas ordens terminantes de mau médico diluídas por um dissolvente.

Era bom substituir o antigo delírio a que eu me entregava, o do monstro ativo solto por aí, por essa nova classe de sonho que cultivei: o da justiça feita.

A ducha de água fria vinha quando eu lembrava que, ao fim e ao cabo, ele saíra da delegacia impávido, intocado, livre para atacar novamente...

Vários meses se passaram quando resolvi, finalmente, explicar os fatos ao meu marido. Comecei falando devagar, que eu havia protocolado no Conselho Regional de Medicina uma queixa contra Roger, que fora a uma delegacia etc. Com muita relutância, finalmente lhe contei a violência.

Aturdido, meu esposo desacreditava do que ouvia. Ressentiu-se por eu não lhe ter relatado passo a passo, desde o início, minha busca por justiça.

Essa minha exposição dos detalhes foi fatal. Notei nos olhos dele uma expressão de total desamparo e por ela soube que nosso casamento acabava naquele mesmo instante. As lembranças desses dias são tão dolorosas para toda a minha família que prefiro aqui nem comentar. Houve litígio jurídico e emocional. Ambos sofremos. Ainda ficamos juntos algum tempo por conta da situação financeira. Eu não conseguia mais trabalhar. Passado um período, a separação física foi inevitável: não alimentávamos mais nenhum relacionamento sexual nem profissional, nem mesmo amigos éramos mais. Meu universo familiar ruiu. Esperava pelo divórcio inevitável, mas não desejável. A música de fossa que ouvia era justamente esta, de Maysa, "Meu mundo caiu". Havia feito o apartamento para o resto da vida, para morar lá com ele e com minha filha. Instalara o melhor no acabamento dos quartos, duas cozinhas da marca *Kitchens*, uma embaixo, outra no andar de cima para apoio da churrasqueira, piso de madeira de lei, lareira de mármore e azulejos; gastei uma fortuna, mas isso não valorizava o imóvel a ponto de se recuperar o dinheiro. As dívidas começaram a aparecer.

* * *

Roger me atendeu pela primeira vez no dia 21 de janeiro de 1993. Como eu apresentava um quadro de "ardor vaginal", foram-me recomendados Bactrin e Floxacin. Meu primeiro ciclo teve início em 1º de março de 1993, quando foram aspirados 6 óvulos e 4 deles fertilizaram. Três embriões foram transferidos sem sucesso.

Meu segundo ciclo se iniciou em 6 de maio de 1993. A aspiração captou 7 óvulos, 5 fertilizaram e 4 foram transferidos. Detectou-se gravidez pela primeira vez, seguida de perda espontânea. O terceiro ciclo teve início em 20 de julho de 1993: foram aspirados então 15 óvulos, 12 fertilizaram e 4 foram transferidos.

Todos esses detalhes eu só saberia 16 anos depois, em relatório confeccionado pelo monstro a pedido das autoridades, e redigido em 61 linhas, em 3 de março de 2009.

O monstro Roger relata assim a minha infecção gerada por ele:

> *Durante a aspiração foi detectada a presença de cisto ovariano contendo líquido espesso em seu interior, o qual foi pronunciado, com a saída de líquido amarelado e com odor forte sugerindo processo infeccioso local. Em face disso a paciente foi medicada com Keflex, Kefazol e depois Flagyl. Foi solicitada a cultura de líquido e também se iniciaram os procedimentos para prevenção de Síndrome de Hiperestímulo Ovariano com administração de AAS e albumina via oral. O resultado da cultura do líquido mostrou a presença de infecção por* Escherichia coli.
>
> *Em 15 de agosto de 1993 a paciente apresentou quadro de dor abdominal, sem febre, e com corrimento purulento. Ao exame de*

ultrassom foram observados cistos ovarianos residuais e um cisto com líquido espesso em seu interior. Foi mantida a prescrição e em 20 de agosto de 1993 foi solicitada a internação da paciente e a avaliação do infectologista Dr. Arthur Timerman, que prescreveu Mefoxin, Kefazol, Dalacin, Fortaz e penicilina.

Em 25 de agosto de 1993 houve melhora do quadro clínico e foi solicitada a avaliação da equipe do Dr. Luis Fernando Lellimtani, que solicitou uma ultrassonografia onde se verificou a presença de um abscesso ovariano.

A paciente foi submetida à cirurgia salpingectomia bilateral, pela presença da hidrossalpinge e aderências, drenagem dos cistos ovarianos e drenagem, limpeza e cauterização do abscesso em fundo de saco sem intercorrências.

A paciente teve alta hospitalar e desde então não mantivemos mais contato com a paciente.

Sendo assim, colocamo-nos à disposição para quaisquer esclarecimentos.

Atenciosamente

Dr. Roger Abdelmassih
CRM 14941

Note a desfaçatez da linguagem notarial, técnica: a mesma que Eichmann usou no Tribunal de Nuremberg para dizer que apenas aplicava "ações técnicas".

Todas essas infecções eram a coroação de um turbilhão gerado inicialmente pela *Escherichia coli*, que o pênis de Roger transportara do meu ânus para a minha vagina, seguidamente penetrados à força pelo monstro.

Fui estuprada no dia 15 de agosto de 1993. O boletim de ocorrência, que "sumiu", foi aberto no mesmo dia. Em 20 de agosto fui internada com infecção no Hospital Israelita Albert Einstein. Lá, em 31 de agosto, fui submetida a cirurgia para extirpar as trompas. Tive alta no dia 6 de outubro de 1993.

Quero relatar os passos criminais que se seguiram. No dia 17 de novembro de 1993, às 17h30, finalmente fui chamada para depor perante o juiz corregedor de polícia judiciária de São Paulo, Ruy Alberto Leme Cavalheiro, na presença da promotora Maria Dolores Fantoni. Em cinco páginas, e 138 linhas declaratórias, o juiz me fez 13 perguntas e a promotora uma. Agiram com a máxima lisura e presteza. Mas nenhuma pergunta terminante sobre o abuso sexual, sinal de que o nome de Roger carregava um tabu imperturbável ante as autoridades. O máximo que consegui relatar foi sobre a infecção contraída no consultório do monstro.

Em 17 de janeiro de 1994 o Conselho Regional de Medicina, em petição assinada pelo médico Antônio Carlos Barbosa, requisita ao Instituto Médico Legal a feitura do meu exame de corpo de delito. No histórico do pedido, e em 5 linhas, o médico do CRM impõe que o exame seja remetido ao 5º Distrito Policial, da Aclimação, visto que "a examinada contraiu infecção hospitalar quando realizava tratamento de reprodução humana, sendo necessário submeter-se a cirurgia com extração das trompas, sofrendo, ainda, lesões psíquicas e psicológicas".

Em 19 de janeiro de 1994, meu advogado, Francisco Lobo da Costa Ruiz, ajuizou petição de 41 linhas ao promotor de justiça do Caex, Pedro Luiz de Melo. Pleiteava que o Ministério Público acessasse a ficha do hospital Albert Einstein que reportava a minha infecção, e sobretudo que a promotoria fizesse busca e apreensão no consultório do monstro Roger. Meu advogado queria saber também onde estavam os meus embriões, guardados por Roger.

Nada disso foi feito.

No dia 6 de abril de 1994, o delegado de Polícia Civil Naief Saad, do 5º DP, num despacho de 4 linhas, pede que o hospital Albert Einstein lhe remeta meu prontuário, para que ele possa dar início ao Inquérito Policial de nº 1647/93.

Em 9 de março de 1995, o médico Pedro Paulo Roque Monteleone, conselheiro do Cremesp, escreve ao hospital Albert Einstein um ofício de 14 linhas, em que pede dados completos sobre minha internação, em 20 de agosto de 1993. Ele quer saber detalhes da minha operação de retirada de trompas.

Note que, apesar da presteza, não houve menção, no pedido do CRM, à clínica do Dr. Roger nem a ele.

Veja que meu conforto como cidadã só viria anos depois...

Em 5 de março de 2009, prestei depoimento de 167 linhas à dra. Ieda Therezinha do Nascimento Verreschi, do Conselho Regional de Medicina de São Paulo. Pela primeira vez apareceu um documento oficial e timbrado em que o nome de Roger aparecia ao lado de suas monstruosidades, relatadas em detalhes.

CONSELHO REGIONAL DE MEDICINA
DO
ESTADO DE SÃO PAULO

EXPEDIENTE Nº 14.212/94

ARQUIVAR

RECLAMANTE (S) SRA. VANUZIA LOPES GONÇALVES

RECLAMADO (S) DR. ROGER ABDELMASSIH CRM 14.941

CRM

CRM

CRM

PACIENTE (S) SRA. VANUZIA LOPES GONÇALVES

DATA DA OCORRÊNCIA __/__/__

RESUMO DA CARTA INICIAL

ASSUNTO: Solicita do CREMESP providências cabíveis para análise ética da conduta em tratamento de fertilização (BEBÊ DE PROVETA) na CLÍNICA DE ANDROLOGIA E REPRODUÇÃO HUMANA DR. ROGER ABDELMASSIH, o que lhe causou infecção aguda e intervenção cirurgica para re! tirada das trompas, internada no HOSPITAL ALBERT EINSTEIN.

Senti-me confortável para relatar as minúcias: Roger requeria terminantemente que os pagamentos fossem feitos à vista e sem nota fiscal. Pude contar com precisão que, quando retornei à clínica de Roger para a implantação dos embriões, fui acompanhada do meu irmão, que não pôde me esperar. Ao sair, eu mal podia andar, com dores no ânus, decorrentes da penetração à força perpetrada pelo monstro.

Pude revelar que Roger chegou a me oferecer outro tratamento, gratuito, quando soube que eu iria denunciar suas monstruosidades.

Pude então, em meu depoimento, tornar objetiva uma indagação simples: como o doutor Roger, sabendo que eu tinha um abcesso, introduziu-me quatro embriões? Simples: obviamente, eu não trazia a infecção de casa: ela foi gerada pelo Dr. Roger, e durante o seu tratamento!

Finalmente, em 19 de agosto de 2009, num despacho de 20 linhas, a conselheira instrutora do Cremesp, Dra. Silvia Helena Rondina Mateus, relatou que a sindicância contra Roger, por mim aberta, havia sido elevada à condição de processo ético-profissional. Foram-me pedidas cinco testemunhas. Foi-me pedido sigilo processual absoluto.

Em 6 de setembro seguinte, escrevi à Dra. Silvia Helena um memorando de quase 300 linhas, em que relatei detalhe por detalhe a violência sofrida. E me lembrei de mais um pormenor que seria comum às demais vítimas do monstro: Roger, antes de atacar sexualmente suas vítimas, as adormecia com um comprimido azul dissolvido em líquido num copinho de plástico descartável.

Claro que eu não atravessaria tudo isso sem levar sobras. A figura do monstro ia embora e voltava com força total em mim. Uma figura desestruturante, que contaminou minha crença no viver, por várias vezes. Se tropecei na minha luta, e muito tropecei, foi por conta desse fantasma que se interpôs, por anos a fio, como uma má pedra, entre mim e o caminho para meus objetivos.

Corria dentro de mim, tal um rio secreto, uma mistura de anseio por justiça, mas a raiva incrustada por alguns momentos prevalecia. Por vezes, imaginei ter reunido forças e dado um tapa em Abdelmassih... Uma surra mesmo, de bolsa e sapato, teria sido melhor. Uma sova, enfim. Mas durante toda a vida nunca bati em ninguém, nem mesmo aqueles tapas corretivos aplicados numa criança consegui dar. Fora educada naquele cânone segundo o qual nada com porções de agressão dá bons resultados. Mesmo tendo perdido tudo, pensava, ainda assim me sobrou a melhor parte, EU. Não mudaria minha essência para fazer justiça; se um dia ela viesse seria pelo caminho de Deus, obedecendo ao mandamento "Não matarás"!

Quando faleceu o advogado de Roger Abdelmassih, o ex-ministro Márcio Thomaz Bastos (que o defendeu cientificamente e foi inclusive padrinho de seu casamento com Larissa Sacco), algumas vítimas comemoraram a morte em suas páginas pessoais, falando em nome de todas. Não gostei e expus minha opinião. Não celebro a morte de nenhum ser, nem mesmo do Roger, monstro destruidor de vinte anos de minha vida. Por culpa dele tenho uma doença incurável obituária, a Hepatite C! Quando chegar seu dia, se eu estiver viva, não festejarei. Procuro, assim, manter asas em mim. E voar...

* * *

Por fim, acertada a separação de corpos com meu marido, em 8 de agosto de 1994 e somente oficializada, isto é, homologada depois de três anos, em 18 de dezembro de 1997, percebi que teria de reformular minha vida. Queria me formar em Direito, saber onde errei, ser delegada e discutir de igual para igual com o delegado engavetador que arquivou minha denúncia. Também iria ao Cremesp descobrir as razões de Roger ainda ser médico, depois de tudo que relatei em juízo. Mas para isso precisaria ter argumentos.

Em 8 de março de 1999 comecei a estudar. Fui terminar o antigo ginásio e depois o colégio. Primeiro, teria de me capitalizar. Já havia passado mais de um ano sem fazer roupas para as mulheres. Não conseguia retomar, tudo para mim era ousado demais; se pudesse, desenharia burcas. Comecei a me fechar, como uma ostra. Pedia em minhas orações o destino dos justos.

Tive um pequeno lampejo de criatividade e, folheando uma revista, consegui inventar um produto: roupas para computador de 14 polegadas. Não havia ainda *notebook* e peguei os bichinhos que faziam sucesso numa campanha publicitária da Parmalat e os adaptei ao computador. Completei com um disquete na época que fazia o som do animal. Quando era uma vaquinha malhada na tela, aparecia a cara fazendo "muuu" e assim por diante. Com o pouco capital de que dispunha, registrei a patente da invenção no Instituto Nacional da Propriedade Industrial - INPI e arrisquei participando de uma feira de utilidades domésticas, em 22 de março de 2000. Foi a atração daquele ano, pois era um produto lúdico, para crianças. Fechei alguns contratos no mesmo ano, principalmente em outra feira, a Fenasoft, com o portal iG e com a Samsung e vendi uma quantidade suficiente para me capitalizar pelos anos seguintes, em que me dedicaria a estudar.

Nem tudo foi perfeito; tive alguns problemas de capital na empresa, normais para quem é empreendedora, meu ex-marido também enfrentava problemas financeiros. Eu sofria as sequelas de uma vida que saiu dos trilhos, mas com o tempo os resolveria, pensava. Um investimento que ninguém tomaria de mim seria o conhecimento intelectual, portanto, iria ler muito e estudar, por mim e por justiça, pois não esquecia que fora vítima da minha ignorância jurídica com Abdelmassih.

Eu brilhava na mídia.

No *Jornal do Brasil*, por exemplo, ganhei destaque por ter lançado na Feira de Utilidades Domésticas, a UD, minha linha de 22 capas para monitores. O matutino destacava que a Samsung havia comprado minha ideia para oferecer minhas capas com seus produtos. Lancei os produtos em 22 de janeiro de 2000.

Também me destaquei como autora, numa tentativa de expressar as emoções sem a fixidez das regras gramaticais. Lancei meu livro em 22 de dezembro de 2000.

Esse meu *insight* rendeu meia página no matutino *O Estado de S. Paulo*, além de diversas outras matérias. O título dessa reportagem era: "Livro de poesias ajuda centro infantil: Vanuzia Leite Lopes vai doar tudo que receber com *Nem Ponto Nem Vírgula* para manter trabalho voltado para crianças portadoras do HIV atendidas no Filhos de Oxum".

O matutino elogiava a minha criatividade de ter tecido 220 poesias sem ponto nem vírgula, estabelecendo que "com o trabalho, Vanuzia quer provar que é possível escrever com clareza e emoção sem usar sinais gráficos como o ponto de interrogação e as vírgulas, por exemplo". Na época, a ONG Centro de Convivência Infantil Filhos de Oxum cuidava em período integral de 39 crianças portadoras do HIV. Meu livro foi noticiado por outras sete mídias impressas. Todas referiam que o livro era mais uma iniciativa da "empresária que domesticava passarinhos". (Sim, eu domesticava passarinhos e ganhei alguma fama com isso. Desempenhava a tarefa com destreza natural. Alguns diziam que tal facilidade vinha de as aves captarem de longe a minha candura natural.) Em 12 de fevereiro de 2001 o livro foi homenageado em jantar oferecido pelo hotel Maksoud Plaza e, em 19 de abril, recebeu outra homenagem em prêmio outorgado no restaurante Leopolldo.

Ao mesmo tempo em que recebia essas boas notícias, e muito depois delas, eu cultivava um mantra em minha mente – traçar planos para não cometer enganos. Pensava nisso, machucada com o descontrole que minha vida teve por causa de tudo, de um erro de avaliação cometido, de não estar atenta a sinais emitidos pelo monstro desde o princípio dos tempos – e de ter sido dominada em minha fraqueza, afinal meus sonhos se transformaram em derrotas. Minha ânsia de ser mãe me desarmou a ponto de eu ficar cega e não ver que aquela criatura não era médico. Realmente me culpava, pensava até então que isso somente ocorreu comigo naquela "clínica" e deve ter sido pelo meu jeito de ser, precisava renascer. Resolvi largar tudo e voltar a Diamantina, a depressão se apoderara da minha alma. Principalmente quando, anos depois, em novembro de 2007, vi o monstro Abdelmassih na TV em uma filmagem no restaurante Leopolldo Plaza, em São Paulo. Falava dos 30 anos do primeiro bebê de proveta, Louise Brown, que nasceu em 25 de julho de 1978 graças ao trabalho do premiado Dr. Robert Edwards. Inclusive estavam presentes, a convite dele, além de Louise, várias celebridades.

Veja o texto:

> *Festa da fertilidade*
> *Roger Abdelmassih reúne estrelas como Hebe e Luciana Gimenez no jantar para celebrar os 30 anos da fertilização in vitro e homenagear Louise Brown, o primeiro bebê de proveta do mundo.*

(http://www.terra.com.br/istoegente/edicoes/429/artigo66549-1.htm)

Os convidados do jantar de celebração dos 30 anos da fertilização in vitro no mundo, organizado por Roger Abdelmassih, um dos grandes especialistas em reprodução humana no país, surpreenderam-se ao ver Hebe Camargo com uma criança no colo. Com seu conhecido espírito irreverente, a apresentadora chamou a atenção dos convidados ao entrar no restaurante Leopolldo Plaza, em São Paulo, na quarta-feira, dia 7, embalando um bebê de brinquedo. Hebe quis brincar com o anfitrião do evento, responsável pelo nascimento de mais de 6 mil bebês nascidos por reprodução assistida em sua clínica. "Sempre falei para o Dr. Roger que eu precisava ter mais uma criança em casa. Filho único é muito mimado e eu precisava de mais um. Ele me ajudou a ter este daqui, o Rogerzinho", disse, às gargalhadas. Amigos há quase 30 anos, desde o início do trabalho do médico paulistano, Hebe não podia faltar à importante comemoração. "Acho o trabalho do Roger fabuloso e ele foi pioneiro em muitos estudos. É um orgulho saber que ele é o responsável por devolver alegria às mulheres que não podem engravidar naturalmente", elogiou ela. Durante a cerimônia, que foi conduzida pelo apresentador César Filho, Roger Abdelmassih homenageou vários colegas de profissão e entregou o troféu batizado de FIV 30 Anos a personalidades que contribuíram para o sucesso dessas três décadas de trabalho. "É a realização de muitos sonhos e, para nós, é extremamente gratificante ver que deu certo", comemorou o médico. A grande homenageada da noite foi a inglesa Louise Brown, de 29 anos, o primeiro bebê de proveta no mundo, que estava na festa com toda a família. A apresentadora Luciana Gimenez foi ao jantar acompanhada do marido Marcelo de Carvalho, vice-presidente da Rede TV!. Entre os muitos amigos e pacientes de Abdelmassih, estavam Tom Cavalcante e sua mulher, Patrícia, que recorreram à fertilização in vitro: "Minha filha Maria Antônia, de 7 anos, é fruto do Dr. Roger. Foi uma bênção em nossas vidas".

Entrevistado nessa festa e em outros eventos, Roger se gabava de misturar embriões humanos com os de ratos – apontava essa possibilidade de assim turbinar óvulos –, a taxa de fertilidade da clínica era acima de 50%, em seu laboratório ele estava tentando produzir espermatozoides e embriões artificialmente etc.

Nossa! Aquilo foi uma facada no meu ventre. Como assim, "fabricava-os"? E os meus, que sumiram. Isso me atormentava... meus filhos, que nunca esqueci... Mas, como numa terra de cegos, esse espertalhão trapaceiro que se dizia médico especialista, Dr. Roger falava arrogantemente, seja em diversos programas de mulheres à tarde, ou noturnos, em palestras, e não era questionado em nada, sobre a violência sexual... nenhuma desconfiança: ele posava de bem casado, pai de família grande, o Dr. Vida, como se intitulava em livros lançados. Na festa do Leopolldo Plaza estava a esposa Sonia recebendo os convidados no badalado restaurante. Tudo pago por eles.

Nesse tempo de livros e honrarias ele era casado com a campinense Sonia Maria Teixeira Abdelmassih (falecida em agosto de 2008, aos 57 anos), sua ex-enfermeira, que sofreu os últimos sete anos de vida de câncer na mama. Ninguém reclamava ou denunciava nada das atrocidades dessa criatura em sua clínica, a autêntica mina de ouro de todos. O infortúnio de Sonia ao final de sua vida não fez de Roger um melhor cônjuge. Ela foi uma amada mãe, mas não necessariamente amada pelo esposo. Tarados e psicopatas não amam, usam! No auge da doença terminal de Sonia ele já se engajava com uma mulher bem mais jovem, a futura esposa Larissa Maria Sacco. Esse monstrengo gostava de mulheres casadas, e não foi diferente com Sonia. Ela tinha três e não dois filhos como noticiavam. Vicente e Soraya eram filhos do ator Marco Ghilardi, morto de infarto, aos 43 anos. Juliana, a terceira filha de Sonia, é fruto do relacionamento dela com um homem de nome Bellini. Ninguém fala sobre esse segredo familiar. Com Roger, Sonia tinha duas filhas: Mirella e Karime. O fato é que Roger tirou o pátrio poder desses dois pais e colocou em Soraya, Vicente e Juliana seu ferrão Abdelmassih.

Hoje eles se dizem envergonhados, mas Vicente, seu pupilo, orgulhoso e feliz com o sucesso financeiro, deu ao filho esta "honraria": o menino chama-se Roger Abdelmassih Neto. Atualmente, Vicente move ação de danos contra o pai, que recebi na íntegra, e acompanho as exigências e reclamações desse filho médico que ajudou muito seu irresponsável mentor a cometer crimes de ética e negligência. Dizem que não sabiam dos estupros numa entrevista à revista *Época*, em 18 de agosto de 2012, em que posam de bons moços. Mas como acreditar, se inverdades são contadas, incontestes? Leia, a seguir, Soraya e Vicente declarando que não sabiam, afinal, nem falavam com o pai desde que ele estava foragido.

Mentira! Eles recebiam dinheiro e os comprovantes bancários me eram anonimamente enviados, comprovando as transações entre Larissa Maria Sacco Abdelmassih e os filhos de Roger, seus enteados, Vicente, Soraya e Karime, além da cunhada, irmã de seu esposo Roger, Maria Stela do Amaral Abdelmassih, e a filha dela, Roberta do Amaral Kherdaji. Foi fácil eles chamarem a imprensa e manterem suas versões. Difícil foi a luta e os anos que levei para provar tudo que digo! Guardo o que enviei a todas as autoridades desde 2012: documentos bancários, contratos sociais dessa "convivência" familiar.

Essa clínica, que os "filhos injustiçados" tentam reconstruir, a Embryo Fetus, estava, na data da entrevista à revista *Época*, em participação societária da "madrasta" Larissa Sacco Abdelmassih – e quem cuidava da documentação era sua irmã, procuradora e sócia da Agropecuária Colamar, Elaine Sacco Khouri. A seguir, partes do contrato social da clínica do horror.

INSTRUMENTO PARTICULAR DE ALTERAÇÃO E CONSOLIDAÇÃO DA EMBRYO-FETUS CENTRO DE REPRODUÇÃO HUMANA E MEDICINA FETAL LTDA.

as assinaturas do sócio remanescente, dos sócios ingressantes, dos sócios retirantes, das testemunhas e do advogado, seguem nesta folha

SC & C SERV. MÉDICOS LTDA. – EPP
Sang Choon Cha – administrador

SORAYA GHILARDI ABDELMASSIH
sócia ingressante

CLÍNICA DR. JOSÉ BENTO DE SOUZA LTDA.
José Bento de Souza - administrador
sócio ingressante

REPRODUTIVA PART. E NEGÓCIOS LTDA.
Fernando Alcantara Machado e Soraya Ghilardi Abdelmassih
procuradores da sociedade assinando em conjunto
sócia retirante

REPRO ASSISTÊNCIA MÉDICA LTDA.
José Bento de Souza e
Elaine Therezinha Sacco Khouri
procuradora assinando pela Larissa Maria Sacco
sócia retirante

as assinaturas das testemunhas e do advogado, seguem na folha subsequente

10

Veja um trecho extraído da revista *Época* de 18 de agosto de 2012:

> **Época** – *Vocês estão passando por dificuldades financeiras?*
> **Soraya** – *Estou com tudo bloqueado. Antes do escândalo, meu pai pediu para ser avalista de um empréstimo e assinei. Ele não está pagando. Há duas semanas, bloquearam R$ 2 mil que eu tinha na conta. Não posso dar cheque. Meu nome está no Serasa. Meu condomínio está atrasado.*
> **Época** – *Onde está o dinheiro do seu pai?*
> **Soraya** – *Nunca usufruímos o dinheiro e ele não nos contava nada. O casarão da clínica era alugado. A fazenda ele perdeu. Quando bloqueiam nossos bens, não temos nada dele para indicar para a Justiça. Sobrou a casa, única coisa que minha mãe deixou para os cinco filhos.*
> **Vicente** – *Quando estava preso, ele me pediu R$ 400 mil. Acho que era para pagar advogados. Respondi que não podia dar. Só tenho meu apartamento. Ele ficou bravo.*

Apesar de na entrevista ter sido declarado não terem contato com os pais, como eu já disse, esses mesmos filhos recebiam regularmente, conforme documentos a seguir, quantias em dinheiro remetidas por Elaine Sacco quando o estuprador encontrava-se foragido.

Dados do Remetente

Nome: AGROPECUÁRIA COLAMAR LTDA	CPF/CNPJ: [redacted]

Dados da Conta do Remetente

Nº Banco	Nº da Agência	Nº da Conta	Tipo de Conta		
[redacted]	[redacted]	[redacted]	☒ Conta Corrente	☐ Poupança	☐ Conta Investimento

Valor da TED – Transferência Eletrônica Disponível

R$	Valor por extenso
5.205,47	CINCO MIL DUZENTOS E CINCO REAIS E QUARENTA E SETE CENTAVOS

Tipo de Transferência: Assinale apenas uma das opções

☒ TED E - Para conta de outra Titularidade
☐ TED D - Para conta de mesma Titularidade
☐ TED - Para Conta Investimento
☐ TED - Para Depósito Judicial
☐ TED - Para outra Instituição Financeira

Dados da Conta Destino

Nº Banco	Nome do Banco	Nº Agência	Nº Conta / Depósito Judicial	Tipo da Conta (não preencher quando o tipo de transferência for "TED - Para outra Instituição Financeira")		
341	BANCO ITAU S.A.	[redacted]	[redacted]	☒ Conta corrente	☐ Poupança	☐ Conta Investimento

Nome/Razão Social do Favorecido (1º Titular)	☐ CPF ☐ CNPJ/MF
SORAYA GHILARDI ABDELMASSIH	Nº [redacted]

Preenchimento obrigatório apenas quando o tipo de transferência for TED D – para conta de mesma titularidade ou TED entre Contas de Investimento

Nome do Favorecido (2º Titular)	CPF
	Nº

Finalidade da TED – Transferência Eletrônica Disponível (Assinale apenas uma das opções)

☒ Crédito em Conta
☐ Crédito em Conta Investimento
☐ [illegible]
☐ Depósito Judicial
☐ Pensão Alimentícia
☐ [illegible]

Santander

SPB

Solicitação de TED – Transferência Eletrônica Disponível

Autorizo(amos) debitar o valor indicado abaixo em minha (nossa) conta mantida junto a esse estabelecimento bancário para emissão de TED – Transferência Eletrônica Disponível, em favor do destinatário(s) qualificado(s) no campo "Dados da Conta Destino" abaixo.

Dados do Remetente

Nome: AGROPECUÁRIA COLAMAR LTDA	CPF/CNPJ: [redacted]

Dados da Conta do Remetente

Nº Banco	Nº da Agência	Nº da Conta	Tipo de Conta		
[redacted]	[redacted]	[redacted]	☒ Conta Corrente	☐ Poupança	☐ Conta Investimento

Valor da TED – Transferência Eletrônica Disponível

R$	Valor por extenso
5480,47	CINCO MIL QUATROCENTOS E OITENTA REAIS E QUARENTA E SETE CENTAVOS

Tipo de Transferência: Assinale apenas uma das opções

☒ TED E - Para conta de outra Titularidade
☐ TED D - Para conta de mesma Titularidade
☐ TED - Para Conta Investimento
☐ TED - Para Depósito Judicial
☐ TED - Para outra Instituição Financeira

Dados da Conta Destino

Nº Banco	Nome do Banco	Nº Agência	Nº Conta / Depósito Judicial	Tipo da Conta (não preencher quando o tipo de transferência for "TED - Para outra Instituição Financeira")
237	BANCO BRADESCO	[redacted]	[redacted]	☒ Conta corrente ☐ Poupança ☐ Conta Investimento

Nome/Razão Social do Favorecido (1º Titular)	☐ CPF ☐ CNPJ/MF
VICENTE GHILARDI ABDELMASSIH	Nº [redacted]

Preenchimento obrigatório apenas quando o tipo de transferência for TED D – para conta de mesma titularidade ou TED entre Contas de Investimento

Nome do Favorecido (2º Titular)	CPF
	Nº

Finalidade da TED – Transferência Eletrônica Disponível (Assinale apenas uma das opções)

☒ Crédito em Conta
☐ Crédito em Conta Investimento
☐ Pagamento à Concessionária de Serviço Público
☐ Pagamentos de Dividendos
☐ Pagamentos de Salários
☐ Pagamentos de Fornecedores
☐ Pagamento de Honorários
☐ Pagamento de Aluguéis e Taxas de Condomínio
☐ Pagamento de Duplicatas e Títulos
☐ Pagamentos a Corretoras
☐ Pagamento de Mensalidade Escolar
☐ Pagamento de Impostos e Taxas
☐ Depósito Judicial
☐ Pensão Alimentícia
☐ Transferência Internacional de Reais
☐ Ajuste de Posição de Mercado Futuro
☐ Repasse de valores do BNDES
☐ Liquidação de Compromissos junto ao BNDES
☐ Operações de Compra e Venda de Ações – Bolsa de Valores e Mercado de Balcão
☐ Contratos Referenciados em Ações ou Índices de Ações - Bolsas de Valores, de Mercadorias e de futuros
☐ Outros (Identificar):

Confirmo(amos) os dados acima, eximindo o Banco de responsabilidade sobre informações incorretas.

Reconheço(emos) que esta transferência não admitirá cancelamento ou estorno após efetuada.

Reconheço(emos) que o Banco não se responsabilizará pela não efetivação da transferência quando os respectivos sistemas de transferência estiverem inoperantes, impossibilitando a sua execução e/ou quando não houver saldo na conta do remetente, acima indicado, que suporte o débito do valor para transferência e pagamento da(s) tarifa(s) correspondente(s) à prestação do serviço.

SÃO PAULO, 03 de FEVEREIRO de 2011

Local e data

Nome/Razão Social: AGROPECUÁRIA COLAMAR LTDA.

Assinatura(s) do(s) Titular(es) da Conta ou Representante(s) Legal(is)

Canais de Atendimento Santander: **Superlinha** 4004 3535 (Capitais e Regiões Metropolitanas) e 0800 702 3535 (Demais Localidades) – **Serviço de Apoio ao Consumidor – SAC** 0800 762 7777* – **Ouvidoria** 0800 726 0322* - *Atende também deficientes auditivo e de fala

NF 01/2008 0542-S 1/1

Meu desabafo e denúncias são verdades guardadas que precisam vir à tona, não se trata de um discurso de ódio, tampouco deve ser confundido com inveja e/ou vingança; é apenas o reflexo natural de uma mulher injustiçada, que foi violentada sexualmente de forma covarde e vil em seu momento mais sagrado, e se depara com duas fotos em revistas. Na primeira, Abdelmassih de terno e Sonia vestida num traje preto Daslu ao lado de Tom Cavalcante e Carlos Nóbrega e suas respectivas esposas em um evento da Society. No outro retrato vejo Sonia repleta de joias dando gargalhadas com seu esposo bigodudo Roger Abdelmassih no casamento de Luciana Gimenez e Marcelo de Carvalho. Essa apresentadora anos depois foi madrinha do outro enlace desse já denunciado estuprador.

A podridão desse amor paterno e conjugal me dava repulsa. Diferente da educação e dos princípios de berço em que minha mãe e meu pai me ninaram. Eu me afastaria de tudo, de qualquer imagem monstruosa de Abdelmassih na televisão, a invadir o meu quarto. Voltaria à minha procedência. Decidi que iria subir ladeiras naquela cidade em que o cristal domina, acreditava repousar nela a luz a me guiar, novamente.

Exercitei minha paciência ao me dirigir ao acostamento dessa estrada de nome tempo, afinal, precisava antes terminar o colégio. Para ser exata em meus relatos, as datas a seguir demonstram o que revivo em meu diário mental. A partir de 8 de março de 1999 voltei a estudar. Terminaria o supletivo, que durou três anos, em 23 de julho de 2001. Em 20 de janeiro de 2003 passei no vestibular de Direito em Diamantina. Em 14 de fevereiro daquele ano me mudei para lá. Minha filha resolveu ficar com o pai. Ela entendia meus anseios, mas não poderia mudar para uma cidade tão pequena. Foi uma separação necessária, mas temporária. Seriam cinco anos e eu poderia vê-la nos feriados e nas férias. Em Diamantina, o custo de vida era bem baixo, eu teria condições de ficar cinco anos sem trabalhar, somente me dedicando aos estudos. Cultivando esses pensamentos, arrumei minhas malas. Estava ansiosa para começar a estudar, havia ido à cidade uns dias antes. Nem acreditei quando soube que havia ficado em nono lugar.

Aluguei uma pequena casa, de quintal parecido com o da que vivi em minha primeira infância. Debaixo de uma árvore frondosa coloquei uns banquinhos, como num jardim. Nesse período ainda vivia com meu passarinho. Creio que não falei claramente dele, mas era um corrupião, também conhecido como sofrê ou concriz, que vivia comigo desde o tempo de casada. Ele me acompanhava em festas, tomávamos banho juntos e ele dormia no meu travesseiro. Difícil imaginar isso, mas realmente era assim, ele não vivia numa gaiola, mas solto, livre, e na foto do meu livro de poesias ele está lá, como um companheiro fiel. É uma boa lembrança o seu cantarolar quando eu chegava em casa e suas asinhas se abriam em minha direção num voo inseguro - ele não sabia voar direito. O canto do sofrê é muito melodioso; ele tem a notável capacidade de imitar cantos de outras aves, além de sons musicais. Debaixo dessa árvore, com o som de Nengo (nome desse anjinho alado amarelo e preto), eu me debruçava para ler. Devorava todos os livros de Direito cedidos pela biblioteca. Ao final de seis meses eu, até então praticamente desconhecedora de filosofia e sociologia, havia passado no primeiro semestre com nota máxima. Estava empolgada e decidida a descobrir, no brilho do Direito, o diamante jamais encontrado pelo meu pai. Prestava atenção em cada palavra dita. Nunca mais seria desatenta a nada. Parecia um animal na selva, sempre atenta a qualquer detalhe. Não me incomodava em fazer os trabalhos dos colegas, para mim era um aprendizado. Era a mais velha na sala de aula. Um dos professores tinha quase a metade da minha idade. E mesmo assim eu o respeitava, afinal, envergava mais conhecimento e, portanto, era digno do meu louvor.

Mas era um professor empertigado. Gostava de ouvir sua própria voz enlevada em prédicas e digressões, sempre autorreferentes. Estabeleceu, logo cedo: cada um deve ser, nas penas da lei, responsabilizado por suas "vontades individuais". Aquilo me deu um repuxão. Retorqui, levantando a questão dos siameses como duas vontades em um corpo. Foi quando a arrogância do mestre dominou a razão. Como um Moisés ensandecido, apontou seu dedo recurvo para mim. E disparou: "Esse povo não vive e está encerrada a aula de hoje".

Fui para casa indignada com o "cala-boca" que levei. Como assim, não existem siameses? Em que se baseava sua infundada diatribe?

Afinal, eu não estava falando de ETs.

Passei aquele fim de semana pesquisando sobre siameses. Imprimi 600 casos. E os levei na semana seguinte à aula do citado professor, que, em face da contradita, insistia em passar para outro tema. Firmei o pé e contei o primeiro e mais impressionante caso, o de dois irmãos unidos pelo abdômen e que compartilhavam o mesmo fígado - um era alcoólatra e o outro não.

Fui firme na voz:

- Qual vontade vai prevalecer, professor? O senhor quer dizer que quando chegar esse caso na delegacia ou fórum, e digamos que eu seja juíza ou delegada, devo responder que é para irem embora, pois eles não existem como seres humanos...?

O mestre contraiu as pupilas, o rosto ficou duro. Ele tornou-se fúcsia, e se segurou para não me responder. Eu não parei por aí; fui citando o caso de gêmeas siamesas iraquianas que resolveram se separar em intervenção. No entanto, o risco de morte era iminente, e elas tiveram de assinar termo desonerando de responsabilidade os cirurgiões. Questionei o professor sobre qual vontade prevaleceria no caso das siamesas, se uma delas não quisesse arriscar a vida na cirurgia. No caso, as duas se arriscaram e morreram. E no caso de assassinato de um siamês, seria duplo homicídio ou não? A reação do professor, ao ver que eu citaria mais e mais casos complexos, me indignou ao extremo. Ele me disse que era soberano em sala de aula, que o tema não era aquele, que ele não iria levantar aquelas questões, e que eu estava sendo irreverente. E veja que fui reverente e me expressei em tom cordial, sempre.

O clima ficou inamistoso. O poder e a influência que ele detinha junto ao diretor da faculdade, somados a vários outros fatos e implicâncias con-tra minha pessoa, no final o fez instalar uma comissão disciplinar para me advertir. Saí da aula perplexa, quando soube da primeira audiência, a ocultar a intenção decidida - legalmente viciada - de me dar uma suspensão. Telefonei a um amigo advogado em São Paulo.

Como iriam criar uma banca de professores para me julgarem sem que eu pudesse me explicar legalmente?

Na semana seguinte ele foi me socorrer. Instaurada a comissão, recebi o comunicado: precisava comparecer para me redimir do que me acusavam ou aceitar uma suspensão. Ora, se havia uma sanção, uma pena, então configurava um julgamento, estabeleceu meu advogado. Portanto, eu dispunha do direito de ser acompanhada de meu defensor. Eu aprendera já no curso que qualquer pessoa a ser apenada tem direito a ampla defesa e contraditório.

A vaidade desses "mestres" em não aceitar isso foi o ponto fundamental para, depois, eu ganhar a ação contra a faculdade. Eles negaram veementemente o acesso do meu advogado à oitiva comigo. Pior: assinaram tudo deferindo isso. Em 24 de novembro de 2004, eu me neguei a passar por uma bancada de julgadores, em que não teria voz para me explicar e a "punição" já estava decidida. Não fui às duas comissões disciplinares. Contratei o melhor advogado da cidade, Dr. Olemar Santiago Maciel, pois esse conflito ia contra uma faculdade de Direito, por isso eu precisava estar bem representada. A princípio ele titubeou, visto que brigaria com a faculdade em que sua própria filha estudava, mas, diante do desafio, aceitou. Ele impetraria mandado de segurança, daí eu poderia voltar às aulas, como decidiu o Poder Judiciário em 22 de fevereiro de 2005. Mas a diretoria não aceitava minha presença, entretanto acatava o mandado. E conseguiam mover outra comissão, por outro motivo, e, assim, depois de dois mandados de segurança e sempre rejeitando meu advogado de São Paulo nas tais comissões, vem a expulsão em si. Foi numa carta escrita com nome de *portaria*, datada de 4 de abril de 2005, dizendo que no lugar de expulsão era para se ler "pena de desligamento". Fizeram isso quando questionei inclusive a ata dessa faculdade, que alegava não poder tal casa expulsar alunos pelos motivos alegados. Em seguida, justamente por eu ter faltado ao que considerei audiências protocolares (afinal, não poderia me defender naquele órgão), Dr. Olemar ingressou numa apelação civil, fixada em meu favor em 14 de agosto de 2006.

Na verdade, eu já vinha sofrendo um estigma por parte da diretoria.

Esta chegou a ir à minha psiquiatra para saber por que eu a consultava. Isso era uma afronta à minha individualidade e, resignada, tive de aceitar. Mas, como a cidade era pequena, espalhou-se a maledicência segundo a qual eu fora expulsa por problemas psíquicos. Por conta disso e de outras situações ingressei com um pedido na OAB de Minas Gerais, em Belo Horizonte, no Conselho de Ética, em 20 de outubro de 2004, contra dois professores.

Entretanto, mesmo com tantos problemas, de fevereiro de 2003 a 2005 fiz mais de meia dúzia de cursos extracurriculares naquela faculdade: iam da doutrina de Maquiavel, passavam por espaço público, direito constitucional, ouvidoria. Lembro bem de um desses. Afinal, nessa data exata, 18 de novembro de 2004, eu fui à psiquiatra de Diamantina e decidi que iria voltar a lutar contra o monstro Roger que ainda me habitava. Disse a ela, decidida, num tom terminante: "Doutora, eu vou me curar!".

Anos depois foi essa decisão que me botou nos trilhos pela busca de justiça. Cabe acrescentar: após um tempo, essa faculdade, inconformada com o parecer favorável à minha readmissão (e depois de muito recorrerem), o caso acabou transitado em julgado (sem caber recursos). E finalmente fui convidada a me matricular novamente nela. Eu poderia, se quisesse, mover até mesmo uma ação por danos morais e tudo o mais. Mas nunca fiz isso, mesmo sendo meu direito: jamais em minha vida a intenção foi ganhar dinheiro com ações desse gênero e/ou prejudicar alguém, quanto mais meus colegas, difamando a faculdade. Se aqui conto essa situação é porque ela mudou o caminho que tracei naquela cidade, e por conta disso tudo tive de temporariamente adiar meus planos. Por falar em danos morais, com relação aos meus já comprovados direitos, nunca movi nem moverei ação civil contra Abdelmassih. Por mais que ele tenha dinheiro, não há pecúnia suficiente capaz de reparar o que me fez sofrer. E mais: minha honra e meus filhos embriões não meço em moeda. Há uma diferença na palavra "valores": os meus são de origem moral e ética. Diversos dos "valores" que Roger e sua atual esposa apreciam, materializados sob a forma de vinhos e bolsas de grife.

Urgia voltar a São Paulo, pois não havia perto outra faculdade que pudesse fazer e me sustentar por lá. Ademais, tudo isso me abalou; até mesmo fiquei em dúvida se deveria continuar a estudar Direito, afinal, pelo modo como fui tratada, meus direitos nunca seriam respeitados. O desânimo voltou. Nada disso teria acontecido se eu nunca tivesse deixado minha profissão e tudo o mais.

Roger novamente em minha vida; no momento em que eu tentava esquecer o que aconteceu, ele estava presente, com mais assiduidade quando eu me dirigia ao psiquiatra com sofreguidão tentar curar o meu trauma. Ainda era jovem e não conseguia ter um relacionamento sexual com ninguém.

Tomei a decisão de abandonar o curso depois de entrar em juízo contra a faculdade, por arbitrariedade, mesmo convicta de que tal instituição não serviria ao meu propósito, o de entender o que eram direitos e obrigações. Afinal, uma universidade que não respeitava uma cláusula pétrea não faria de mim uma boa jurista. Mas não deveria matar no meu eu a sede por justiça, nem minha nova vocação de lutar contra injustiças. Disso comecei a ter certeza em minhas convicções, principalmente ao conversar com outro professor criminologista da mesma universidade. Esse estimado mestre se transformou em um dos meus melhores amigos.

O educador, PhD, criminologista doutor Claudio Macedo me ensinara o que era comunidade jurídica, *status quo*, e como elaborar a tese para uma futura monografia. Diferente do outro arrogante instrutor, este, sabedor realmente do que é ser um bom jurista. Inclusive me sugeriu registrar esse estudo científico num cartório. Segui seu conselho e registrei o estudo em 2 de abril de 2004, no Cartório do 3º Ofício, na Rua da Quitanda, em Diamantina. Eu encontrara uma falha na Constituição, inclusive mundial. Por dias debatemos sobre a questão toda, de como era importante ver o Direito sob o ponto de vista do seu avesso, um olhar diferenciado por dentro do acabamento. Não há regras específicas que possam ser impostas em textos que carecem de interpretação. Se fosse assim, não haveria necessidade de juízes, bastaria aplicar a letra fria da lei, e isso qualquer pessoa que soubesse ler poderia fazer. Convicta de que realmente não estava delirando, ou seja, que havia uma razão no que tinha levantado, estudei muito a respeito (atualmente, perguntas sobre siameses são feitas a futuros juristas e juízes em sua bancada teste para o cargo público).

Foram muitas as noites dos últimos dias vividos em Diamantina, antes de me mudar novamente, nas quais fazia jantares em minha casa para os colegas. Enfeitava a mesa com folhas de bananeira em vez de toalhas e servia tutu de feijão e, como sobremesa, ambrosia, entre outras guloseimas. Meu mentor, Claudio, era presença constante, para falarmos sobre filosofia e de como seria importante se todos tivessem noção jurídica, desde os primórdios da vida. Acreditávamos que deveria haver uma cadeira sobre Direito desde o primário, para fazer as pessoas saberem o que é ser cidadão e, somente depois disso, poder cobrar atitudes do Estado. Um novo mundo havia se aberto para mim, parecia que tudo que vivera havia sido uma aflita escuridão passada. Lia Platão e me identificava com o mito das cavernas. Se pudesse, compartilharia com todos a claridade daquela nova visão, que foi um privilégio aprender. Sentia-me como se tivesse sido ignorante a vida toda, pois não guardava documentos. Não cultivava tal hábito. Mas, finalmente, entendera o verdadeiro sentido de justiça no estalo que minha mente deu, ao perceber que tudo em Direito é possível se houver boa-fé. Nunca deveríamos buscar vingança, e sim justiça, pregava-se em sala de aula. Profetizava em meus desejos interiores que a Justiça poderia ser uma obra de arte, se com atenção eu fizesse minha parte...

A partir de então, tudo de importância eu registrava no papel. No início da minha vida, não me importava com eles. No entanto, no momento em que não consegui provar todo o "tratamento" recebido de Abdelmassih, que se recusou a me dar o prontuário médico, brotou a percepção de um mundo pertencente à burocracia e às folhas. Nunca mais faria nada sem me certificar da posse de recibos e documentos a fim de provar eventual fraude. Um sentimento latente pulsava em cada poro meu, urrando a todo momento sobre a injustiça sofrida. Sabia que algo ou alguém me impedira de ver a justiça dos homens. A vinda da divina justiça eu sabia que era questão de tempo, eu clamava por ela no Livro Sagrado e em minhas orações.

Precisando me mudar de lugar outra vez, ia sem rumo certo. Na mente, guardava esta determinação: ser advogada, ou promotora ou, quem sabe, juíza. Os anos estavam passando, e eu sabia que nem todo concurso poderia fazer por causa da idade. Seria eu vítima do tempo? Não conseguiria me formar a ponto de realizar algo importante na profissão para ajudar alguém?

Trazia dúvidas somente no quesito idade; seguia realmente determinada a não deixar nada nem ninguém ofuscar o diamante logrado no garimpo do meu pai. A pedra do conhecimento. Como fora estilista durante muitos anos, minha mente não olhava o igual, somente percebia o diferenciado. Questão de hábito profissional, do qual não conseguia me desprender. Essa era toda a minha leitura, sempre observando erros para alguns meros fatos normais, pelo costume de seguir sempre o raciocínio compartilhado em sociedade. Aprendi que a nossa pressa atrapalhava as leituras. Via amigos lendo e chegando ao raciocínio básico, por enxergar somente o óbvio.

O óbvio apareceu em minha vida naquela manhã, quando intuí que não poderia desistir dos meus sonhos de me formar por causa da faculdade de Diamantina e ficar esperando até minha ação ser julgada no fórum comum. De maneira definitiva, seria questão até de anos, talvez. Essa não era a única faculdade de Direito no mundo e eu não poderia ficar ali à mercê dos dias. Mesmo já sem condições financeiras para me sustentar em uma cidade grande como São Paulo, não me restava outra saída a não ser voltar. Liguei para um casal de amigos, donos de diversos apartamentos alugados, para ver a possibilidade de arrumar um barato para mim e seguro. Marli e Armando Iguario Filho, chamado carinhosamente de Gui (falecido em 2011), me conheciam de longa data, e, sabendo das minhas intenções e conhecendo meu caráter, me cederam um apartamento próximo ao metrô. Isso era importante, pois não estava mais dirigindo. Havia decidido parar, visto que tomava remédios para depressão, ladrões dos meus reflexos. Tinha medo de causar um acidente. Nunca me perdoaria se atropelasse alguém. Desde pequena carregava essa consciência de que era sagrada a vida de qualquer ser. Comungava da mesma opinião de Leonardo da Vinci, um vegetariano que negava que seu corpo fosse túmulo para qualquer espécie.

Voltei a São Paulo em 6 de janeiro de 2006. Em 22 de agosto de 2006 saiu a decisão do Tribunal de Justiça de Minas Gerais fixando meu retorno à faculdade de Direito de Diamantina. Mas eles recorreram. Aquilo não me importava mais. No dia 19 de julho de 2006 iniciei como aluna na Unip Vergueiro, depois de ter encarado outro vestibular.

Três anos depois, em 8 de agosto de 2009, tive uma brutal crise de pânico, resultado das denúncias feitas contra Abdelmassih. A diretora da Unip, dra. Andreia Wild, decidiu que eu poderia fazer as provas em seu gabinete pessoal, como medida especial para driblar o pânico e suas recidivas.

É normal a quem foi agredida sexualmente ser tomada por pulsões de vingança. Eu não me sentia pior do que ninguém quando esse pensamento vinha me atormentar, principalmente ao ligar a televisão e ver Abdelmassih falando das experiências genéticas. Ele circulava, sentindo-se seguro e impune. Daí meu desejo. Tânia Ortega, uma autêntica irmã, informou-me que Roger havia comprado dois iates. E ela se viu, como decoradora naval, obrigada a adorná-lo, pois era prestadora de serviços do grande estaleiro Spirit Ferretti. Quando Tânia me relatou isso, tive a sensação única da integral vitória do mal.

Roger nem sequer imaginava que, ao levar Sonia, sua esposa na época (afetadamente, pedia isso e aquilo, do mais caro existente na loja da minha amiga), estava conversando com alguém sabedor dos horrores acontecidos naquele consultório. Tânia cobrou mais caro que o de costume, e me senti "vingada" dessa forma. Era a única coisa a fazer naquele momento, aceitar a perene ascensão do monstro, mesmo tendo cometido aquele crime secreto. Alimentava ainda minha culpa sobre os fatos, já que haviam se passado mais de dez anos e nenhum outro caso havia aparecido.

Eu ainda não tinha lido nem conhecido a magistrada Kenarik Boujikian, que condenou Roger Abdelmassih a 278 anos de prisão em regime fechado e mudou minha vida. Veja o estudo dela sobre culpabilidade e credibilidade da palavra da vítima como prova de violência sexual:

Entre a mão e o gesto

O percentual de informação aos órgãos de investigação da ocorrência dos crimes sexuais, cujas vítimas em sua maioria são mulheres (adultas, adolescentes e meninas), é infinitamente menor que o real. Entre as razões apontadas por pesquisadores para que o registro não seja efetuado estão: vergonha, sentimento de autorresponsabilização, temor em enfrentar o fato perante os tribunais, carga emocional e física da agressão e desconfiança sobre o sistema, estimando-se que o procedimento judicial é ineficaz para esclarecer os fatos e passar por eles acarreta mais danos do que benefícios.

Credibilidade da palavra da vítima

Os processos de crimes sexuais, sabidamente praticados de forma clandestina - pois a violação da dignidade da mulher geralmente ocorre em locais fechados, sem possibilidade de presença de testemunhas -, têm na palavra da vítima a viga mestra. Por certo ela não está isenta dos requisitos de verossimilidade, coerência e plausibilidade. Mas, nesses delitos, a declaração coerente da vítima deve ter valor decisivo.

Por certo que a prova pericial tem grande relevo, mas nem todos os crimes sexuais deixam vestígio. Nestas situações, a maior atenção deve ser voltada para as declarações da vítima e, caso ela tenha fornecido dados coesos e harmônicos, não há razão alguma para afastar de credibilidade referida prova.

A palavra da vítima tem valor exponencial, desde que não possua qualquer vício que possa maculá-la. Mas vício não se confunde com discriminação e com preconceito. Em muitos processos, o que se vê é que a vítima é que é julgada na valoração da prova, quando se afirma, por exemplo, que um homem sozinho não pode agredir sexualmente a mulher; que ela poderia reagir; que ela despertou o instinto sexual; que ela usou roupas provocativas etc.

No patamar civilizatório abraçado pelo Estado brasileiro, que implica o reconhecimento da mulher como sujeito de direitos humanos em posição igualitária, no qual é inadmissível que tenha a sua autodeterminação sexual violada, é necessário que "o gesto se aproxime da mão".

Retirava esses pensamentos culposos da cabeça e me concentrava nos estudos. Minha vida amorosa continuava inexistente. Havia pretendentes, eu me esforçava, mas não conseguia chegar às vias de fato. Mantinha uma distância segura de quem se aproximasse de mim. Ainda conseguia ter um tipo de vida social, mas reservada, de certa forma. Somente saía com amigas de confiança, a quem me abria e que entendiam meu trauma. Todas falavam em autossuperação. Decidi que era o momento de começar uma nova vida, e deixar guardado num lugar escondido esse desencontro com a paz.

Morava sozinha. Minha filha já era adulta, resolveu se casar cedo. Por esses tempos recebi a notícia de que uma pessoa havia denunciado Roger numa delegacia. A mesma Tânia, do iate, me telefonou, falando da notícia corrente. Ela perguntou se aquele poderia ser o meu caso, se era a mesma denúncia que eu fizera. Fiquei em agonia. Como assim, havia outra? Onde ela estava? Queria saber detalhes. Vi uma pequena nota no Google de uma ex-funcionária que o flagrara agarrando uma paciente. Mas ela estava sendo acusada de extorquir dinheiro. Pensei, ela pode até ter tentado negociar a denúncia, mas estava dizendo a verdade. Comecei a procurá-la. Não a encontrei. Vejo esta manchete no jornal *Folha de S. Paulo*, sexta-feira, 9 de janeiro de 2009:

> ***Médico vê ação orquestrada por concorrentes e afirma que levará "caminhão" de testemunhas; promotores dizem que há provas "fortes"***
>
> *A polícia e os promotores colheram o depoimento de oito ex-pacientes e de uma ex-funcionária, que acusam o médico de tentar molestá-las. Ouviram também o marido de uma das acusadoras.*
>
> *São mulheres entre 30 e 40 anos, casadas, bem-sucedidas profissionalmente, de pelo menos três Estados diferentes, que não se conheciam. Nenhuma delas aceita revelar publicamente sua identidade – com exceção da ex-funcionária (leia texto abaixo).*
>
> *Dizem ter sido surpreendidas por investidas do médico quando estavam sozinhas – sem o marido e sem enfermeira presente (os casos teriam ocorrido durante a entrevista médica ou nos quartos particulares de*

recuperação). Três afirmam ter sido molestadas após sedação.
A investigação começou em maio no Gaeco, grupo especial do Ministério Público paulista. Para os promotores José Reinaldo Carneiro, Luiz Henrique Dal Poz e Roberto Porto, "já há indícios contundentes contra Abdelmassih, suficientes para denunciá-lo à Justiça".
"São relatos detalhados de diferentes vítimas, mulheres que não ganham nada contando isso. As histórias têm muitas similitudes e são bastante verossímeis", afirma Dal Poz.
O Ministério Público não tem prova material contra o médico, apenas relatos. "É um tipo de crime perverso, que nunca tem testemunhas nem deixa marcas. Só na alma da mulher", afirma Carneiro.
À Folha, Abdelmassih repudiou as acusações e disse ver ação orquestrada por concorrentes. "Não sou louco. Se sou alguém querido e a pessoa quer se irritar, quer entender que houve algo que não existiu, não posso fazer nada. Seis, sete mulheres [que acusam]? Tenho 20 mil pacientes que se submeteram à fertilização in vitro, são 7.500 crianças nascidas. Vou levar um caminhão de testemunhas", afirma o médico.
O crime investigado é atentado violento ao pudor (ato libidinoso diferente de estupro), que pode acarretar até dez anos de prisão. O médico ainda não foi ouvido e não teve acesso à identidade das acusadoras. Chamado a depor no Ministério Público em agosto, Abdelmassih apresentou atestado médico para não comparecer.
Em novembro, o inquérito desapareceu no Fórum da Barra Funda, em São Paulo. Depois de 30 dias, foi dado oficialmente como perdido, e um novo foi refeito a partir de cópias dos depoimentos.
Às vésperas do Réveillon, um segurança encontrou o inquérito, que tem cerca de cem páginas, em um banheiro do fórum. O Judiciário abriu sindicância para apurar o ocorrido.

Anonimato

Sob a condição de não revelar nomes verdadeiros, a Folha conversou com três mulheres que falaram à polícia e com duas que não querem depor.
A executiva Cláudia, 49, alega ter sido assediada pelo médico em 2003. "Aconteceu no dia em que fui implantar os embriões.

Estava na sala de recuperação, me arrumando para sair, quando o Dr. Roger entrou, me abraçou e disse que tinha pena por meu marido não estar lá. Ele me deu um selinho na boca, eu me afastei. Demorei para entender o que estava ocorrendo, mas aí ele prendeu o rosto com as mãos e passou a me beijar à força."

Ela diz que tentava afastá-lo, mas se sentia fraca por estar voltando de uma sedação. "Juntei as forças que tinha e gritei. Ele se assustou e deixou o quarto."

Cláudia afirma ter entrado em depressão. "Eu carregava cinco embriões em meu útero, não poderia abandonar a chance de ser mãe, mas não queria voltar. Fiquei pensando se tinha culpa, se tinha dado alguma abertura a ele."

Ela não contou ao marido e, quando soube que não tinha engravidado, voltou à clínica. "Xinguei, quebrei coisas. Ele ficou impassível. Nunca mais voltei nem tentei mais engravidar. Foi o fim do sonho de ser mãe", afirma. Na época, Cláudia não deu queixa, mas agora, após a abertura da investigação, aceitou falar à polícia.

Questionado pela Folha, Abdelmassih diz que não pode responder a acusações como essa porque não teve acesso aos depoimentos. "Não sei quem são essas mulheres nem por que estão dizendo isso."

Em agosto de 2006, outra ex-paciente, Vera, 34, foi à 2ª Delegacia de Defesa da Mulher de SP registrar boletim de ocorrência contra o médico por "importunação ofensiva ao pudor". Vera diz que estava na sala de Abdelmassih, se despedindo, quando ele "tentou beijá-la à força".

Afirmou que o médico agia de "forma natural e perguntava o motivo de ela suar frio". Como Cláudia, Vera também não parou o tratamento, porque já estava na fase de implantação dos embriões, mas exigiu que fosse supervisionado por outro médico na mesma clínica. Ela conseguiu engravidar.

Sobre esse caso, em que há um BO, Abdelmassih diz que se lembra da ex-paciente, mas que ficou espantado ao saber da acusação. "Eu me lembro que, ao sair da clínica, grávida, ela veio me dar um beijo e um abraço de agradecimento. Me diga: se tivesse havido assédio, ela teria feito isso?".

Para o promotor Dal Poz, a preocupação das mulheres em manter o anonimato é comum em crimes sexuais. "Há um receio do que irá acontecer com a própria imagem, com a repercussão dos fatos na família e na sociedade. É uma reação de proteção. A vítima se retrai", afirma.

Abdelmassih considera o comportamento estranho. "Se alguém é vítima de assédio, continua o tratamento?", questiona.

A executiva Bruna, 40, diz que, em 2006, após ter se submetido à extração de óvulos, ainda estava no quarto de recuperação quando foi beijada por Abdelmassih.

"À medida que despertava, me vi sentada na maca, escorada pelo médico, que me dizia para continuar beijando-o na boca. Uma das mãos dele estava no meu peito, por dentro do avental cirúrgico. Depois, apaguei de novo."

Bruna afirma que, ao recobrar a consciência, viu Abdelmassih com a braguilha da calça aberta, usando a mão dela para se masturbar. "Comecei a chorar. Como se fosse uma coisa normal, ele disse que, se eu não quisesse, ele parava. Ainda antes de deixar o quarto, ele perguntou se eu poderia me vestir sozinha. Saí, fui para a recepção encontrar o meu marido. Só conseguia chorar."

Bruna afirma que não levou o caso à polícia por temer eventual retaliação de Abdelmassih, por ele ser um médico famoso. Mas, por recomendação de um amigo, lavrou uma escritura pública detalhando o episódio – a Folha leu o documento.

Abdelmassih também não comentou esse caso por não conhecer a identidade da acusadora. "Como vou saber se de fato é uma ex-paciente?".

Recentemente, fui visitar o promotor José Reinaldo Guimarães e agradecer a esse jurista por toda sua iniciativa nessa questão. Lembramos do dia em 2009 em que fui depor, dos documentos que apresentei, e ele me confidenciou como foi difícil e os problemas que a promotoria enfrentou por pressão de Abdelmassih. Esse promotor, em particular, foi pressionado indiretamente, mas, fiel à justiça, seguiu em frente e encarou todos os obstáculos. Lembramos detalhes de como o processo sumiu e, "em off", imaginamos "quem" teria feito isso. Ele se recordou do medo e angústia das vítimas. Devemos muito do nosso sossego atual também a esse promotor, a quem aqui estendo meus elogios bem como ao promotor Dr. Luiz Henrique Dal Poz, outra figura igualmente essencial nessa caçada.

Naquele ano de 2009 também havia ido à Delegacia da Mulher informar como andavam as coisas, e levar meu papel. Ah, eu havia guardado, já mofada, uma parte da denúncia que fizera em 1993. Quase quinze anos e esse documento estava amarelado pelo tempo e, pior, incompleto. Mas dispunha do número do B.O. e do nome do delegado.

Cheguei à delegacia, disposta a reabrir meu caso de 1993 e saber por que ele não tinha ido adiante. Já estava no 4º ano de Direito e sabia o que era ação pública. Ela tinha de seguir seu curso: se assim não fosse, eu já saberia pelo menos entender juridicamente o emperramento e tentar desatar os nós de impunidade.

DELEGACIA NOVAMENTE

Passaram-se quase quinze anos desde a minha ida a um distrito policial para falar sobre Abdelmassih. Soube do surgimento das delegacias especializadas a mulheres. Foi o bálsamo protetor contra o constrangimento de voltar a tal lugar e narrar o estupro. Quando cheguei ao distrito, fiquei espantada ao ver tantas mulheres resolutas. Eu havia telefonado e confortavelmente marcado hora. Fui preparada, levando meus documentos e tudo reunido sobre Abdelmassih, papéis do Cremesp e o antigo B.O.

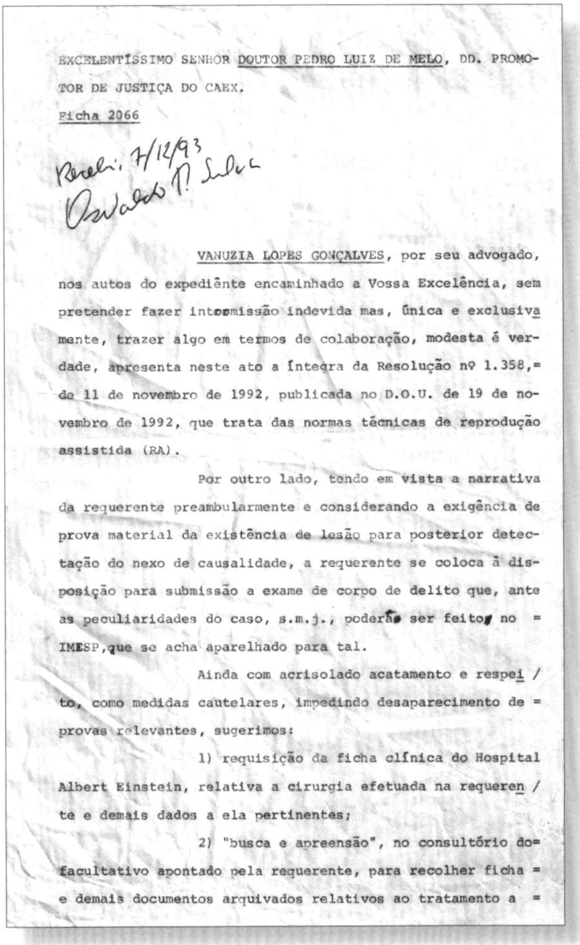

EXCELENTÍSSIMO SENHOR DOUTOR PEDRO LUIZ DE MELO, DD. PROMOTOR DE JUSTIÇA DO CAEX.

Ficha 2066

VANUZIA LOPES GONÇALVES, por seu advogado, nos autos do expediênte encaminhado a Vossa Excelência, sem pretender fazer intromissão indevida mas, única e exclusivamente, trazer algo em termos de colaboração, modesta é verdade, apresenta neste ato a íntegra da Resolução nº 1.358, de 11 de novembro de 1992, publicada no D.O.U. de 19 de novembro de 1992, que trata das normas técnicas de reprodução assistida (RA).

Por outro lado, tendo em vista a narrativa da requerente preambularmente e considerando a exigência de prova material da existência de lesão para posterior detectação do nexo de causalidade, a requerente se coloca à disposição para submissão a exame de corpo de delito que, ante as peculiaridades do caso, s.m.j., poderá ser feito no IMESP, que se acha aparelhado para tal.

Ainda com acrisolado acatamento e respeito, como medidas cautelares, impedindo desaparecimento de provas relevantes, sugerimos:

1) requisição da ficha clínica do Hospital Albert Einstein, relativa a cirurgia efetuada na requerente e demais dados a ela pertinentes;

2) "busca e apreensão", no consultório do facultativo apontado pela requerente, para recolher ficha e demais documentos arquivados relativos ao tratamento a

Desta vez, as coisas haviam mudado muito: um computador facilitava o depoimento, diferente daquela máquina antiga de escrever de 1993, que moía palavras. No atual sistema até mesmo a respiração é praticamente descrita, tamanha a riqueza de detalhes. A delegacia, espetada no centro da cidade de São Paulo, na Rua Dr. Bittencourt Rodrigues, 200, é uma casa de dois andares na cor cinza-claro. Os bancos na entrada são de cimento, com a mesma cor de espectro visível, resultante da nuance entre o branco e o preto. Nada há de feminino até subirmos a escada e chegarmos à sala da delegada. No corredor, enquanto me dirigia a esse cômodo, observei uma pequena planta em cima de uma mesinha redonda com uma toalha de renda parecida com as que via as rendeiras do Ceará bordarem quando morei lá antes de me casar. As rendas renascença são famosas pelo estilo de bordado feito exclusivamente à mão, com traços marcantes, em que predominam pontos exclusivos e entrelaçados delicados. Na sala da Dra. Celi há uma televisão, uma mesa com muitos papéis, uma pequena poltrona e um banheiro, onde ela retoca seu batom depois de ter voltado do almoço.

A investigação não seria possível sem o pulso firme dessa delegada, Dra. Celi Paulino Carlota, uma mulher temente a Deus: logo que se chega à sua frente, percebe-se que ela é guiada por Ele. A princípio ela já faz uma oração, principalmente quando observa que a vítima está constrangida. Apesar de exercer uma função tão ligada àquelas que somente homens desempenham, Dra. Celi era firme e feminina a um só tempo, toda vaidosa com seus cabelos cacheados. Quando perguntei se poderia achar meu antigo B.O., Dra. Celi ligou de imediato para aquela delegacia, de onde veio a notícia de que fazia anos aquele delegado havia morrido. Não me lembrava nem mesmo da fisionomia dele, mas senti sua morte, não por ele exatamente, já que nem o conhecia, mas por me deixar sem explicações, levadas ao túmulo. Isso me incomodou: como faria para contestá-lo? Foi quando a Dra. Celi me falou de um novo processo, em que partiríamos do zero. Estava quase pensando que não iria dar em nada novamente, quando Celi me contou que já fazia algum tempo que estava investigando Roger, e já haviam acontecido alguns inconvenientes por isso...

O meu processo sumiu da delegacia anterior. E do Fórum, evaporou. Ela me confirmou o que estava na *Folha de S. Paulo*: o nascimento de novo processo em que havia outras vítimas, e esse também perdeu-se por um tempo. Foi o pulso firme do promotor Dr. José Reinaldo Guimarães e dessa delegada o responsável pelos autos aparecerem novamente. Ambos fizeram um alvoroço, seguido pelo bizarro aparecimento, do nada, do processo perdido, depositado por alguém sobre a pia do banheiro no Fórum.

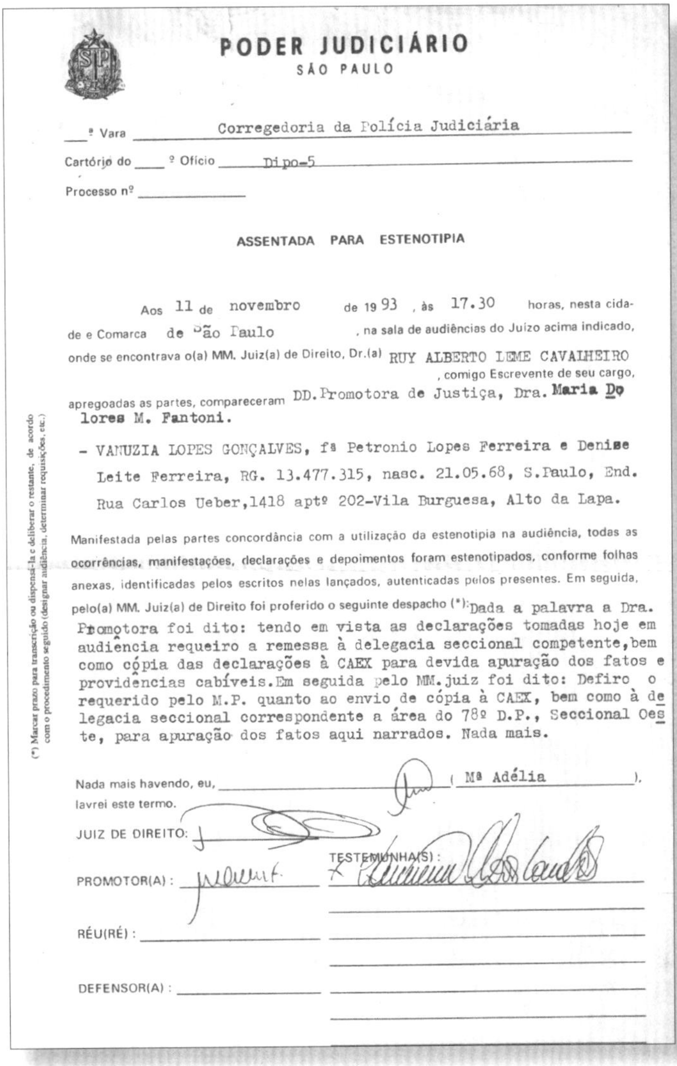

PODER JUDICIÁRIO
SÃO PAULO

___ª Vara Corregedoria da Polícia Judiciária

Cartório do ___ º Ofício Dipo-5

Processo nº ______

ASSENTADA PARA ESTENOTIPIA

Aos 11 de novembro de 1993, às 17.30 horas, nesta cidade e Comarca de São Paulo, na sala de audiências do Juízo acima indicado, onde se encontrava o(a) MM. Juiz(a) de Direito, Dr.(a) RUY ALBERTO LEME CAVALHEIRO, comigo Escrevente de seu cargo, apregoadas as partes, compareceram DD.Promotora de Justiça, Dra. **Maria Dolores M. Fantoni.**

- VANUZIA LOPES GONÇALVES, fª Petronio Lopes Ferreira e Denise Leite Ferreira, RG. 13.477.315, nasc. 21.05.68, S.Paulo, End. Rua Carlos Ueber,1418 aptº 202-Vila Burguesa, Alto da Lapa.

Manifestada pelas partes concordância com a utilização da estenotipia na audiência, todas as ocorrências, manifestações, declarações e depoimentos foram estenotipados, conforme folhas anexas, identificadas pelos escritos nelas lançados, autenticadas pelos presentes. Em seguida, pelo(a) MM. Juiz(a) de Direito foi proferido o seguinte despacho (*): Dada a palavra a Dra. Pṙomotora foi dito: tendo em vista as declarações tomadas hoje em audiência requeiro a remessa à delegacia seccional competente,bem como cópia das declarações à CAEX para devida apuração dos fatos e providências cabíveis.Em seguida pelo MM.juiz foi dito: Defiro o requerido pelo M.P. quanto ao envio de cópia à CAEX, bem como à de legacia seccional correspondente a área do 78º D.P., Seccional Oes te, para apuração dos fatos aqui narrados. Nada mais.

Nada mais havendo, eu, ______ (Mª Adélia), lavrei este termo.

JUIZ DE DIREITO: ______

TESTEMUNHA(S): ______

PROMOTOR(A): ______

RÉU(RÉ): ______

DEFENSOR(A): ______

(*) Marcar prazo para transcrição ou dispensá-la e deliberar o restante, de acordo com o procedimento seguido (designar audiência, determinar requisições, etc.)

A Dra. Celi não me contou o número exato de mulheres violentadas, submetendo-se ao sigilo de justiça dos autos. Ela me pediu tranquilidade, ninguém saberia meu endereço, dados pessoais etc. Quando eu ia saindo, essa doce delegada me deu um papelzinho em que ela mesma havia escrito um salmo da Bíblia e me pediu orações: o homem era muito famoso, e a luta, grande. Precisaria ir para casa e aguardar os acontecimentos, não havia data certa para ser chamada novamente. Coloquei-me ao dispor, dando-lhe o número do meu celular. E me despedi esperançosa, senti humanidade naqueles servos da Justiça que serviam, primeiramente, a Deus.

Passado algum tempo, recebi uma mensagem trazendo notícias com o nome de Abdelmassih – criei um alerta no Google para me avisar pelo meu e-mail toda vez que saía uma notícia. Recebia um aviso e clicava no *link* para ler. Espantada, li muitas matérias; conforme uma delas, o advogado de Abdelmassih, do escritório do ex-ministro Márcio Thomaz Bastos, estava dando outra declaração segundo a qual Abdelmassih era uma vítima, estava sendo acusado por mulheres sem rosto, o "coitado" Roger estava se defendendo de pessoas covardes, tudo era intriga das clínicas concorrentes. O estopim para eu tomar coragem e enfrentá-lo na imprensa foi ler suas palavras argumentando isso, entre outras situações, como o fato de algumas mulheres terem voltado à clínica, mas eu não voltei! Precisava esclarecer! Ele e sua equipe de defensores chegaram ao absurdo de impetrar uma ação civil contra o provedor: queriam retirar o nome do monstro dos resultados de busca no Google. Isso me deixou enfezada, enraivecida mesmo. Liguei para a delegacia e disse à delegada que eu era dona de um rosto, o qual nada tinha a ver com a concorrência médica dessa criatura. Ela, decidida, me perguntou se eu poderia então mostrar a face para uma revista que estava procurando vítimas. Não pensei duas vezes, não imaginei nem mesmo a repercussão disso, somente queria expor minha não covardia covarde, nunca mais voltei àquela "clínica" e fazia anos buscava sua punição.

Veja a seguir matéria do Blog Anjos e Guerreiros, de 15 de janeiro de 2009, que publicou uma foto de Roger Abdelmassih e sua esposa Sonia, (falecida em 2008) junto de artistas, como um ótimo marido e pai de família.

Íntegra da nota emitida por Roger Abdelmassih

Diante da reportagem publicada por este jornal no dia 9/1/2009, pela jornalista Lilian Christofoletti, envolvendo o meu nome, gostaria de manifestar a minha indignação e esclarecer alguns fatos. Até o prezado momento, mesmo tendo requisitado, o meu advogado não teve acesso integral ao inquérito policial. Desconheço, portanto, o teor real dessas acusações, assim como a identidade das pessoas que me acusam. Outra questão importante é que ainda não fui nem sequer ouvido no referido inquérito. Como prezo a ética e a verdade acima de tudo, venho por meio deste comunicado me pronunciar e informar que confio nos trâmites da Justiça brasileira, sempre estive disponível à instituição e tenho certeza de que estará nela a minha resposta. Minha família, amigos e mais de 20 mil pacientes estão nesta certeza comigo. É tudo o que tenho a declarar no momento.
Atenciosamente
Roger Abdelmassih

Segue o depoimento de Abdelmassih (para a *Folha de S. Paulo*)

Roger Abdelmassih recebeu a reportagem da Folha na sala dele, em sua clínica no Jardim América, ao lado do advogado Adriano Vanni. O escritório é separado da sala de uma secretária por uma janela de vidro, que instalou após saber das acusações. "É uma forma de eu me proteger, para não se falar besteira", afirma o médico. Segundo alguns relatos de ex-pacientes, as investidas do médico teriam ocorrido exatamente nessa sala, quando ainda não havia janela de vidro, quando conversavam sobre o tratamento, momento em que não é praxe a presença de uma assistente. No início da entrevista, Abdelmassih fala da infância no interior, da determinação por estudar medicina, do crescimento da clínica e do sofrimento ao perder a mulher, Sonia, com quem foi casado por quase 40 anos. Ela morreu em agosto. "Vou falar sobre o caráter do Roger, um homem que tem cinco filhos, graças a uma mulher maravilhosa que acabo de perder", diz, com a voz embargada.

Dois filhos trabalham na clínica. "Sonia também trabalhava. A sala dela ainda está aí." Ele conta que, há um ano e meio, foi alvo de uma "campanha sórdida" desencadeada na internet. Foi criada uma página virtual, onde eram deixadas mensagens acusando-o de assédio sexual. "Os nomes que apareciam eram falsos. Tinha um aspecto nítido de ter sido feito por uma só pessoa ou por duas, no máximo", diz o médico. Seu advogado pediu a abertura de investigação na Polícia Civil, que obteve na Justiça a ordem para retirar a página do ar. Abdelmassih afirma que, meses depois, médicos, jornalistas e amigos seus começaram a receber e-mails apócrifos que reiteravam as acusações contra ele. "Fico pasmo com a vontade de me machucarem. Sabe por que acontece isso? Porque o resultado dos meus tratamentos é ótimo. Será que não tem, por trás disso, uma indução da concorrência? É óbvio, não posso afirmar, mas posso dizer que dá essa impressão", afirma. Sobre as acusações das ex-pacientes, Abdelmassih afirma não saber qual a "insatisfação dessas pessoas". "Sou inocente e confio na Justiça. Vou levar um caminhão de testemunhas. E vou querer saber baseado em que essas pessoas, que não se identificam, estão falando", diz. Os nomes das depoentes são mantidos em sigilo pela Justiça. Abdelmassih estranha o fato de algumas mulheres que o acusaram terem continuado o tratamento. "Elas voltam à clínica. Você voltaria?". Ao final da entrevista, Abdelmassih tira o jaleco, se levanta, arregaça as mangas da camisa até a altura dos ombros e se aproxima mostrando os bíceps. "Eu sou imenso? Tenho 1,80 m, mas acho que encolhi um pouco com a minha idade. Diga, sou forte ou sou gordo? Eu não tenho músculo nenhum." "E tem duas testemunhas dizendo que foram agarradas com a força bruta dele", completa o advogado.

Eu aceitei a entrevista para a revista *Época* porque estava psicologicamente vacinada. Dois meses antes de falar com a revista, eu havia me internado numa clínica psicológica para poder enfrentar o monstro numa audiência.

Em junho de 2009 passei uns tempos numa clínica em Itapira, interior de São Paulo, que me agradou pela descrição:

> *Localizado em Itapira, município do interior de São Paulo a 166 km da capital, é mantido há quase 80 anos pela Fundação Espírita Américo Bairral, instituição filantrópica sem fins lucrativos. O Instituto mantém uma macroestrutura hospitalar com 820 leitos distribuídos em seis micro-hospitais com projetos terapêuticos específicos para cada diagnóstico, além de ambulatório de psiquiatria com mais de 3.000 pacientes cadastrados, serviço de interconsulta em hospital geral e convênio com o CAPS municipal de Itapira. O alto padrão científico é resultado de ações definidas a partir de parcerias com universidades e centros de pesquisa, como USP, Unifesp e Unicamp.*

Conhecia alguns fotógrafos e jornalistas, do tempo de lançamento do meu livro de poesias, mas nada desse porte. Mandaram um retratista especialmente para fotografar meu rosto. Não estava alegre, e sim em depressão, todo o meu drama ao me recordar minuciosamente dos fatos na delegacia estava queimando em minha pele, como se tivesse acabado de acontecer. Sofrera pesadelos com aquele jaleco branco. Esta era a cena da mais integral recordação: ele tentando fechar o jaleco quando acordei da sedação. Quando me vinha essa imagem, sentia-me enojada e suja. Mesmo passados tantos anos, ficava debaixo do chuveiro me lavando, tentando deixar a água morna me acalmar.

Naquele dia 24 de agosto de 2009 a *Época* me concedeu 6 páginas maciças. O título era:

> *Eu não sou uma vítima sem rosto: o impressionante depoimento de uma ex-paciente que afirma ter sido estuprada por Roger Abdelmassih, o especialista em reprodução preso e acusado de cometer 56 crimes sexuais.*

Transportei-me no tempo e nem parecia que haviam se passado quinze anos. Tudo era muito real e vivo dentro de mim. Todo o tratamento de psicólogas e psiquiatras parecia vão. Meu rosto mostrava isso, e meu retrato era uma mostra da escuridão em que me encontrava. Estava sem me arrumar, nem o cabelo, nada. Não me preocupei com minha imagem, mas sim em passar os detalhes dos fatos, e quando a jornalista me perguntou por que concordara com a entrevista, eu respondi:

– Porque eu não sou uma vítima sem rosto, covarde, como o advogado dele está querendo convencer as pessoas.

Essa frase foi escolhida como manchete da entrevista, que de um lado estampou bem grande em uma página inteira somente meu rosto, num fundo preto, e do outro narrava tudo que me aconteceu, nos mínimos detalhes.

Foi minha primeira entrevista sobre esse assunto e não pensei que narrar a verdade fosse chocante para algumas pessoas. Minha família distante leu e me questionou se eu precisava ficar tão "nua" a ponto de falar sobre sexo anal e vaginal. Concordaram com a entrevista, mas acharam que me expus demais. Eu não pensei em repercussão negativa ou positiva, apenas quis falar a verdade em seus detalhes. Quase ao mesmo tempo, meses antes, ou questão de dias, talvez, até sair a revista, uma outra paciente deu entrevista na televisão. Era o necessário para eu ter certeza absoluta de que ele era estuprador serial. Minha entrevista foi num papel, ou seja, palpável, as pessoas podiam ler e reler; como digo, o que está escrito numa placa de bronze fica difícil de ser apagado. Talvez por isso, ou por conter detalhes da primeira consulta, do pacote de três tentativas e até mesmo frases ditas por Abdelmassih, muitas outras vítimas anônimas se identificavam; até mesmo maridos delas foram à delegacia narrar fatos iguais com suas esposas. Parte da sentença foi publicada no blog Paulo Lopes em 23 de novembro de 2010, depois da condenação; observe os relatos.

Caso 1

Em 2002, a vítima que na sentença da juíza recebeu o número "23" acordou de sua tentativa de fertilização para um pesadelo: sob a camisola, o médico estava masturbando-a com os dedos. Na sala de repouso, o abuso continuou: Abdelmassih beijou-a na boca e lambeu os seus seios. Como a paciente estava fragilizada pela anestesia, ele não precisou de muita força para abrir as pernas dela e penetrá-la. Diz a sentença: "[Ele] introduziu o pênis em sua vagina, sendo que antes ele dizia para [a paciente] segurar o pênis dele. [...] Ela ficou parada na cama, chorou, estava zonza e não acreditava que aquilo estava acontecendo e não sabia como reagir".

Caso 2

A vítima "39" iniciou o tratamento na clínica no primeiro semestre de 2002. Foi quando sofreu o primeiro ataque de Abdelmassih. Em sua sala, ele a agarrou de surpresa e lhe beijou a boca, empurrou-a contra uma estante, acariciou o corpo dela e forçou que pegasse no seu pênis. Como a paciente queria muito ter filho, continuou o tratamento. Em 2005, foi abusada de novo pelo médico, que, com uso da força, obrigou-a a pegar no seu pênis.

Caso 3

Em 1995, a vítima "A" foi outra da qual Abdelmassih se aproveitou com o uso de sedativo. Ela estava na cama se recuperando da aspiração dos óvulos quando o médico segurou-lhe os braços, acariciou o seu corpo e "consumou a conjugação carnal". Diz a sentença: "Ele a colocou sentada, ficou de frente, apoiou a mão na parede, segurou-a pelo ombro, beijou-a, empurrou-a para a beirada da cama, tirou o pênis, manteve a conjunção carnal e ejaculou. Naquele momento 'ela estava bamba, não teve como ter reação'".

Caso 4

No dia 16 de janeiro de 2008, Abdelmassih chamou a sua sala uma recepcionista da clínica, a "01", e a beijou na boca. A funcionária reagiu, mas foi imobilizada pelo médico.

Caso 5

Em 1999, a vítima "C", como outras, foi atacada na sala de recuperação, ainda sob o efeito da anestesia aplicada para a aspiração dos óvulos. Abdelmassih abraçou-a, lhe deu um beijo de língua e pegou a mão dela levando-a até o seu pênis. De acordo com o relato da vítima transcrito na sentença, o médico disse: "Olha como você me deixa excitado, você me excita". À juíza, a vítima disse: "Comecei a chorar, porque estava voltando dessa anestesia, não estava me sentindo bem". Ela pediu que ele parasse, que estava lá para ter um filho. Uma coisa que lhe marcou é que sentiu "um mau hálito muito forte que vinha dele, eu tentava empurrar, falando para ele, comecei a chorar muito alto, gritando e falando: "Quero meu marido, quero meu marido", que estava do lado de fora, ele ouviu e bateu na porta. Foi então que ele [Abdelmassih] parou".

Caso 6

No segundo semestre de 1999, Abdelmassih acariciou a vítima "12" durante um exame de ultrassom. Ele se aproveitou de novo dela na sala de recuperação da anestesia, após a coleta de óvulos: imobilizou-a e a beijou na boca. Ela tentou fugir para o banheiro, mas o médico conseguiu beijá-la de novo.

Caso 7

Em novembro de 1999, a vítima "04", após a coleta de seus óvulos, estava na sala de recuperação quando o médico lhe aplicou uma injeção na veia e ela dormiu. A vítima acordou com dor no ânus, que sangrava. Dias depois, um gastroenterologista diagnosticou, pelo tipo de ferimento, que o sangramento tinha indício de ter sido provocado por um coito anal. A vítima nunca tinha tido esse tipo de relação com o seu marido. Ela teve complicação de saúde, precisou ser internada.

Caso 8

A vítima "34" sofreu abuso ao final de 1999 e início de 2000. Quando estava na sala de recuperação, após a aspiração de seus óvulos, o médico beijou-a na boca e, sob a camisola, acariciou o seu corpo. Diz a sentença: "O réu estava com a mão nas suas pernas, nas coxas, estava muito próximo e lhe beijava. No primeiro momento, ela pensou que era o marido e assustou-se ao ver que era o réu. Teve um ímpeto de empurrá-lo e foi uma sensação constrangedora, você está meio zonza, não sabe direito o que está acontecendo e tem a sensação de que aquilo não é real. O acusado disse: 'Não se assuste, eu vou te ajudar a levantar, você está tonta', e pegou-a no colo para que se levantasse da cama, e ele é uma pessoa grande, alta, e foi colocada de pé perto da porta do banheiro, e deu um 'beijo na boca... não selinho, um beijo, beijo mesmo'".

Caso 9

A vítima "30" também foi atacada na sala de recuperação da anestesia. Ela estava em posição ginecológica, com as pernas atadas. Quando apareceu, Abdelmassih colocou os dedos em sua vagina para supostamente masturbá-la. Antes, durante uma consulta, o médico já tinha dado um beijo na boca da paciente.

Caso 10

M.B. foi atacada em 2001. Após ter recebido óvulos, o que é feito normalmente sem sedação, Abdelmassih imobilizou-a e a beijou na boca, lambeu o seu rosto e seios e, com as mãos, manipulou a sua região vaginal. A vítima tentou gritar, mas o médico tapou a sua boca.

Caso 11

A vítima 37 sofreu várias investidas de Roger Abdelmassih de outubro de 2005 a outubro de 2006. Em uma das vezes, na sala de consulta, o médico tentou introduzir o seu pênis ereto na boca da vítima. Ela tentou escapar dele correndo pela sala, em torno da mesa. O médico conseguiu imobilizá-la, acariciou os seus seios, levantou a saia dela e puxou a calcinha. Quando ia estuprá-la, um funcionário bateu na porta da sala, e Abdelmassih teve de se conter.

Caso 12

C.A.P. foi atacada por Abdelmassih em duas ocasiões em 1997. Durante uma consulta, o médico agarrou uma de suas mãos e a conduziu até o seu pênis e acariciou os seus seios, além de tentar beijá-la. Na segunda vez, o abuso ocorreu durante o procedimento de transferência de embriões. O médico abraçou-a pelas costas e sussurrou obscenidades.

Caso 13

A vítima "40" sofreu cinco ataques de Abdelmassih. Em duas consultas, ele exibiu o pênis ereto e a beijou na boca. Em uma das ocasiões, diz a sentença, o "réu usou de força e a agarrou forte no corpo dele e [ela] pôde sentir o órgão genital, que se encontrava excitado. Uma funcionária abriu a porta, viu que ele a beijava, mas fechou a porta imediatamente, foi quando [o médico] saiu".

Caso 14

A vítima "05" foi atacada em 1997. Após ter sido submetida a uma tentativa fracassada de fertilização, o médico a chamou em seu consultório para consolá-la e a beijou na marra e roçou o seu pênis excitado nela. Diz a sentença: "Ele esfregou o órgão genital na perna e barriga [da paciente] e dava para sentir que ele estava excitado. Ele levava o corpo dele para a frente, se debruçando sobre o seu e fazia movimentos e fungava excitado. Um médico bateu na porta e ele pulou para trás e discutiu com o médico. Neste momento, saiu da sala, foi ao lavabo e lavou 'aquela baba que estava na minha cara, aquela baba nojenta' e saiu da clínica."

Caso 15

Em 1999, Abdelmassih se masturbou diante de I.V.C., que estava na sala de recuperação após a retirada dos óvulos, na segunda tentativa de fertilização. Ao final do ato, o médico usou da força para que a vítima pegasse no seu órgão genital.

Caso 16

Em outubro de 2001, durante uma consulta para a sexta tentativa de fertilização, Abdelmassih disse obscenidades à vítima "31" e lhe deu um beijo na boca. Em outra ocasião, diz a sentença, "o médico segurou fortemente as suas mãos [da paciente] e começou a beijá-la na boca. Ela precisou de força para se soltar, pois ele a segurou bem forte, entrelaçou a mão com a sua, segurando-a. [A vítima] ficou totalmente sem reação, até que o empurrou e saiu transtornada da sala. O mundo caiu 'porque eu confiava muito nele... e, de repente, viu... um descaso tão grande comigo, com o meu ex-marido, que confiava, que põe o dinheiro ali, todo o emocional ali e a pessoa faz isso comigo', ele 'acabou comigo emocionalmente'". A vítima não mais voltou à clínica.

Caso 17

No segundo semestre de 2006, Abdelmassih segurou a vítima "19" pela cabeça e lhe deu um beijo na boca. Ela conseguiu escapar das garras do médico e saiu correndo do consultório.

Caso 18

Abdelmassih se aproveitou de "B" no primeiro semestre de 2001. Após a aspiração de óvulos, na sala de recuperação, ele a beijou na marra no rosto e na boca e acariciou as suas partes íntimas.

Caso 19

A vítima "03" foi abusada quando estava sob o efeito da anestesia da retirada de óvulos. Prevalecendo-se de sua força, a exemplo do que fazia com outras vítimas, Abdelmassih beijou a paciente na boca e levou uma das mãos dela ao seu pênis ereto, que tinha colocado fora da calça.

Caso 20

A vítima (ou "ofendida", no jargão jurídico) "24" sofreu constrangimento em março de 2007 em duas ocasiões. Na primeira, Abdelmassih a encurralou em seu consultório e a beijou na boca. Na segunda, na sala de recuperação da anestesia da aspiração de óvulos, o médico acariciou os seios dela e levou uma das mãos da paciente ao seu pênis, aproveitando-se de sua fragilidade física e emocional.

Caso 21

Em 1995, o médico aproveitou-se do atordoamento de "D" por causa de uma sedação e a beijou na boca. A sentença afirma que Abdelmassih anulou "a possibilidade de resistência".

Caso 22

"E" foi atacada três vezes por Abdelmassih. Em uma delas, quando acabara de coletar sangue, o médico a surpreendeu com um beijo na boca. Em outra oportunidade, quando estava na sala de recuperação, a vítima conseguiu empurrá-lo, defendendo-se de uma tentativa de beijo na boca.

Caso 23

A vítima "25" também foi atacada quando estava sob o efeito da sedação. Abdelmassih a levou para uma sala de reuniões e a encurralou e beijou na boca. Ocorreu no primeiro semestre de 1997.

Caso 24

A vítima "27" foi beijada na boca no dia 29 de novembro de 1999 sem que pudesse reagir. Ela tinha sido submetida a uma transferência de embriões, procedimento que tem de ser feito sem sedação, e estava em posição ginecológica quando o médico apareceu em seu quarto. "Em algumas oportunidades, o acusado lhe deu beijo muito próximo da boca, mesmo que estivesse no local de atendimento, efetuado no corredor, que tinha movimento", afirma a sentença.

Caso 25

A vítima "11" sofreu assédio em 2002. Ela estava na sala de recuperação, após uma coleta de óvulos, a segunda à qual se submeteu, quando foi beijada na boca. Diz a sentença: "A vítima não deixou dúvida de que o réu, aproveitando-se do momento que voltava da sedação, praticou os atos consistentes em beijá-la na boca e passar a mão em seus órgãos genitais".

Caso 26

Em 2003, Abdelmassih avançou sobre a vítima "41" logo na primeira consulta. Ele a beijou nos cantos da boca e a abraçou com força.

Caso 27

Abdelmassih constrangeu a vítima "14" em julho de 2003. Ele a pressionou contra uma mesa e, segurando sua cabeça, beijou seu rosto e boca. De acordo com a sentença, "era beijo de 'língua meio dura'. [Ela] cerrou os lábios, ele beijou fora e ficou toda babada. Estava imobilizada, em razão de sua altura, pois é pequena, 1,58 m. Ficou contra a mesa e ele ficou encostado no seu corpo, segurando-a. Não tinha como sair, e quando ele soltou um braço 'eu empurrei com tudo', disse a vítima. 'A minha perplexidade foi tão grande porque houve a quebra de confiança, da relação entre paciente e médico'".

Caso 28

Em 27 de abril de 2003, quando a "06" estava em uma sala se vestindo para deixar a clínica, Abdelmassih apareceu e lhe deu um "selinho" na boca. Em seguida, ele a agarrou, "impondo-lhe lascivo beijo na boca". De acordo com a sentença de condenação, a vítima "estava meio zonza e ele segurou sua cabeça com as duas mãos – e ele tinha mais força, 'e ficou tentando me beijar, enfiar a língua dele em mim', disse a vítima. Ele prendeu seu braço e ficou imobilizada diante daquela situação, não conseguia se desvencilhar. Teve que fazer força porque ele estava segurando a sua cabeça. Acabou por conseguir colocar o punho no peito dele e começou a gritar e saiu assustada".

Caso 29

A vítima "17" foi surpreendida no primeiro semestre de 2006, no momento em que se despedia do médico ao final de uma consulta. Abdelmassih, sem disfarçar que estava excitado, pegou a paciente pelo rosto e a beijou. De acordo com a sentença, a vítima disse: "Ele me beijou na boca, uma coisa que me chocou muito, o beijo com a língua, e eu senti o pênis ereto encostado no meu corpo. Isso foi muito chocante".

Caso 30

A vítima "10" foi agarrada por Abdelmassih contra uma mesa do consultório no primeiro semestre de 1995. A sentença transcreve parte de seu relato: "'[Ele] começou a lamber o ouvido, o rosto, beijar de língua, lambia, lambia. Nojento! Nojento! Nojento!' Não tinha como sair, mas quando conseguiu desvencilhar a mão, bateu no réu, que estava ofegante, louco... nunca viu uma pessoa assim... ele estava fora de si".

Caso 31

A "02" foi outra vítima dos beijos do médico, que usou sua força para sujeitá-la no dia 8 de agosto de 2006. De acordo com a sentença, a paciente disse que o médico a "cumprimentou com um abraço forte, com beijo no rosto e ficou segurando-a. 'Ficou me abraçando várias vezes muito forte, sem que eu conseguisse me afastar. Ele chegou a beijar a minha boca e eu fiquei superconstrangida e no momento não sabia o que fazer. Fiquei sem reação e só queria me afastar'. Ele falou algumas coisas e quando se levantou para sair, novamente a abraçou e beijou do mesmo jeito, de modo que não conseguia se afastar, em razão da força dele. Ela conseguiu em dado momento se desvencilhar e saiu de lá, sem rumo".

Caso 32

A vítima "29" também foi beijada e acariciada quando estava saindo de uma sedação. O ataque ocorreu no primeiro semestre de 2006.

Caso 33

Em janeiro de 2006, durante uma consulta, Abdelmassih pediu à vítima "38" um abraço, que, conforme ficou evidente em seguida, foi com intenção libidinosa. Ele aproveitou a aproximação da paciente para beijá-la na boca. Ela tentou escapar, mas o médico a imobilizou. "[Ela] ficou pasma, sem entender a situação, afastou-se, mas ele a beijou novamente. A vítima disse que foi um 'beijo na boca mesmo, com língua'. Ficou parada, sem entender o que estava acontecendo, sem reação".

Caso 34

Na sala de repouso, recuperando-se da anestesia – ela tinha passado por uma aspiração de óvulos –, W.L.R. foi surpreendida por Abdelmassih com carícias e beijos na boca. Ocorreu em 1995.

Caso 35

Em 1995, a vítima "42" estava deitada em posição ginecológica no centro cirúrgico após ter passado por uma transferência de embriões quando Abdelmassih deitou sobre ela e a beijou na boca. "Beijou de uma forma que... só o marido da gente que beija daquela forma". "Tinha bastante saliva e, como eu estava de batom vermelho, sujou todo o rosto dele".

Caso 36

Abdelmassih não esperou que G.A. fosse sedada para atacá-la. Quando ela ainda estava na sala dele para ser submetida a uma aspiração de óvulos, Abdelmassih segurou-a pelo pescoço, imobilizando-a, e beijou seu rosto e boca. Aconteceu no primeiro semestre de 2002.

Caso 37

Em 1999, a vítima "07", recuperando-se da anestesia de uma aspiração de óvulos, teve de encontrar forças para se livrar de Abdelmassih, que se sobrepôs a ela e, após beijá-la na boca, tentou levantar a sua camisola. A sentença transcreve trecho do depoimento dela: "[O médico passava] 'a boca em mim, passando as mãos nas minhas pernas e levantando o avental... passava a mão nas pernas, nos genitais... debruçava na gente'". Ela conseguiu dar um empurrão em Abdelmassih e fugiu para um banheiro.

Caso 38

Em maio de 1999, a vítima "13" foi atacada por Abdelmassih quando se despedia ao final de uma consulta. Ele a imobilizou para beijá-la, mas ela conseguiu escapar. Na sentença, consta que o médico tentou dar um beijo de língua. A vítima contou: "até hoje eu me lembro do cheiro do bigode dele".

Caso 39

A vítima "28" sofreu ataque em 2007 em duas oportunidades. Abdelmassih se valeu de sua costumeira truculência. Diz a sentença: "Ele pediu um abraço e beijo. [Ela] estranhou, mas deu o rosto". Disse a paciente: "Aí [ele] começou a me beijar, e eu falei: para, para, para (a depoente se emociona e começa a chorar)... estou sedada, sai daqui". Ele insistiu. Disse para a vítima que ia ser bom para ela e "meteu a mão dentro da minha roupa e apalpou os seios, desceu a mão e pôs a mão na minha vagina". Ele a lambeu na boca, no peito. "Ele tentou me masturbar, tirou o pênis para fora, tentava muito colocar a minha mão no seu pênis." De acordo com a sentença, o médico também tentou pôr o pênis excitado na boca da vítima.

Na decisão de 194 páginas que o condenou, a juíza Kenarik Felippe, da 16ª Vara Criminal de São Paulo, narra em detalhes o ocorrido com cada uma das 39 vítimas do médico. Ao longo do processo judicial foram colhidos os depoimentos de 250 testemunhas vindas de São Paulo, Minas Gerais, Paraná, Rio Grande do Norte, Piauí e Rio de Janeiro. O processo tem 37 volumes e 10.000 páginas.

As vítimas de Abdelmassih relataram à Justiça agressões sofridas na sala de consulta e de recuperação da clínica, especialmente após a coleta de óvulos, procedimento inicial para a reprodução assistida. Em muitos casos, as mulheres estavam saindo da sedação quando se viam envoltas pelo médico, que as beijava a boca, o pescoço e os seios, avançando, em mais de 50 casos, para relações sexuais forçadas.

Houve uma avalanche de denúncias, diferentes em vários pontos, mas que traziam isto em comum, três tentativas e o assédio e estupro. Algumas mulheres foram depor acompanhadas de seus maridos, e lamentei por não ter o meu ao meu lado para tarefa tão difícil. Eu me sentia muito sozinha e desamparada. Depois da repercussão da revista, faltei às aulas na Unip, não queria ser questionada sobre isso, e o assunto Abdelmassih estava em pauta, não pela certeza das pessoas, mas por conta de, no passado, a imprensa ter divulgado um caso sobre a Escola Base que depois se soube caluniosa. Desde então, as pessoas olhavam com descrédito qualquer acusação em público. Essa era a parte difícil: o fato de acharem que iríamos a público contar casos fictícios. Eu me sentia agredida com os olhares duvidosos e, por isso, não fui às aulas naqueles dias seguintes. Eu nada digo em redes sociais, em juízo, na imprensa ou escrevo neste livro que não possa provar.

Chegou-me a matéria transcrita a seguir:

> *Publicada em: 19/8/2009 | Fonte: Jornal do Commercio |*
> ***Atores se dizem surpresos com prisão***
> *RIO – A prisão do médico Roger Abdelmassih e a informação de que há mais de 50 processos contra ele por abuso sexual e estupro surpreendeu os atores Luiza Tomé e Raul Gazolla. Luiza deu à luz gêmeos, há seis anos, depois de tratar-se com o médico. Raul é pai de Rani, 7, que nasceu naturalmente após a mulher do ator, Mariúsa Palhares, ter feito inseminações artificiais com Abdelmassih.*
> *"Estou chocado", resumiu Gazolla. "Duas ou três denúncias pode até ser que as mulheres tenham se confundido. Mas 50 denúncias é muito estranho." Gazolla ressaltou que ele e Mariúsa foram tratados com "muita deferência e carinho". "Não vi nenhuma situação desonrosa", afirmou.*
> *Mariúsa fez tratamento por um ano. Nesse período, o médico fez duas inseminações artificiais, que não vingaram. Pouco depois do tratamento, ela engravidou naturalmente.*

Ia em mim uma tristeza palpável, visível, e precisei ir à consulta com meu médico psiquiatra Dr. Marcos Duchene, que me receitou remédios contra depressão e para dormir; os pesadelos insistiam em me atormentar. Comecei a comer sem controle. Nada me alimentava.

Sentia-me carente e, sabendo que não poderia mais desistir, encontrava no alimento combustível para meu corpo, louco para desfalecer. Em alguns dias eu não queria sair da cama. Comia de tudo, sobretudo doce, e nem reparava que estava engordando. Grassava em mim uma compulsão desenfreada por comida. Bombas de chocolate eram minhas refeições preferidas: comia e ouvia sinos tocando a rebate... Era o acesso natural a uma zona de paz, a uma beatitude que chegava do estômago e trazia algo como o resplendor do amanhecer. Somente isso me dava um pouco de tranquilidade. Foi nessa situação que recebi um telefonema de um advogado dele, não criminal, mas civil. Queria minha ida a seu escritório... "Nãoooo!", eu disse veementemente. Nada deveria dizer àquele homem, e sim em juízo, estava certa disso e de que aquela chamada não tinha boas intenções.

Era 29 de agosto de 2009.

Estranhei como ele havia conseguido meu número, mas depois me lembrei de que constava da lista telefônica e meu nome completo estava na revista, portanto não era difícil me localizar. Foi a primeira providência que tomei: retirá-lo da lista. Não sabia mais nada da delegacia, como estavam os trâmites. De repente, meu telefone tocou me acordando, uma voz arrastada de homem. Era uma voz pastosa, tresnoitada, arquejante. Disse, terminante, seco, resoluto, que, se eu levasse a denúncia adiante, qualquer hora poderia aparecer numa sarjeta. Não me deixou nem responder e desligou. Eu me levantei em desespero e fui comer, passei o dia comendo, com medo e sem saber o que fazer. Minha casa estava à mercê de bandidos, sabiam meu número e onde eu morava. Com pavor de sair, liguei para o Dr. Duchene e pedi mais remédios, passei a tremer singularmente. Ele não quis me medicar por telefone, pois é muito ético, e pediu minha ida ao seu consultório. Saí para esse destino como se fosse uma criminosa perseguida. Olhava de um lado para o outro enquanto me dirigia à Avenida Paulista num táxi, que fiz questão que fosse o de um conhecido, o senhor Zairo. Esse motorista, depois, ficou anos me levando a lugares, somente confiava nele, aliás, um pleonasmo: seu nome completo é Zairo Valente. Um senhor de meia-idade e gentil, cheio de valentia, quase fraternal, tocador de violão e muito falante, boa prosa, como dizem, mas um homem respeitador. Custava caro ele me esperar em minha consulta, mas achei por bem acertarmos um preço e ele ficou num estacionamento perto da Augusta. Antes de sair do consultório, liguei para seu celular pedindo que fosse me buscar. Não podia me arriscar a ficar andando em lugares com muitas pessoas, não conhecia o rosto daquele homem que me ameaçou.

Meu médico havia percebido a minha grande angústia, e já fazia alguns meses... E sabia quem eu estava enfrentando, e da batalha vindoura. Ele fazia parte do Conselho de Medicina e já havia denúncias dentro desse órgão de conhecimento de muitos. Eu era fiel à verdade, ele sabia, e não iria desistir de provar o que dissera. Eu morava sozinha. Por isso Dr. Duchene me aconselhou a ir para uma clínica de repouso antes do julgamento. Ele foi taxativo: a medicação que eu tomaria era forte, não era recomendável ficar em ambiente desprotegido. A clínica era um lugar seguro, onde não receberia telefonemas. Meus amigos, donos do apartamento onde moro, pensavam da mesma maneira. Seria mais seguro. Eles se ofereceram para me levar a esse autêntico forte, fora de São Paulo. Comuniquei por telefone à delegada a minha ausência por um período. Foi quando ela me disse que já havia indiciado Roger e que o caso já estava com o promotor. Tive de ligar ao Ministério Público e deixei recado referente ao meu paradeiro, caso necessitasse da minha pessoa para o julgamento.

Em 16 de junho de 2009 fui internada na clínica Fundação Espírita Américo Bairral, em Itapira. É uma fazenda numa cidade pequena com todo o conforto. Tudo coberto pelo convênio, o que não aumentou meus custos. Cheguei, fui direto falar com a diretoria, expliquei que não tinha nenhum problema mental grave e, com o pedido de internação do médico, eles compreenderam o assunto. Esse oásis de tranquilidade exibia vários módulos – assim eram chamados os cantos –, separados de acordo com a necessidade de cada paciente. Minha aversão ao jaleco branco era a única coisa a me incomodar naquele lugar, já que ali vários médicos e médicas circulavam com esse uniforme. Então expliquei que somente queria ser atendida por mulher. Havia várias médicas muito carinhosas, há um módulo de pessoas de idade, quase um asilo luxuoso. O local exato da minha internação, naquela grande clínica de muitos hectares, era para pessoas com estresse pós-traumático.

Todos os pacientes se encontravam ou no local de lazer, ou nos de trabalhos manuais ou no restaurante, que era grande. Se todos os que ali se encontravam eram por alguma razão impedidos de sair, e estavam em tratamento, comida era a maneira de deixar as pessoas calmas e felizes. Por isso, o cardápio vinha farto, mesmo para uma vegetariana como eu. Havia uma mesa de doces e eu me esbaldava nela. Foram momentos imperturbáveis, mesmo sabendo que enfrentaria em breve uma guerra. Sentia-me segura naquele local. No entanto, recebi um ofício da delegacia dizendo que a defesa de Abdelmassih queria fazer um exame de sanidade em minha pessoa com um perito judicial: alegavam que eu não estava em pleno gozo de minhas faculdades mentais.

Não sabia mais nada do que estava acontecendo, como andava o processo, nenhuma informação, nada: fiquei praticamente sem comunicação com aquele mundo fora da clínica. Apenas meu amigo Armando Iguario Filho e sua esposa Marli iam com frequência aos domingos me visitar e me colocavam a par de que havia muitas mulheres denunciantes. Em 15 de julho de 2009, quase um mês depois desse meu internamento voluntário, mesmo em ambiente protegido, tive de sair para esse exame: os advogados de Abdelmassih exigiram meu laudo de sanidade mental antes da acusação em juízo, alegando que eu tinha delirado. Fui obrigada a passar por perícia judicial realizada no Hospital das Clínicas da Faculdade de Medicina de São Paulo, às 8 horas da manhã, por Dr. Antonio Padua (foi brutal o constrangimento pelo qual passei, mas fui diagnosticada como normal, com depressão gravíssima). No dia da averiguação da minha razão mental, acordei apreensiva: como mostrar que era lúcida se estava vivendo um momento de depressão aguda? Resolvi ser o mais sincera possível com o médico, que ficou horas fazendo perguntas. Fui acompanhada por uma enfermeira da clínica durante o exame. Difícil ser analisada sem saber o que vai ser dito e insegura se esse perito falaria a verdade no diagnóstico. Apenas em meu psiquiatra eu confiava cegamente, conhecia-o havia anos e ele estava a par de todo o meu drama.

Cheguei a pensar, enquanto era avaliada, que se esse médico disser algo contrário à minha razão, terei de enfrentar outro combate, isto é, eu o processaria exigindo várias outras perícias, até o advento da verdade última: eu era normal e não havia tido alucinações durante o estupro. Aquela era a tese de defesa do monstro: provar que as pacientes entravam em delírio por causa do remédio Propofol dado para a sedação. Trata-se nada menos do que a medicação em que Michael Jackson ficou viciado. Jackson contratou o médico Conrad Murray para morar em sua mansão somente para ministrar-lhe doses cavalares de Propofol...

Fiquei mais tranquila com o resultado da perícia. Em suma, sofria uma depressão recorrente aguda, mas estava em pleno gozo de minhas faculdades mentais. Foi um momento em que respirei fundo e tive a certeza da existência de médicos éticos, zelosos da saúde de outrem e fiéis à verdade da paciente. Nesse dia me senti mais forte e confiante: nada iria me impedir de seguir adiante, nem mesmo essa intimidação. Também me preparei psicologicamente para o dia do julgamento, prestes a acontecer.

Tive alta da clínica e minha comadre de Salvador, Carmem Lucia, veio para me retirar. Não se pode sair de um hospital dessa natureza sozinha. Ela também queria passar um tempo comigo, estava preocupada e queria me acompanhar ao julgamento. Ela combinou a vinda da minha querida tia Iracema, musa da minha adolescência, que ainda mora em Porto Alegre e tem agora 80 anos: viajou a São Paulo nesse período com o propósito de me proteger, com o meu amigo Armando. Minha filha não morava na Grande São Paulo e me animava por telefone. Quanto ao restante de minha família, cada um seguira seu caminho, moravam em outros estados e uma fora do Brasil. Nós, enquanto éramos crianças, adolescentes ou recém-casados, nos víamos com frequência, porém com o passar do tempo fomos nos afastando. Mantenho um contato estreito com minha irmã mais velha e meus sobrinhos. A audiência seria numa tarde de um dia de semana e ninguém poderia ir por causa de seus trabalhos.

Entretanto, Armando, o saudoso Gui, minha comadre de Salvador e minha tia estavam como escudos e foram me ladeando para o dia que descreveria como o mais difícil de minha vida. Senti o peso da comida quando fui procurar uma roupa formal para vestir. Não percebera o tanto do acréscimo no peso: eu usava na clínica e em casa trajes largos e que esticavam. Mas, para ir a um fórum, minha tia insistia na necessidade de vestir algo mais apropriado. Ela percebeu que nada em meu guarda-roupa me caberia. E saiu para comprar uma camisa larga, de tecido leve e com bom caimento, indignada com o desamparo de minha aparência.

Falou horas sobre isso, carinhosamente e sem compreender nada. Nem poderia: lá no meu íntimo eu queria ficar menos atraente e o mais feia possível. Só assim, pensava, ninguém me olharia ou mesmo me desejaria. Acreditava de maneira inconsciente e autoprotetora, digamos, na não beleza como forma de evitar um estupro. Culpei a minha imagem por ter sofrido essa violência.

No dia da audiência, fomos no carro grande do meu amigo, um Toyota preto. Um pequeno pelotão de proteção. Eu trajava uma calça preta de elástico e estava confortável na largueza da camisa com uma estampa discreta. Minha tia providenciou um lenço de seda liso combinando para colocar como adereço e disfarçar a gordura já saliente. Deixei-me ser vestida por elas; minha amiga de Salvador, Carminha, como a chamo, também opinava. Nenhuma das duas gostava de me ver assim, desleixada. Meu cabelo continuava longo, mas agora sem muitos cuidados. Cheguei ao Fórum da Barra Funda. O prédio, uma caixa gigante, cinzenta, é precedido por uma ladeira abissal: ela me prefigurava um atalho crístico, de provação, uma via-crúcis necessária para a verdade.

Por essa época eu pesquisara a origem semântica do sobrenome de Roger; quer dizer "servo de Cristo": *Abdel* é "servo" e *Massih*, "Cristo ou Messias"... Diz algo, não?

Passamos por uma revista, como aquela que se faz em aeroportos, em que qualquer metal aciona um bipe. Há guardas armados, e um deles nos direcionou a um longo corredor e, depois de andarmos vários minutos por um piso escorregadio acinzentado, ladeados por paredes frias, chegamos à antessala designada. Fiquei esperando ser chamada. Perguntei se alguém poderia entrar comigo, mas a resposta foi negativa. Esse ritual levou, para mim, o tempo dos séculos.

Roger estava preso desde o dia 17 de agosto de 2009, justamente para não intimidar testemunhas e comparecer às audiências; tratava-se de uma prisão com esse efeito preventivo.

Em 16 de setembro de 2009, a revista *Contigo* fez um alentado perfil de minha vida. Ao fim da longa reportagem, estabeleceu:

> *Na última década, Vanuzia diminuiu seu padrão de vida, entrou para um curso de Direito e ganhou 50 quilos, também por causa das disfunções hormonais provocadas pelo tratamento de fertilização. Neste ano, porém, a indiferença que teve de engolir pode ter resposta. "Não imaginava a quantidade de assédios e abusos com outras pacientes, mas sabia de sua perversão. Quando o advogado dele alegou que as 56 mulheres não tinham rosto, resolvi aparecer para ajudá-las e trancafiá-lo de vez. Eu vou levar isso até o fim. Ele vai a júri e eu vou estar lá. Quero o Dr. Roger na cadeia pelo resto da vida."*

Pois bem: os minutos demoraram a passar nesse dia terrível de minha ida à Justiça. Estava nublado e pela janela via que a noite caía, quando do alto vi um camburão chegando. Na verdade, quem viu foi minha tia, que disse: "Olhe, ele chegou". Fazia algum tempo que Roger estava encarcerado. Saía para os depoimentos quase que diariamente.

Vejamos extrato da revista *IstoÉ* edição 2076:

> *Preso no 40º DP Vila Santa Maria, em São Paulo, Abdelmassih divide a cela número 3, de 12 metros quadrados, com um advogado que irá a julgamento por crime contra o patrimônio. Apesar de a família, os advogados e o delegado Calixto Calil Filho afirmarem que ele estaria deprimido com a situação, outros funcionários disseram que o médico parecia confiante na absolvição e com bom astral. Conversa com os outros 16 presos do recinto, lê, assiste à tevê, se alimenta bem com a comida que o motorista leva diariamente – frutas, cereais, pão integral e café. Tudo em quantidade suficiente para dividir com os outros presos. É educado com quem se aproxima. Teve uma crise de labirintite que foi controlada com remédio. Também toma medicamento para*

hipertensão, preocupado com o susto que levou há um ano, quando passou por uma cirurgia cardíaca. Na mesma época, perdeu a mulher, Sonia, de um câncer já em processo de metástase.

Na prisão, dorme na parte de baixo de um beliche de concreto com colchonete. Um choque para quem estava acostumado a viver no luxo.

Depois soube de acordo com a sentença da juíza, foram ouvidas 250 testemunhas e o processo tem 10 mil páginas. Vítimas e testemunhas de vários estados, como São Paulo, Minas Gerais, Paraná, Rio Grande do Norte, Piauí e Rio de Janeiro, prestaram depoimento.

Agora o matutino *O Globo*, de 23 de novembro de 2010:

Segundo a sentença, o "médico constrangeu ou tentou constranger as vítimas, sempre mediante violência real, a praticar ou permitir que com elas praticasse atos libidinosos diversos da conjunção carnal".

A juíza lembrou em sua sentença que, em cerca de 50% dos casos narrados na denúncia, as vítimas não tinham plena capacidade de agir, "pois estavam retornando da sedação, da anestesia que tinham tomado para realizar o procedimento de aspiração de óvulos, em posição deitada, em quarto de recuperação. Elas usavam tão somente o avental/camisola hospitalar. O ato em si era absolutamente inesperado, pois jamais imaginariam que seria possível o médico, em quem depositavam confiança, praticar aqueles atos, beijá-las na boca ou que ele pudesse passar a mão em seus corpos, e ainda, em alguns casos, praticasse ato libidinoso".

Diz ainda a juíza: "Nas demais hipóteses o réu estava com as vítimas em sua sala de consultório, sozinhas e, na maior parte das vezes, prensou-as contra a parede ou estante e imobilizou-as, de modo que não tinham como resistir ao ato. Algumas vezes, as mulheres não estavam sedadas, mas estavam em posição ginecológica e também imobilizadas, face a esta posição e de forma inesperada o réu as beijava ou passava a mão em seus corpos. Nessas circunstâncias, caracterizada a impossibilidade de reação a contento, porque tomadas de surpresa e quando se via, o ato estava realizado, sendo que o réu segurava-lhes o corpo, fortemente, de modo que não pudessem escapar daquela situação".

Eu não imaginava o que estava por vir, mesmo tendo me preparado com remédios calmantes e apoio de meus amigos e família. Era eu naquela sala que iria desencadear a piora de uma doença vivida até recentemente: pânico. A síndrome de pânico se instala sobretudo quando a vítima permanece por muito tempo forte em determinada situação, sempre insuportável.

Quando entrei, vi a juíza em uma mesa no alto, a Excelentíssima Dra. Kenarik Boujikian Felippe, junto com outra mulher que faria o papel de digitar o declarado. Meus olhos buscaram os da magistrada em um pedido de socorro. Ela o recebeu de imediato e, sem que eu dissesse nada, me avisou da possibilidade de Roger sair da sala para evitar constrangimento. Ele estava sentado a uma mesa em que eu também sentaria, com dois advogados e o promotor de acusação, Dr. Luiz Henrique Dal Poz. Havia somente uma mulher como advogada de defesa. Percebi seus cabelos castanho-claros, longos e sedosos. Observava sempre os cabelos no sexo feminino. Por isso, imaginei que essa jurista aparentava trinta e poucos anos.

Sentei-me de frente para a juíza e com uma visão periférica de Abdelmassih. Mesmo podendo optar pela sua saída, não poderia deixar que meu medo desse descrédito à minha denúncia. Iria a todo custo enfrentar aquele momento e confirmar cara a cara os fatos. Por nunca ter ido a uma audiência dessa importância – somente havia visto em filmes –, achei que ele teria voz e mesmo que me faria calar. Preparada para isso, foi me feita a primeira pergunta básica: minha identificação. Começou a ler a juíza, lenta e proverbialmente, do que se tratava a denúncia. Ouvi cada palavra e fui confirmando. A juíza deu voz aos advogados dele para começarem os questionamentos. A primeira pergunta partiu da advogada. Ela foi versando sobre meu estado emocional. E, de forma agressiva, ela sustentou que eu era uma mulher bipolar, de maneira que nada do que eu dissesse ali faria sentido, afinal, prosseguia ela, quando fui violentada estava em surto psicótico. Tomei um susto com essa pergunta afirmativa dela. Eu não era bipolar. Sim, houve durante minha vida momentos em que falei sobre isso com determinadas pessoas, meu irmão havia se suicidado fazia mais de trinta anos, e naquela época não houve explicações para seu ato. Depois se soube que bipolares tendem ao suicídio. E, por se tratar de uma doença descoberta recentemente, poderia ter sido esse o problema do meu irmão... Certamente a advogada levantara minha história familiar. E intentava relacionar o ocorrido com meu irmão à minha pessoa.

Mas eu não era, até aquela data, diagnosticada assim, inclusive, até ali, sem tendências suicidas e sem surtos. Lera a respeito, sempre me interessei pela mente, desde que trabalhei com psiquiatria, em meu primeiro emprego. Refeita em segundos dessa pergunta sem pé nem cabeça, respondi que não era bipolar, inclusive tinha acabado de passar por perícia pedida por eles justamente por duvidarem da minha lucidez e que o diagnóstico estava nos autos, devendo a cara advogada se inteirar desse pormenor. Sem se deixar abater e pronta para uma discussão sobre isso, ela disse constar do meu prontuário uma bipolaridade e que eu sofrera muitos surtos em minha vida. Então, cheia de coragem (vi que se tratava de uma mentira descabida), respondi com firmeza, olhando nos olhos da juíza, que eu havia notificado extrajudicialmente aquela "clínica" para que me entregasse o tal prontuário; mesmo assim, afirmaram que havia sumido. Deram-me depois, por insistência, mediante notificação extrajudicial protocolada em cartório, um relatório médico. Este evidenciava o crime de negligência e imperícia, pelo sumiço dos meus embriões, mas nada relatava sobre meu estado mental na clínica. Lancei então um desafio à advogada: se ela havia encontrado esse prontuário, que, por gentileza, o apresentasse. Com ele, além de me defender dessa arbitrária acusação, também provaria o acontecido naquela clínica. Ela, sem graça, deu o assunto por encerrado e passou à pergunta seguinte.

Todos os questionamentos dessa jurista eram para me desmoralizar e contestar fatos. Em um determinado momento ela quis me confundir e a juíza, ao perceber isso, socorreu-me, dizendo que aquela pergunta (porque, quando fui relatar o crime de negligência, não frisei o estupro) não precisava ser respondida. Estabeleceu a juíza que já existia na delegacia um B.O. especificando cada crime. Insatisfeita, a advogada ainda assim pediu que eu contasse tudo novamente. Comecei relatando desde o primeiro contato até o dia da violência em si. Suava frio quando precisei contar pormenores da cena do estupro. O cheiro voltou, a ânsia também. Sentia que ele estava me olhando, e, mesmo sem encará-lo, tive vontade de avançar nele naquele instante e surrá-lo. Serviria uma sova de cinta, com trêmulos admiradores de Roger misturados a um atascal de jornalistas na plateia...

O vômito insistia em vir à tona, e eu o engolia a fim de segurá-lo, o que começou a me causar um mal-estar físico. Por não poder me defender daquele homem ali sentado ladeado por advogados que me violentavam com seus olhares, cheguei a pensar o que o canalha estaria imaginando ao me ouvir falar. Será que estava sentindo prazer? Tinha vontade de gritar o que estava dentro de mim, repulsa e nojo. Ouvi um comentário da advogada, que fez questão de falar que Abdelmassih ostentava uma situação financeira inquestionável, que poderia ter as mulheres mais bonitas, fazendo alusão ao fato de eu não estar naquele momento nada atrativa que justificasse o estupro. Só faltou falar que eu era indigna de ser violentada por ser obesa. Não me abalei com essa insinuação, estava convencida de como eu era jovem e sensual aos meus 33 anos, e que se estava desse jeito agora era justamente para nunca mais me acontecer algo parecido. Na verdade, não queria nem que Roger por um segundo pudesse me desejar novamente. Me senti segura por estar gorda. Foi o que me salvou: a presença física do monstro no tribunal, ao lado de uma obesa, soou no meu psiquismo como um atenuador da ideia de que ele poderia me desejar e me estuprar mentalmente na frente de todos... Veja a que ponto iam meu trauma e meu nojo pela presença do monstro nas minhas cercanias.

Ele não proferiu palavra durante o julgamento, e nem precisava: sua advogada era feroz. Estava recebendo muito dinheiro para isso e faria seu papel. Não houve expressão dita por mim que não tenha sido interrompida com uma bateria de dúvidas. A todas eu respondia, em voz baixa, mas firme. Não deixei uma questão sem resposta. E fui verdadeira em tudo que me era perguntado, coerente com outros depoimentos que havia dado no Cremesp e na delegacia. Mesmo já tendo falado várias vezes sobre a violência em si, aquela vez foi a pior – tinha de fazer o relato com o olhar intimidador do monstro pousado em mim. Sentia-me determinada, mas meu corpo não correspondia a isso. Por sorte estava sentada, houve momentos em que senti minhas pernas fraquejarem. Ele era um velho, sempre foi, mas havia me dominado em um momento da minha vida, dopada. Isso fazia dele, no meu subconsciente, uma pessoa assustadora e poderosa. Eu, por mais forças que tivesse, me sentia sobrepujada, era obrigada a ficar à mercê dele. Exatamente assim me senti, como se todas as pessoas não estivessem lá, que não estaria protegida por ninguém, nem mesmo pela juíza. Que a qualquer momento ele estaria em cima de mim; eu cheguei a sentir meus braços e meu corpo lentos como se estivesse novamente dopada, sem poder reagir.

Quando saí da sala, ao término do meu depoimento, estava com a camisa encharcada de suor. Fui amparada pelo meu "pelotão" e conduzida ao banheiro, onde vomitei, molhei a minha face e passei água fria no pescoço. Minha tia tentava arrumar meu cabelo, que insistia em ficar molhado. Ela o prendeu com um grampo, para que meu rosto ficasse mais leve e assim pudesse sentir o vento do leque que Carmem carregava em sua bolsa e freneticamente agitava, desesperada em me ver daquela maneira. Meu suor misturou-se às lágrimas que não paravam de sair dos meus olhos. Dei um urro, como se minha alma tivesse sido pisada. Era um gemido de dentro do meu ser, como se eu nunca mais pudesse me livrar daquela dor. Meu amigo chegou à porta do banheiro com um copo d'água e insistiu que eu deveria tomar um calmante. Todos concordaram com isso, e me deixei levar até chegar em casa e dormir profundamente, como se tivesse vindo de um duelo e sobrevivido com feridas.

SUICÍDIO

Muitos dias se passaram desde o meu depoimento no Fórum, e não havia notícias sobre o andamento do processo. Sabia de sua prisão, isso me deixava segura. Logo aquele pesadelo iria acabar e finalmente começaria uma nova etapa em minha vida.

Desde o dia das ameaças ao telefone, somente ia para a faculdade em dias de provas, e mesmo assim acompanhada do senhor Zairo Valente, o taxista: acertamos um preço para ele me esperar ali diariamente. Não era nada absurdo, já que ele ficaria parado no ponto de qualquer maneira, então chegamos a um bom acordo. Aquele senhor risonho, de rosto redondo e cabelos brancos, simples e prestativo, me dava uma certa segurança.

Voltei da faculdade, entretida com diversas matérias para estudar para a semana seguinte, ir bem nas provas que precisavam de minha atenção. Em 1º de dezembro de 2009 eu comunicaria à faculdade o meu impedimento em frequentar as aulas, em razão das ameaças recebidas continuamente.

* * *

A vida prosseguia. Havia antes, em 5 de março de 2009, deposto novamente no Conselho Regional de Medicina. Três dias depois, fazendo uso do que havia aprendido no curso de Direito, fiz notificações extrajudiciais e consegui documentos em que a clínica de Roger alega ter extraviado os meus embriões. Em 30 de março do mesmo ano fiz novas denúncias contra Roger junto à promotoria.

Três meses depois, interno-me numa clínica de repouso. Um mês depois, tive de sair da clínica para me submeter a exame: os advogados de Roger alegavam que eu sofria de delírios.

Finalmente Roger é preso, por 4 meses. Após uma semana da prisão dele, no dia 24 de agosto, saio na reportagem de capa da revista *Época*, em resposta à frase do advogado de Roger, Thomaz Bastos, afirmando que eu era uma mulher sem rosto.

Em *habeas corpus* do ministro Gilmar Mendes do STF, Roger foi solto na véspera do Natal de 2009. No início do dia 26, de madrugada, menos de 48 horas depois da soltura, sou socorrida pelo Serviço de Atendimento Móvel de Urgência - Samu em razão da tentativa de suicídio.

* * *

Embora Roger estivesse trancafiado na penitenciária dos "famosos" no Tremembé, eu continuava obesa, corpulenta, com cento e poucos quilos. Me sentia como se houvesse sido violentada de novo, depois da ida ao Fórum. Ter que partilhar o mesmo espaço com o violentador, além do público e da mídia, foi tenebroso. Estava passando por um violento estresse. Suspeitavam de minha sanidade mental e precisava, a todo momento, ficar reafirmando minha honestidade. E contar toda a mesma história pela enésima vez. Ainda tive de enfrentar a advogada dele, feroz como uma águia, disposta a revelar em mim a mínima inconsistência ou fraqueza. Fora jogada, na arena, aos leões. Nua e atacada por todos os lados.

Ainda urgia enfrentar o conflito comigo mesma, por estar sofrendo, além da obesidade, as enfermidades adquiridas. Havia contraído hepatite C, por ocasião da transfusão de sangue na cirurgia de 1993. Por causa dela, passei a tomar uma droga experimental na época, o Interferon. Eu não sabia, mas um dos efeitos colaterais dessa droga era o aumento do risco de suicídio. Na verdade, é contra a minha natureza esse tipo de autoagressão fatal, justamente por já ter sofrido tanto com o suicídio do meu irmão.

Era o fim da noite de 24 de dezembro quando começou minha visita à "morte". Estava assistindo à televisão, quando soube da concessão do *habeas corpus*. A princípio, não acreditei. Entrei em desespero profundo. Mas o que significava isso? Ele recuperar a liberdade, depois de tanta crueldade e tantas denúncias? Senti-me violentada mais uma vez, agora, moralmente. O que estava acontecendo? Ele fora solto! E nós, as vítimas? Nós é que passaríamos a ficar enclausuradas. Inaceitável! O monstro ia ganhar as ruas novamente e reconquistar o pleno poder de ação. Com certeza, iria se vingar das vítimas. Era só questão de tempo.

Em minha cabeça, ouvi, de imediato, um barulho terrível. Era um som aterrorizante. E ele se repetia na minha consciência, como um mantra, parecia um filme. No início, não consegui identificar muito bem o que era. Só sabia que acontecia dentro de mim, uma realidade inevitável. Igual a um estupro, em forma de som. Então identifiquei o que era aquilo. Era o barulho de uma porta de ferro grossa se fechando, dentro de um amplo corredor. No corredor, só havia paredes, muito espessas, e celas. Sim, celas trancadas, pois estava em um presídio. Eu, lá dentro, fora encarcerada. Era o corredor da morte. Foi assim que me senti, apavorada e sem forças mais para lutar. Me senti totalmente impotente e fragilizada. Nunca pensei que Roger conseguiria o *habeas corpus*. Mas conseguira. E agora?

Transtornada, fui até a cozinha para fazer um chá. Precisava me acalmar. Meu corpo tremia todo e a visão ficou turva. Estava muito nervosa e fora de mim, segurei a chaleira quente e minha mão doeu. Começou a arder. Mas eu nem sentia muito a queimação, o que me doía, mesmo, era a alma. Sentia-me em frangalhos, completamente desorientada e estranha. Parecia que me via como outra pessoa. Uma pessoa despossuída de si. Eu era outra pessoa, pois carregava um fardo tão pesado que estava acima da minha capacidade. Só conseguia pensar que ele estava solto. E eu, presa. A imagem do grosso portão de ferro caindo sobre o piso do corredor não parava de me vir à mente. Estava desesperada.

Sentia o cheiro dele e me vinha novamente a ânsia de vômito. Era surreal. Parecia que ele ia entrar pela porta da minha casa, a qualquer momento, para me violentar. Eu sabia que isso seria impossível, naquele momento, mas não conseguia parar de acreditar naquilo. O trauma era tão grande, que acreditava que ele ia surgir ali e me violentar novamente. Entrei numa espiral de sofrimento como nunca antes havia experimentado na vida. O sofrimento do medo dava lugar ao sofrimento da paralisia. Não conseguia me mexer. Ficava estatelada, olhando para a parede, mas a mente estava a mil por hora. A dor do desespero já não era somente uma dor. Era algo maior que eu, me consumia pela alma. Não conseguia pensar em mais nada. Queria esquecer o meu sofrimento e tudo o que estava passando nos últimos meses. Porém, agora, mais uma angústia se apoderava de mim. O violentador estava livre, com todo o seu poder imundo. Como poderíamos viver assim?

Tentei dormir, mas vi que seria impossível. A ânsia e a aflição tomaram conta do meu corpo e não o deixariam mais naquela noite. O dia 25 raiou e misturou-se com a noite. Resolvi tomar um calmante, Dormonid. Passaram-se alguns minutos, mas de nada adiantou. A paranoia parecia ainda maior. Ela aumentava, conforme a noite ia se fechando. Tomei um segundo comprimido. Nada. E um terceiro. E quarto. E quinto. E sexto... Ouvia um som... parecia um trem que insistia em tocar, ou era um relógio, um telefone, não sabia... o torpor insone seguia seu curso intermitente.

Perdi as contas depois do sétimo. Só me lembro de um grande vazio, agônico, repleto de angústia, dor e desespero. A treva. Só havia a escuridão profunda, que me puxava cada vez mais para dentro daquele vazio. Uma brisa pesarosa me chegava através de um luar inexistente. Ela me devorava, como um animal selvagem, num acesso natural ao meu espírito. Eu não tinha forças para resistir. Nem para lembrar. Meu corpo não existia mais. Só a lembrança de uma vida passada e de um desespero muito grande. Não havia mais esperança, fé nem ilusão. A vida se acabava, como se fosse se esvaindo em gotas. Só restava o grande buraco negro do abismo a me consumir. Não havia paz, mas desespero e vazio. Um vazio maior que eu, maior que o mundo. Aliás, o vazio era o mundo. Ou o mundo era vazio? Não sabia a resposta. Aliás, qual era mesmo a pergunta? Estava morrendo. Afundada na angústia e completamente devastada, a morte me libertaria da desgraça: foi o propósito que passei a alimentar.

Mais tarde, soube que havia tomado doze comprimidos de Dormonid. E só não morri porque recebi um telefonema. De um casal de amigos, Armando, meu amigo irmão, e Gui, que me ligava diariamente para saber de mim, preocupado com meu isolamento naquele Natal. A eles devo a vida. Se me lembro disso? Não, não me lembro. Mas eles me contaram: eu atendi o telefone, sim, com a voz estranhamente pastosa. Eles mal conseguiram compreender minhas frases, mas souberam que eu havia tomado os remédios. Minha língua enrolava. Perceberam que estava passando muito mal e correram ao meu encontro. Logo veio a ambulância.

Lembrei-me de duas frases de Nietzsche: a que diz que se você olhar no fundo de um abismo, ele olhará no fundo de você. E aquela a defender que se você se aproximar muito do monstro a ser combatido, corre o risco de se transformar nele.

No meu delírio, lá pelo quinto comprimido, eu via o monstro com um olhar vulcânico. Doutor Roger pateava pelo mundo afora. O rosto dele estava tingido de um vermelho abissal, e as mãos, de sangue. O dia já ia alto ou já era noite e o monstro vagava tranquilo pelas ruas. Minhas reações estavam enfeitiçadas: não conseguia me mexer naquele tempo mole do delírio. Um galo de campanário, de ferro batido, anunciava o meio-dia (a hora sem sombra). E Roger seguia na rua, em busca de vítimas. Seus gestos encolerizados, e certamente fatais, tentavam abraçar mães nas ruas. Eu tentava impedir. Mas sabia que se chegasse perto do monstro poderia me tornar igual a ele... Um lume elétrico, que era a minha alma, não queria clemência ao monstro. Eu tinha a força e não conseguia exercê-la. Eu seguia numa exasperação oca, ó Deus, como se minha vida agora só acontecesse lateralmente. Meus cabelos na tempestade de um suor gelado. Roger agora se dissolve numa fumaça, com gestos sem forma, gargalhando e descrevendo elipses no ar. Para dar subvenção às suas barbaridades, as mulheres que ele tentava abraçar também não conseguiam reagir.

Minha distância do monstro, no delírio, era, sim, minha garantia de desassombro. Disso me sobreveio: tal distância era a que deveria suster, manter, exibir na vida real. Intuí disso uma metáfora... eu deveria sobreviver e fazer da Justiça o aparato que condenaria o monstro e garantiria minha distância dele.

Flutuando na música distante do meu coração, que tentava reagir, veio um mormaço, um sopro quente. Tomou conta da minha alma já mole e disse algo como "sua arena de luta com o monstro não é aqui, acorda, Vana, acorda...". E assim os elementos desvairados que me envolviam foram varridos do meu eu. Um secreto decurso de tempo estendeu a mão a mim. Fui levantada por um sopro. Mole, pré-coerente. Mas viva. Tive que descer até ali para poder matar o monstro dentro de mim. Sim, ele voltaria. Mas jamais com tamanha intensidade. Nossa arena de batalha não era nos meus pesadelos.

Era no mundão. Era na lei. Era na voz de outras vítimas. Não queria mais esse rodopio irrevogável. Emergi daquele estado. Hoje me lembro do poema de Adrienne Rich, chamado "Poder": ela fala que Madame Curie tirava sua força do mesmo lugar onde nasciam suas chagas... Renasci porque minha força para lutar brotou do inferno psíquico em que o monstro me habitava.

O delírio é suspenso quando ouço um estrondo.

Estavam arrombando a porta do meu apartamento, meus amigos, o porteiro e os socorristas. A ambulância esperava lá embaixo, na rua. Era mais ou menos uma e meia da manhã. Eu estava praticamente desfalecida. Fizeram uma lavagem em mim, ali mesmo, na rua. Passei muito mal e vomitei. Não cheguei a ser internada, pois não havia tempo para isso. E aos poucos, como em um milagre, fui voltando a mim, e à vida. Recebi alta. Não sei quantas horas fiquei ali, dentro da ambulância, à porta de casa naquele início do dia 26. Naquela madrugada de 24 de dezembro, após a soltura de Abdelmassih, começava o meu verdadeiro Natal e o tempo perdeu a hora.

Depois, quando eu já estava um pouco melhor, meus amigos subiram comigo para o apartamento. Deitaram-me na cama e eu dormi por dois dias seguidos. Mas estava viva! Eles se revezavam no meu quarto e viam que meu sono era tranquilo. Enquanto isso, minha amiga da Bahia, a sempre pronta e doce Carmem, foi avisada e se preparava para vir me visitar também.

Assim, foi sendo preparado o cenário da minha nova vida. O psiquiatra orientara meus amigos: a quem estivesse voltando novamente a viver, deveria ser oferecida a recepção mais carinhosa. Eles compraram as minhas flores prediletas: rosas vermelhas e orquídeas. Limparam o apartamento e abriram todas as janelas. Acenderam um incenso, aspiraram o pó da casa e arrumaram tudo que estava fora do lugar. Jornais e revistas velhos, louças e roupas para lavar, compras a fazer: tudo eles providenciaram. Prepararam um lanche muito gostoso. Queriam, assim, me acolher da forma mais doce e suave possível. Sabiam bem: as boas-vindas a alguém que tentara o suicídio deveriam ser delicadas e fraternais. Por isso, também colocaram uma música suave para tocar, instrumental, como eu gostava.

Eu voltei. E recebi um sermão do meu amigo, que me chamou de louca por ter tentado o suicídio, no seu jeito carinhoso de falar. Mesmo assim, me senti bem, novamente, em casa. Bem por estar viva. Bem por estar comigo e com as pessoas que me amavam. O desespero já não existia mais. A dor, sim, estava lá. Mas não era mais devastadora. Eu era amada. E já tinha atravessado o portal da angústia. Valia a pena viver. Quase não conseguira voltar, mas Deus me concedeu o privilégio de cruzar a fronteira da morte e retornar. E ali, naquele momento, fiz uma promessa a meus amigos: nunca mais iria fazer aquilo. Nem ia me desesperar mais daquela forma. Nunca mais. Agora nutria uma certeza, que era tão grande quanto a morte, ou talvez até maior. A convicção, do fundo do meu ser e com todas as forças: tinha de ficar viva. Viveria para Roger voltar para a cadeia. Nem que fosse a última coisa a ser feita. Viveria também para isso e não descansaria enquanto não atingisse a meta. Mesmo que passasse a existência inteira nesse mister: agora era uma questão de vida ou morte.

* * *

Há diferença entre quem avisa do suicídio, mesmo teatralmente, e quem se mata sem avisar, o silêncio! O suicida eficaz raramente avisa alguém. Mesmo ao se respeitar esse paralelo desejo, vale a pena hoje eu pensar que, na vontade de morrer típica de quem está em depressão, a morte vem de várias maneiras. Podemos nos matar de forma inconsciente, como decerto fiz, comendo a ponto de chegar a quase 500 mg/dl na escala de diabetes, sendo que o normal é 86, ou seja, uma morte saborosa. A morte lenta, em conta-gotas, torna a autodestruição mais potável. O operoso aquém-morte, trabalhando como um bichinho de avenca, ia me conduzindo ao estágio final com um quê de sutileza, uma insuportável sutileza...

A injustiça sentida por não ver o monstro preso por esse mal feito (óbito que poderia e posso vir a ter pela hepatite C, do qual ele foi o nexo causal, por estar correndo no meu corpo), também me faziam pensar no Fim como um fato comum a todo ser vivente... Porém, em mim isso se daria certamente por causa dessa criatura. Vivi e ainda de certa maneira passo um certo embaraço por conta dessa doença. Muitos, por ignorância, confundem-na com a aids. Brota também a conotação arcaica de tais vírus serem somente transmitidos por relação sexual. Não! A hepatite, no meu caso, foi contraída por transfusão, porque em 1993 não se fazia triagem nos bancos de sangue, o que graças a Deus começou a ser feito, exatamente depois desse ano ruim. Por isso peguei? Por destino, por castigo? Por quê? Por quê?... Não conseguia as respostas. Fiz até um verso meio poético, sem nenhuma grande pretensão em meus questionamentos.

Pensei se iria deixar um bilhete explicando a quem sentisse minha falta o porquê ou os porquês de eu querer me matar. Não desejava escrever sobre minha última mensagem, e ela seria em rima. Havia lido em algum lugar sobre a indiferença não merecer uma resposta, nem o desprezo a pergunta. Posto isso, se eu desprezava a vida, não valia mais a pena perguntar nada a mim mesma.

Nesse dia fatídico, eu estava entretida com um livro, sugestão de um compadre de Ilhéus, Rui Tatu (depois, quando me visitou em Salvador com a esposa Sonia, ele repetiu a frase quando falávamos justamente da minha indignação), *Solo de trombone*, de Antônio Lopes – coincidentemente o nome do meu avô paterno –, que reúne os ditos e feitos de Alberto Hoisel: de vítima ele passou a réu e foi obrigado a pagar as custas, fato que satirizou em verso: "A justiça em seus julgados, anda sempre em dois sentidos: ora de olhos vendados, ora de olhos vendidos".

Estava me sentindo como o autor, já que meu algoz fora libertado por meio de um *habeas corpus* impetrado por seu advogado influente e caríssimo, o falecido ex-ministro Márcio Thomaz Bastos...

E eu? Teria, depois de tudo, no futuro, também que pagar a Abdelmassih por danos morais (como me ameaçaram na época da denúncia)? A injustiça chegaria a esse ponto? Existia somente a justiça divina?

Ainda acreditava no julgamento celestial. Se eu tivesse a maldade de um assassino, anteciparia o encontro dele com Deus, mas não... Nunca conseguiria matá-lo e lhe dar esse prêmio maior: condenar meu espírito. Mas até quando iria suportar, isso não sabia. Pensei: melhor morrer e ir ao encontro de Deus. Vivia em dois mundos naquele momento, um dentro de mim e outro fora. Não havia cometido o pecado de matar até agora... Para mim há uma diferença entre erro e pecado. Erro, cometi e cometo muitos. Pecado, ah... Deus julgaria minha alma. Somente Ele pode fazer isso. Alguns seres neste mundo, pedófilos, estupradores, esses sim são pecadores, violentam o íntimo, o templo de Deus, nosso corpo. Meditava: se todos os seres brilhassem como uma simples vela, o sol se tornaria obsoleto, por isso existem pessoas como sombras, escuridão... Será?

Na televisão, Abdelmassih! Passava a imagem dele direto. Esse às vezes é o problema da tecnologia, as pessoas de certa maneira "invadem" nossa toca. Monstro! O lendário bicho-papão da infância voltou a me apavorar. Desliguei a TV. Filme, não queria ver. Não queria cometer o erro de assistir a um filme sem ver a crítica. Errei assim uma vez. Oh, com minha mãe, tadinha. Levara ela para assistir ao filme *Os Dez Mandamentos*, ainda quando eu era solteira, e ela amou. Passados uns meses, falei: "Mãe, vi outro filme que você vai gostar, é bíblico também, como a senhora gosta". Ela se animou e numa tarde de sábado fomos ao antigo cinema Espacial, na famosa Avenida São João, se não me engano, mas lembro perfeitamente que havia três telas, como em três dimensões. Novidade na época. O filme escolhido chamava-se *A profecia* – não havia lido a sinopse, fui somente pelo título! Desastrosamente, sugeri à minha ansiosa mãe que nos sentássemos nas primeiras cadeiras. Como no filme *Os Dez Mandamentos* na cena de Moisés dividindo o mar ela ficou hipnotizada, pensei calidamente que ela poderia querer ver alguma parte desse filme de perto. Doce engano; logo na primeira cena a cabeça de uma criança rola, degolada, e ainda caiu numa cerca pontuda, parecia que ia morrer, ensanguentada. Sobreviveu – era o diabo incorporado no menino. Um filme de terror. Não lembro detalhes, mas essa cena ficou marcada; minha mãe na hora fechou os olhos, ficou assustada e me disse: "Filha, vamos embora, por favor!".

No dia da tentativa de suicídio, Abdelmassih era o diabo em pessoa, vivo e solto! Queria minha mãe ao meu lado, mas ela tem Alzheimer e nem sabia nada do que estava acontecendo comigo, nem com ela nem com ninguém ao seu redor. Desejei também ter essa doença, que faz esquecer as dores. Estava transtornada, envolta em pensamentos funestos e doentios, pois me sentia doente mesmo, ou seja, fraca, tudo acabado, perdi a luta. Minha exposição foi em vão, o mal venceu o bem. Tanto uma palavra quanto a outra possuem três letras, forças iguais. A vida tem quatro letras, mas naquele momento nada significou essa soma...

Estranho: o medo da morte instalado no pânico não era mais frequente. Não sei bem... Uma confusão em minha mente. Tentava conseguir alguma força lendo a Bíblia, mas não conseguia, as lágrimas embaçavam a vista e o suor salgado que caía da minha testa fazia meus olhos arderem. Até hoje tenho esse Livro Sagrado dessa época, dado por minha mãe. No Salmo 86 a página está toda desfeita, justamente por ter clamado muito... "Inclina, Senhor, os teus ouvidos e ouve-me, porque estou necessitada e aflita... Guarda minha alma, pois sou fiel a ti, oh Deus meu...". Recitava sem ler porque decorara em tantas noites pedindo a condenação definitiva.

Mas Deus parecia não me ouvir. Mesmo ELE sabendo de tudo, meu grito talvez fosse calado, mudo, não sei. Nem mesmo lembro quantas horas fiquei perdida no espaço sem ensejo, no passado, na falta de desejo. Decerto o futuro não enxergava. Achava-me pior que cegos, estes enxergam por contraste, e eu não via nada... persistia o caos. Entrei numa espiral ao tomar o remédio para tentar dormir. O nome Dormonid é sugestivo, mas não fazia efeito. Tomei um, dois, três, não sei em quanto tempo, depois quis realmente nunca mais acordar e fui tomando. Total: doze. A cor dessa medicação é também azul, igual à coloração do líquido ingerido quando fui violentada. Será que foi esse comprimido que ele me deu dissolvido naquele dia? Nunca soube.

O escritor argentino Jorge Luis Borges foi o primeiro a chamar a atenção ao fato de a cor branca também poder infundir terror nas pessoas. Ele citava dois escritores com horror ao branco: Edgar Allan Poe e Herman Melville (este aplicou o seu terror a Moby Dick, a baleia branca).

Contraí o mais profundo terror ao azul. Até os matizes da cor me davam engulhos.

Não bastava meu enjoo, as lembranças da cor desse entorpecente me conduziram ao estado de violência novamente, a dor, a repulsa, e vim a escrever em um papel este verso, ele nada diz, nada responde, nada pergunta. Entrei no túnel do nada... depois de tudo...

No início Por que...
No final Porquê...
Com acento Por quê ...
Sem acento Por que...
No meio Porque...
Por que será...
Complicaram tanto
A palavra porque...

Por que isso foi me acontecer?

APOSTANDO A CARREIRA

Passei o ano-novo na casa de uma amiga. Dia 2 de janeiro de 2010 criaria uma página no Facebook em busca de vítimas e em protesto a Gilmar Mendes, que dera um *habeas corpus*, libertando o monstro. Frustrada, não encontrava nenhuma vítima, e fiquei durante meses procurando-as. Somente via uma reportagem na TV, o monstro, de paletó, feliz, recebendo amigos, e estes o presenteavam com champanhe, comemoravam um estupro jurídico. O violentador e suas bolhinhas de espumante rindo de suas vítimas, foi essa imagem que observei naquele noticiário. Roger seguia mimado, com seu indisfarçável orgulho, como um tritão de chafariz de mansão...

Eu estava afundando de novo. Meses depois, meu telefone tocou. Era do programa da Ana Maria Braga, fariam um especial sobre Abdelmassih. Eu não queria dar mais entrevistas sobre o assunto, mas, diante da falta da condenação de fato, concordei. Esperava sua volta à penitenciária, de onde não deveria ter saído. Levei em conta a importância desse programa, que abordaria assuntos relativos aos direitos das mulheres. Iria expor meu caso e, assim, quem sabe convencer alguns ainda descrentes da veracidade do que algumas vítimas andavam dizendo em público.

O clima quanto à sentença ser favorável às vítimas era duvidoso, tudo poderia acontecer. O filho de Roger, Vicente Ghilardi Abdelmassih, havia dado um ano antes declarações de que o pai era inocente. Todos o estavam visitando e a família novamente em harmonia.

Veja a *Folha de S. Paulo* de 21 de agosto de 2009.

> *"Meu pai é inocente", diz filho de Abdelmassih*
> *Segundo o médico, desde que surgiram as acusações, procura por fertilização na clínica do pai caiu de 130 para 80 tratamentos ao mês. Vicente Abdelmassih insinua que a concorrência pode estar por trás das acusações.*
> *FOLHA – Vocês faziam o turbinamento, que a Promotoria diz ser irregular?*

ABDELMASSIH - Não é irregular. Aqui no Brasil não temos nenhuma lei que regulamenta os procedimentos de reprodução assistida. O que a gente tem é uma norma do Conselho Federal de Medicina, de 1992, que tem algumas diretrizes. Mas não fala nada a respeito disso.
FOLHA - Vocês chegaram a fazer?
ABDELMASSIH - Sem dúvida. Chegamos a fazer, é um procedimento técnico, mas é cada vez menos utilizado porque, em termos de resultado estatístico, não melhora muito.
FOLHA - Fala-se em 39 mulheres e 56 estupros cometidos. Nunca ninguém viu nada irregular na clínica?
ABDELMASSIH - Estou aqui desde 1994. Nunca foi observada nenhuma movimentação diferente que pudesse levar a esse tipo de pensamento. Para a aspiração do óvulo, precisa ter, no centro cirúrgico, um anestesista, tem que ter médico que está retirando o óvulo, uma enfermeira, laboratório de embriologia, que vai receber o óvulo, fica do lado do centro cirúrgico com uma janela aberta para receber esse material rapidamente, porque senão estraga. Depois, um procedimento que dura de cinco a dez minutos: a paciente vai sair acordada, andando, e vai para o quarto com uma enfermeira, muitas vezes com o anestesista. Fica difícil entender tudo o que está acontecendo.

O advogado de Roger Abdelmassih disse, em entrevistas, apostar a própria carreira na inocência do seu cliente. E zombava, alegando que se ele fosse culpado as 8 mil pacientes estariam reclamando, como se um estuprador pudesse fazer isso. Ele seria então um super-homem estuprador se tivesse cometido esse ato vil em todas! Eu não me conformava com o que lia.

A prisão espetáculo de Roger Abdelmassih
Matéria de 8 de setembro de 2009
Por Jarbas Andrade Machioni
Roger Abdelmassih diz "taxativamente" ser inocente, afirma defesa.

Sobre a inocência de Abdelmassih, o advogado afirma que a própria carreira dele é prova disso. Questionado por que tantas vítimas (39) acusam o ex-médico de ataques sexuais, ele responde com outra pergunta.
"Por que nas 8.000 crianças que colocou em vida a maioria [das mães] não alegou qualquer crime?"

O programa da Globo, marcado para ir ao ar dia 19 de julho de 2010, dispunha de uma verba que me permitia levar uma enfermeira. Na verdade, era uma acompanhante, comigo nesse período pós-clínica, pós-depoimento, pós-tentativa de suicídio... Tomava medicação forte e estava começando uma dieta, meu organismo estava sofrendo pelo excesso de peso. Esse carinho me foi proporcionado pela minha irmã mais velha, sempre preocupada por eu ficar sozinha, e pagava Anita para cuidar de mim. Eu engordara, desde o início das denúncias, cerca de 50 quilos numa rapidez impressionante: uma grande violência física para quem nunca passou de 60 quilos. Por consequência, desenvolvi o diabetes e diversas doenças multifatoriais. A depressão aumentou, veio a apneia e pressão alta. Mas a pior sequela era uma esteatose, um acúmulo de gordura no fígado, que eu não poderia ter, já que esse meu órgão era tomado pela hepatite C. Depois de alguns anos tive de procurar especialistas, entre eles o famoso Dr. Vicente Amato, que cuidava de doenças contagiosas, entre elas a aids. Em seu consultório era normal receber pacientes nessa situação, muitos já em estado grave. No dia em que soube, entrei em desespero, chorei muito, e comecei a ler tudo a respeito. Quanto mais lia, mais me desesperava, justamente porque naquele período a possibilidade de cura era mínima, para não dizer nenhuma, e por questão de tempo o prognóstico era falência do fígado, com possibilidade de transplante. Não sabia quanto tempo eu teria, havia algo como um facão em meu pescoço, uma guilhotina, que poderia cortá-lo a qualquer tempo. Uma sentença de morte constante. Precisava fazer dieta por recomendação médica. Me senti sozinha, numa ilha, e nem poderia mais comer, me lambuzar em chocolates e baunilha... Por mais que eu tentasse esquecer os fatos, durante aqueles últimos quinze anos, corria em meu sangue o "mal de Abdelmassih"; assim chamo essa doença, pois foi por causa da violência e de suas consequências que acabei naquele hospital e saí com todos esses problemas.

Ainda não havia tido maior contato com nenhuma das outras vítimas. Duas ou três estavam dando entrevistas, mas eu não as conhecia. Uma delas me mandara e-mail, em 18 de junho de 2010, com seu número de telefone. Queria falar comigo. Porém, eu não poderia ligar, tinha receio de que contatos assim pudessem ser armadilhas da defesa. No entanto, já havia sido dito na imprensa, eram em torno de 60 mulheres atacadas por Roger.

Parabenizei as vítimas, especialmente as anônimas, cumprimentando-as pela coragem de ir ao Fórum, e também a outras pacientes atacadas, que não tomaram atitude... Eu imaginava a dor destas ao ver na televisão tudo isso acontecendo, e sem poder ajudar, já que deveriam proteger suas famílias. Incentivei elogiando-lhes a postura, toda a exposição estava me fazendo mal. Não era fácil ir à imprensa, gordinha, ficar falando detalhes do que acontecera. Não havia mais como recuar, porque havia o risco de ele sair. Mas, mesmo cheia de dúvidas quanto à justiça em seus julgados, algo naquela juíza de cabelos meio vermelhos – era assim que me lembrava dela – me dava a certeza da condenação. A magistrada seguia sempre atenta a cada detalhe do depoimento, e percebi que ela mandava que a escrivã não deixasse de descrever certas coisas que falei, como coisas típicas por ele ditas e descrições da gestualidade do monstro.

Foi assim, observando cada palavra das vítimas, e depois de meses avaliando, que chegou ao veredito de 278 anos. O agravante era a confiança de todas no médico e ele ter se aproveitado disso para se aproximar. Como um animal que primeiro conquista sua presa e depois a mata cruelmente. Ele nos prendia nesse nó com o pacote de três tentativas: assim, fazia com que ninguém desistisse, mesmo quando ele se insinuava às acordadas. Algumas que ele somente tentou beijar haviam vendido até mesmo o imóvel para fazer o tratamento. Por isso, muitos maridos insistiram na posse do resultado do tratamento, e impunham com firmeza que a esposa continuasse, mas com outros médicos da clínica. Acho impossível que nenhum dos doutores ou funcionários não tenha percebido que algo estranho acontecia quando Abdelmassih ficava a sós com suas pacientes. Talvez por medo dele, sempre superpoderoso, tratando a todos com desprezo, houvesse entre seus discípulos esse "segredo".

O fato era que outras atrocidades aconteciam naquela clínica do horror. Ele, espertamente, quando a paciente era famosa, conquistava o casal e parecia um paizão. Ninguém, nem mesmo esses artistas que eram o chamariz da clínica, saiu em nossa defesa. Li um comentário, que ia no oposto dos fatos, vindo de Luiza Tomé, e insinuando que as vítimas tinham jogado charme para o "coitado" e querido doutor. Isso me agredia e dava vontade de procurá-la e contar os "detalhes" do meu tratamento – para ela ter ciência de que jamais joguei charme para aquele velho. Na verdade, minha postura de mulher casada era inquestionável. Nunca traí meu marido, nem mesmo em olhares para algum homem bonito. Já não era do meu feitio isso, quanto mais ao me preparar para a maternidade. Essa insinuação me causava incômodo, não tanto por mim, já separada, mas por diversas outras ainda casadas.

Luiza Tomé se destacou como defensora do médico. Casada com o empresário Adriano Facchini, ela se submeteu em 2002 a um tratamento com o especialista e um ano depois o casal teve gêmeos.

Luiza colocou em dúvida a veracidade das denúncias, porque, segundo ela, "Abdelmassih é um paizão, um médico maravilhoso, talentoso".

A atriz chegou a ser maldosa: "Ele [o médico] é afetivo. Vai ver que elas [as pacientes] não entenderam direito. Será que não é delírio dessas mulheres, até um desejo oculto [de ter relação sexual com o médico]?".

Até hoje, mulheres que acusam o médico de crime sexual não perdoam a atriz por suas afirmações.

Luiza Tomé mudou de opinião. Agora, diante de tantas denúncias, disse acreditar que as mulheres estejam dizendo a verdade.

> *"Fico com uma pena muito grande. Ele [o médico] só trouxe alegria para a minha vida, mas fico triste por todas as mulheres que passaram por isso", disse ela à Agência Estado. Ela não chegou a pedir desculpas.*

Uma ex-paciente de Abdelmassih, que pede para não ser identificada, devolve a maldade da atriz:

> *"Ela faz o perfil das mulheres que o médico ataca. É bonita, sensual, foi capa da Playboy. Vai ver que ela foi abusada e não sabe porque estava anestesiada - é assim que o monstro age. Ela deveria mandar fazer um exame de DNA em seus filhos."*

Com informação das agências e foto do perfil do Twitter da atriz. 19/8/2009

Atualmente essa artista consta como uma dos 50 mil integrantes do Grupo Vítimas Unidas, que montei no Facebook, e não guardo nenhum rancor por sua declaração. Psicopatas como Abdelmassih conseguem isso, galvanizar nosso raciocínio, e Luiza de certa maneira foi um tipo de vítima dele, de sua lábia.

Vim a saber depois que as vítimas citadas na sentença eram das mais variadas profissões, entre elas procuradoras, médicas e diversas outras especialidades. Havia uma jornalista. Esta, não em juízo, mas nos bastidores, deve ter comentado algo: quando eu fui entrevistada, diziam que todo mundo no meio já desconfiava dos fatos, ou seja, havia um zum-zum-zum. No Cremesp e no setor de reprodução assistida, algumas pacientes, que procuraram outra clínica, relatavam ao novo médico o que tinham vivido com o monstro.

Tudo isso vim a saber depois; até então, fiquei anos pensando que fora somente comigo, e agora, diante desse número, já mais de 60 mulheres, imaginava qual seria o número correto e há quanto tempo ele fazia isso impunemente. Eu apenas trazia uma certeza, a de que ele era um tarado. A tara é uma perversidade primitiva e não pode nem deve ser confundida com doença mental. Roger não é mentalmente insano. Nem ele nem outros estupradores, haja vista que os sanatórios onde muitos sofrem de deficiências mentais não são estatisticamente um antro de violentadores. Saio aqui em defesa de muitos estigmatizados e incompreendidos portadores de deficiências mentais.

No dia da condenação tive um minuto de satisfação; havia feito a minha parte. Meses antes ele perdera o diploma de médico, assim como todos os títulos honorários, isso era sinal de que a sentença fora favorável. Note nas datas a seguir como esse ser rastejante entrou nessa roda-viva por ser estuprador e também arrogante.

Extraído de: Folha Online

> *O médico Roger Abdelmassih, que passou quatro meses preso sob a acusação de estupros e atentado violento ao pudor contra ex-pacientes, pretende recuperar seu registro profissional, suspenso pelo Conselho Regional de Medicina após as acusações, informou na manhã desta quinta o advogado José Luis de Oliveira Lima. Hoje, o especialista em reprodução assistida deixou a prisão, em São Paulo, após obter um habeas corpus no STF (Supremo Tribunal Federal).*
> *Em 20 de maio de 2011, o Conselho Regional de Medicina de São Paulo cassou definitivamente o registro profissional do médico. Em 2009, o órgão havia aberto 51 processos de assédio contra Abdelmassih.*
> *Em março de 2013, a Câmara de Campinas revogou, por unanimidade, o título de cidadão campineiro concedido a Abdelmassih em 2002.*
> *No dia 23 de novembro de 2010, Roger Abdelmassih foi condenado a 278 anos de prisão por 56 estupros. A sentença foi dada pela juíza Kenarik Boujikian Felippe, da 16ª Vara Criminal de São Paulo.*

Sendo fiel ao publicado no G1:

> *O médico Roger Abdelmassih, que teve seu registro profissional cassado em 20 de maio de 2011, foi condenado em 23 de novembro de 2010, a 278 anos de prisão pela juíza Kenarik Boujikian Felippe, da 16ª Vara Criminal de São Paulo. Ele foi acusado de 56 estupros de pacientes em sua clínica, localizada em uma área nobre da capital paulista. O advogado dele, José Luís de Oliveira Lima, confirmou a decisão ao G1 e disse que irá recorrer.*

Recebi naquela tarde o telefonema de uma amiga advogada falando da sentença. Fiquei feliz, mas sem muita surpresa. Realmente confiei na verdade dos fatos e na Justiça na ocasião. Por conhecer leis, imaginava a batalha ainda não finalizada, pois todo prisioneiro tem direito a recorrer da condenação em diversos tribunais. Dinheiro não era problema para Roger, que ganhou muito, principalmente comercializando embriões e óvulos. Fui ao Cremesp novamente relatar isso, desejava que os coparticipantes também fossem responsabilizados por omissão em crimes dessa natureza. Nutria o desejo, ainda lúdico, de que talvez os meus embriões estivessem criopreservados: eram dez – oito embriões de uma tentativa e dois de outra – cuja existência foi atestada em relatório, assinado por Roger e por seu auxiliar, Dr. Lister Salgueiro. Eu consegui tal relatório por medida judicial.

CLÍNICA E CENTRO DE PESQUISA EM REPRODUÇÃO HUMANA ROGER ABDELMASSIH

São Paulo 03 de março de 2009

RELATÓRIO MÉDICO

Atendemos em 27/01/1993 o casal Vanuzia Lopes Gonçalves, e Nelson da Silva Gonçalves, com queixa de esterilidade primária há 6 anos e meio.

Como antecedentes referiu ter sido avaliada pelo Dr. Nilson Donadio que detectou obstrução tubárea bilateral. Referiu também ter feito um ciclo de fertilização In Vitro há 5 anos sem sucesso.

A paciente apresentava ciclos menstruais de 25-28 dias, e negou cirurgias, Galactorréia, e corrimentos anteriores. Referiu também o uso de Pergonal, Profasi e Serofene.

Os exames externos demonstraram a presença de ciclo bifásico, dosagens hormonais normais, de tireóide e ovarianas. A ultrassonografia pélvica se mostrou normal, porém a Histerosalpingografia demonstrou a presença de útero em AVF, cavidade uterina normal, trompa Direita obstruída com hidrossalpinge e trompa Esquerda filiforme.

Frente a estes dados de infertilidade obstrutiva (obstrução tubárea bilateral) indicamos o tratamento com técnica de Fertilização In Vitro.

No início do primeiro ciclo a paciente se queixou de ardor vaginal e a cultura de urina mostrou a presença de Proteus SP quando foi medicada com Bactrin e Floxacin. O primeiro ciclo teve início 01/03/1993 onde foram aspirados 6 óvulos, sendo que destes 4 fertilizaram e 3 embriões foram transferidos sem sucesso.

O segundo ciclo teve início em 06/05/1993 quando foram aspirados 7 óvulos sendo que destes 5 fertilizaram e 4 embriões foram transferidos. Foi detectada a presença de uma gravidez, porém com perda espontânea. Após a aspiração do segundo ciclo foi detectada a presença de cisto ovariano com conteúdo líquido espesso em seu interior, o qual foi puncionado, com a saída de líquido achocolatado sugerindo a presença de endometriose

O terceiro ciclo teve início em 30/07/1993 quando foram aspirados 15 óvulos sendo que destes 12 fertilizaram e 4 embriões foram transferidos. Durante a aspiração foi detectada a presença de cisto ovariano com contendo líquido espesso em seu interior, o qual foi puncionado, com a saída de líquido amarelado e com odor forte sugerindo processo infeccioso local. Em face disso a paciente foi medicada com Keflex, Kefazol e depois Flagyl. Foi solicitada a cultura do líquido e também se iniciaram os procedimentos para prevenção de Síndrome de Hiperestímulo Ovariana com administração de AAS e Albumina via oral. O resultado da cultura do líquido mostrou a presença de infecção por Escherichia coli.

Em 15/8/1993 a paciente apresentou quadro de dor abdominal, sem febre, e com corrimento purulento. Ao exame de Ultrassom foram observados cistos ovarianos residuais e um cisto com líquido espesso em seu interior. Foi mantida a prescrição e em 20/8/1993 foi solicitada a internação da paciente e avaliação do infectologista Dr. Arthur Timerman que prescreveu Mefoxin, Kefazol, Dalacin Fortaz e Penicilina.

Em 25/08/1993 houve melhora do quadro clínico e foi solicitada a avaliação da equipe do Dr. Luis Fernando Bellintani que solicitou uma ultrassonografia onde se verificou a presença de um abscesso ovariano.

Em 27/08/1993 a paciente foi submetida à cirurgia de Salpingectomia bilateral pela presença da hidrossalpinge e aderências, drenagem dos cistos ovarianos e drenagem, limpeza e cauterização do abscesso em fundo de saco sem intercorrências.

Em 30/08/1993 a paciente teve alta hospitalar e desde então não mantivemos mais contato com a paciente.

Sendo assim colocamo-nos a disposição para quaisquer esclarecimentos.

Atenciosamente,

Dr. Roger Abdelmassih
CRM 14941

Não foi por bondade que a clínica me deu esse documento, mas porque Roger queria se livrar da acusação de estupro, imperícia e lesão corporal gravíssima, peticionada por mim no Cremesp. Roger tentou disfarçar dando uma explicação nesse relatório, ao qual chamo de "confissão" ou certidão de existência de dez seres. Sim, o embrião é um ser protegido pela Constituição, e não um órgão da mulher de que ela ou qualquer um pode dispor; seu uso ilícito é passível de condenação.

Quando saiu uma matéria em 2010 falando das experiências na clínica com células-tronco em ratos (relatadas por pessoa prestadora de serviços ao monstro), cheguei a pensar o pior.

A seguir, a matéria da revista *Época* com o título "Clínica do Horror".

> *Em 23 de novembro de 2010, a Justiça brasileira deu seu veredito: a clínica de reprodução assistida do médico Roger Abdelmassih fora palco de um show de horror... Somem-se aos dois inquéritos as revelações feitas a* Época *pelo ex-colaborador do médico, o engenheiro químico Paulo Henrique Ferraz Bastos (leia a entrevista), e chega-se a uma conclusão estarrecedora: parte dos cerca de 8 mil bebês gerados na clínica de Abdelmassih não são filhos biológicos de quem imaginam ser. Essa conclusão é resultado de exames de DNA feitos em pacientes da clínica e em seus filhos. As autoridades estão convencidas de que Abdelmassih enganava seus clientes e implantava no útero da futura mãe, sem o conhecimento do casal, embriões formados a partir de óvulos e espermatozoides de outras pessoas. Os pais biológicos das crianças são outros, e não o casal que se sentou nas poltronas do consultório de Abdelmassih disposto a se submeter ao tratamento de reprodução e que pagou os milhares de reais que o médico cobrava pela fertilização. Pelo menos três casais, um de São Paulo, outro do Rio de Janeiro e o terceiro do Espírito Santo, já descobriram, depois do nascimento da criança, que o DNA de um dos dois não é compatível com o do filho. Esses três casais contaram sua história, comprovada por exames laboratoriais, em depoimento ao Ministério Público.* Época *teve acesso ao processo e revela o conteúdo do depoimento de um desses casais, cuja identidade não será revelada.*

SOB SUSPEITA
No alto, o geneticista de origem russa Alexandre Kerkis. Acima, sua mulher, a também geneticista Irina Kerkis. Os dois foram contratados para desenvolver pesquisas na clínica de Roger Abdelmassih e são alvo de investigação do Ministério Público de São Paulo. [...]
Com o objetivo de melhorar ainda mais seus índices de sucesso na fertilização, Abdelmassih inaugurou, em outubro de 2005, um laboratório de pesquisa com células-tronco em sua clínica. [...]
Em 2005, o casal Kerkis e Paulo Bastos iniciaram uma sociedade na empresa Genética Aplicada Atividades Veterinárias Ltda. Os geneticistas de origem russa trabalhavam ao mesmo tempo com Abdelmassih e na empresa veterinária. Isso, segundo Bastos, dava-lhe acesso aos laboratórios da clínica. No site da clínica de Abdelmassih, retirado do ar na última quinta-feira, depois de contato feito pela reportagem de Época*, Alexandre Kerkis aparecia como membro da equipe da clínica e responsável pelas pesquisas com células-tronco. Em outra parte do site, eles são destacados como reforços nas pesquisas com óvulos e espermatozoides. Segundo afirma Bastos, que saiu da empresa depois de um litígio com os sócios, Alexandre e Irina Kerkis, atualmente alvos de uma investigação do Ministério Público, relataram a ele uma série de procedimentos médicos ilegais ou eticamente condenáveis, realizados na clínica com o material genético recolhido dos pacientes com o objetivo de aumentar o sucesso das fertilizações.*

Leia trecho da entrevista com Paulo Henrique Ferraz Bastos:

"A sociedade precisa investigar essas paternidades"
O engenheiro químico Paulo Henrique Ferraz Bastos, de 39 anos, viveu os últimos dois anos em silêncio. Mudou-se de cidade, abandonou as atividades empresariais para lecionar, afastou-se do círculo de amigos que cultivou durante o mestrado em genética na Universidade de São Paulo, aboliu o telefone celular. Paulo

tornou-se um arquivo vivo de um dos capítulos mais chocantes e ainda nebulosos da história da medicina brasileira. Ele era sócio dos internacionalmente renomados biólogos russos Alexandre e Irina Kerkis, hoje naturalizados brasileiros, em uma empresa de tratamento de lesões de cavalos com células-tronco. Paulo acreditava que ficaria rico e famoso com sua Genética Aplicada Atividades Veterinárias Ltda. Criada em maio de 2005, a empresa era uma completa novidade no mercado brasileiro. Seis meses depois da fundação da empresa, os sócios de Paulo tornaram-se os responsáveis pelas pesquisas sobre células-tronco da clínica do médico Roger Abdelmassih. Paulo diz ter virado o laranja dos biólogos de origem russa. E a empresa uma fachada científica elegante que encobria as principais atividades de Alexandre e Irina, dentro de laboratórios em uma casa no número 1.085 da Avenida Brasil, em São Paulo, onde Abdelmassih mantinha sua clínica.

Em 2009, Paulo deu uma entrevista ao programa Fantástico, *da TV Globo, em que mencionou genericamente a existência de "pesquisas escandalosas" na clínica de Abdelmassih. [...]*

As revelações de Paulo, um ex-colaborador de Abdelmassih, são consideradas cruciais para o Ministério Público e para a Polícia Civil de São Paulo, que investigam o caso, porque sugerem que as práticas já denunciadas por ex-pacientes de Abdelmassih eram o *modus operandi* na clínica, e não eventos isolados ou devaneios de clientes frustradas. Mas as denúncias vão além. Com base em cerca de 70 horas de gravação de reuniões com a participação de Alexandre e Irina, Abdelmassih e sua filha, Soraya, feitas por Paulo clandestinamente durante o ano de 2007 (*Época* ouviu alguns trechos), Paulo afirma ser impossível garantir que os filhos gerados na clínica sejam biologicamente filhos de quem pensam ser. "Ouvi discussões sobre os efeitos possivelmente maléficos de fazer DNA em toda essa população gerada na clínica do Roger e as crianças descobrirem que não são filhos biológicos de seus pais", diz. "Mas, acima de tudo, tem de existir a verdade. Elas têm o direito de saber se são ou não biologicamente dos pais." A seguir, leia os principais trechos da entrevista de sete horas que Paulo concedeu a *Época*.

Época – *O senhor recomendaria testes de DNA aos pais que procuraram a clínica de Abdelmassih para ter filhos?*
Paulo – Eu recomendaria, porque posso dizer muito sobre esses meus sócios russos, que eram o braço direito e esquerdo do Roger. Eles não têm conduta ética, profissional, científica. Fazem o que for mais imediato para a publicação de um paper ou a conquista de uma colocação melhor no departamento. Não me surpreenderia nem um pouco se fizessem testes de DNA nas crianças geradas naquela clínica e encontrassem incompatibilidade com os pais. Uma das coisas que o Alexandre fez uma vez foi com um cavalo que tratamos. Uma semana depois de aplicar células no cavalo, o Alexandre me liga para saber se o animal estava reagindo bem. Eu disse que sim, que o ultrassom mostrava boa resposta. Ele me respondeu: "Ah, que beleza. Preciso te contar uma coisa. Sabe aquelas células que eu apliquei naquele cavalo? Não eram células-tronco da gordura do animal. Eu peguei da minha cultura celular humana". Eles aplicaram células humanas em cavalo. Esse era o braço direito das pesquisas do Roger Abdelmassih: Alexandre Kerkis.
Época – *O senhor testemunhou outros procedimentos irregulares?*
Paulo – Comecei a achar estranho e a fazer uma série de questionamentos. Uma vez achei que seria boa ideia fornecermos óvulos de vaca – oócitos – para que eles fizessem testes na clínica antes de aplicar as técnicas em células humanas. O Alexandre na hora disse não: "Não precisa de óvulos de vaca, você sabe disso. Nós temos óvulos de sobra lá, temos até de jogar fora. Eu pego óvulo para fazer qualquer coisa lá". Na hora, eu estava desesperado para fazer a empresa dar certo, torná-la uma clínica renomada. Nem pensei que isso era um crime, que ele pegava óvulo de paciente que sobrava depois de uma hiperovulação. Era como se ele pegasse óvulo como quem pega uma garrafa de água na geladeira, quando quer. O Alexandre me disse que tinha material genético à disposição para fazer a pesquisa que quisesse. Por isso, o Roger era o paraíso na

Terra para qualquer cientista: tinha material genético, dinheiro, equipamento, tudo à disposição.

Época – *Esses óvulos eram usados com o consentimento das mulheres a quem pertenciam?*
Paulo – Acredito que os óvulos eram usados sem o consentimento das mulheres a quem eles pertenciam. A Irina uma vez me falou que não dava para provar que eles faziam uso indevido de óvulos, porque óvulo não fala. O óvulo não diz se ele é da Helena ou da Maria, não tem etiqueta, não diz que ele não pode ser usado para fazer embrião para a pesquisa ou para fertilizar outra mulher. Como você vai rastrear isso? É difícil. Mas sei que havia um banco clandestino de óvulos. Um monte de óvulos misturados a material animal dentro da clínica e sem registro. Células de minha empresa estavam lá. O que células de cavalo estão fazendo em uma clínica de reprodução humana, na clínica do Roger? Dentro da comunidade genética se comenta isso, mas a Anvisa (Agência Nacional de Vigilância Sanitária) não diz isso para a população.

* * *

Por causa dessa reportagem, meus temores aumentaram. Cavalos e ratos eram misturados por esse Mengele brasileiro. Se meus embriões foram implantados em alguém, poderiam inclusive estar com problemas de saúde. Essa dúvida me persegue até hoje. Eu os amei desde o momento em que fui àquela clínica e soube da existência deles. Uma grande verdade! Foi no dia do estupro, quando Roger apareceu dizendo ter logrado, somente naquela tentativa, 12 embriões perfeitamente saudáveis e que implantaria 4 em mim. Portanto, os 8 daquele dia, mais 2 de outra ocasião, saudáveis, ficaram naquela clínica e não pude buscá-los. Eles me pertenciam geneticamente e eu os desejava. Por ter uma filha adotiva, sou sabedora: o amor é de quem cria... Mas isso não significa que a mãe genética não tenha carinho e responsabilidades. Iria procurar os meus onde quer que estivessem.

Alguns advogados oportunistas me procuraram, querendo saber se eu moveria ação de danos morais e indenização. Minha resposta sempre foi negativa, pois não há dinheiro no mundo capaz de amenizar ou comprar medicação capaz de estancar a minha alma, ainda sangrando e dessangrando. Vivia e vivo modestamente; na verdade, dinheiro sempre é bem-vindo, porém não dessa maneira. O meu pensar não me impede de apoiar, entretanto, direitos reais justificáveis de indenizações futuras às demais vítimas. O poder aquisitivo de Abdelmassih mais uma vez lhe permitiu ficar impune. Depois de quatro meses preso, por ter contratado um advogado de nome e ex-ministro, este sabia todas as mazelas jurídicas e impetrou o último *habeas corpus* de maneira escondida. A esse respeito, cabe frisar que antes dois *habeas corpus* tinham sido negados, justamente falando em argumentos segundo os quais o réu era perigoso e "desprovido de sentimentos humanos".

Tudo me deixava insegura com relação ao último recurso. Os doces e remédios ingeridos nessa fase de angústia me fizeram engordar mais e mais. Assim, acima do peso e sem preocupação com o que seria dito por aí, dei minha última entrevista à TV, mostrando documentos e procurando alertar os julgadores do risco de colocar Abdelmassih em liberdade.

Era Natal. E, como já disse, havia recebido a notícia do *habeas corpus* de Abdelmassih, de imediato posto em liberdade. A primeira sensação foi de pavor, pois ele teria acesso a telefones e, com certeza, se vingaria por ter passado quatro meses no presídio. Quando pensava sobre isso, o pânico, dominante fazia um tempo, agravava-se, todos os sintomas sentia de uma vez... assim estava meu corpo... Palpitações por conta de um perigo iminente. Uma mistura de medo de perder o controle, medo da morte ou de uma tragédia, sentimentos de indiferença, sensação de estar fora da realidade, dormência e formigamento nas mãos, nos pés, no rosto, palpitação, taquicardia, tremores, dificuldade para respirar, sufocamento, calafrios, ondas de calor, náusea, dores abdominais, dores no peito e na cabeça. Nessa anarquia corporal e mental, sentia tontura, por vezes desmaiava, tinha a sensação de estar com a garganta fechando e não conseguia engolir nem mesmo a saliva, tudo junto e misturado, de uma só vez.

Vivenciando tudo isso, vi uma nota do Google:

A prisão do ex-médico Roger Abdelmassih foi pedida pela Promotoria e acatada pela Justiça no dia 6 de janeiro de 2011 e no mês seguinte, quando tentou renovar o passaporte, o recurso que mantinha o ex-médico em liberdade foi revogado pelo Supremo Tribunal Federal.

Eu pressentia: ele mandaria me dar uma surra ou me matar. Imaginei que não faria isso de imediato, mas assim que as coisas esfriassem.

* * *

Meu pequeno apartamento tem 60 metros quadrados. Dois quartos, uma pequena sala e um banheiro revestido com pastilhas. Decorado modestamente, tem como peça principal um lindo sofá branco com *design* moderno, de korino. No mesmo ambiente ainda há uma mesa de jantar antiga feita com dormentes de madeira retirados de linhas ferroviárias, que mandei fazer com tampo de vidro. Além disso, uma cristaleira com pintura provençal guarda algumas pequenas taças e mostra minha Nossa Senhora Aparecida, escultura moderna de aço escovado. No meu quarto, uma cama, com um baú mineiro sombreado, e uma cômoda com três grandes gavetas, de madeira de lei, típicos de casa de avó. O guarda-roupa é embutido, e do lado da cama dois criados-mudos que refletem uma luz amarelada, num deles minha Bíblia. As janelas e mesmo a porta de vidro que dá para a pequena sacada na sala não têm cortinas, nunca gostei delas. Mas cultivo um pé de árvore-da-felicidade e tenho um canteiro com temperos com terra que coleciono. De fato, esta é minha coleção TERRAS, que trouxe por vários anos de diversos países, um pouquinho num vidrinho, então, de certa forma, tenho o mundo nesse pequeno espaço na cozinha. Grécia, Estados Unidos, Espanha, Portugal, Dinamarca, Áustria, Alemanha, Itália, México, Argentina, Chile e todos os estados brasileiros, com exceção do Acre e Roraima, estão todos juntos. Não há guerras nem fronteiras; nesse mundo onde florescem hortaliças, o continente é a alma. No quarto escritório, fica uma bicama e uma mesa de escritório com o computador, que mesmo velhinho funcionava, com tela de 14 polegadas. Este vinha sempre “vestido”, envergava uma roupinha, por vezes trocava por uma de anjinho ou de Papai Noel ou de carneirinho, assim por diante. O meu medo, meu pavor, de Roger Abdelmassih não era da internet, do seu acesso a ela. Então, ouvindo um ventilador de teto que faz muito barulho, tranquei meu medo desse estuprador no porão da minha mente e...

COMECEI A CAÇÁ-LO!

Da eterna procura
Só o desejo inquieto que não passa
Faz o encanto da coisa desejada
E terminamos desdenhando a caça
Pela doida aventura da caçada

Mario Quintana

Havia anos não acessava nenhuma rede social. Visitara o Orkut a pedido de amigos e nem sabia que estava se esvaziando. Uma amiga me disse que as pessoas agora estavam se comunicando por intermédio do Facebook. Eu montara um perfil, porque tinha recebido muitos convites no meu e-mail, mas estava desatualizado. Resolvi entrar e ver como funcionava. Lembro de minha filha me falar que era assim: tudo exposto a todos. Fiquei intrigada e não me conformei quando ela me respondeu no Face que se não era para colocar abertamente fotos e recados, não havia razão para tal, era melhor não ter. Passei meses aprendendo como funcionava e encantada em ver retratos de vários amigos festejando com fogos e lindas imagens, todos de branco curtindo o Réveillon, passado fazia dias. Procurei então amigas que não via fazia tempo e resolvi entrar em contato para me reaproximar. Essa rede social trazia isso de positivo, rever pessoas que o destino fez por separar.

Foi um período de muito carinho e troca de mensagens. Quando quisesse falar algo mais particular, havia a opção *inbox*. Mas minha vida para amigos próximos não tinha segredos, portanto conversava com todos normalmente, inclusive sobre meu desconforto por Abdelmassih estar em liberdade, amparado por uma decisão judicial. A princípio, para não perturbar meus amigos o tempo todo com esse assunto nada agradável, resolvi montar um Face com o nome de "Vítimas Roger Abdelmassih". Foi difícil o Face aceitar esse perfil, pois eles têm uma política de identificação e não aceitavam o nome. Depois que me identifiquei com outro e-mail vitimas-unidas@hotmail.com, aceitaram. Por que "vítimas unidas"?, pensei; porque queria naquele momento unir todas as vítimas dele para saber o que sentiam, ou era somente eu que tinha tanta ânsia por justiça? Cheguei a pensar sozinha: talvez meu desejo de ver a justiça feita em sua totalidade fosse doentio, por isso precisava saber se outras estavam indignadas assim. Nunca havia conversado com nenhuma vítima dele antes.

Cabalistas referem que Deus estará ao seu lado quando você travar sozinho a sua batalha. Intuí, depois de anos de sofrimento, que a única forma de expurgar a aparição residual e fictícia do monstro em meu psiquismo era ir à luta: com as próprias mãos. Intuí que passaria a habitar perenemente uma zona de conforto somente depois de ter fulminado o monstro dentro da lei.

Como Sandra Bullock no filme *A rede*, decidi montar sozinha as teias sociais em que captaria mais vítimas e testemunhas contra o monstro. Os cabalistas estavam certos: passei a travar minha luta de mim para mim. E as portas foram se abrindo.

Aos poucos, fui adicionando as vítimas cujos nomes sabia por meio da imprensa. Guardo em meu e-mail a notificação da data de entrada de várias delas e de pistas de toda a falange pesquisada. Pelo fato de eu exibir ostensivamente a foto de Roger Abdelmassih no meu perfil no Facebook, as vítimas e alguns apoiadores não se sentiam confortáveis em conversar comigo. Então adicionei todos em minha página privativa, com minha fotografia. Inicialmente a conversa ali era somente sobre a indignação a respeito de o STF ter dado a Roger o *habeas corpus*, e nada além disso.

Nossa Constituição ampara qualquer cidadão a dar voz de prisão a um procurado da justiça. Esse era meu real anseio, almejava colocar os grilhões naquele monstro. Mas meu pânico me impedia de andar despreocupada pelas ruas. Precisei de ajuda. Também não contava com recursos financeiros para seguir fisicamente todos os indícios que me chegavam, como Mônaco, Mato Grosso, entre tantos outros. Fato: Leandro Mansel, repórter da Record, a quem repassei documentos de minha investigação, bem como as autoridades, não teriam informações sobre os possíveis paradeiros e sobre o bando que protegia Abdelmassih sem os arquivos bancários que lhes remeti, e principalmente os relatos de meus informantes da tropa de elite do exército de anônimos, montado por mim em minha rede social.

Observe: tive o cuidado de enviar, junto com documentos para Leandro e/ou autoridades, Ministério Público, Secretaria de Segurança, Interpol, Delegacia de Capturas e Grupo Antissequestro, um organograma de quem era quem, como agiam, com quem conversavam etc. Poderiam todos chegar a esse mesmo denominador, mas demoraria mais tempo. Mensagens eletrônicas trocadas comprovam isso. Muitos dos documentos bancários enviados por mim fazem parte ainda hoje da investigação do crime de remessa ilegal de dinheiro ao exterior. Fui convidada, inclusive, a ajudar as autoridades a entenderem alguns (esse convite foi feito pelo conselheiro do Secretário de Segurança, o promotor Dr. Fabio Ramazzini Bechara – guardo com carinho o e-mail). Foi Leandro quem entrou em contato com o Grupo de Atuação Especial de Combate ao Crime – Gaeco – de Bauru, colocando-os a par das minhas investigações. Tais incorruptíveis policiais ingressaram com pedido na justiça de interceptação telefônica, após instaurado inquérito da lavagem de dinheiro ou, na variante em Portugal, "branqueamento de capitais".

As gravações telefônicas foram feitas em vários números que forneci, entre eles o da irmã de Roger, que, em conversas sobre a festa de aniversário dos filhos gêmeos do monstro, ao citar a data, definiu o término dessa caçada e foi fundamental para localizar o endereço final do foragido, Assunção. O Paraguai, residência fixa desse criminoso, já fazia parte da lista dos locais suspeitos, por conta de encomendas enviadas da cidade de Jaboticabal, no interior paulista. Proporcionei essa dica.

Além disso, toda a investida na fazenda de Avaré, onde estavam os pertences pessoais de Roger, o vestido de noiva da sua atual esposa etc., além da casa alugada pela cunhada Elaine, onde Abdelmassih passou dias, e o nome de um de seus médicos brotaram através de minhas apurações pessoais com delatores, em conversas via Facebook.

Remeti vários números de telefone e informações a Leandro e às autoridades e a partir daí a polícia os monitorava. Na verdade, enviei os contatos e esquemas da teia que envolvia e protegia Abdelmassih e sua consorte Larissa.

Vale dizer que enviei somente às autoridades e a algumas vítimas o inteiro teor de contas telefônicas, extratos bancários, notas promissórias e contratos sociais em cópias reprográficas recebidas anonimamente, expedidas por pessoas solidárias ao meu drama. Nelas havia endereços de agências e contatos telefônicos de várias pessoas da família, funcionários e amigos. Por fim, o Gaeco e Leandro, da Record, bem como policiais da Delegacia de Capturas estavam seguindo, no Brasil, Dimas Campelo Maria, o faz-tudo de Abdelmassih. Minha teia de informantes o observava e fotografou a placa de seu carro. Eles a remeteram a mim e eu a repassei aos policiais, visto que ninguém sabia que carro Dimas usava.

Leandro sabia por que Dimas ia ao correio e também quando rumava para a divisa com o Paraguai. Essas informações eram recebidas graças a Ange, a mulher que se solidarizou com meu drama – eu a convenci a me ajudar empregando o meu dialeto "vitimês". Ange era uma informante de Jaboticabal. Seu nome aqui foi trocado, para garantir sua identidade e segurança. Ange informava ao repórter o dia a dia de serviçais fiéis e da família de Larissa Sacco, esposa do estuprador, assim como os horários em que Dimas e outros falavam com Roger por telefone, e-mail e em contatos pessoais esporádicos. Contávamos também com a ajuda da concunhada de Abdelmassih, Desiree Mabardi Khouri, vigiando Dimas e Elaine Sacco nos momentos de folga de Leandro.

Desiree era vizinha e cunhada de Elaine, ou seja, concunhada de Roger. Ela estava inconformada com o fato de a cunhada Elaine, casada com seu único irmão Danilo, apresentar o sobrenome Khouri junto com o dos Sacco, afundando-o nesse poço de lama chamado Abdelmassih. Desiree me procurou depois que postei a foto de Elaine junto com a de Abdelmassih e a procuração. Foi um risco esse feito, e fui ameaçada: sofreria danos irreversíveis por expor a tal senhora Elaine, até então com certa reputação. Dona Helena, mãe de Desiree e, portanto, sogra de Elaine, passou maus bocados, relatou-me Desiree, mal acreditando que a cunhada lograva acesso a tantos recursos: sua mãe, de idade avançada, havia passado mal dois anos antes – e Elaine não emprestou dinheiro para tratamentos de saúde necessários. A própria Desiree quase penhorou seu único bem a fim de conseguir meios para sua mãe recuperar a saúde. A crueldade da cunhada a deixou indignada: se ela tinha acesso ao patrimônio do monstro, como não ajudou a sogra?

Desiree continuava cheia de dúvidas. Mandei a ela, então, cópia da nota promissória de 6 milhões e provei: Elaine acessava a fortuna de Roger, sim! Quando viu incontroverso documento, lembro de ela me pedir, então, que toda vez que eu escrevesse um *post* acusando a cunhada, se eu poderia colocar o sobrenome Sacco bem grande e o Khouri pequeno – o pai dela fora um homem honrado e eles não tinham culpa se o irmão fez aquela asneira de se juntar à família de Wanilda e Vicente Sacco, em que uma das filhas, Larissa, não tinha escrúpulos, casando-se com esse já denunciado estuprador.

Convém acrescentar: Elaine acompanhava a irmã Larissa nas idas à penitenciária, nos tempos em que Roger estivera preso antes da fuga. E, nessas ocasiões, levavam cartas de todos os familiares, combinando passeios na boleia do caminhão do pai delas, um granjeiro. Nessas visitas íntimas privadíssimas, em que Elaine aguardava do lado de fora da cadeia de Tremembé, bolaram um jeito de desbloquear os bens desse criminoso, mostrando a má-fé.

Pedi desculpas a Desiree, dizendo-lhe que não podia fazer isso: escrever Sacco e tirar o Khouri poderia ter conotação de perseguição a um sobrenome, e não era o caso. No entanto, prometi que, no dia em que tudo seria descoberto, falaria alto e em bom som que os Khouri eram uma família de princípios e sabedores da diferença do bem e do mal. Conversávamos sobre várias coisas, e ela me dizia todos os passos de Elaine, já que moravam em casas próximas. Ela nunca me deu um documento, não gozava de acesso às aplicações bancárias de Elaine, mas me informava todo movimento da cunhada e do irmão e, em vão, tentava convencê-lo a entregar onde o monstro estava. Dona Helena chegou a intimidar o filho, dizendo que, quando Roger fosse preso, se ele tivesse feito qualquer coisa para ajudar, ela não pagaria advogado para ele. Mas ele, irredutível, nem sequer lhe dava ouvidos e continuava assessorando a esposa, fazendo todos os pagamentos da família Abdelmassih, entre funcionários, advogados e outros.

Também contei na minha caçada com a ajuda de duas outras informantes cruciais. Em uma das frentes, Madame X, na cidade de Presidente Prudente, que se informava a respeito de outros supostos crimes. Falemos primeiramente daquela que chamei de Ange, a minha informante em Jaboticabal.

Ange é uma alusão a um anjo francês. Espero que entendam a minha ânsia em protegê-la, por isso descrevo-a com a técnica chamada *roman à clef*, que me permitiria até mesmo operá-la, mudar-lhe o sexo, todavia, conservo o princípio imaterial da sua vida, suas forças vitais, sua alma e espírito! Segundo Platão, em sua teoria da alma, pessoa virtuosa é aquela em que cada parte da alma realiza-se na medida justa, sem falta nem excesso. Por outro lado, um ser vicioso é aquele em que as partes da alma realizam suas funções desmesuradamente.

Independente das doutrinas, todo ser vivente tem alma, o fio condutor. A alma e a inteligência explicam "o que" são as coisas, por isso a alma é esse trânsito entre os dois mundos, inteligível e sensível.

A mentalidade moderna impregnada de religiões confunde sobretudo "alma" com "espírito", que é algo completamente diferente. Na verdade, as definições de alma e espírito são um tanto confusas. Contudo, apesar de até mesmo na Bíblia as duas palavrinhas serem embaralhadas em algumas passagens, de modo geral, a alma é aquela que reside em nossos corpos enquanto estamos vivos, e o espírito é eterno, dependendo das nossas crenças!

Ange é assim, um reflexo da etimologia da palavra alma: ar, ela é um sopro, mas com o adereço divino! Católica, casada, calma, é dona de uma voz delicada, que por vezes tremula ao falar de Abdelmassih e sua quadrilha, e esse mesmo som vocal fica forte ao cantarolar músicas que louvam a Deus. Sua certeza na imortalidade espiritual foi o que a fez cidadã justiceira na fé!

Mais à frente ficará claro como essa mulher foi a peça fundamental na prisão de Roger.

Um acervo antológico de dados cruzados, somado a um raciocínio conjunto, pôs fim ao meu pesadelo.

Vamos a alguns exemplos do fim da minha investigação, só para você ter uma ideia de onde cheguei, com passos de formiguinha...

A olheira Madame X de Presidente Prudente trabalhara outrora com uma família ligada a Abdelmassih, e conservou o círculo de amizades, sabia de tudo. Em sua sagrada agenda, guarda nomes, telefones, números de agências bancárias. Testemunhou enriquecimentos ilícitos e suspeitou também de tráfico de armas. E fez a delação definitiva no Web Denúncia, de que ele estava no Paraguai, em 15 de agosto de 2014, quatro dias antes da captura do monstro. Por coincidência divina, o mesmo fatídico 15 de agosto, data em que fui estuprada em 1993.

Já uma outra senhora da sociedade de Jaboticabal, cuja casa ele frequentava por ser moradia dos familiares de sua atual esposa, apontou o arquiteto responsável por construir um quarto master na casa dos pais de Larissa Sacco, ex-amante e atual mulher do estuprador Roger Abdelmassih. Outro colaborador, um homem íntegro, Márcio Antonio Augelli, depois de falar comigo foi à Corregedoria denunciar os esquemas de corrupção policial na mesma Jaboticabal para que

Roger não fosse incomodado. Conhecia grande parte dos policiais, os que eram e os que não eram do bem. Incriminações havia, e muitas. Mas, da sua janela, ele não via ninguém cercando a farmácia. Nenhum veículo, nenhum policial à paisana... Nada!

No entanto, um determinado carro começou a ficar estacionado por ali, com bastante regularidade, no meio-fio, diante da farmácia Sal da Vida. Essa farmácia é uma empresa de fachada que Roger montou para sua estimada cunhada Elaine Therezinha Sacco Khouri. Um anônimo fotografou:

From: anonimo@xxxxxxxx.com
To: vitimas-unidas@hotmail.com
Subject: Carro Suspeito
Date: Fri, 27 Jun 2014 13h03

Vana, depois que veiculou a reportagem na Record, começou a visitar a farmácia da família esse carro com placas de Avaré. Foto envio em anexo, espero que te ajude em algo.

From: leandromansel@xxxxxxxx.com
To: vitimas-unidas@hotmail.com
Subject: RE: Carro Suspeito
Date: Sat, 28 Jun 2014 03h08

Legal, Vana
Esse carro é do Dimas...
Está sendo acompanhado...
Valeu!!!
Leandro

Antes do surgimento da "Trindade", apareceram os anjos da primeira hierarquia: querubins e serafins, no prenúncio do milagre. Uma era enfermeira. Descobriu Roger e família graças ao pedido urgente para aplicar injeções nas criancinhas. É dela a frase:

"Põe algum detetive na cola da cunhada dele que ele morde a isca (sic)."

E a ex-primeira-dama Rosa de Oliveira Morgado, de Monte Alto, um dos locais por mim investigados, também fez parte da legião do bem. Viu Roger na choperia Iceberg, em Monte Alto, cidade vizinha de Jaboticabal, em janeiro de 2014. Assim, sabendo que Abdelmassih estava no Brasil, na ocasião, delimitou primeiramente o raio de alcance: o perímetro rural, dentro do limite de Jaboticabal. Falou com conhecimento de causa. Depois, sugeriu Araraquara, Bauru, Bebedouro... Naturalmente, a área de atuação se ampliou: Fernando Prestes, Guariba, Mato Grosso e Triângulo Mineiro. "Procure os Conselhos Tutelares!", disse-me ao questioná-la sobre o nome dos gêmeos de Abdelmassih.

Outra primeira-dama vital foi Maria Aparecida Marino Giro, de Jaboticabal. Ela foi intimidada pela família de Larissa por estar compartilhando as minhas postagens.

E Desiree Mabardi Khouri? Na linha de frente da milícia celestial, trocou figurinhas comigo sobre a situação financeira e emocional do casal Sacco Khouri. Ela forneceu informações quentíssimas, de primeira mão, de dentro da família. Para sempre Desiree será abençoada.

Bom, adiantei ao leitor o resultado de partes do final de minha cadeia de dicas. Mas tudo começa muito tempo antes...

Vou compartilhar o passo a passo dessa investigação, o comecinho.

Eu lia tudo, analisando qualquer detalhe: do mesmo jeitinho que, há décadas, por ser estilista, pesquisei sobre moda, e esmiuçava no Soho ou na Macy's de Nova York, procurando uma roupa diferente, memorizando botões ou pregas – empreguei essa técnica na caçada ao crápula.

Pista 1

Descobri um fórum de notícias e me encontrava com pessoas que eram favoráveis ou não ao monstro.

Comecei lendo um comentário no blog do Paulo Lopes. Numa matéria sobre a clínica de Abdelmassih, em 2010, havia diversos esclarecimentos de leitores, que me davam dicas preciosas. Um dos comentários me chamou a atenção; registrei-o física e mentalmente. Decorei tudo:

Comentário da enfermeira de Milton Nakamura, meu primeiro médico.

Sonia Maria de Lacerda - 2010
Olá a todos. Hoje eu tenho 56 anos de idade. Trabalhei na clínica de Milton Nakamura, quando tinha 20 anos. E lá estava esse indecente Roger. Ele assediou-me sexualmente, aproveitando-se de minha visível inexperiência, timidez e de minha condição subalterna! Nessa clínica, também fui assediada por Mário e pelo próprio Milton. Entre todos os meus afazeres, como ativista cultural e clarinetista, penso sempre na condição feminina dentro da sociedade. Estamos em pleno século XXI, e as mulheres brasileiras, que sofrem quaisquer tipos de abuso, ainda não conseguem procurar seus direitos, ainda temem represálias, sejam olhares enviesados dos vizinhos, das amigas, sejam ciúmes dos maridos. Portanto, ALGO DEVE SER FEITO, urgentemente. Com muito carinho, Sonia.

Saber sobre Nakamura, que já havia falecido, não resolvia meu problema, e ter certeza de que Abdelmassih era um violentador, nem precisava: a memória do meu corpo e meus enjoos, que insistiam em voltar quando via suas fotos, eram provas suficientes para mim. No entanto, essa ex-funcionária da clínica onde Abdelmassih se especializou no ofício, e contou detalhes de como se comportava o "empregado" Roger. Até então eu o conhecia como patrão, dono do que pensei ser uma casa de saúde. Os informes dela me ajudaram a sublinhar os traços da personalidade do monstro, isto é, seus pontos fracos. A partir dali, sabendo seus "podres", percebi que mesmo fragilizada, doente, poderia enfrentá-lo.

OS INVESTIGADORES

De repente, em 31 de janeiro de 2011, alguém me solicitou amizade. Era uma pessoa com o nome de Rosangela Llanos. Ela se identificou dizendo que sabia tudo da vida de Roger. Fora contratada pela falecida esposa, Sonia Maria Teixeira Abdelmassih, para investigar a vida extramatrimonial dele por dez anos. Rosangela me relatou que ela e o marido eram proprietários de uma agência de investigações, e sofreram consequências graves. Foram ameaçados, seu esposo foi preso – ele era investigador, chileno, e, por ser policial, padeceu nos dias em que ficou retido "a mando" do Dr. Roger. Quando esse covarde descobriu que Sonia o estava seguindo, descontou sua ira nesse pai de família. Fiquei tão cismada que resolvi conversar pessoalmente com Rosangela. Para isso, precisava de meu escudeiro, o senhor Zairo Valente, que foi comigo ao escritório desse casal.

Olhe a autorização que Rosangela e seu marido enviaram para ser publicada neste livro:

Olá, meu nome é Rosangela, a primeira vez que vi a Vana Lopes foi em reportagens na época em que ela denunciava Roger, e me sensibilizei com sua história.
Entrei em contato com ela pelo Facebook em 31 de janeiro de 2011 e contei que meu marido investigou esse médico, uma vez que sua esposa Sonia, já falecida, o contratou para acompanhar seus passos, no que se refere à parte conjugal.
Fiquei indignada pois algumas pessoas chegaram a duvidar da história contada por Vana, e como eu sabia que esse médico era infiel, ainda tinha Larissa, sua última namorada e paciente dele, quando dona Sonia contratou meu marido para investigar Roger, liguei para ela depois que me adicionou na rede social. Marcamos um encontro, eu queria ajudar de alguma forma, contar que eu acreditava nela e em outras vítimas.
A governanta deles, Sra. Leonilda, sempre ia até nosso escritório, onde eram entregues relatórios dos trabalhos comprovando a

infidelidade desse ex-médico. Uma vez dona Leo me disse: "Acontecem coisas naquele consultório que até Deus duvida". Perguntei: "O que acontece lá?". Ela me disse: "Não posso te contar, querida, um dia você saberá". Dona Leo faleceu de câncer logo após a morte de dona Sonia. Nunca imaginei que fossem os abusos, pois se eu soubesse eu já teria denunciado. O que sei é dos casos extraconjugais do ex-médico.

Quando vieram à tona as denúncias na TV, meu marido foi até o Ministério Público; ele tinha algumas informações importantes sobre o médico. Ele conversou com o promotor Luiz Henrique Dal Poz. O mais curioso é que após essa conversa Larissa ligou no escritório convidando meu marido para tomar um café; eu logo vi que ele iria sofrer represálias, e após um período curto ele foi preso pela Polícia Federal com alegações de quebra de sigilo de um cadastro telefônico (ele foi pego em uma linha cruzada), quando se investiga alguém e outra pessoa cai na investigação. O mais estranho é que no dia da prisão havia um funcionário filmando tudo e eu perguntei de onde era aquele agente e me informaram que era de ASSIS (cidade na qual Larissa trabalhava como procuradora). Quando o juiz perguntou para meu marido por que ele estava sendo preso, ele respondeu que era por ter sido detetive particular de dona Sonia Abdelmassih por 10 anos.

Sofri por 30 dias longe dele, sabendo da injustiça e que ao investigar esse ex-médico ele sofreria represálias.

Procurei Vana e contei tudo que sabia a ela, nos tornamos amigas, compartilhava todos os seus posts para que as pessoas denunciassem o paradeiro de Roger, queria muito que fosse feita justiça, não suportava ver o sofrimento da Vana, seu temor ao saber que ele estava foragido há anos. Sou dentre muitos mais uma testemunha ocular de todas as suas postagens e do empenho que resultou neste desfecho.

Ela me contava das ameaças sofridas, estava atemorizada, eu tentava ajudar dando apoio, dizendo que nada iria acontecer.

Quando a vi pela primeira vez ela estava obesa e muito abatida. Quando ela foi embora do escritório, disse para Eduardo: "Temos que ajudar esta mulher. Quanto sofrimento foi causado a ela...".

Não ajudei nas buscas, mas sim com apoio e aconselhando nas dúvidas que ela tinha quanto à investigação.
Quando Roger foi preso, chorei... Corri para ligar para Vana e ela estava dando entrevista ao vivo! Que alegria saber que aquela mulher tão sofrida naquele dia estava tendo uma alegria.
E eu fiquei feliz por meu marido também, pois a justiça estava sendo feita.
Este é um pequeno resumo.

Att
Rosangela

Ao ouvir o relato de todas as suas aflições e perseguições sofridas, notei neles também sede de justiça. Nada do exposto de início foi de serventia para mim, já que a vida de Abdelmassih e suas amantes não era do meu interesse.

Agradeci as informações aclaradas, que evidenciaram a crueldade desse homem e de sua ex-amante Larissa Sacco, capazes de fazer um pai de família ser preso e humilhado somente porque estava tocando o seu trabalho e descobriu sua vida extraconjugal: Roger usava a fazenda de Avaré para encontros diversos que mantinha com mulheres. Sua falecida esposa Sonia relevava tudo. Uma vez, para uma delas, uma jovem, Abdelmassih comprou um pequeno imóvel. Parecia envolvido com essa mais do que com as demais. Essa moça tinha um relacionamento com um homem bem mais velho. Roger era assim, se deliciava se a mulher fosse comprometida.

Depois que trocamos nossos telefones no último dia de janeiro daquele ano de 2011, eu, vestida toda de preto, camiseta lisa por cima de uma calça *legging*, me dirigi ao encontro da leonina Rosangela: uma graciosa morena de rosto redondo, covinha saliente no queixo e olhos contornados por grossas sobrancelhas, realçadas em sua pele clara emoldurada por seus longos cabelos, que iam quase até a cintura. Minha conterrânea Rô, paulista, é esbelta e catorze anos mais nova que eu. Encontramo-nos no prédio da Sewell Investigações nesse período, no bairro de Perdizes, zona oeste de São Paulo. Seu marido, Eduardo Llanos, estava presente. Ele nasceu em Sewell, no Chile, por isso o nome da empresa. Ele fora oficial de Carabineiros, uma pessoa honesta, inteligente e conhecedora de leis.

Após essa reunião, não saí mais de casa, já que os Sacco e Abdelmassih eram vingativos, visto o que haviam feito ao casal Llanos. Estreitamos nossa amizade pela internet a cada dia. Hoje somos confidentes e torcemos uma pelo sucesso da outra. Esse dia 7 do mês de fevereiro de 2011 foi a última vez que fiquei despreocupada. Roger desaparecera um mês antes e foi considerado foragido. A segunda prisão do ex-médico foi pedida pela Promotoria e acatada pela Justiça no dia 6 de janeiro de 2011, quando Abdelmassih tentou renovar seu passaporte e perdeu o recurso que o mantinha em liberdade.

* * *

Não foi mansa e pacífica interiormente minha reação à fuga do monstro, conforme mostrarei.

Entrei no meu apartamento e me recolhi por mais de três anos: era questão de tempo uma vingança de Roger contra quem o acusara na Justiça. Trazia em mim o medo de sair e me expor em qualquer lugar. Comecei deixando de fazer o básico: padaria e mercado. Pedia por telefone todo o necessário para o meu sustento. Não conseguia sair nem mesmo para ir ao médico, e ele não queria me medicar por telefone. Não concebia onde Abdelmassih poderia ter se esfumaçado e sentia-me acuada, ao mesmo tempo em que tinha necessidade de localizá-lo para enfim fazer justiça.

Roger mantinha várias amantes e ao mesmo tempo um relacionamento com Larissa Maria Sacco, conforme haviam me contado os amigos que o tinham investigado. Ao saber pela imprensa que Larissa se casara com Roger em cerimônia fechada, antes de fugir ostentando o sobrenome Abdelmassih, pensei, em um primeiro momento, na sua possível coação. Talvez ela também fosse vítima dele.

Foi assim que comecei a procurá-la, com essa intenção: avisá-la sobre aquele com quem se casara, afinal ela contava trinta e poucos anos, a mesma idade que eu tinha quando cruzei com aquele indivíduo. Por apreciar hermenêutica, observei que seu nome, Larissa, de origem grega, significa "cheia de alegria", e eu não desejava tristeza para aquela desconhecida.

A ideia de vitimização de Larissa se desfez com o relato do casal Llanos e de outras pessoas que chegaram a trabalhar com Larissa quando ela exercia cargo público. Veja e-mail a seguir.

> *21/12/2012 13:05*
> *Ex-funcionário A.B.*
> *Boa tarde, Vana. Peço, primeiro, que não seja divulgado meu nome. Trabalhei no local de Larissa, a esposa do ex-médico preso, ela foi procuradora da República (chefe do Ministério Público Federal) em Dourados – Mato Grosso do Sul, a 100 km do Paraguai, sendo que atuou como substituta na Procuradoria da República em Ponta Porã/MS (divisa com Paraguai); deve ter utilizado esse trecho/rota que conhece bem para adentrar em algum país com o fugitivo da Polícia/Justiça.*
> *Parabéns pela luta!*

Fazendo uma pesquisa preliminar no Google, fui percebendo seu envolvimento com Roger. Descobri, a princípio, Larissa Maria Sacco, procuradora, nascida na cidade de Jaboticabal, por anos alocada em sua função na cidade de Dourados, Mato Grosso do Sul, e no município de Assis, onde tem uma irmã dentista, proprietária de uma clínica odontológica, Regina Celia Sacco Padovani. Encontrei diversas notícias, entre elas seu pedido de exoneração.

> *www.paulopes.com.br/.../mulher-de-Abdelmassih-pede-exoneracao.html*
> *30 de abril de 2011 – Larissa Maria Sacco (foto), 32, pediu exoneração do cargo de procuradora da República para não ter de responder a um processo [...]*

Passei dias procurando sua família. E averiguava a cidade de Jaboticabal. Esse nome, pelas normas ortográficas, deveria ser Jabuticabal, com "U" – senti saudade da minha infância, quando me deliciava comendo jabuticabas no pé!

A cidade é conhecida como "Cidade das Rosas", por conta de suas praças ornamentadas, pelos belos e exuberantes jardins e inúmeras roseiras existentes nos canteiros das casas e pela beleza de suas mulheres. Também a chamam de "Cidade da Música" ou "Campeã de Música", por sua história de *glamour* musical, protagonizada pelas suas bandas; e ainda de "Atenas Paulista", pelos seus tradicionais colégios e, atualmente, pela presença de cinco unidades de ensino superior. O município de 65 mil habitantes está localizado numa das mais ricas regiões do estado de São Paulo. Jabuka, como é amorosamente chamada pelos cidadãos, tem suas vias no perímetro urbano pavimentadas. Jaboticabal destaca-se ainda como maior produtora de artefatos de cerâmica do país e maior produtora de amendoim, exportando o produto, inclusive, para países europeus.

Lia tudo que via, e, numa nota de imprensa local num blog da alta *society*, *Frisson por Ana Mattos*, observei uma foto de toda a família de quase um ano antes, com os nomes das irmãs Sacco. Era uma antologia fotográfica no estilo *lifestyle*, um tipo de reflexo registrado da vida. É uma estampa descomplicada, *stress free*, ou, traduzido para o nosso idioma, "olha o passarinho!". No retrato estava Larissa, trajando uma bata preta, ao lado da aniversariante Elaine, de avental, e da irmã mais velha, Maria Cândida; a dentista, Regina, encontra-se sentada ao lado da mãe, Wanilda Pedro Sacco, uma professora aposentada.

> *http://frissonporanamattos.blogspot.com.br /*
> *quarta-feira, 31 de março de 2010*
> *A aniversariante Elaine Sacco Khouri [que fará aniversário] em 4/4, com sua mãe Wanilda e suas irmãs Maria Cândida, Larissa e Regina Célia Padovani*

Parecia uma família normal e carinhosa, aumentando minha aflição ao pensar que esse psicopata estuprador pudesse estar enganando a todos mais uma vez, como fez com artistas, pacientes, jornalistas e autoridades por anos. Nesse mesmo blog, pouco depois encontrei um lembrete de propaganda: inauguração da farmácia de Elaine Sacco Khouri.

Terça-feira, 28 de junho de 2011
Inauguração – Sal da Vida

Com a tradição de mais de 20 anos no segmento farmacêutico, a Farmácia Sal da Vida está ainda mais bela. Sal da Vida é a nova marca que vai marcar o relacionamento com você.
No dia 27/6 aconteceu um delicioso coquetel, muitos clientes, muitos amigos, imprensa, enfim.
Parabéns à Elaine T. Sacco Khouri, Denise Sacco e à arquiteta Mirella Gerbasi, pelo lindo trabalho.
Confiram!

Em 21 de maio de 2011, eu ultrapassava as minhas cinco décadas e completava 51 anos, "uma boa ideia", bordão de uma marca de aguardente. Não bebo, nem sequer comemorei. Enclausurada em minha casa, sozinha, fui ler as felicitações, e no dia seguinte disse a mim mesma que não era justo passar meu aniversário entre quatro paredes por medo dessa "coisa" de nome Roger Abdelmassih. Encontrava-me perdida dentro do meu eu, vestia-me de melancolia na ocasião, quando via pelas frestas da janela uma lua que até hoje prateia. Tentava espantar a poeira mental depressiva ouvindo uma música do padre Marcelo Rossi, "Noites Traiçoeiras"; dizia a letra:

E ainda se vier noite traiçoeira
Se a cruz pesada for
Cristo estará contigo
E o mundo pode até me fazer chorar
Mas Deus me quer sorrindo
Seja qual for o seu problema
Fale com Deus, Ele vai ajudar você
Após a dor vem a alegria
Pois Deus é amor e não te deixará sofrer

Orava muito e pedia ajuda ao Pai para me mostrar o caminho... chorando... queria voltar a sorrir. Deus assim queria, repetia a mim mesma.

Como comecei a usar o Facebook com mais frequência, localizei rapidamente as quatro Saccos. Permito-me um gracejo, citando analogicamente D'Artagnan e seus três mosqueteiros, "os inseparáveis" Athos, Porthos e Aramis. De sexo oposto ao dos personagens da fábula, mas de convivência intrínseca, são as quatro irmãs. Na ordem, a engenheira agrônoma Maria Cândida Sacco Marcelino, a dentista Regina Célia Sacco Padovani, a farmacêutica Elaine Therezinha Sacco Khouri e a caçula, um tanto caprichosa, Larissa Maria Sacco Abdelmassih. Havia processos contra as duas últimas, partícipes no desvio do dinheiro bloqueado pela Justiça do estuprador Abdelmassih. A princípio me identifiquei no Facebook, mas não me adicionaram. Tentava encontrar um indício, por menor que fosse, de serem vítimas. Então me filiei a grupos dos quais elas faziam parte. Quando fazemos isso, as pessoas são "obrigadas" a ler o que é postado. Em menos de cinco dias eu já estava em todos os grupos do município, como, por exemplo: "Empregos Jaboticabal", "Vendo imóveis Jaboticabal," "Classificados Jaboticabal", "Mercado livre Jaboticabal" etc.

O mesmo fiz nas cidades onde Roger tocava fazendas, Avaré, Monte Alto, Bebedouro e região. Simultaneamente procurei a família dele, filhas, cunhadas, sobrinhos e até ex-funcionários e amigos de quando cursou a faculdade de Medicina em Campinas. Descobria tudo na internet, em pesquisa avançada. Quando ele era famoso, recebeu honrarias e títulos no Líbano, terra de seu pai, assim como em São Paulo, Campinas e na cidade em que nasceu, São João da Boa Vista. Constavam comentários de até então orgulhosos amigos.

Para que se entendam as veredas percorridas a investigar minha "caça", vou apresentar todos os contatos mantidos. Para facilitar a leitura, coloco em seguida apenas o resumo dos indícios desse meu esquadrinhamento.

* * *

Pista 2

Foi fundamental para a costura que eu ia iniciar. Conheci sem sair de casa toda a sua origem, seu passado remoto e pessoas que eram importantes em sua vida. Pude imaginar até mesmo os diálogos familiares. As informações dessa pesquisa depois me ajudariam a manter conversas com seus amigos e inimigos, em seus próprios universos.

Veja parte do texto-biografia de Roger Abdelmassih extraído do site de sua cidade natal sob o título:

> *"Nova pesquisa está sendo concluída por Dr. Roger Abdelmassih – 4/10/2003" www.guiasaojoao.com.br*

Estas linhas foram o primeiro guia para eu montar o cerco a Roger e mapear os vínculos familiares:

> *Tendo nascido em terras sanjoanenses, tornou-se um dos mais conhecidos especialistas em Reprodução Assistida, não só no Brasil, mas também em outros países, nunca deixando de destacar sua terra natal, da qual se orgulha muito.*
>
> ***Origem***
>
> *Dr. Roger Abdelmassih nasceu no município de São João da Boa Vista, no dia 3 do mês de outubro de 1943, na residência de seus pais, localizada na Praça Joaquim José. É filho do senhor Jorge Abdelmassih e de dona Olga Pedro Abdelmassih.*
>
> *Seu pai era filho do senhor João Abdelmassih e de dona Pura e nasceu no Líbano, no dia 1º de janeiro de 1911, e transferiu-se para o Brasil por volta de 1925, atraído pelos sonhos que povoavam a imaginação de milhares de imigrantes como ele. Assim que chegou, passou a trabalhar como mascate, viajando muito por todo o Estado de São Paulo.*

Pronto! No texto completo do site, eu conseguia o carretel para a costura, nomes de parentes e amigos não me faltavam... Comecei a tecer a rede, ponto por ponto, defrontava pontos, desenhava traços. Cortejava minha intuição e, fechada no quadrado do meu quarto, entrava no labirinto da tinta incolor que tingia aquela malha. Num constante entrecruzamento de dados, com minha agulha, sozinha comecei meu tricô. Tricotava a trama numa tela invisível a olhos distraídos...

Obviamente os ainda crédulos quanto ao bom caráter do "vovô" estuprador não me aceitavam. Alguns entravam em contato dando sermão: eu deveria deixá-lo em paz, ele tinha sofrido muito com a separação da família, não deveria guardar mágoas, e assim por diante. Respondia a todos educadamente, não se tratava de rancor, mas de meu mais profundo senso de justiça. Uma das netas, uma prima e a sobrinha foram as que escreveram a respeito. A nora escreveu apenas uma vez, mas esta parecia não concordar com nada do que ele havia feito, apesar de seu marido, filho do monstro, ser responsável por tantas coisas. Deve ser pelo fato de, no íntimo, a esposa de Vicente Abdelmassih, Raquel Arruda Ghilardi, entender o sagrado desejo de ser mãe e a violência que sofremos nesse que deveria ter sido um momento imaculado.

Pista 3

Ao ler essas mensagens, percebi que a família o apoiava, o protegia e mentia sobre isso.

Mensagens da sobrinha de Roger, Roberta do Amaral Kherdaji, filha única da irmã Maria Stela Abdelmassih do Amaral, e outra da prima Yolanda Amaral Prado Uchoa.

Facebook - mensagem postada on-line 13/9/2012 15h36

> *Roberta do Amaral Kherdaji (amiga de Roger Abdelmassih Vítimas) também comentou a publicação no mural de Roger Abdelmassih Vítimas.*
> *Roberta escreveu: boa noite. Do fundo do meu coração sinto muito mesmo o que vc passou, mas veja, existem várias inverdades nestas tantas histórias. Acho mesmo que ele não está em um veleiro, nem muito menos recebendo dinheiro e outros parentes dele se beneficiando com isso. Sua família foi totalmente desestruturada, e ele perdeu o que mais amava na vida. A profissão. Penso eu que para as vítimas ficarem sentindo essa raiva, esse ódio só faz mal para a própria pessoa, e lá na frente pode fazer mal à saúde. Então, vamos deixar tudo nas mãos de Deus, Ele sabe o que faz. Obrigada por tão gentis palavras. Boa noite.*

Facebook – mensagem postada off-line 14/12/2012 10h53

Yolanda Amaral Prado Uchoa
Vanuzia Lopes, por que algumas pessoas acham que sabemos o paradeiro dele, pois eu não sei, não adianta me mandar mensagem!! Ele errou, e foi condenado, e de um modo ou outro está pagando, perdeu tudo que tinha, principalmente sua profissão. Sua família foi totalmente desestruturada, ele está preso na sua própria consciência. Deus sabe o que faz e a hora certa de agir, tanta mágoa e rancor não vão levar ninguém à justiça, então vamos tentar perdoar...

Minha saúde ia piorando, resposta do meu corpo à insatisfação e ao fracasso por não localizá-lo e não ver qualquer movimentação ou interesse de autoridades. Frustrada, comia muito como compensação, embora soubesse não ser a alimentação excessiva bom galardão. Uma carruagem adocicada era um veículo inadequado para aquela viagem persecutória ao meu algoz.

Ficava na internet para me ocupar e não me empanturrar de doces. Precisava localizar esse criminoso, por mim e pelas vítimas, muitas delas anônimas, e por cujos dramas eu me penalizava. Encontrava-me em negociações sobre minha ida para o Salute Bahia, que aconteceu em 2012. Todavia, especificamente no dia de Finados, estava muito triste, pois havia morrido meu grande amigo Armando, vulgo Gui, que me salvou do suicídio. Ele não fez isso para eu ficar "encadeada", pensei. Então, após o dia de Finados, no dia 3 de novembro de 2011, passei a procurar ex-funcionários do monstro.

Registre-se que um ano depois enviei e-mail para o Ministério Público aos cuidados do promotor responsável pela acusação na sentença, Dr. Luiz Henrique Dal Poz, colocando-o a par do que eu estava fazendo. E pedia-lhe conselhos sobre os meus próximos passos para continuar seguindo a lei. Preocupava-me em não fazer nada de ilícito. Enviei cópia dos documentos anonimamente enviados a mim por pessoas solidárias com as vítimas. A estas contava meus passos e mostrava-lhes os tópicos investigados.

From: vitimas-unidas@hotmail.com
To: xxxxx@mp.sp.gov.br
Subject: recado de uma vítima Roger Abdelmassih - Vanuzia Leite Lopes - Dr. Luiz
Date: Tue, 2 Oct 2012 22h44

Boa noite, Dr. Luiz, como vai o senhor?
Espero que bem!
Eu estou de posse de documentos que ajudaram as vítimas que têm ação civil contra esse elemento, agora condenado e foragido, o ex-médico Roger Abdelmassih, e a atual esposa dele, Larissa Sacco. Estes documentos recebemos de maneira anônima.
O que tenho são mais ou menos 150 documentos de transações bancárias, contratos, certidões e procurações que provam que a Larissa, mais a irmã dela, Elaine Sacco, desviaram todos os bens de Roger e estão movimentando, mandando dinheiro para as filhas dele, a irmã dele, Stela etc. As quantias são altas, e encaminhei ao MP por e-mail.
Gostaria de uma orientação do senhor, devo encaminhar para mais alguém?
Em seguida lhe envio o e-mail com a denúncia, se quiser posso enviar os documentos para o senhor ou quem precisar.
Espero sua resposta.

Grata,
Vanuzia

Não obtive resposta, talvez porque o promotor não possa instruir as vítimas. E, diante de inusitada caçada, optou pelo silêncio. Antes de enviar esses documentos ao promotor, me certifiquei se eram autênticos. Como não pude me dirigir a uma instituição bancária, perguntei a uma das vítimas que conhecia se poderia me ajudar, e pedi-lhe desculpas pelo "trabalho" (parte da resposta dela está reproduzida a seguir, salvaguardados seu nome e imagem, como também dados documentais do advogado favorecido).

Pista 4
Na cola do primeiro advogado de Roger... Dinheiro: o "caminho do meio" para Abdelmassih.

Seguem os informes do advogado de Abdelmassih:

Date: Wed, 07 Sep 2012 22h11
To: vitimas-unidas@hotmail.com
From: notification+kjdmh-pm-3ji@Facebookmail.com

7 de setembro de 2012 01:35
Oi Vana
q nada, to me deleitando aqui, tem repasse de dinheiro, esse olha, é um juiz, acredita???

7 de setembro de 2012 01:36
Solicitamos que sejam emitidas transferências conforme relacionados abaixo, debitando em nossa conta corrente número 1.xxxxxxxx
FAVORECIDO: F. Y. E/OU
BANCO SANTANDER
AG: xxxxxx
C/C: xxxxx
CPF: xxxxx
Valor: 15.000,00

7 de setembro de 2012 01:36
é um juizzzzzzzzzzzzzzzzzzzzzzzzzzzzzzz
oieeeeeeeeeeee...
vana cade tu?
bem vou nanar feliz...
vamos nos falar amanhã
beijos

7 de setembro de 2012 01:40
Vana me liga

Dr. F. Y., confirmei numa pesquisa minuciosa por internet, realmente foi juiz de um Tribunal Regional Eleitoral. Afora tantas atribuições, atuou como advogado civil de Roger Abdelmassih, e esse dinheiro recebido deve ter sido por honorários devidos.

Na verdade, eu sabia vagamente quem era Dr. Y. Entre 2008 e 2009 é certo que advogou para Roger Abdelmassih. No tempo das denúncias, foi desse escritório que recebi um "convite amigável" para conversar. Esse ex-médico, Dr. Roger, gostava de se cercar dos melhores juristas.

Pista 5
Uma das melhores buscas que fiz, pois, ao localizar ex-amigos e funcionários injustiçados, eles não foram modestos na ajuda.

Busca no site TJSP do Tribunal de Justiça de São Paulo

Eu permanecia vigilante sobre informações publicadas na internet, inclusive intimações trabalhistas de qualquer empresa de Roger Abdelmassih, clínica ou agropecuária. É relativamente simples esse tipo de diligência e de acesso a todos, pois entra-se no site do TJSP, clica-se em "pesquisar processos" e em "nome da parte". Achei exemplos, como o que se encontra a seguir, e a íntegra de ações; algumas estão no anexo ao fim do livro.

Foro de Indaiatuba
0000027-95.1975.8.26.0248 (248.01.1975.000027)
Execução Fiscal
Executado: Roger Abdelmassih
Recebido em: 31/3/1975 - 1ª Vara Criminal
Foro de Osasco

Havia processos, como cartas precatórias, em que ele era réu. Prestava muita atenção nas ações nas quais ele era "vítima". Olhava o nome de quem Roger estava acusando de algo, todas as partes do processo, até mesmo advogados, anotava os nomes, de acusação ou defesa, nunca desprezei nenhuma informação. Além disso, procurava em outros fóruns no interior do estado, civil etc. Aos poucos passei a saber os nomes de alguns funcionários das fazendas e tudo o mais. Adotei o mesmo comportamento de sempre: tentava adicioná-los no Facebook. E quando não respondiam, eu me juntava aos grupos de que faziam parte. Via detalhes de qualquer nota em todas essas páginas, seja nos perfis, ou de amigos que comentavam. Classificava os comentários que traziam conotação de inveja ou raiva. Adicionava os autores desses comentários. Se tivessem o perfil fechado (aquele em que não se pode ver quem visitou suas páginas), descobri uma simples técnica: eu adicionava os que haviam curtido a foto do perfil, que é pública, ou seja, mais amigos!

Assim, passo a passo, fui me inteirando de quem eram os verdadeiros companheiros e desafetos de Abdelmassih: desde os da família dele até os das irmãs Sacco, sobrenome de sua mulher. Não tendo ainda resultados, comecei aos poucos a cutucar pessoas próximas. Mas não falava nada a princípio, apenas mandava os convites de amizade. Antes, tinha o cuidado de adicionar algumas lojas em comum, para gerar simpatia e mostrar preferências iguais. Posteriormente, quando mandava convite, já mantinha alguns coligados e preferências compartilhadas. As pessoas de um modo geral observam isso para somar-se a outros, querem garantias.

Pista 6
Cidade de Avaré

Saber se dentro da fazenda e fora dela existiam funcionários e ex que o repudiavam e aos seus familiares era algo que eu não podia desconsiderar. Abdelmassih não deixou discípulos, e sim empregados, que trabalhavam por salário. Os que não mais dependiam do seu dinheiro para sobreviver estavam livres da escravidão da sua arrogância e queriam vê-lo de volta à cadeia. Não iriam poupar ajuda à vítima perseverante a esse ideal.

Em 7 de fevereiro de 2014, recebi um recado, off-line, que publico como exemplo daqueles que ainda me remetem, sobre a estada de Roger em Avaré.

R. R. F. (ex-funcionário)
7 de fevereiro de 2014 08h44
Olá, agradeço por ter sido aceito, fiz o pedido para falar que tive o desprazer de trabalhar com esse verme, [...] lamento muito mesmo o que as vítimas desse velho asqueroso passaram em suas mãos nojentas. Que ele apodreça no inferno.

* * *

Passei a somar, nas primeiras semanas, algo em torno de 300 simpatizantes no perfil das vítimas de Roger Abdelmassih, que criei pelo meu celular e e-mail e o administro sozinha. Comecei a adicionar grupos diversos. Fui bifurcando, como no conto de Borges, *O jardim de veredas que se bifurcam*. Somei à minha rede tamanha diversidade, que ia de funcionários dos Correios a de empresas de telefonia, incluindo guardas de trânsito.

Se não me aceitavam pelo perfil "vítimas", aditava-os no meu particular, Vana Lopes.

Outro feriado despontava, 15 de novembro de 2011, e eu na "toca", todos na internet indo viajar...

Enquanto isso, travava uma batalha com a geladeira. Comia em proporções maiúsculas. Somava a meu ser alimentos industrialmente, da mesma forma que multiplicava amizades na rede. Não saía de casa havia quase um ano.

Faculdade, nem pensar! A diretora, Dra. Andrea Wild, chegou a propor em 2011 que eu fizesse as provas em seu gabinete, para não perder o quarto ano de Direito. Ela insistia em saber se não queria voltar a fazer inscrição no ano vindouro, triste por eu ser tão aplicada e não terminar o curso. Infelizmente, não consegui nem mesmo voltar para trancar a matrícula. Abandonei totalmente. Mas continuava a estudar em livros e on-line.

Queria fazer tudo dentro da legalidade na minha caçada ao monstro. Não podia cometer um ato suspeito para depois ele ser solto devido a brechas na lei. Foi quando recebi um documento, do nada, de uma das fontes.

Esse arquivo escaneado parecia um presente do velho Noel naquele final de 2011. Aproximava-se outro Natal e pela janela eu via os pisca--piscas enfeitando as árvores dos vizinhos. Na virada da noite, bilhões de pessoas estariam pelo mundo comemorando essa data. No Brasil, certamente a grande maioria das famílias estaria reunida para um jantar especial em virtude dos festejos. Alguns teriam mesa farta, com um belo peru assado ao centro, outros apenas um jantar simples e, quem sabe, um frango com farofa. Decerto o meu jantar seria composto de massas, por eu ser vegetariana. Quando vai se aproximando o período comemorativo ao nascimento de Jesus, as pessoas ficam mais humanas, prega-se união entre povos, mesmo sendo diferentes quanto a "X" ou "Y", pois não há uniformidade possível nas questões emocionais. Não há como nivelar. O que importa nesse mês vermelho e branco é a solidariedade. Nessa temporada é possível entender melhor o sentimento humano e a necessidade de interação e unidade com o seu mundo físico e espiritual. Comercial ou não, religioso ou absolutamente ateu, a verdade é que o mês natalino é um momento muito especial, dotado de caridades preciosas!

Em 18 de dezembro de 2011 recebo o primeiro documento importante para a caçada em si: a certidão de casamento de Abdelmassih e Larissa. Estava especificado o regime adotado no enlace, separação total de bens. Não se tratava de instrumento ilegal; registros de matrimônios são públicos, portanto, a pessoa que o mandou não cometera nenhuma ilicitude. No entanto, me assustei ao ver o documento e não sabia o que fazer com ele. Outra coisa: eu adicionara grupos de cartórios em toda a região. Tive a ideia, passado um ano da data acima, de publicar a licença de casamento em todos os grupos de tabelionatos de vários estados. Se Larissa estava grávida, em algum lugar ela teria que registrar essas crianças. Sim, eu tinha lido numa nota da coluna de Monica Bergamo que a esposa de Abdelmassih havia dado à luz gêmeos.

REPÚBLICA FEDERATIVA DO BRASIL
REGISTRO CIVIL DAS PESSOAS NATURAIS

CERTIDÃO DE CASAMENTO

NOMES:
RÓGER ABDELMASSIH
LARISSA MARIA SACCO

MATRÍCULA:
112375 01 55 2010 2 00086 263 0006171 20

NOMES COMPLETOS DE SOLTEIRO, DATAS E LOCAIS DE NASCIMENTO, NACIONALIDADE E FILIAÇÕES DOS CÔNJUGES

RÓGER ABDELMASSIH, nascido aos 03 de outubro de 1943, em São João da Boa Vista, Estado de São Paulo, de nacionalidade brasileira, filho de JORGE ABDELMASSIH e de OLGA PEDRO ABDELMASSIH -.

LARISSA MARIA SACCO, nascida aos 10 de outubro de 1977, em Jaboticabal, Estado de São Paulo (1º Subdistrito), de nacionalidade brasileira, filha de VICENTE JOÃO ANTONIO SACCO e de WANILDA PEDRO SACCO -.-.-.-.-.-.-.-.-.-.-.-.-.-.-.-.-.-.-.-

DATA DE REGISTRO DO CASAMENTO (POR EXTENSO)

	DIA	MÊS	ANO
doze de fevereiro de dois mil e dez -.-.-.-.-.-.-.-.	12	02	2010

REGIME DE BENS DO CASAMENTO

SEPARAÇÃO OBRIGATÓRIA DE BENS, nos termos do artigo 1641, inciso II, do Código Civil Brasileiro e DA COMPLETA E ABSOLUTA SEPARAÇÃO DE BENS, nos termos da escritura de pacto antenupcial lavrada no 8º Tabelião de Notas desta Capital, aos 26 de janeiro de 2010 (Livro nº 3162, páginas 125/126) -.-.-.-.-.-.-.-.-.-.-.-

NOME QUE CADA UM DOS CÔNJUGES PASSOU A UTILIZAR (QUANDO HOUVER ALTERAÇÃO)

O cônjuge conservou o mesmo nome. -.-.-.-.-.-.-.-.-.-.-.-.-.-.-.-.
A cônjuge passou a assinar: LARISSA MARIA SACCO ABDELMASSIH. -.-

OBSERVAÇÕES E AVERBAÇÕES

Nada consta. -.-

Digitado por: GISELLE MARIZA BARBOSA DAS NEVES
1ª VIA - ISENTA DE EMOLUMENTOS

Oficial de Registro Civil das Pessoas Naturais do 28º Subdistrito Jardim Paulista
Oficial Delegado Joaquim Carlos Minhoto
Tel.: 3845-8424 3045-6039
R. Com. Miguel Calfat, 70

O conteúdo da certidão é verdadeiro. Dou fé.
São Paulo, 12 de fevereiro de 2010.

GISELLE MARIZA BARBOSA DAS NEVES
Escrevente Autorizada

Oficial de Registro Civil das Pessoas Naturais do 28º Subdistrito do Jardim Paulista

Joaquim Carlos Minhoto
OFICIAL DELEGADO

Município e Comarca de São Paulo - Estado de São Paulo

Rua Comendador Miguel Calfat, 70 - Vila Olímpia - São Paulo/SP
Cep: 04537-080 - e-mail: 28oficial@uol.com.br
Fone: (11) 3845-8424 - 3045-0929 - Fax: (11) 3045-6039

Em 5 de janeiro de 2012 publiquei um *post,* indignada com a foto dos dois, dizendo que se o homem ia à Lua, como não localizavam um homem com a esposa e dois bebês?

Em 10 de maio de 2012, fiz este:

Vamos colocar ordem na Nação, lugar de estuprador é na prisão! Denuncie o paradeiro do violentador de mulheres casadas Roger Abdelmassih no e-mail vitimas-unidas@hotmail.com, com Vana Lopes, garanto sigilo absoluto.

Pista 7

Ex-colaboradores de Roger, artistas e a imprensa de certa forma ajudaram a divulgar a sua propaganda enganosa. Os colunáveis e artistas nunca me ajudaram em nada, recolheram-se ao silêncio sepulcral. Mas a responsabilidade da mídia se fez presente nos momentos certos.

Ainda recebo e-mails de simpatizantes com todo tipo de informação. Veja um deles a seguir.

Date: 22 Aug 2012 06h11
From: amigojornalista@xxxx.com
Subject: Informações que podem ajudar você
To: vitimas-unidas@hotmail.com

Isso não é um trote, ok?
Estou usando um e-mail frio por motivos óbvios.
No começo dos anos 2000 conheci uma jornalista que havia feito assessoria de imprensa para o monstro.
Não sei se sabem, mas devem ter ideia de que ele tinha grandes ataques de fúria quando alguma matéria sobre sua "área de trabalho" era publicada ou exibida na televisão e ele não havia sido entrevistado. Como a soberba dele, como vocês sabem...
Bom, era comum as empresas durarem pouco com ele.
Porém, esta jornalista me contou algo que pode ajudar vocês. Ela disse que havia sido chamada fora do horário de trabalho, porque

havia surgido uma crise – no jargão jornalístico, quando algo negativo acontece ao seu cliente.

Ao chegar ao local, o monstro teria dito que uma paciente acordara enquanto ele estava, bem, vocês sabem fazendo o quê... e que ele queria fazer um acordo com ela e que isso não poderia ir para a imprensa.

O que causou medo no canalha é que ela era uma mulher muito rica, do Mato Grosso, se não me engano, acho que o marido era fazendeiro. Ele pagou uma fortuna pelo silêncio dela.

Aqui vejo duas possibilidades: pedirem para que ex-assessores de imprensa dele, todos, sejam ouvidos. Não sei se havia cláusula de sigilo nos contratos, mas não sei se isso tem validade nesses casos...

Segundo, encontrar essa mulher que aceitou o dinheiro. Seria mais complicado, mas vamos pensar que o casamento dela também possa ter ido para o espaço. E ela esteja sofrendo estes anos todos.

Enfim, é isso. Não gostaria de falar o nome da pessoa que me contou. Seria mais discreto que chamassem todas as pessoas que prestaram serviço para ele nessa área, pois outras devem saber de casos semelhantes.

Boa sorte!

* * *

Pista 8

Dica do fotógrafo que o viu jantando... e mais fontes!

Crucial naquele momento o assunto Abdelmassih voltar à baila, fazia as pessoas verem a possibilidade de um estuprador estar nas ruas, em qualquer padaria, ao lado de suas filhas. Depois dessa confusão com um sósia, cidadãos começaram a temer.

Ano de 2012. Aproximava-se outro Natal e pensei que minha carta ao bom velhinho Noel, endereçada ao Extremo Norte, na terra de neve eterna, Finlândia, fora respondida por seus incontáveis elfos mágicos! Saiu uma matéria de que Abdelmassih fora visto numa padaria. Mostravam-me a imagem para ver se eu o identificava. Muitas vítimas foram procuradas com este fim: reconhecê-lo.

Em 12 de dezembro de 2012 – 18:25:42 – coloco esta postagem

no meu Facebook Vítimas Roger Abdelmassih e no meu grupo com mesmo nome.

> *12/12/2012 15h27*
> *Amigos (as) Por favor leiam as últimas notícias sobre o estuprador foragido Roger Abdelmassih!! O fotógrafo Fabrizio Fasano Jr. postou em seu Facebook anteontem que teria visto Roger Abdelmassih no restaurante Bread & Co, na Vila Nova Conceição. O ex-médico, condenado em 2011 a 278 anos de reclusão pelo estupro de 39 pacientes, está foragido há quase dois anos. "Se não era ele, era um clone. Eu achei muito parecido. Estava de bigode, com calça e camiseta preta e Rolex Submarine", diz Fasano.*
> *Imploro, se alguém souber o paradeiro dessa criatura, que destruiu lares violentando casais ao estuprar mulheres que queriam ser mães, entrem em contato pelo meu e-mail vitimas-unidas@hotmail.com, seu sigilo é garantido. Meu nome, Vana Lopes.*

Imagine o alvoroço!

Um mês antes havia ficado durante quatro noites passando e-mails para Leandro, da Record, com anexos do que havia recebido de simpatizantes. Foi praticamente nosso primeiro contato documental.

Eu havia recebido o contato de Leandro alguns dias antes, quando ele me procurou, se oferecendo para ajudar a capturar Roger e contando seus grandes feitos, como ter localizado Suzane von Richthofen.

Guardo o e-mail de apresentação dele, em que se identifica e diz ter localizado a criminosa.

> *Date: Wed, 28 Nov 2012 04:43:48 -0800*
> *From: leandromansel@xxxxxx*
> *Subject: Apresentação – Leandro Mansel*
>
> *Bom dia. Não consegui escrever ontem pois estava muito cansado... O dia foi longo!!!*
> *Aqui vai um resumo da minha vida profissional pra quem não me*

conhece. Meu nome é Leandro Mansel. Sou jornalista há 14 anos e faço jornalismo investigativo desde 2000.
Fui eu quem achou a Suzane Richthofen na praia em Ubatuba, depois que ela ficou 7 meses desaparecida. Fui eu também quem flagrou o ex-ator Guilherme de Pádua casando novamente em Belo Horizonte.
Já estive em morros do Rio de Janeiro, mostrei a festa de casamento do Fernandinho Beira-Mar e participei da cobertura dos três últimos desastres de avião. Eu fui o primeiro a revelar que o Legacy estava na contramão quando bateu no avião da Gol.
Já denunciei os líderes do MST, o Corinthians na época da MSI (acabou a parceria depois da matéria – e olha que sou corintiano) e os assaltantes do Banco Central do Brasil. Fui eu quem colocou o Cabrini dentro do prédio onde a Isabela morreu, fui eu que consegui o vídeo do Lindemberg Alves, revelando detalhes da morte da Eloá.
Essas são só algumas das minhas produções. Procuro trabalhar sério e duro. Vou precisar muito de vocês daqui pra frente. Quero vocês comigo e prometo que vou revelar por aqui cada passo que será dado por mim nessa investigação.
Eu quero achar o Roger e vou fazer de tudo para conseguir alcançar esse objetivo. Só vou pedir para que mantenham segredo e não revelem isso para mais ninguém, nem mesmo para as pessoas mais próximas, já que a minha vida pode estar em risco. Já realizei pelo menos 3 reportagens sobre o assunto. Uma delas com o Paulo Henrique Amorim. A última que fiz, passei uma semana trancado dentro de uma van na porta da casa de Roger para mostrar a rotina dele.
Enfim...
Meus contatos: xxxxx@yahoo.com.br ou (11) xxxxxxxxx
TV Record: xxxx@sp.rederecord.com.br ou (11) xxxxxx

Veja o dia em que comecei a lhe mandar documentos e o e-mail dele acusando recebimento.

Subject: Re: final das mensagens
From: leandromansel@xxxxxxx

Date: Mon, 26 Nov 2012 20:44:23 -0200
To: vitimas-unidas@hotmail.com

Vana
Todos recebidos... Vou analisar com calma tudo hj à noite...
Amanhã te ligo!
Leandro

Em 26/11/2012, às 20:00, vana lopes <vitimas-unidas@hotmail.com> escreveu:
To: leandromansel@xxxxxx
Subject: Leandro te envio 40 e-mails e 100 anexos por favor acuse recebimento no final destes.

Quase nesse mesmo período, me foi apresentado um profeta.

A PROFECIA

Meu coração se encheu de esperança ao ouvir uma revelação. No entanto, ainda faltavam dois anos para ela se realizar. Ou seja, a data prevista para a prisão de Roger era setembro de 2014.

Valter me garantiu: "Acalma sua alma, Vaninha, ele será preso em setembro por suas mãos, está escrito, anjos te rodeiam para esse propósito!". Seu nome completo é Valter Silva Ferreira, apelido: Arauto. Bom sujeito e transformador do medo em alegria, do temporal no intemporal. Está na faixa dos 50 anos, canceriano. Me dou bem com pessoas desse signo, é o mesmo do meu ex-marido e de tantas outras. São pessoas família!

Arauto, o "Mago" - essa palavra serve para designar sacerdotes, astrólogos ou sábios detentores de alguma ciência oculta. Nessa classe há os magos clérigos, que atribuem seu poder a um ser divino, a um deus. O mago clérigo mais famoso, o mais conhecido, foi Moisés, da Bíblia, com seu cajado.

Bem, eu e Valter nos identificamos de imediato, temos a mesma alma de trovadores, ele é poeta, escritor e fundador do grupo Oráculos do Arauto, em que são publicadas previsões para o Brasil e o mundo desde o ano de 2012 como alerta para a sociedade.

O dom profético de Arauto veio quando ele tinha 13 anos; desde então, procura canalizá-lo numa missão, ajudar as pessoas nas interpretações de sonhos e para obter visões do futuro. Todas as previsões do grupo que ele fundou seguem com datas e horários para depois serem comparadas com as notícias que revelam o cumprimento de cada uma delas.

Seguem algumas recentes.

Previsão certeira feita em janeiro, de que Neymar ficaria fora da Copa de 2014 e que a Alemanha seria a campeã.

Aprecio o futebol e seus campeonatos, mas eu me sentia como se disputasse uma partida dos jogos do povo asteca. Tive oportunidade de ouvir essa história quando visitei o México nos anos 90, numa viagem de segundas núpcias com meu ex-marido. Nesse jogo, o final era mortal: o time perdedor inteiro era sacrificado, enquanto o autor do "gol" ficava sozinho dentro do campo e era homenageado pelos espectadores, que lhe arremessavam ouro e plumas, tão valiosas quanto joias. O indivíduo que decidisse a partida ascendia socialmente e nunca mais precisaria jogar outra vez. O objetivo do jogo era fazer com que a bola, jogada pelo quadril, passasse uma única vez por dentro de um aro de pedra preso à parede de um campo pequeno no Monte Albán. A apreciação dessa prática devia ser restrita apenas aos governantes e aos sacerdotes e, talvez, a algum convidado ilustre. Não havia tempo de duração máximo nem mínimo para uma partida, ela só terminava quando um time conseguia o objetivo.

Difícil disputa igualmente eu me sentia travando contra esse estuprador, um certame entre o bem e o mal. Morreria se ele não fosse localizado. Queria ver a lei cumprida em sua totalidade, 278 anos Abdelmassih encarcerado pelo aro da justiça. Dois meses antes da prisão, Valter reenviou sua previsão anterior:

Época de justiça

Chegou a época
E Roger Abdelmassih enfim encontrado
Antes mesmo dos dias finais de outubro
Chegou a época
E na época seu rosto estampado

Postado em...
Terça-feira, 15/7/2014 - 17h17
Por Valter Arauto

Existe uma diferença entre conhecer o caminho e caminhar por ele, a meu ver, a mesma que não percebem aqueles que ficam impressionados com o invólucro e desprezam o conteúdo: "Não se atenham às minhas vestes, mas à mensagem, não olhem para o pregador, mas para a pregação", dizem nos sermões religiosos. Sou católica, mas tenho amigos e parentes de diversas religiões, irmã e sobrinhos batistas; Juci, minha prima, é mórmon, Carmem, de Salvador, é da Igreja do Véu, por exemplo. Respeito todas, visto que respeito o próprio respeito. Os ateus são meus amigos, desde que tão somente não acreditem em Deus, e não zombem Dele nem o ofendam. Entretanto, percebi que cada seita tem uma palavra diferenciando profetas.

Sobre o meu amigo Oráculo, o mais admirável em Valter são suas previsões externadas somente com a permissão de Jesus. Essa sua opção celestial me roborava. Lembrei-me e fiquei atenta ao título da sua carta profética, "Época de justiça". Essa época a que ele se referia poderia ter um sentido dúbio, tanto de ciclo quanto do nome da revista em que minha exposição começou e poderia findar. Estava nesse itinerário, nesse trilho fora da trilha fazia muitos anos, e precisava encontrar um atalho para chegar ao fim daquela viagem com esses elementos sentados do meu lado no trem da minha vida, sem permissão. Esses intrusos eram assombrações de sobrenome Abdelmassih.

Como quem vem numa nave espacial, avistei a imagem de Valter pela primeira vez, envolto no espaço sideral. Numa espécie de carona eu o conheci, pois temos alguns amigos em comum, e uma delas me falou dele e de seu grupo Oráculos do Arauto. Segundo ela, Valter teria algo a me contar.

Disse-me que se tratava de assunto importante e sigiloso, acrescentou que ele não costumava falar com ninguém individualmente, mas que queria muito me avisar algo. No entanto, eu estava em Salvador e usar o telefone era caro, pois não me encontrava em minha cidade de origem, por isso cada telefonema acabava com meus créditos. Porém, como não dispensava nenhuma informação, e depois de verificar no grupo do Valter que realmente suas previsões davam certo, como também o custo não seria tão dispendioso, resolvi ligar. Muito gentil, ele foi me dizendo que minha luta teria um fim a meu favor, era uma questão de tempo e eu deveria continuar agindo da mesma forma. Prognosticou setembro de 2014. Estava tão distante ainda, mais de um ano, e isso me desanimou, mas ele me assegurou com tanta firmeza que acreditei. Foi um bálsamo, pois cogitava desistir.

Sim, às vezes pensava em parar tudo. Onde ele poderia estar? O planeta era muito grande.

OS FILHOS FALAM

Exatos 30 dias após os filhos de Abdelmassih, Vicente e Soraya, darem entrevista à repórter Cristiane Segatto, colunista da revista *Época*, cuja reportagem tinha como título "A vida com meu pai era um inferno", entrei em contato com a jornalista. Partes das conversas reproduzo a seguir.

Facebook off-line

Vanuzia Leite Lopes
11 de setembro de 2012 08h57

Oi Cris
Bom dia, sou a Vanuzia Leite Lopes, vítima do Abdelmassih. Não sei se lembra de mim. Fui matéria em agosto de 2009 da Época *com o título " Eu não sou uma vítima sem rosto", lembra-se?*
Não foi vc que me entrevistou, no entanto, a pessoa que me mandou estes documentos, assim como eu, achamos vc uma repórter muito séria e prestigiada.
Me enviaram alguns... na verdade, mais ou menos 30 documentos de transferências bancárias da Colamar, empresa agora da Larissa Sacco, para Soraya, e contratos que provam que a esposa desse canalha é que está negociando tudo dele. Tem inclusive documentos de notas promissórias, 3 parcelas de mais ou menos 2 milhões em nome dessa empresa. Mesadas para Karime Abdelmassih, assim como transferência da Larissa para Soraya/Vicente dos juros do empréstimo que ela disse em sua reportagem que o pai não estava pagando. Tem também documentos referentes à venda da Clínica pela Larissa. Precisaria saber se você protege as fontes...
... Tem uns 100 documentos que provam transações da Colamar, empresa agora da Larissa, enviando dinheiro para ela própria/Karime/Soraya/Vicente/Stela Abdelmassih (irmã de Roger). De repente a Larissa ficou milionária... Estranho, com o salário dela? Além disso, a Soraya disse em sua entrevista à Época *que o pai não estava pagando*

o empréstimo, e estes documentos provam o contrário. Afora isso, a família da Larissa/Elaine é que toma conta de tudo, inclusive da venda de 3 apartamentos dela.
Enfim, esses filhos dele na revista dizem não falar com o foragido e recebem dinheiro dele? Espero seu telefonema, assim como espero que não publique nada antes de nos falarmos ao telefone. Quando vc volta? Por favor, responda este e-mail. Grata, abraços, Vana Lopes

Cristiane Segatto
12 de setembro de 2012 19:11

Oi, Vanuzia. Tenho todo o interesse em ver o material. Quero conversar com você e com a pessoa que conseguiu esses documentos. Posso proteger a fonte, mas preciso entender melhor a história. Não posso publicar nada enquanto não tiver certeza das informações. Fique tranquila. Obrigada pela confiança. Um abraço, Cristiane

Essa profissional foi delicadíssima e atenciosa comigo. Lembro-me de sua ida ao meu apartamento no bairro da Vila Mariana, e eu ainda estava obesa. Já havia começado meu tratamento em Salvador, mas precisei vir a São Paulo, pegar um laudo com meu psiquiatra a fim de dar continuidade ao apelo jurídico na corte da Bahia, onde minha liminar judicial por vezes corria o risco de "cair". Carmem, minha fiel escudeira, me acompanhou nesse trajeto. Não temos segredos e a consulta ao médico foi com ela ao meu lado. Mas voltemos à repórter Cris. Estávamos no meu sofá, abri o meu computador e mostrei os documentos que havia recebido. Acertamos de enviá-los ao seu e-mail oficial da revista.

Cristiane Segatto, congratulações, querida!

O fim não teria sido lindo se o começo não tivesse sido como foi. Você foi espetacular!

Mas não quero falar do fim neste momento, e sim narrar que nesse período travou-se a matéria no jurídico da revista. Normal e sensato; eles precisavam de um promotor que confirmasse a abertura de uma investigação. Para tanto, a mesma repórter teve um imenso trabalho e procurou por dias os órgãos aos quais eu havia mandado os documentos. Nada rendeu.

Porém, ela nunca se esqueceu dos meus anseios em localizar o monstro e vez por outra nos comunicávamos. A penúltima conversa antes da captura do estuprador foi pelo e-mail a seguir.

From: cristianesegatto@xxxxxx
To: vitimas-unidas@hotmail.com
24 jun 2014 18h41

Há algum promotor que possa declarar numa reportagem que abriu investigação sobre esses documentos? Na última vez em que fui atrás disso o promotor dizia que não tinha atribuição para investigar, lembra? Para fazer uma reportagem, precisamos de alguém que fale sobre a investigação. Bjs
Cristiane Segatto

Certa vez, um tempo antes desse penúltimo e-mail, eu disse a Cristiane que uma das vítimas movia uma ação civil contra a clínica, reproduzindo documentos que eu enviara e os colocou no processo. Sempre dividi tudo que recebia, fruto de minhas pesquisas, contatos e arquivos enviados por solidários anônimos, com todas as vítimas, pois entendo que são parte interessada. Essa a quem me refiro não deixou que isso fosse vazado, então interrompeu-se aquele que poderia ter sido o atalho para localizá-lo. A vítima em questão às vezes pedia que não colocasse nada dela na internet, orientação de seus advogados. Na última vez, inclusive, ela me assustou: no dia 24 de junho daquele ano de 2014, escreveu pedindo-me urgente que a apagasse da minha página Vítimas Roger Abdelmassih e do meu grupo Vítimas Roger Abdelmassih, ambas no Facebook, encerrando neles qualquer coisa sobre o drama que sofreu.

Reproduzo a seguir uma conversa que foi aberta com várias vítimas que conversavam entre si, inclusive eu.

24/6/2014 23:16

Meninas, o que vou escrever é sério e preciso da compreensão de vocês! Sei que é um momento delicado e infelizmente não tenho como andar junto a vocês desta vez. Gostaria portanto que meu caso fosse deixado de lado a pedido de meus advogados, que meu nome, do meu filho e nossas imagens fossem preservadas. E por enquanto não sejam usadas em nada. E o que tiver seja retirado. Agora sou eu que não posso entrar em detalhes.
Que vocês continuem na luta e que a vitória esteja bem perto!
Bjssss

(Parte da mensagem off-line do Facebook – foram retirados somente os nomes dos envolvidos)

Cinco dias antes, precisamente em 19 de junho de 2014, após a veiculação da matéria do *Domingo Espetacular* em 15 de junho de 2014, essa paciente, vítima de erro médico e não de estupro, montou uma página na rede social com o mesmo nome do grupo que eu havia edificado tempos antes. A partir dessa data, as postagens que eu compunha sobre ela não mais colocava em meus grupos, eram exclusivamente colocadas nessa comunidade que ela administra. Conto isso para mostrar como até mesmo entre as vítimas nem sempre navegávamos num mar de rosas. Afinal, algumas eu sequer conhecia pessoalmente, e somos muito diferentes; o que nos unia era esse objetivo comum, a prisão de Roger Abdelmassih.

SEM MEDO DE APARECER

As publicações estavam intensas depois da matéria com o nome "Operação secreta descobre esconderijo de Abdelmassih", exibida no *Domingo Espetacular* do dia 15 de junho. O Brasil em ritmo de Copa, e meu amigo profeta dizendo que quem ganharia era a Alemanha e que Roger seria preso em setembro. A repórter da revista *Veja*, Bela, me procurou, querendo detalhes da minha pesquisa. Mandei por e-mail vários documentos e um resumo do que havia reunido até aquele momento. Precisava da imprensa escrita, assim ficaria mais fácil divulgar. Assumi a responsabilidade dos documentos, juridicamente falando. Mesmo assim, não por culpa da editora, a entrevista saiu com um pequeno erro e uma das vítimas se apavorou. Foi uma noite em que a jornalista teve de acalmá-la de madrugada. Bela, a repórter, me retornou e disse que seria impossível mudar o escrito, mas no dia seguinte faria uma matéria no site dizendo que era EU a responsável jurídica pela página e pelo envio dos documentos. Observe nossos contatos até as 6 da manhã e como Abdelmassih foi cruel e o pavor reinante justificável dessa vítima.

Vana Lopes
12/7/2014 04:24
tô preocupada com você
se está melhor e passou a dor de cabeça

Vítima xxxxxxxxx
12/7/2014 04:41
Passou nada
Tô nervosa

Vana Lopes
12/7/2014 04:46
posso te ligar
fica calma

Vana Lopes
12/7/2014 06:14
Descobrimos – está escrito que eles descobriram, ok, que bom que está mais tranquila, vamos todas nos acalmar pois ele nada nos fará, ademais esses documentos pertencem agora ao Estado, não são meus ou de ninguém, mas sim motivo de investigação pública. Desculpe se não estou fazendo como vocês querem, mas sempre faço tudo em prol de localizá-lo, e finalmente respirarmos sossegadas. Esse homem fez muito mal, mas não podemos deixar ele, de qualquer maneira, criar entre nós discórdia. Nunca quis nem vou te colocar em risco ok, tanto que farei a entrevista mostrando o rosto para a Veja, *mas não falarei de documentos, pois eles não são mais meus. ok beijosssssssssssssssssss te amoooooooooooooooooooooooooo não esquece.*

Vítima xxxxxxxxx
12/7/2014 06:22
Gosto da Veja...
Mas tenho medo do homi
Rsrs

Vana Lopes
12/7/2014 06:23
heheh calma eu tb tenho
mas tenho medo mesmo é de parar de ter medo
pois se um dia encontrar com ele dou uma surra

Logo cedo veio o fotógrafo e uma grande entrevista foi feita para o site da revista e colocada no ar em destaque, com minha foto gigante, em 20 de julho de 2014. Outras duas falaram, porém meu rosto é que apareceu, dando literalmente a cara para bater!

A reportagem levava o título:

"Associação de vítimas caça Roger Abdelmassih pelo mundo
Líder de grupo de mulheres atacadas sexualmente pelo médico

conta como funciona a perseguição a um dos brasileiros mais procurados pela Interpol."

Eis parte da reportagem:

> *[...] Associação "Vítimas de Roger Abdelmassih" [foi] criada em 2011 pela estilista Vanuzia Lopes, depois que o médico, condenado a 278 anos de prisão por 56 estupros, se tornou um foragido da Justiça. Vanuzia também foi vítima de Abdelmassih, em 1993, depois do procedimento de retirada de óvulos para fecundação. "Abri os olhos e ele estava em cima de mim. Mesmo meio zonza pela anestesia, consegui tirá-lo dali", conta ela, que afirma ter ficado infértil após o episódio. "Por causa de uma infecção que ele me passou, perdi as trompas e parte do ovário", explica. Desde que soube da fuga do médico, a estilista passou a estudar Direito e promover uma caçada a Abdelmassih pelo mundo. Ela usa a página do grupo em redes sociais para se conectar com informantes e buscar o paradeiro do seu agressor. Em entrevista a* Veja, *a líder da associação fala de sua história e de como funciona a perseguição a um dos brasileiros mais procurados pela Interpol.*
>
> ***Como conheceu Roger?***
>
> *Em 1993 eu o procurei para fazer um tratamento para engravidar porque ele era um médico famoso nessa área. Quando cheguei lá, tive a certeza que eu engravidaria. "Garanto que você sairá daqui com o bebê no colo", ele falou. Até vendemos um apartamento modesto que tínhamos na praia para pagá-lo. Na época, meu marido falou da nossa dificuldade e ele disse: "Você prefere ver o mar ou o sorriso do seu filho?". Logo estava com o dinheiro na mão.*
>
> ***Quando percebeu que tinha sido abusada?***
>
> *Quando comecei o tratamento, ele me elogiava demais, dizia que eu era bonita, mas não interpretei aquilo como um sinal, só achei estranho. Fiz três sessões. Na primeira não notei nada, mas na última acordei com ele em cima de mim. Quando percebi, tinha um sangramento no ânus. Estava meio zonza por causa da anestesia, mas consegui tirá-lo de cima. No mesmo dia fui à delegacia e também fiz o exame de corpo*

de delito. Tenho até hoje o protocolo amarelado do exame e do boletim de ocorrência. Fui com esses papéis ao Conselho Regional de Medicina e fiz minha denúncia. Mas ele era muito conhecido e nada andou.

Você teve sequelas?

Por causa de uma infecção que ele me passou perdi duas trompas e parte do ovário. Eu me tornei uma mulher infértil. Também me tornei obesa, fiquei pesando mais de cem quilos na época. E tive síndrome do pânico, fiquei sem sair de casa por mais de dois anos.

Qual foi sua reação quando, 15 anos depois, outras denúncias contra o médico ganharam força?

Passei anos acreditando que ele era estuprador de uma mulher só, até tomar conhecimento de outras vítimas. O que me estimulou a mostrar o rosto foi a tese da defesa, que dizia que Abdelmassih enfrentava "vítimas sem rosto".

Quando montou a associação?

Foi em 2011, quando ele se tornou um foragido. Eu já trocava mensagens com outras vítimas que mostraram a identidade. A gente sempre fez tudo por meio de redes sociais, mas a comunicação ficou mais intensa depois que ele fugiu. Foi então que decidi criar formalmente a associação.

Como ela funciona?

Hoje somos seis vítimas que mostramos o rosto, mas estamos em contato com muitas anônimas. Falo diretamente com vinte mulheres, algumas moram fora do Brasil – na Europa e Estados Unidos. Há uma divisão de tarefas. Eu sou a responsável por falar com denunciantes e receber os documentos, inclusive respondo civil e criminalmente por eles. As outras têm o papel de dar suporte às vítimas que nos procuram.

Vocês trabalham sozinhas ou têm ajuda de algum órgão público?

Por muito tempo atuamos sozinhas, mas recentemente passamos a ter contato com a Secretaria de Segurança Pública de São Paulo, que está nos dando suporte.

Quando Roger Abdelmassih for capturado a associação acabará?

Recebemos denúncias de diversas espécies. Muitas pessoas nos procuram para relatar abusos que sofreram de outros estupradores.

Nossa ideia é continuar ouvindo vítimas e denunciantes e ajudar na busca de outros procurados.
Por que decidiu mostrar seu rosto?
Mostrar o rosto dá força e credibilidade a uma denúncia. Quando ela se esconde, deixa o agressor mais forte. Somos vítimas e não coitadas.

Depois dessa reportagem e com minha imagem refletida na frente do batalhão, fiquei na linha de fogo. Divulguei ao máximo o tema, em quase mil grupos, e por causa disso recebia intimidações frequentes, além de tentarem invadir meus e-mails. Relatava tudo à Secretaria de Segurança. O repórter do *Domingo Espetacular* investira quase três anos na busca, e reclamou, com certa razão, por eu ter mandado material para a revista *Veja*. Antes, porém, por meu companheirismo a Leandro Mansel, eu pedi a ele uma certa autorização, e guardo sua mensagem dizendo que eu poderia mandar coisas antigas. Foi o que fiz: enviei o cronograma, procurações, contratos, documentos bancários etc. Mas o departamento de investigação da revista *Veja* é estupendo e, por fim, chegaram ao Dimas e queriam entrevistar o Sérgio Molina em Avaré. Leandro me ligou falando que isso não poderia acontecer, atrapalharia a investigação dele naquele momento no percalço de Dimas Campelo Maria. Pode ter sido por vaidade, egos da imprensa, mas eu queria era o resultado.

Pedi à revista *Veja* que segurasse ao máximo a divulgação do nome de Dimas. Ela concordou e eu prometi avisá-la assim que ele fosse preso. Faria o possível para que eles fossem os primeiros a saber.

Leandro, na reta final, encontrava-se bem agoniado. Eu o entendo perfeitamente. Meus cumprimentos por seu trabalho nunca serão suficientes, não cabem em papéis. Mas divergíamos em alguns pontos. Ele me disse que muitas publicações iriam atrapalhar, por isso falou novamente que eu não deveria ter procurado a revista *Veja*, blá, blá, blá... Respondi ao sermão dizendo:

– Ora, bolas! Se não quer imprensa no caso, então não deveria ter feito a recente matéria do *Domingo Espetacular*.

Estava convicta de que era um leve ciumezinho da parte dele. Não perderia a oportunidade de entrar com artilharia nessa guerra em que havia anos ninguém noticiava nada, precisava de todas as informações dos espiões do bem, e, quando a imprensa publicava qualquer notícia, as pessoas voluntariamente me procuravam. Foi esse o resultado obtido pelas entrevistas que dei por telefone em rádios, muitas em Avaré, Jaboticabal e até na Amazônia. Por fim, eu lembrava sempre a Leandro que, se ele estava de posse de dados "quentes", era graças a Ange! E ela me procurou justamente em razão das exposições em noticiários. Isso bastava para encerrar o assunto naqueles instantes tensos do final de ano do meu trabalho, de informantes, e desse profissional feérico da Record, Leandro Mansel. Respeitávamos as boas ações, numa triangular união frutífera em função do meu inconformismo pela injustiça que sofri. Roger livre depois de tudo. Nunca aceitei isso. O seu pior crime foi o estupro físico e de almas! Desejava a justiça para mim e em prol de todo casal violentado que foi seu paciente.

Fui adicionando as vítimas que me procuravam ou sendo adicionada por elas no Facebook, de 2011 a 2014. Para citar somente um exemplo, uma delas foi em 27 de novembro de 2012, e ainda guardo no e-mail a cópia da solicitação dessa amizade.

Mas a primeira vítima que fez contato comigo o fez por e-mail, a linda cuiabana Waleska Spinelli, que mostrou seu rosto na imprensa, sem medo, a quem parabenizo pela coragem. Transcrevo nossa conversa a seguir, dois dias após ser publicada a sentença de 278 anos de Roger Abdelmassih.

From: waleska@xxxxxxxxx
To: vitimas-unidas@hotmail.com
Subject: RE: vanuzia resposta
25 Nov 2010 01h50

Oi Vana! Estamos de alma lavada... Apesar de ainda estar pela metade de cumprir pena em liberdade se fosse um pobre era xilindró nem teria saído mas o safado tem cobertura no STJ devem ter pendências são podres de mentes deturpadas... Mas uma parte da justiça nos foi feita... Amiga agora preciso de um favor se puder é claro passar meu e-mail para o Dr. Benedito porque quero saber dos 8 embriões que ficaram na clínica e que foram utilizados. Estou sem fone fixo e tendo muito gasto com o meu filho, ele é o melhor presente do "Papai do céu", estou realizada. Estou sendo curada, das outras vezes tive dermatose emocional, desta vez estou ótima apesar de ver aquele ser já dá náusea....
Meu cel é (65)xxxx. Me add nas redes de relacionamento, tenho Orkut e Facebook msn
Obrigada por tudo. Bjssss...

Waleska

Compadecia-me com a história de todas, e as ajudava na medida do possível, informando passos jurídicos e colocando-as em contato com advogados, como faço até hoje. De uma fiquei mais íntima, seu drama era parecido com o meu. Adicionei-a em junho de 2014, depois da matéria da Record; seu nome, Silvia Franco. Ela me contou tudo dois meses antes de ele ser preso. Mesmo sendo a última das vítimas citadas na imprensa a ser adicionada, foi a que me deu mais sorte e era também minha companheira no Skype. Ficávamos com ele ligado conversando enquanto eu publicava nos grupos. Ela me contou sua história, um estímulo para eu não desistir dessa cansativa batalha. Havia adquirido a mesma bactéria que eu, *Escherichia coli*, e da mesma forma, pela violência do sexo anal, e isso nos fez ver a tara de Abdelmassih. Além de serem mulheres casadas e de humilhar os maridos, fixava-se nesse tipo de coito. Ela me contou algo monstruoso... Seu filho, ainda um feto, ficou morto em sua barriga por quatro meses, e depois lhe foi receitado um abortivo naquela "clínica", ordens do monstro, seguidas pelo seu filho. Ela guardava e me mostrou a receita. Seu depoimento na delegacia rolava em cinco páginas documentadas. Como eu, ela falava e mostrava papel! Silvia desejava, além de que fosse feita a justiça em prender Roger, localizar seus embriões; isso é outro ponto que temos em comum. Com princípios religiosos, ela também crê nas palavras bíblicas "A verdade vos libertará". Foram muitas lágrimas derramadas ao relembrar tudo que ambas passamos. Conversei com uma ex-empregada de Abdelmassih, Miriam Moreno, olhos pretos inundados de paz e calma, que foi funcionária por quatro anos e explorada pela família. Essa senhora maravilhosa, alicerce de sua filha, estudante de Biomedicina, Alessandra Freitas, uma menina-mulher, de sorriso e atitudes francas, é um exemplo de ser humano, e as duas corajosamente permitiram que as identificasse. Soube por elas que Abdelmassih, além de racista, cruel, prepotente e arrogante, também guardava em sua casa fetos em vidros. Condizia com o que a vítima Silvia Franco me relatara.

Pista 9

Depois dessa conversa, a corajosa informante contribuiu me contando segredos da família Abdelmassih, quem era quem e seus feitos, assim como colocou mais e mais pessoas em contato comigo.

Fragmento da conversa pelo Facebook off-line

16/6/2014 01h57
Alessandra Freitas
Olha, flor, uma coisa que minha mãe comentou foi que uma vez ela o viu com uns fetos dentro de vidros e ele escondia isso. Era só a mulher e ele que sabiam e um dia ela pegou.
E viu.

Não era uma denúncia vazia! Há uma diferença no que se Ouve com o que Houve, uma simples letra muda tudo, e respeitar essa consciência, para mim, é medular ao contar minhas memórias. Roger pediu a Silvia Franco que levasse o feto que abortou, para ele analisar. Ela perdeu o seu bebê por causa de negligência médica, sem ajuda de ninguém em casa, desamparada. Essa vítima, igual a mim, ficou com sequelas de saúde. Certa noite, tentei colocar Silvia em contato numa conversa no Skype com a informante Ange, com quem eu conversava quase que diariamente. No início a conversa fluiu bem, com troca de hinos e mensagens de Deus, mas a minha angelical delatora ficou com medo e não quis mais falar com Silvia. Assim era o clima vivido entre os solidários que me ajudavam: de pavor! Eles(as) somente confiavam em mim, não porque fosse especial, mas pelo tempo que já os conhecia na internet e nunca havia soltado uma pista. Ademais, em todas as minhas publicações e em entrevistas assumia a responsabilidade jurídica pela página. Fornecia-lhes meu celular ou o número da minha casa e meu Skype pessoal. Sentiam-se seguros em falar somente comigo e de preferência no vídeo. "Não temas" – explicava-lhes esse escrito da Bíblia 366 vezes, ou seja, uma para cada dia, inclusive para o caso de ser ano bissexto...

Nesse panorama de medo e sustos, me chegou o e-mail mais importante de todos, o dessa pessoa que realmente prendeu Abdelmassih, aquela que chamei anteriormente de Ange.

Pista 10

Jaboticabal espetacular! O início da prisão começou nesse dia. Ange tudo via e tudo contava a mim e a Leandro. Sem ela, o resultado não seria esse.

Eu publicava diariamente em Jaboticabal, quando recebi este e-mail.

From: ange@xxxxxxxx
To: vitimas-unidas@hotmail.com
Subject:
13 Jun 2014 20h58

Boa noite. Como posso ter a garantia da minha segurança?

A correspondência recebida pelo correio eletrônico continha somente dez palavras. Eu respondi quase em formato de livro. Escrevi tanto para tentar convencê-la já no primeiro contato. Na cabeceira da minha cama repousava um livro que acabara de ler – *Memórias da Segunda Guerra Mundial* –, no entanto, parecia que não havia captado a mensagem do autor, Winston Churchill, o heroico líder inglês, que em prosa magistral contava como chegou ao poder e atraiu os Estados Unidos para a derradeira derrota de Hitler. Na parte em que narra suas aventuras, ainda tenente de cavalaria na Índia, ele enuncia a máxima que manteve sobre a arte de escrever: "Das palavras, as mais simples; das mais simples, a menor".

No entanto, apesar de ser esse um sábio conselho, no "vitimês" que usava nas conversas no final da guerra que eu travava com Abdelmassih, não poderia deixar de convencer uma informante, nem que tivesse que escrever um calhamaço e mostrar-lhe o diário de minha vida. Note meu desespero na minha resposta a seguir.

From: vitimas-unidas@hotmail.com
To: ange@xxxxxxxx
Subject: RE: resposta sobre sua pergunta
16 Jun 2014 08h11

Boa noite, meu nome é Vanuzia Leite Lopes, sou estudante de Direito, estilista, tenho 54 anos, e sou a vítima que denunciou esse estuprador, com exame de corpo de delito, e fui tanto na Ana Maria Braga e diversas reportagens para encorajar as outras também a denunciá-lo, pois não foi somente eu que ele violentou, há muitas mais que não puderam se expor em juízo. Sendo assim, sou fundadora e responsável juridicamente pelo perfil Vítimas Roger Abdelmassih e o Grupo Vítimas Roger Abdelmassih faz anos, meu Face pessoal é Vana Lopes.
Garanto primeiramente a você sigilo completo de qualquer coisa que me disser, jamais revelei a origem da denúncia de quem quer que seja a não ser que queira e me autorize expressamente! Estou investigando sobre ele já faz 3 anos e deve ter visto que não publico em nenhum momento, nem mesmo no Programa Domingo Espetacular, *a origem dos documentos que consegui, tampouco o nome de quem me forneceu. Se me ajudar não precisará nem mesmo se identificar. Também tenho todo o apoio das autoridades em minha busca.*
Gostaria de te esclarecer que somos muitas vítimas, todas gravemente ainda abaladas, a maioria anônimas, uma tentou suicídio, já que após contar ao marido do estupro que sofreu com esse ex-médico, o marido não acreditou e bateu nela, além naturalmente de ter se separado. A vítima de número x em questão retalhou sua vagina, tamanho o desespero! Conto-lhe isso para que veja que não tenho interesse nenhum financeiro, pois não há como ele pagar, uma vez que não existe dinheiro suficiente neste mundo para reparar uma ferida na alma.
Portanto, afirmo, tão somente quero esse bandido de novo na cadeia, de onde não devia ter saído, no presídio de Tremembé junto com o Nardoni. Tenha certeza de que o que me move é a justiça e

sou muito leal a quem me ajuda. Ademais, meu Face, apesar de ser para este caso, ajuda também outras vítimas de estupradores menos conhecidos, mas a dor é a mesma. Sou muito ética nessa questão de confiança e confidencialidade.
Por favor, eu vos peço que me ajude, tanto para evitar que de novo aconteça, como para que a justiça seja feita em sua totalidade, pois essa criatura foi descrita pela juíza por escrito na sentença como um ser desprovido de sentimentos humanos e condenado a 278 anos de prisão. Segue o link *sobre mim, para que veja como esse crápula é desalmado. Ademais e pior que tudo (*link *também abaixo), ele misturava embriões humanos com os de animais e ainda não foi condenado por esse crime. Posso se preferir te dar meu Skype, fone da minha casa ou meu celular ok? Aguardo ansiosa por seu novo contato... Fique com a bênção de Deus e obrigada por ora.*

Meu Face pessoal é www.Facebook.com/vana.lopes.5872 e o das vítimas é https://www.Facebook.com/roger. Abdelmassih.31?fref=ts e meu Skype é vanaxxxxxxxxxx

Passados dois dias, sua resposta foi animadora, e depois disso falamos diversas vezes por Skype e telefone, como relatarei a seguir. Veja o que ela escreveu, ainda assustada.

From: ange@xxxxxxxx
To: vitimas-unidas@hotmail.com
Subject: RE: Urgente leia por favor RE: resposta sobre sua pergunta
18 Jun 2014 00h24

Boa noite! Confesso q estou muito assustada, não sei se estou fazendo o certo ou errado, estou em uma adrenalina que só, mas vou tentar ouvir o coração. QUE DEUS ME PROTEJA!

Resoluta quanto ao que ela me disse poder conseguir, eu lhe escrevi um e-mail.

From: vitimas-unidas@hotmail.com
To: ange@xxxxxxxx
Subject: RE: Urgente leia por favor RE: resposta sobre sua pergunta
18 Jun 2014 19h48

Minha bonequinha linda! Está certíssima, pois não há conselheiro melhor que DEUS e nosso coração, somente há uma maneira neste mundo de chegarmos até ELE, pelo caminho da paz e da honestidade, por isso neste mundo não podemos ficar do lado de criminosos de espécie nenhuma, e esse ser misturou embriões humanos com os de animais e disse que DEUS manda no céu e Roger na Terra, está numa entrevista da secretária dele, por aí vc imagina o homem perverso que ele é, porém ele nada te fará, tenha certeza, pois você está protegida pelo manto da bondade!! Saiba que se preciso for me arrisco em seu lugar, és minha protegida de agora em diante para tudoooooooooooo nesta vida, tenha certeza absoluta disso!! Se precisar de qualquer coisa, tudo farei por você! Não há riqueza maior que uma pessoa grata e isso serei eternamente por ti e pelas mulheres vítimas dele, entre elas juízas, promotoras, investigadoras, médicas etc. Fique tranquila! Vou montar o Face que pediu tá.... Agora beijãoooooooo e me ligue a hora que precisar de qq coisa! Já te amo muito bjs Vana Lopes

Combinamos ser comedidas e montamos uma página no Facebook para ela poder falar comigo, pois a quadrilha que o protegia não poderia vê-la em minha página. Mas, diante do que me contava e do que teria a me mostrar, eu em São Paulo e ela no interior, coloquei o Leandro Mansel, da Record, em contato pessoal com ela. A princípio, quando ele foi visitá-la, ela ficou assustadíssima, e foi preciso que Leandro me ligasse, contasse a situação, para que eu ligasse para ela em seguida, garantindo a ela que Leandro era de confiança. As vítimas anônimas e informantes depositavam confiança no idioma em que eu aprendi a conversar, o vitimês.

Nesse meu dialeto, a primeira palavra é acreditar! Jornalistas em geral protegem a fonte de informação. As pessoas mais simples ignoram isso e temem os repórteres, muito além da conta.

Após esse primeiro contato, Leandro percebeu isso, sem sombra de dúvida! Fato: Ange era o ser alado surgido em minha vida que nos levaria a Abdelmassih. Fazia tempo que eu e Leandro mantínhamos uma parceria, e por vezes entravam parceiros internacionais. Confira:

Mensagem de Marcelo, policial da França, reencaminhada por Leandro para meu e-mail.

De: Adidancia Policia Federal Paris Franca/ Marcelo
Para: Leandro Ruiz SantAna <leandromansel@xxxxxxx>
Enviadas: Segunda-feira, 22 de abril de 2013 5:28
Assunto: Re: Mais dados do marido da Roberta e Peter Nagy genro de Roger

Agora veja isto:
O grupo de Vítimas de Roger Abdelmassih tem uma página no Facebook: https://www.Facebook.com/roger.Abdelmassih.31?fref=pb&hc_location=friends_tab

A filha da Stela Abdelmassih (Roberta Amaral – https://www.Facebook.com/roberta.doamaralkherdaji/friends) faz parte do grupo. Está infiltrada para colher informações.
Você tem contato com alguém desse grupo? Eu estou quase entrando em contato com a pessoa que abriu a página (VANUZIA LEITE LOPES: vitimas-unidas@hotmail.com)
Abc.

Marcelo

Os esforços da polícia de Paris eram louváveis, mas não levaram ao criminoso. Pista certa para localizar o presunçoso e ufano estuprador Roger e sua soberba alma gêmea, Larissa Maria Sacco Abdelmassih, era a Ange, que tinha apresentado a Leandro.

Ange ficava de tocaia, mantendo uma certa distância, de onde conseguia os poderes da invisibilidade e da audição biônica: ouvia Abdelmassih ligar para os capangas, inclusive confidenciou-me que Roger estava muito incomodado com minhas postagens, justamente porque o seu servidor Dimas dizia estas palavras ao monstro quando eu postava: "Calma, doutor... Calma...".

Ou, em outra conversa, ela ouvia: "A mulher está postando de novo, doutor, o que o senhor quer que eu faça?".

Este que falava, "superdevoto $$$" e obediente ao doutor, responde pelo nome de Dimas Campelo Maria. Confabulava com o monstro diariamente de um aparelho celular preto, muitas vezes da sua casa à noite, do banco à tarde, ou pela manhã à porta da farmácia. Elaine se comunicava com sua irmãzinha Larissa Maria Sacco Abdelmassih da sua própria residência, e/ou enviava e-mails ou mensagens pelo Facebook sem fotos e fechadas que Larissa abriu, porém com o nome de exibição Fernanda.

Elaine há tempos mora na mesma casa. No entanto, Dimas é meio nômade e já viveu em diversos lugares, e muito descortinei sobre essa pessoa, pois ele, na Justiça, interditou sua esposa por conta de um problema de saúde e o processo estava disponível on-line. Nesse caso tive livre acesso a número de CPF, entre outros dados de identificação. Mas seu endereço mais suspeito foi no bairro Jardim Barcelona. Para essa casa ele levara o computador que estava na farmácia Sal da Vida, usada como laranja, onde a quadrilha guardava todos os dados das transações bancárias e também o caixa 2, feito com o administrador da fazenda de Avaré, Sérgio Molina. Algumas transações entre eles eram, digamos, tipo caixinha 4, de que nem Roger ou Larissa chegaram a ter conhecimento. Os termos "laranja" e "testa de ferro" designam, na linguagem popular, a pessoa que intermedeia transações financeiras fraudulentas, emprestando seu nome, documentos ou conta bancária para ocultar a identidade de quem a contrata. Essa prática é muito usada por corruptos que encontram nos laranjas a escapatória para seus negócios irregulares, dinheiro sujo, licitações irregulares e diversas outras transações comerciais. Por isso, o "laranja" está, muitas vezes, ligado a procedimentos ilegais.

Eu, numa brincadeira, para relaxar, me referia a Elaine em *off* para os colaboradores que me ajudavam usando o código "mexerica". Pois bem, no domingo, 15 de junho de 2014, dia em que a Record faria a matéria na cidade com a epígrafe "Operação secreta descobre último refúgio do médico Roger Abdelmassih", uma vizinha dele, atenta a meu pedido, me contou:

– *Dimas soube da reportagem, humm, estranho, não acha?*

– *Foi a mexerica que mandou ou ele adivinhou?...*

Pista 11

A enfermeira

Por ela eu soube os nomes das crianças. Com essa informação, anexada à do Gaeco, confirmaram-se os nomes falados na interceptação telefônica autorizada pela Justiça que levou ao paradeiro de Abdelmassih, resultando na prisão na festa de aniversário dos gêmeos.

Dias antes desse papo de laranja e mexerica, eu conversara altas horas da noite com uma outra mulher que, muito assustada, me disse a mesma coisa: Abdelmassih e Larissa estiveram em Jaboticabal, ela havia inclusive dado uma vacina nas crianças. Falou também sobre Dimas ter morado num bairro dessa cidade chamado Jardim Barcelona.

Conversa do Facebook em *off* entre mim e a "enfermeira"

18/6/2014 00h26
Vana Lopes: oiiii boa noite seja bem-vinda!
Enfermeira: ele esteve aqui em Jaboticabal. ops desculpa boa noite
Vana Lopes: heheh boa noite!! não precisa pedir desculpa não, sim acredito que esteve aí sim, mas sabe o endereço?
Enfermeira: tah no bairro Barcelona
Vana Lopes: sabe que o sigilo aqui é absoluto pode confiar barcelona ou baceloba?
Enfermeira: desculpa é a única coisa que posso falar barcelona
Vana Lopes: olhe, pode me dar o nome da rua, a cor da casa
Enfermeira: desculpa não confio não
Vana Lopes: viu o que postei? Olhe, pode confiar mesmo
Enfermeira: ele é muito temido aqui, anda com muitos seguranças, eu tenho medo dele

Vana Lopes: não deve confiar nem ajudar um homem condenado, não pode amiga
Enfermeira: vc é uma das vítimas?
Vana Lopes: sim mas ele não saberá de você nuncaaaaaaaaaaaaaaaaa sou uma das vítimas, meu nome é vanuzia leite lopes, meu cel é......
Enfermeira: jamais ajudaria um monstro eu fui só aplicar vacina nas crianças deles me mandaram fui pq sou enfermeira mas não posso me arriscar
Vana Lopes: por que querida? está com medo não tenha nós estamos com justiça
Enfermeira: pois sou só e tenho duas filhas pequenas pra cuidar
Vana Lopes: ele não saberá, não saberá
acha que eu que sofri tudo isso vou querer ver você sofrer?
veja minha história na TV, eu sou a vítima não a criminosa, não tenha medo de mim
Enfermeira: tem pessoas próximas a mim sendo monitoradas e eu não posso colocar ninguém em risco só sei que ele vem às vezes nesse bairro
Vana Lopes: sim eu sei disso, não quero que se arrisque
Enfermeira: apenas isso: esse bairro é novo tem poucas residências vai ser fácil encontrar
Vana Lopes: a cor da casa, como é de muro?
Enfermeira: se eu soubesse qual residência certinho te falaria mas não sei só sei que é esse bairro
Vana Lopes: ok mas é certeza
Enfermeira: tem muitos terrenos vazios eh bairro novo. Absoluta
Vana Lopes: certeza absoluta? É?
ok Deus te abençoe
Enfermeira: absoluta, depois do lago municipal esse bairro tem casas de muros muito altos, mas eh lá que ele esteve com a mulher dele. por favor apaga essas mensagens
Vana Lopes: os filhos estão com ele? as duas crianças? apagarei tudo ok
Enfermeira: Estão hj não mas estiveram
Vana Lopes: como se chamam
Enfermeira: os quatro estão, apenas isso

ouvi sem querer, fonte próximo a ele
nome J e M as crianças
Vana Lopes: o que ouviu? faz tempo que ele esteve nesta casa? somente me diga isso
Enfermeira: isso que te falei esteve na nova mas após a reportagem na TV ele foi para esse bairro estão tentando falar que ele está no Líbano em outro lugar mas sempre mentira
Não, é recente
Vana Lopes: o nome da rua por favor
por Deus, me ajude
não saberá de você
dei meu fone tudo a você
somente o nome da rua por favor
pois estou em são Paulo
Enfermeira: juro pelas minhas filhas estive na outra casa já falei e te adicionei apenas pra falar isso que eu ouvi hj
por Deus foi apenas isso que eu ouvi
Vana Lopes: ok mas é seguro ok não vou te delatar nuncaaaaaaaaaaaaaaaa falo seu nome para ninguém eu juro.
Olhe estou com gente aí
outros moradores também acobertam ele, é crime acobertar, então, você não será exposta fique tranquila
Enfermeira: eu sei mas se eu soubesse onde aquele monstro estava certinho a casa eu ia lá te falar mas ouvi apenas isso
Vana Lopes: somente preciso então de uma coisa ok
me diga é certeza mesmo
absoluta?
e tem carro na casa? e seguranças?
Enfermeira: ouvi hoje isso tudo que te falei, ele e esposa e filhos estão às vezes neste bairro por Deus do céu. Ele tem seguranças
Vana Lopes: sim mas a pessoa que falou é séria ou pode ser chute? Veja, se eu errar ele vai fugir, entende?
Enfermeira: não eh chute só não vou falar o nome da pessoa pois você conhece a pessoa que falou isso

Vana Lopes: ok, não precisa falar nem quero saber ok
Enfermeira: mas ela não sabe que eu ouvi isso, por favor, mas esse bairro é novo como estou te falando
se a pessoa tivesse falado que casa eu te levava lá pra arrancarmos ele quando vier de lá na unha mas ela não falou
Vana Lopes: ok, mas vamos pensar
se acalma ok?
Eu e você como mulheres que somos
vamos pensar juntas
tem pouca casa lá né
são casas caras?
Enfermeira: só isso ele e família estão lá às vezes, mas antes vivia na rua cercado de seguranças. Isso mesmo, casas caras
Vana Lopes: deve ser de pessoa ligada a ele. Sim tem mais ou menos o quê? 10 casas?
Enfermeira: mas só pessoas com grana tem terreno lá ou casa, são poucas. Mas vou continuar de orelha em pé
Vana Lopes: pois
Enfermeira: eu não gosto do delegado daqui não
Vana Lopes: impossível ele não saber, né? Eu vi ele na entrevista, parecia mentir. Sabe de uma coisa: você tem uma cara linda viu, parece um anjo, sabe. até estou emocionada
Enfermeira: o outro delegado que os presos matou (sic) se fosse ele vc já tinha capturado ele, o Doutor Taroco, que Deus o tenha
Vana Lopes: nem imagina o quanto sofro enquanto ele está solto, eu e 69 mulheres. Escuta sabe deletar a conversa aí???
Enfermeira: sou do bem, tds os dias assisto a Record pra saber se capturou esse ordinário
Vana Lopes: eu te explico, quer?
Enfermeira: eu sei por favor
Enfermeira: se eu ouvir qualquer coisa eu te procuro
Vana Lopes: não se preocupe. Sim eu não vou querer ter mortes nas minhas costas, eu creio em DEUS
já apaguei aqui, salvo no e-mail por segurança ok, ficou esta última

Enfermeira: pois eu me comovo com o meu próximo sempre
Vana Lopes: me exclui dos amigos ok
conhece o salmo 46?
e depois me deleta o perfil
quem pode contra ele né
Enfermeira: ok, mas pede para as pessoas que estão te ajudando a ficar de olho neste bairro que vc pega ele pois só assim vcs vão ficar em paz pois o sofrimento de vcs jamais passará
Vana Lopes: simmmmm enquanto ele não estiver na cadeia não vivo
se vc tem medo imagina nós que fomos violentadas
Enfermeira: não, a família toda da esposa dele dá cobertura e eles ficam por aqui pra não ficarem muito só né, tem a família da esposa
Vana Lopes: mas sabe, coloco Deus na frente e fui com tudo. Os cúmplices deles me ameaçam de processo e tudo mais
Enfermeira: por isso que estão tentando despistar e falar que ele está no Líbano. mentira, põe algum detetive na cola da cunhada dele q ele morde a isca
Vana Lopes: ok, olhe deixa te perguntar uma coisa então, ele esteve aí com quantos seguranças?
Enfermeira: fica com Deus não quero nada nada apesar do medo de me envolver com isso, só quero ver o sofrimento de vcs diminuir, me deleta aí qualquer coisa te aviso
Vana Lopes: ok te deleto agora e combinamos, qq coisa vc me adiciona e depois deleto ok
Enfermeira: antes da reportagem uma vez tava com 3 na avenida 7 de setembro
Vana Lopes: ah tá, ok pois assim saberemos como fazer
obrigadaaaaaaaaaaaaaaaaaaaaaaaaaaaaaaaaaaaaa
durma em paz e pode confiar ok
deletei
deleta aí
Enfermeira: fica em paz, Deus vai te ajudar, me desculpa não poder te ajudar mais
Vana Lopes: vou te excluir, então tá, Tchau!

HOTEL LE BRISTOL PARIS

Nessa noite em que conheci a enfermeira, tanto eu como Leandro ficamos empolgados, pois Abdelmassih, sabíamos, ia sempre a Jaboticabal e a Avaré, uma vez que na matéria da Record do *Domingo Espetacular* foram mostrados a todo o Brasil seus sapatos e centenas de gravatas, além de a polícia achar sabonete e outras pistas de um hotel em que ele esteve na França. Esse elegante hotel chama-se Le Bristol Paris. Descobrimos por causa de um número de telefone que passei para Leandro. Veja no e-mail a seguir nossa correspondência sobre esse assunto (foram retirados fragmentos e alguns endereços para segurança das partes).

Date: Thu, 29 Nov 2012 10:28:47 -0800
From: leandromansel@xxxxxxx
Subject: Re: Apresentação – Leandro Mansel
To: vitimas-unidas@hotmail.com

Segue cópia do e-mail que enviei para o meu amigo da Interpol hoje de manhã... Falei com ele agora à tarde e a expectativa é que a Polícia Nacional da França vá até o local indicado para tentar descobrir se era realmente Roger que estava (ou quem sabe ainda está) no endereço que eu enviei pra eles... Isso deve acontecer amanhã cedo, horário da França... Mas eles devem ser discretos para não prejudicar o flagrante se ele realmente estiver lá...
Assim como estão confiando em mim, também estou confiando em vocês. Peço encarecidamente que não falem isso para mais ninguém... Sei que vão querer saber mais detalhes, mas também não tenho... Assim que tiver qualquer coisa eu prometo que envio no mesmo minuto um e-mail pra todas vocês... Não falem nem mesmo dentro de suas casas sobre essa história... Não comentem isso com a Promotora que saiu do caso... Muito menos com a Polícia Civil, que nada poderá fazer nesse caso... Podemos perder a grande chance que temos!!!
Também não queria criar uma falsa expectativa... A chance que temos, apesar de ser uma ótima pista, é bem pequena, já que isso faz quase

dois meses... A esperança é que a partir daí poderemos criar uma linha de investigação...
Segue o meu relatório...

Fala Dr.
Continuo aqui em SP me aprofundando na investigação do Dr. Roger. Estava aqui analisando alguns "documentos" hoje à tarde.
Dentre os documentos analisados, além da história da Grécia, que foi mais recente, temos uma ótima pista em Paris... Isso mesmo... FRANÇA... PARIS... Quem sabe o cara lá de cima não está do nosso lado e conseguimos achar o sujeito... Já imaginou? Não se esqueça de mim e de filmar tudo.... Com uma câmera dessas pequenas... Na pior das hipóteses com um telefone celular...
A pista que tenho é quente!!! Se bobear é melhor que a da Grécia...
Seguinte:
Quem dá cobertura pra ele nessa fuga são três pessoas:

1– Advogado Sérgio Freitas – Da cidade de Avaré
2 – Maria Stela Abdelmassih do Amaral – Da cidade de SP – irmã do médico
3 – Elaine Therezinha Sacco Khouri – Irmã da ex-Procuradora Larissa Maria Sacco (que é casada com Roger)
Existe uma informação (comprovadíssima) que a irmã de Roger, Maria Stella, ligou para um hotel em Paris.
Eu achei o hotel. É um hotel de altíssimo luxo. O nome é Le Bristol Paris (Luxury). Fica no endereço: 112, rue de Faubourg Saint-Honoré, 75008 Paris, France. http://www.lebristolparis.com/eng/welcome/
Confirmei no serviço de Ligações Internacionais da Embratel – O telefone é do hotel de luxo...
O que me diz? Esse hotel fica a quantos minutos do escritório do senhor? Acha que dá pra dar um pulinho lá pra gente tentar avançar nessa frente?

Abc,
Leandro Mansel

Viu? Realmente Leandro era o máximo! Mas note algo interessante: com um sabonete, um *recuerdo*, suvenir de um hotel francês, provou-se que Roger e Larissa gostavam de circular na Cidade Luz, provavelmente para comprar bolsas Chanel, como muitas que possui. Abdelmassih não era nada somítico quando se tratava de agradar Lari, como ele a chama. Afora essa perfumada pista, encontraram uma lista de objetos pessoais de Larissa para serem transferidos de Avaré para a sua cidade natal, pertences em um rol datado de 31 de janeiro de 2014, outra prova de que eles estiveram na confortável sede de Avaré.

Pista 12
Todos seguindo o faz-tudo Dimas.
A placa do carro de Dimas, e todos os seus passos, sabíamos: era ele o entregador de remédios e moeda em espécie para Abdelmassih, foi essencial ao desfecho. Prisão!

Eu anotava muitos acontecimentos narrados por meus luzeiros em Jabuka. Ademais, juntava informações de fontes diversas. Quando conheci os policiais da Delegacia de Capturas, Johnny Silvatti Adams e Marcelo Biondi, eles vieram a minha casa e me mostraram um dossiê que também estavam fazendo havia um ano. Havia umas lacunas, mas me mostraram um belíssimo e organizado trabalho. Neste, constava a foto de um radar na autoestrada, com Larissa ao volante e Roger ao seu lado. Descobriram que o casal tinha sido orientado por um agente de trânsito corrupto a nunca parar em uma blitz, melhor seria levar a multa do que ser apanhado. Insisti para que Leandro ouvisse o que eles tinham a dizer, mas foi inútil, ele nem mesmo os atendeu quando foram à Record. Eu, diferentemente, sempre acreditei na força da união e continuei colaborando com todos. A esses policiais da Captura e ao promotor Fabio Bechara, da Secretaria de Segurança, contei quem era Ange, sua real identidade, pois, caso ela corresse risco, ou mesmo Leandro, seria a força policial que os protegeria, e para tanto não poderia esconder deles uma informação a meu ver vital à segurança dos envolvidos fisicamente na caçada.

Em linhas gerais, tanto Mansel quanto os policiais seguiam Dimas fisicamente (eu seguia on-line) e sabiam de seus passos. Inclusive de suas viagens à divisa do Brasil com Paraguai, assim como suas idas ao banco ou a cidades como Ribeirão, entre outras.

Fazíamos entre nós um tráfico de dicas.

Pista 13

O psiquiatra e o outro lado da família Abdel-Amaral na cidade de Presidente Prudente.

Saber quais os remédios que o foragido tomava regularmente e o nome de seus médicos auxiliou o Gaeco a confirmar outro número para ser interceptado.

O município de Presidente Prudente, com seus mais de 220 mil habitantes, está localizado a 558 km da capital de São Paulo e é o reduto da família Abdelmassih-Amaral. Dessa cidade Abdelmassih planejou com sua família a fuga e depois saiu de Avaré em direção ao destino "incerto" numa escapada programada pela esperta procuradora, viçosa e útil cônjuge Larissa Maria Sacco Abdelmassih, íntima de sua nova cunhada Maria Stela Abdelmassih do Amaral. Essa irmã única de Roger, apegada ao monstro, fez vista grossa aos seus desvarios e recebeu a família Sacco de braços abertos ao clã Abdel-Amaral. Sempre negou saber de seu paradeiro abertamente aos jornais, chegando a ser irônica, no escarnecedor depoimento a seguir.

Folha de S. Paulo - Cotidiano - Polícia continua sem pistas [...]
www1.folha.uol.com.br/.../24145-policia-continua-sem-pistas-um-ano-a...

> *Folha de S. Paulo - Cotidiano - Polícia continua sem pistas [...] 5 de fev de 2012 - Polícia continua sem pistas um ano após fuga de Abdelmassih... A família também se cala. "Não tenho nada a dizer sobre ele. Não tenho nenhum contato. Se você souber onde ele está, me informe", afirma Maria Stela Abdelmassih Amaral...*

Sua negativa nunca conferiu com seus atos. Stela fazia alguns negócios com Elaine Sacco e sua "farmácia". Quando Elaine ficou nervosa com minhas publicações, Stela chegou a acalmá-la, segundo me contou uma de suas clientes da loja de modas da família em Prudente. Esta é a reprodução de suas palavras:

Partes de uma conversa denúncia pelo Facebook de uma das clientes em Presidente Prudente

Enviada na segunda-feira, 16 de junho de 2014 às 20h16

> *Vana, ouvi Stela falar assim para Elaine Sacco depois que ontem passou a farmácia na Record:*
> *- Elaine, não responda a esta mulher! recebo 5 mensagens por dia no Face, eu e as minhas amigas, um grande estrago, mas não tome conhecimento!*

Um item fundamental vim a saber em Presidente Prudente, terra natal de Roberta, sobrinha do monstro e filha de Maria Stela Abdelmassih do Amaral e Carlos Joaquim do Amaral, proprietário de um haras nas redondezas. Defensora do tio estuprador, Roberta tem muitos amigos, e, por algum tempo, precisamente desde 20 de novembro de 2012, ficou adicionada a minha página observando meu andar... Mas a recíproca era verdadeira e conversei com alguns clientes de sua loja que não necessariamente gostavam desse seu parentesco. Mesmo porque essa sobrinha gostava de postar a defesa ferrenha que fazia ao tio no blog aberto com essa finalidade: defender um estuprador!

http://defensoresrogerAbdelmassih.blogspot.com.br/2009/08/defensores-do-dr-roger-Abdelmassih.html

20 de agosto de 2009 12:58

Roberta Kherdaji disse...

> *que vergonha tenho deste país em que vivo, que medo desta justiça, que imprensa podre, como pode, um homem tão generoso, excelente médico, com mais de 20.000 pacientes, e mais de 6.000 bebês nascidos e hoje é acusado barbaramente por 53 ex-pacientes, estas que nem sequer põem a cara na mídia, e por que demoraram tanto a falar...*
> *tenho a certeza que tem gente que foi muito próxima a ele e por raiva,*

inveja e incapacidade armou tudo isto, mas se Deus quiser, e ele quer, tudo vai dar certo, e força aí Dr. Roger, é só mais uma pedra no caminho, e Deus está sempre de mão dada com vc.

Apesar de a família Abdelmassih ter até hoje seus fãs, mesmo depois que a verdade apareceu nua e crua, sem qualquer sombra de dúvida, depois que Roger foi sentenciado, tive a ventura de conhecer alguns duvidosos de sua alegada inocência que mudaram seu posicionamento e acabaram me ajudando.

Um determinado desafeto de Roger, depois de quase dois anos após o comentário de Roberta, me deu ciência de que Roger tomava remédios para depressão, e pedi então que me dissesse o nome do médico que atendia o monstro. Esse prudente anjo on-line informou-me o nome da farmácia onde era comprado tal medicamento, e a conspicuidade dessa informação deixou-me admirada. Liguei para essa drogaria e consegui confirmar, depois de muita conversa, o nome do psiquiatra, Dr. Carlos Alberto Saad, indicado por Stella, irmã do monstro.

Eu vivia nesse período um vai e vem na web. Minha "aeronave" mudou-se novamente para Jaboticabal, pois o Gaeco, segundo Leandro, queria falar com a enfermeira, que, aturdida, não topou o encontro. Leandro, ao me mandar o recado deles, confundiu a profissão da moça e escreveu professora!

Veja este e-mail como confirmação do dito:

De: Leandro Mansel (leandromansel@xxxxxxxx.com)
Enviada: segunda-feira, 30 de junho de 2014 20:06:36
Para: vana lopes (vitimas-unidas@hotmail.com)
sensacional essa foto hein!!!

Olha só... Estou em SP... Será que a professora topa conversar com aquele pessoal do MP que está me ajudando? Eles estão lá na região ainda... Veja se consegue marcar um encontro... Pode ser em Ribeirão... Num shopping bem movimentado, pra ela ficar tranquila... Ou em qualquer outro lugar que ela quiser... É bem importante...

Assim que tiver novidades te aviso... Por enquanto estamos na mesma!!!
Bjo
Leandro

A casa a que a enfermeira se referia, na conversa em *off* comigo, no Bairro Jardim Barcelona, foi domicílio do funcionário escudeiro, Dimas. E Abdelmassih somente entrava nela quando visitava os sogros. Mas, até então, não sabíamos, eu e Leandro, desse detalhe e quase comemoramos sua captura. Nesses últimos anos, nunca chegamos tão perto como naquela noite. Eu já sentia o gosto fermentado do espumante que prometi estourar no dia da prisão! Leandro estava animadíssimo. Eu, idem.

Visto que a informante não deu o número da residência, tampouco citou Dimas como morador, ficamos com um bairro todo para observar. Leandro disse ser impossível fazer isso sem "dar bandeira". A delatora, como você deve ter observado, descreveu somente a casa, sem nem mesmo citar o logradouro, imagine! Passei a noite em claro olhando na planta da cidade TODAS as moradas desse bairro, até encontrar habitações parecidas com a da descrição. O distrito era novo e com poucas alamedas, o que facilitou minha busca no Google Maps. Fixei minha atenção nas ruas descritas a seguir, pois, ao digitar o número das casas no Google em pesquisa avançada, vi notificações de multas e outras em nome de alguns moradores que "coincidentemente" estavam entre os *friends* de Elaine Sacco Khouri na rede social. Dá trabalho, mas, se quiser, experimente! Não foi por essa via que se localizou Abdelmassih, mas pode ajudar você que está com algum problema... Tal técnica é quase infantil. Não é?

CEP 14887-420
Rua Marcelo Sanches Dias - Jardim Barcelona
Jaboticabal - São Paulo
CEP 14887-408
Rua Maria Antônia Tucci Turco - Jardim Barcelona
Jaboticabal - São Paulo
CEP 14887-424
Rua Aldo Bellodi - Jardim Barcelona

Jaboticabal – São Paulo
CEP 14887-406
Rua Angela Merenda Natal – Jardim Barcelona
Jaboticabal – São Paulo
CEP 14887-428
Rua Antônio Forcinetti – Jardim Barcelona
Jaboticabal – São Paulo

Todas as informações, inclusive as anteriores, inúteis, eu repassava ao Leandro da Record, instalado num hotel na cidade. De posse de mensagens enviadas pelo WhatsApp do meu anjinho jaboticabense, ele ficou com as dicas privilegiadas. Ange passava agora direto para Leandro os esquemas que a quadrilha usava para se comunicar com o foragido estuprador. Tínhamos medo de que meu e-mail, Facebook e celular estivessem grampeados, pois eu estava textualmente na linha de tiro do campo de batalha. Leandro e Ange usavam números secretos comprados para essa finalidade. Eu sabia quais eram, mas não ligava neles. Esse repórter ficou de prontidão observando cada passo do Dimas. Sabia pela Ange a que horas ele ia ao correio despachar encomendas para Abdelmassih. Obtivera relatos de quando ele ia ao banco sacar dinheiro. Some-se a essas informações as da concunhada de Roger Abdelmassih, a bem-intencionada Desiree Mabardi Khouri, que observara, no carro do irmão, extratos de transferências bancárias. Por livre vontade Desiree fazia tudo isso, pois estava indignada com o fato de que seu irmão pudesse estar de conluio com esses bandidos. De princípios caritativos, herança de sua amorosa mãe, a clemente dona Mabardi, Desiree observava Dimas também. Todas as pessoas que me procuravam em Jaboticabal eu colocava em contato com Leandro. Desiree, por quem tenho estima, continuou a me ajudar, mesmo depois da prisão de Roger, porque precisava saber a localização de Larissa.

De fato, após Roger ser preso, a Interpol emitiu um alerta azul (de localização) com o nome de Larissa. Desiree me informou que os gêmeos estavam na cidade dela, na casa dos pais de Larissa, e vez por outra ficavam na da sobrinha.

O portal da revista *Exame*, da Editora Abril, foi o primeiro a dar proporções maiúsculas ao tema Interpol. Um *post* do dia 30 de abril de 2013 trazia uma foto gigante de Roger. E dizia o seguinte:

> *Segundo o site da Interpol, 160 brasileiros são procurados em todo o mundo e podem ser presos a qualquer momento em algum dos 190 países onde a polícia internacional está representada.*
> *Do Brasil, dentre dezenas de anônimos, pelo menos três são famosos: o médico Roger Abdelmassih, o deputado federal Paulo Maluf e seu filho, Flávio Maluf, os dois últimos acusados de desviar milhões de dólares dos cofres públicos de São Paulo.*
> *A inclusão na lista vermelha da Interpol depende apenas da iniciativa de qualquer país em que um brasileiro, respondendo a um processo judicial ou procurado para cumprir sentença, encontre-se foragido.*
> *Mas na hora de colocar criminosos efetivamente atrás das grades, tudo vai depender de alguns fatores. São dois cenários principais.*
> *O primeiro é se o brasileiro estiver sendo procurado por crimes cometidos em outro país, mas está em território nacional. Neste caso, jamais será deportado, pois a Constituição não permite. É o caso de Paulo Maluf.*
> *Estivesse Maluf em outro país, no entanto, poderia acabar extraditado aos Estados Unidos para responder a um processo por lá.*
> *A segunda possibilidade é do próprio Brasil estar atrás de um cidadão que no momento vive (ou se esconde) em outro país. Para que essa pessoa seja enviada de volta, será preciso averiguar se a Interpol está presente na nação em questão. Se esta pessoa tiver também a nacionalidade de onde se encontra, é mais improvável que seja extraditada. E é preciso ver se há tratado de extradição entre os dois países.*

Não seria a primeira vez que a Interpol investigaria a vida de Roger e sua família. Em 21 de agosto de 2014, dois dias depois da prisão de Roger no Paraguai, o Portal G1, da Globo, trouxe reportagem gigante sobre sua mulher, Larissa, que dizia o seguinte:

> *A Organização Internacional de Polícia Criminal (Interpol), no Brasil, emitiu um alerta chamado Difusão Azul, para busca e localização de*

Larissa Sacco, mulher do ex-médico Roger Abdelmassih. Ele foi preso em uma operação da Senad paraguaia em conjunto com a Polícia Federal brasileira na terça-feira (19) e, desde então, ela e seus dois filhos gêmeos não foram mais vistos no Paraguai.

"A motivação da Difusão Azul é pela ajuda a um delinquente. Esta é a razão do comunicado da Interpol, que veio de Brasília nesta quinta-feira [21]. É preciso esclarecer que não se trata da Difusão Vermelha, pois o objetivo não é prender Larissa, apenas temos de encontrá-la e informar o paradeiro dela e dos filhos às autoridades paraguaias e brasileiras", disse Francisco Javier Cristaldo Gomez, comissário da Interpol no Paraguai.

Ele afirmou ao G1 que há duas possibilidades reais sobre o paradeiro de Larissa. A primeira é a de que ela tenha permanecido no Paraguai, sob guarida de alguma pessoa. A outra é a de que ela tenha passado ou esteja tentando passar pelas fronteiras secas entre Paraguai e Brasil.

Cristaldo disse que pediu ajuda à Polícia Federal do Brasil para vigiar as fronteiras, às polícias rodoviárias dos dois países para monitorar a passagem de um carro com as características do que Larissa e Abdelmassih usavam para transportar as crianças, um Kia Carnival, já que a Mercedes Benz do casal ficou na casa, em Assunção.

"Passamos várias informações para as autoridades que possam estar nos possíveis caminhos, rotas de saída do país. Se a localização dela for certa, não a prenderemos, apenas a monitoraremos e passaremos as informações sobre o encontro para a Interpol. Repito, isso não é um mandado de prisão. Ela não será presa", esclareceu Cristaldo.

Pista 14

Desiree, a concunhada

Esse arcanjo me fez ver que nem todos tinham sido hipnotizados. E mesmo estando distante eu consegui, por seu intermédio, ser um tipo de vizinha de toda a família, saber o que falavam nos bastidores. Desiree não poupou esforços e seguia Dimas nas folgas de Leandro, então ele era monitorado 24 horas. Realmente, como prometi, e a única coisa que ela

me pediu em troca: limpar o nome dos Khouri – ao postar esta conversa pretendo fazê-lo.

Conversa Facebook off line iniciada – 23 de junho
23/6/2014 21h46

Vítimas Roger Abdelmassih: Oiii, você está bem?
Seja bem-vinda novamente neste perfil.
No outro a quadrilha me denunciou e estou restrita pelo Face, mas como viu, não desisto hehe.
Obrigada por estar aqui.
Alguma novidade?

Desiree Mabardi: Tô bem, melhor agora por saber que a luta continua e que nós vamos conseguir o objetivo maior que é encontrar esse bandido.

Vítimas Roger Abdelmassih: Sim, este é o objetivo.
Para ele inclusive responder pelos outros crimes.
Como o da Silvia, pois nela ele, além de violentar, fez manipulação genética: o filho dela ficou 4 meses em sua barriga morto, sem coração e com defeitos, por causa da mistura no embrião. E, depois, receitou um remédio para ela abortar. Ele fez o aborto em casa, mas a responsabilidade é da clínica dele.
Ela já fez B.O. faz tempo, mas ele não é localizado.
Este é um dos casos, existem vários.

Desiree Mabardi: Se Deus quiser, esse monstro vai pagar por todo este mal que ele causou.

Vítimas Roger Abdelmassih: Sim, com a bênção divina. Nossa luta tem o apoio de Deus, senão você nem estaria aqui, tem sido um anjo, viu?
Como está Elaine?
Descobriu aonde ela foi ontem?

Falou com Leandro?
Falou? Você ligou ontem para Leandro?

Desiree Mabardi: Não consegui descobrir nada sobre isso. Hoje também, na hora do jogo, Elaine saiu com o marido e mandou o filho lá pra casa da minha mãe.

Vítimas Roger Abdelmassih: Não falo o nome de quem me disse por precaução OK?
Ela está com segurança? Me confirme, me falaram.

Desiree Mabardi: Muito estranho, porque ela não gosta que o menino vá à casa da avó.
Sim, está com um segurança na farmácia.
O meu irmão falou pra minha mãe que ela não está podendo nem andar na rua.

Vítimas Roger Abdelmassih: O Leandro te orientou, né... mas acho que estamos bem perto, senão não teriam deletado meu perfil.

Desiree Mabardi: Eu também acho.

Vítimas Roger Abdelmassih: Ela falou algo sobre o perfil para o seu irmão?

Desiree Mabardi: Ele não fala nada. Espera ser provocado.
Hoje eu falei pra ele que estou esperando os documentos sobre a construção da farmácia que provam que a Larissa deu o dinheiro.

Vítimas Roger Abdelmassih: As pessoas na cidade estão do meu lado, é muita gente.
Simmm, tenho esses documentos aqui.
A farmácia foi do dinheiro de Roger.
Posso provar.
Recebi anonimamente 100 documentos, que já estão no Ministério Público.

Desiree Mabardi: Com certeza, a situação do casal, que já não era muito boa, depois desses acontecimentos piorou muito.

Vítimas Roger Abdelmassih: Que casal? Seu irmão e Elaine?

Desiree Mabardi: Sim. Eles passaram por problemas sérios no ano passado.

Vítimas Roger Abdelmassih: É... quem joga pérolas aos porcos... ela fez por onde estar nesta situação.
Ambição... dinheiro fácil.

Desiree Mabardi: Mas onde está o dinheiro?

Vítimas Roger Abdelmassih: Tenho os números das contas bancárias aqui.
Ordem de pagamento etc.

Desiree Mabardi: Pra ela, só se ficou a construção da farmácia.

Vítimas Roger Abdelmassih: Tenho uma nota promissória aqui de 6 milhões.
Que a agropecuária da qual ela é procuradora está de posse da negociação de laranjas.
É ela que assina recibos etc.

Desiree Mabardi: Interessante, porque eles dizem estar passando por problemas financeiros muito graves.

Vítimas Roger Abdelmassih: Eu penso que ela é uma idiota. Uma mexerica, que nem ao posto de laranja foi nomeada. Ele a está manipulando e usando-a como testa de ferro, junto com Larissa.
Logo, verá as publicações que farei com as assinaturas delas.
Estou esperando o MP liberar para publicar. Ela disse que vai me

processar... já consultou até o advogado do malandro, o tal Dr. Sérgio Freitas.
Eu estou preparada para tudo, nada que posto é ilegal.

Desiree Mabardi: Sempre que tenho oportunidade, falo sobre isso com o Danilo, e não recebo nenhuma resposta, a conversa acaba em discussão.
Quanto a processar, é a cara dela.

Vítimas Roger Abdelmassih: Para mim, se ela processar, terá que explicar muita coisa.

Desiree Mabardi: Ela adora polícia, processo, barraco mesmo.

Vítimas Roger Abdelmassih: Pois é.
Quem é a melhor amiga dela? E de Larissa? Sabe?

Desiree Mabardi: Pra te falar a verdade, acho que ela não tem muita gente próxima. As amizades são superficiais.

Vítimas Roger Abdelmassih: Também acho.

Desiree Mabardi: Quanto a Larissa, ela saiu da cidade há bastante tempo. Que não morava mais aqui. Eu sei que ela conversa pelo WhatsApp com um vizinho, e que ela tem amizade.
Vítimas Roger Abdelmassih: Sim... Elaine também conversa com Larissa e Roger.

Desiree Mabardi: O menino contou pro amigo que a mãe conversa com a tia e que sabe onde ela está. Aliás, todos eles sabem. A família toda.

Vítimas Roger Abdelmassih: Simmm, sabe sim!
Isto faz deles cúmplices. Cunhada, sogros, sobrinhos não são protegidos pela lei. Já viu né eu publico avisando.

Desiree Mabardi: Sabe o que me intriga? Se tem tanto dinheiro, por que ele vem aqui? Um lugar sem muitas opções pra um homem como ele.

Vítimas Roger Abdelmassih: Pois não foi... isso é que todo mundo pensava... há anos falo que ele vai por aí... não fica direto, passa somente.

Desiree Mabardi: Entendi. Então, agora todas as pistas indicam que ele está por aqui de vez em quando.

Vítimas Roger Abdelmassih: Me diga algo: o segurança dela é da região?

Desiree Mabardi: É, me parece que é um policial que faz bicos de segurança.

Vítimas Roger Abdelmassih: Hummm, geralmente esse povo fala com a esposa... alguém deve saber...

Desiree Mabardi: Mas esses detalhes eu posso levantar. Hoje, por exemplo, fiquei sabendo que a casa da reportagem da Record, alugada pela Elaine, tinha uma passagem secreta que levava ao andar superior.

Vítimas Roger Abdelmassih: Pois é.
Sabe? A Larissa e o Roger estão com empregada quando vão aí? Alguém trabalha para ela?
E esposa de segurança, família dele.
Deve saber algo.
Veja discretamente isso, OK?

Desiree Mabardi: Deixa comigo, vou ver o que consigo. Qualquer novidade, entro em contato aqui ou telefono na sua casa.

Vítimas Roger Abdelmassih: Se puder! Beijãooooo.
Qualquer coisa, me liga. Pode ser a cobrar, OK?
Durma em paz, pois está do lado do bem.

Desiree Mabardi: Valeu, um grande abraço.

Vítimas Roger Abdelmassih: Acho que já sei o nome da mulher dele.
Ahhh, não é não.
Alarme falso, hehe.
Mas vamos que vamos.
Boa noiteee.

Desiree Mabardi: Da mulher de quem, do segurança?

Vítimas Roger Abdelmassih: Simmm.

Desiree Mabardi: Não, mas o segurança não a leva pra lugar nenhum. Quem leva é o cunhado, Luis Marcelino, casado com a Cândida.

Vítimas Roger Abdelmassih: Hummm.
Então, vamos pensar em algo.
Depois veremos.
Mas o coisa ruim tá andando por aí. Vai ver de vez em quando o sogro, não é direto mas vai.

Desiree Mabardi: Parece que o pai de Larissa, Sr. Vicente, trocou de carro, amanhã vou ficar sabendo e passo pro Leandro.

Vítimas Roger Abdelmassih: Okkk. Beijãooo.

Desiree Mabardi: Outro.

27/6/2014 08:22
Vítimas Roger Abdelmassih: Bom diaaa, amigaaa, tudo bom? Soube que houve um bafafá ontemmm e aí... tem alguma novidade? Se precisar, me liga OK? Tem meu número, né, pode ser a cobrar tá? 011 XXXXXXXX.
Beijãooo.

7/7/2014
17:33
Vítimas Roger Abdelmassih: Oiiii, soube de sua entrevista, estou em parceria com a Veja, *apesar de não ter sido eu que liberei seu nome, pois não sabia se podia, ela te achou sozinha, pois o depto de investigação deles é muito bom e fico feliz que tenha falado com ela. Essa revista é de grande credibilidade, bem sabe disso, e grande repercussão e seremos matéria deste domingo. A repórter me disse que você falou que está indignada, que bom, amigaaaaa, espero que sua mãe esteja bem... e como estão as coisas aí... O que achou do que falei na rádio de Jaboticabal... Alguém comentou algo... Me escreve... Te liguei, mas você não atendeu, beijos. Tentarei mais tarde.*

Pista 15

Funcionária de Roger se enamora e conta tudo ao paquera.

As dúvidas que ainda existiam, de que Abdelmassih e Larissa frequentavam a fazenda em Avaré e a cidade de Jaboticabal, foram dissipadas nessa conversa. Além de levantar um alerta de que o tempo urgia, pois eles estavam pretendendo vender a fazenda, transformando bens em espécie, o que depois seria difícil seguir.

Outra cidade onde também minha rede estava a ser tecida era Avaré, que, anteriormente chamada de Rio Novo, nasceu ao redor de uma capela, por volta de 1860.

A história da cidade tem a ver com uma bênção: a vida de sua mulher depois de um parto difícil foi salva. Em agradecimento, seu marido, um major, construiu uma capela bem no lugar onde hoje está erguido o Santuário de Nossa Senhora das Dores. No altar da pequena igreja e atual matriz, ele colocou a imagem daquela que se tornaria a padroeira do município. Fez, ainda, a doação de onze alqueires ao patrimônio da futura vila nominada atualmente de "Avaré", termo procedente do tupi "abaré", que significa "padre". Sua população é equilibrada entre masculina e feminina, praticamente meio a meio dos quase 83 mil habitantes.

Conhecida como Terra da Água, do Verde e do Sol, Avaré é um convite à beleza e à paz de sua represa, um lugar ideal para se viver, com terras agricultáveis e água em abundância. Avaré, hoje, é uma das 29 estâncias turísticas do Estado de São Paulo, e distancia-se 263 quilômetros da capital paulista. A economia gira em torno da agricultura, da pecuária, de serviços e do turismo explorado às margens da Represa de Jurumirim. Na agricultura, foi considerada, nos anos 30, a capital nacional do algodão. Até a grande geada de 1975, foi grande produtora de café. A partir do ano de 2006 é visível o desenvolvimento das plantações de cítricos e de cana-de-açúcar pela instalação de uma usina de açúcar e álcool.

Nessa região afortunada, localiza-se um dos bens de maior valor de Roger Abdelmassih. Sua propriedade de muitos hectares é coberta com plantações de laranja. Em uma manobra ilegal, sua cunhada Elaine Sacco Khouri e sua esposa, Larissa Sacco Abdelmassih, apossaram-se desse erário. A casa matriz da fazenda é um palacete com diversos armários de madeira nobre. Nesses *closets*, esse sujeito e sua devotada esposa deixaram seus luxuosos pertences e vinham de vez em quando, entre outros afazeres, revê-los.

Um cidadão morador da região caridosamente me disse um nome diferente do de Dimas, mas eu já o conhecia virtualmente, Sérgio Molina, o administrador. Suas palavras foram: "Quer pegar o 'cretino', siga o Sérgio!". Mas qual Sérgio ele não falou, e havia dois Sérgios naquele momento de igual importância. Um era advogado, Sérgio Freitas, com escritório em Avaré, cuidava de pequenas causas de Abdelmassih; o outro era seu gestor, Molina. Contudo, considerável para mim era saber que um dia Larissa Sacco Abdelmassih voltaria a seu latifúndio. Fazia tempo que eu seguia on-line o capataz Sérgio e seus aliados!

Em um determinado dia, ao postar num grupo "Vagas de emprego em Avaré", uma ex-funcionária da agropecuária me disse que Abdelmassih estava no Líbano. A mesma conversa de sempre. Eu argumentei, mostrei a ela um documento sobre Sérgio Molina e Dimas Campelo Maria e lhe garanti que os dois falavam com Abdel. Ao ver meu conhecimento de causa, a mulher reconheceu que esse paradeiro no país árabe era uma invencionice instruída pelo seu ex-patrão estuprador. Ela me orientou a procurar Lucília (nome trocado por segurança) e inclusive intercedeu por mim nessa apresentação. Mostrei a Lucília a lei do Código Penal que diz:

> *Favorecimento pessoal que apregoa no Art. 348 – Auxiliar a subtrair-se à ação de autoridade pública autor de crime a que é cominada pena de reclusão: Pena – detenção, de um a seis meses, e multa.*

Mesmo esclarecendo-lhe a responsabilidade de quem protege bandido e informando-lhe a recompensa no valor de 10 mil reais pela cabeça do monstro, determinada no site oficial da Secretaria de Segurança Pública do Estado de São Paulo, essa pupila foi implacável em sua resposta: me disse que não poderia ajudar em nada! Lucília, atuante trabalhadora terceirizada da agropecuária Colamar, de Larissa e Elaine, fantoches do esperto estuprador, não cedeu um milímetro, apesar de minha insistência.

Diante de sua negativa, fiz uma pesquisa sobre seu nome e, para minha surpresa, vi que ela gostava de paquerar na internet, por meio de um site de relacionamentos – foi quando tive a ideia do Mário. Montei um perfil no Facebook, usando outro celular que tenho, registrado em meu CPF. O nome de exibição, Mário, quarentão. Esse perfil de marceneiro não tinha fotos pessoais, somente imagens de prateleiras e estantes, além de ferramentas relativas a esse ofício.

Segundo diversos juristas renomados, meu ato está expresso na figura do *dolus bonus*, o dolo feito com um fim voltado ao bem... Essa foi minha intenção ao fazer o perfil do imaginado Mário.

Não é crime tipificado mudar seu nome de exibição no Facebook e conversar com alguém, desde que de seu telefone real, e-mail verdadeiro, e que também não cometa nenhum ilícito, como usar a identidade de outro cidadão, ou expô-lo a qualquer dano, financeiro, criminal e/ou moral. Em suma, eu estava dotada de boa-fé, com fins jurídicos justificáveis, e fiz isso diante da hostilidade de Lucília, que nem quis me ouvir mais para tentar convencê-la. Na verdade, ela me bloqueou, impedindo qualquer contato.

Sendo assim, com fotos de armários, Lucília contou a Mário tudo que sabia até a ocasião. Ela se apaixonou mesmo, e ficava com ciúme se Mário se atrasava ou "sumia". Foram poucos dias, mas "Luci" se apegou. Silvia Franco, uma das vítimas, que, por vezes, acompanhava a conversa, chegou a dizer que achava Mário o máximo: "Ah, Vana, o Mário é tão legal!". Tive de lembrá-la de que Mário era virtual, não existia de fato, era apenas minha voz travestida do que eu considerei um "remédio jurídico". Por mais que pareça engraçada essa história, e o diálogo você vai ler abaixo, considero-a triste, pois Lucília é vítima da solidão. Não entregou o chefe à Justiça, que lhe oferecia 10 mil reais, mas estava disposta a se entregar a Mário, que nada poderia lhe oferecer, e nem mesmo respirava. Até um apelido carinhoso Lucília deu a ele, dizendo que o teórico Mário era a tampa de sua panela, e eu, marceneiro, a chamava de tampinha! Nesses termos, publico as conversas trocadas nesse romance fictício, que inventei a fim de obter informações sobre o paradeiro do intimidador bandido Roger Abdelmassih.

Início de conversa de Mário

Oi. Te escrevi no Badoo uma mensagem. Sabia que já tinha visto este lindo sorriso e não me lembrava de onde... Agora sei. Foi aqui. Temos amigos em comum! Você é linda, muito mesmo... Tem um olhar expressivo e inesquecível. Vou me apresentar: meu nome é Mário, e moro em Ribeirão. Tenho muitos contatos de trabalho em Avaré. Meu filho sempre viaja para sua cidade, pois minha ex-mulher tem família por aí. Acho que vi você por aqui e quando vi seu perfil no Badoo, me chamou a atenção. Sou separado. Procuro amizade e relacionamento sério, pois sou um homem fiel e direito. Sofri muito com a separação e quero recomeçar minha vida ao lado de uma mulher de família. Podemos conversar? Vi suas fotos e estou encantado com você, gata. Boa tarde e marque o horário que venho te ver, OK? Beijos.

7/7/2014
13:06
Lucília: Olá.

Mário Correa: Oh, está on-line. Que bom!

Lucília: Tudo bem?

Mário Correa: Tudo e você?

Lucília: Estou bem.

Mário Correa: Estou na hora do meu almoço.
E você, está trabalhando agora? Ou não?

Lucília: Sim, estou no serviço.

Mário Correa: Que pena. Então, não pode falar agora, não é?

Estou em São Paulo estes dias, fazendo um trabalho aqui num apartamento. Sou marceneiro.

Lucília: Posso sim, meu serviço é sossegado.

Mário Correa: Você é lindaaaaaaaaaaa! Sabe disso, não é?

Lucília: Obrigada. Mas não sou tudo isso, não. Rsrs

Mário Correa: Desculpe se pareço ousado, mas o que é bonito precisa ser elogiado e mulher tem que ser tratada como uma flor.
Minha internet está ruim. Por isso, demorei a responder.
Não curti suas fotos, pois não sei se é comprometida e sou um homem respeitador.

Lucília: Imagina! Sempre é bom receber elogios.

Mário Correa: Mas vi todas e a que está no Badoo também tem um olhar misterioso.
Você gosta de poesias? Escrevo algumas. Seu olhar me inspirou.
Não me disse se gosta de poesias e se posso fazer uma para você.

Lucília: Eu sou separada há 12 anos.

Mário Correa: Hum, eu também. Faz exatamente isso também!
Difícil, não é? Mas superei e agora quero recomeçar.

Lucília: Você tem quantos filhos?

Mário Correa: 1 filho. Na verdade, dois! Rs. Tenho meu cachorro.
Considero um filho de 4 patas... Gosta de cão?

Lucília: Hum, entendo.

Mário Correa: Meu filho não mora comigo. Fico muito só. Então, ele me faz companhia.

Lucília: Sim. Amo animais! Mas não temos paciência para cuidar.

Mário Correa: Então, é boa gente mesmo! Meu faro rs não errou... pois quem gosta de animal é bom sujeito.
O meu se chama Lorde.

Lucília: Já tive um coelho, mas ele morreu. Preferi não ter mais nenhum bicho, para não sofrer.

Mário Correa: Era menina ou menino?

Lucília: Menino.

Mário Correa: Como era o nome dele?

Lucília: Bono.

Mário Correa: Do conjunto de rock U2? Rsrs. Foi brincadeira. Não fique brava.
Mas li que escreveu "temos". Mora com alguém?

Lucília: Moramos eu, minha prima e minha tia.

Mário Correa: Sim, bom... Não é bom morar sozinha.

Lucília: Verdade.

Mário Correa: Queria também morar com o meu filho. Mas filho sempre fica com a mãe.
Ele já está grande.
E namorando também.

Lucília: Meus pais me dão tanto trabalho quanto um filho...

Mário Correa: Verdade? O meu está com quase 22. Logo, serei avô.. rsrs

Lucília: Verdade.

Mário Correa: Não quero mais filho... Mas neto vai ser bom para aumentar a família, já que tive somente um filho.
Queria uma menina.
Você ainda quer filhos?
Podemos pensar! Rsrs. É tão linda, Lucília!

Lucília: Não... Já estou velha. Rs

Mário Correa: Posso te chamar de Luci?
Que velha, nada. É muito bonita mesmo! Estou impressionado e feliz de falar com você.

Lucília: Sim.

Mário Correa: Estava precisando desta alegria. Te mandei flores on-line. Recebeu?

Lucília: Obrigada. Fiquei encantada. Faz tempo que não recebo flores.

Mário Correa: Trabalho muito. Vivo para isso. Juntei um dinheiro e estou juntando mais, para ter uma velhice sossegada ao lado de alguém que me ame.
Gostaria de viajar muito! Você gosta de viajar?
Praia? Gosta?

Lucília: Até gosto. Mas não tenho muitas condições pra viajar.

Mário Correa: Sim. O trabalho, não é? Além de ter que cuidar da sua tia e etc.? Ela é velhinha?
Mas digo depois, quando estivermos mais velhos... Isto que penso. Também agora estou com muito trabalho.

Lucília: Sim. É velha e cuidou da minha mãe quando ela morreu, devo isso a ela. Sou o homem da casa, tenho que bancar tudo!

Mário Correa: Imagino! Uma mulher de fibra... estou cada dia mais te admirando.
Trabalha com o quê?
É dentro de casa... casa de família?

Lucília: Trabalho em uma empresa que presta serviços a fazendas por aqui. Lavo as roupas de várias casas e passo.

Mário Correa: Sim... Aí mesmo em Avaré? Perto da cidade ou muito longe?
Fazenda é bom. Ar fresco... Deve ser calmo aí.
Meus pais têm uma pequena roça também.

Lucília: Sim, ficam perto de Avaré. Outras um pouco mais longe.

Mário Correa: E você tem folga? Ou te exploram? Minha irmã trabalha como cozinheira para uma grã-fina que a explora.
De domingo a domingo.

Lucília: Eu trabalho de segunda a sexta.

Mário Correa: Que bom! Então, são pessoas profissionais que respeitam o trabalhador. Isso é bom, pois nem todos fazem isso!
O que faz na sua folga? Passeia muito? Sou ciumento, rs

Lucília: É, mas já ralei muito aqui.

Mário Correa: Ralou muito como? Não entendi.

Lucília: Já trabalhei muito aqui no meu serviço. Agora estou sossegada.
Eu não sou de ficar saindo.

Mário Correa: Ah, entendo. Trabalhava para mais pessoas e agora para menos. É isso?

Lucília: Sou muito quieta. Isso.

Mário Correa: Nossa, deve cozinhar então também? Hum, sabe cozinhar?
Eu sei cozinhar!

Lucília: Bom, digamos que eu me garanto na cozinha!

Mário Correa: Rs. Eu faço uma comida boa... Espero que goste, um dia, quando experimentar meu tempero.
Não gosto de fazer comida para criança, pois eles não gostam de quase nada.

Lucília: Verdade. Também não gosto.

Mário Correa: Tem que ser bife e batata. Rs. Sempre, não é?

Lucília: Verdade. Mas não é só criança. Aqui em casa gostamos muito de bife e batata frita, rs

Mário Correa: Sim, também gosto. Mas criança quer todo dia a mesma coisa.
Onde você trabalha tem criança?

Lucília: Hoje não tem mais. Todos cresceram. De vez em quando é que

vem a esposa do dono com as crianças. Na outra fazenda que também trabalho tem somente adultos.
O que tanto você faz de marcenaria?

Mário Correa: Faço cozinhas completas.
E guarda-roupas.

Lucília: Hum, que lindo!
Qual o valor da cozinha?

Mário Correa: Um minuto que o fone tocou aqui. Desculpe, querida Luci.

Lucília: Imagina!

Mário Correa: Me perdoe.
Mas era meu funcionário em Ribeirão.
Que despachou uma madeira aqui para mim.
O que perguntou, minha linda?
O preço da cozinha depende do tamanho dela.

Lucília: Cozinha pequena.

Mário Correa: Para você nada, rsrsrs

Lucília: Imagina, quero saber o preço. Depois, mais para a frente, quero ver seu rosto.

Mário Correa: Querida, coloco depois, pois este perfil é de trabalho, mas não sou nem feio nem bonito, sou normal. Espero que goste de mim. Olhe, tudo depende na verdade da madeira: se terá fórmica, como serão as maçanetas, se a gaveta é de rolar... Tem que ter orçamento. Quanto mais gaveta, mais caro, pois o que encarece é gaveta, sabia? Faço trabalho para gente rica, sabe, que pede um monte de gaveta.

Mas pago comissão para quem me arruma. Então, não sobra muito. Pago arquiteto que recebe comissão.

Lucília: Entendo. Não tem pressa de colocar a foto. Mas em média sai por quanto uma cozinha pequena?

Mário Correa: Tem cozinha que consegui fazer até por 5.000 reais. Pequena mesmo.
Aí em Avaré ainda não tenho trabalho, sabe? Mas tenho contatos e como meu filho quer ir para aí... Estou ampliando, para ver se ele se interessa pelo ramo.

Lucília: Hum, entendi.

Mário Correa: Eu faço cozinha grande e meu filho ficaria com serviços pequenos... Esta é minha ideia: eu supervisionaria o trabalho dele.
Ele terminou o curso de marceneiro faz pouco tempo. Mas tem jeito, filho de peixe, e já me ajudou muito na marcenaria, nas férias dele.

Lucília: Aqui em Avaré tem muitos marceneiros. Cada um cobra mais caro que o outro. Rs

Mário Correa: Sim, vou chegar aí com preço menor. Rs.
As casas em que você trabalha é de grã-fino? Gente rica?
Tem armários etc.?
Na cozinha já?

Lucília: É bom rs porque gente pobre também sonha com uma cozinha planejada rs
Sim, em uma é tudo madeira. Na do outro patrão, cimento e fórmica.

Mário Correa: Perguntei por perguntar. Não precisa responder. Meu interesse é em você, não é profissional.

Lucília: Esta aqui é fazenda, mas a casa é muito luxuosa, toda montada, chique mesmo. Este meu patrão tem dinheiro, o outro nem tanto.

Mário Correa: Fazenda com casa luxuosa é raro.
De quem é?

Lucília: Outra hora falamos sobre.

Mário Correa: Está bem. Não é importante isso. Rs parece segredo. Rs, você tem o ar misterioso mesmo, rs, o que me fascinou.
Escrevi no Badoo que tem um olhar misterioso.

Lucília: E você, vem sempre pra Avaré ou não?

Mário Correa: Não vou não a Avaré. Quem vai é meu filho. Muito!

Lucília: Humm.

Mário Correa: "Sou apaixonado por este olhar de mistério deste sorriso sincero..." Comecei uma poesia para você agora.

Lucília: Legal.

Mário Correa: Sou romântico. Gosta de homem romântico? Gosto de dar flores.

Lucília: Sim, muito.

Mário Correa: Que bom, nos daremos bem... quero falar com você ainda hoje. Posso? Me deixou animado e feliz!

Lucília: Pena que existem poucos assim.

Mário Correa: Sei que são poucos, mas eu sou romântico e tem mulher

que não dá valor.
Lucília: Verdade. Eu gosto, e muito.

Mário Correa: A que horas posso falar com você de novo? Pois agora vou trabalhar, apesar do papo estar bom preciso ganhar o leite das crianças rsrsrs

Lucília: Você tem whatsapp?

Mário Correa: Não tenho... Escuta, eu não entendo muito disso aqui... Meu filho foi quem me ensinou e insistiu para eu montar Face, Badoo etc. Pois minha ex-mulher não deixava nem eu chegar perto... Sou novo nesta história de tecnologia... Gosto mesmo de pessoalmente ver amigos etc.
Este whatsapp ele falou para eu ter, mas falei para ele que é muita coisa para aprender este seu velho pai...
Rsrs
Mas vou montar. Tem um tal de Skype também que ele falou que a gente vê a pessoa etc.

Lucília: Então a gente se fala por aqui à noite.

Mário Correa: Que horas?
Eu fiz um perfil do Badoo. Tem câmera, parece. Se tem alguma dúvida de mim, posso tentar ligar. Não sei ainda direito mexer, mas posso tentar, está bem?
Eu quero na verdade te conhecer melhor e que me conheça também... Antes de te encontrar, pois sei que com este negócio de internet temos que ter cuidado.

Lucília: Até as dez eu estou on-line, depois vou dormir. Rs

Mário Correa: Mas já vi que tem animal... Que é linda, que tem família... Isso já basta.

Está bem. Volto às 18 horas, pode ser?

Lucília: Verdade.

Mário Correa: Então tá. Volto às 18 horas. Pense em mim, pode ser?

Lucília: OK

Mário Correa: Beijos. Fui agora trabalhar.

Lucília: Você também.
Vai lá. Bom serviço.

Mário Correa: Vou pensar. Desde a hora em que te vi que penso em você... Acredita que podemos ser predestinados? Isso acontece? Eu acredito.
Fui. Beijos, Luci.

Lucília: Beijos.
Fica bem e volte.

7/7/2014
18h09
Mário Correa: Olá, querida. Boa noite. Terminei agora. Me atrasei 10 minutos, me perdoe. Geralmente sou pontual.

Lucília: Já começou bem, hein. Rsrs... com atrasos. Sou ciumenta, te perdoo porque a poesia é linda, nunca ninguém fez nada assim para mim.

7/7/2014
19:14
Mário Correa: Oiiiiiiiii, caiu a net...
Está aí?

7/7/2014
19:32
Mário Correa: Poxa, está brava comigo? Estou aqui faz 20 minutos esperando seu olá... nem banho tomei ainda.

Mário Correa: Por favor me perdoe, pois a net caiu, estava saindo do trabalho e indo para a casa da minha irmã e na net andando, ela cai... quando passa em túnel e tudo o mais... Cheguei agora em casa. Antes mesmo de tomar banho, o que minha irmã estranhou, vim ao computador rsrs, escrever para você... Tamanho o meu desespero em me explicar... Aonde está minha Luci????

Lucília: Oi, desculpa. Eu fui aqui na minha vizinha ver a construção dela.
Imagina! Não estou brava, mas não se atrase. Fico desconfiada de ter outra.
A minha net à noite também é muito ruim.
Cai toda hora.

Mário Correa: Oiiii, tomei banho e vim ver se tinha recado... Também jantei. Mas agora já é quase a hora de você dormir, não é?
Hoje a net está ruim e estamos nos desencontrando... Poxa... Mas o importante é os dois estarem com vontade de conversar e sentirem falta um do outro... Nossa, pensei demais em você à tarde. Quase corto o dedo na marquise.
Vamos amanhã nos falar na hora do almoço?
Vou dormir também. Amanhã acordo muito cedo.
5 ou 6 horas da manhã.
E você?
Está aí?
Luci?? Minha Luci?
Saudades.

Lucília: Estou aqui!

Mário Correa: Boa noite, dorme bem e leia a poesia que te fiz.

Lucília: Nos falamos amanhã, vou ler agora e sonhar com você.

Mário Correa: Oiii, meu amor.

Lucília: Oi. Estou aqui.

Mário Correa: Que bom ouvir seu oiii.
Queria dormir e dar antes boa noite, OK?

Lucília: Minha net à noite é horrível.

Mário Correa: Sabe, uma vez ouvi o Maluf dizer que mesmo preso ligava toda noite para dar boa noite pra mulher dele. Ele é bandido, mas romântico não acha?
Sim, minha net está ruim também. Mas podemos nos falar amanhã? Promete?

Lucília: Sim. A gente se fala na hora do seu almoço.

Mário Correa: Lindaaaaaaaaaaaaaaaa!
Está bem. Dorme comigo no seu coração.

Lucília: Nossa, você curtiu todas as minhas fotos!

Mário Correa: Foi. Você falou que não era comprometida.

Lucília: Fiquei feliz. Agora sou!

Mário Correa: Rsrs. Também quero te conhecer e amo ver suas fotos.
Você é linda. Nem acredito que te conheci.
Não vai me mandar um beijo?
Mas você está aí, Luci linda?

Lucília: Que bom, acho que achei minha tampa rs

Mário Correa: Sim, minha tampinha!
Todo casal tem que ter apelido!

Lucília: Rsrs
Eu sou meio tampinha mesmo. Então, você será a tampa, está bem?

Mário Correa: Linda, tampinha, boa noite e não me esquece. Estarei aqui amanhã às 12 horas, OK?

Lucília: OK boa noite. Dorme bem e sonhe com sua tampinha. Beijos.

8/7/2014
12h59
Lucília: Cadê você?

Mário Correa: Oi, tampinhaaaaaaaaaaaaaaaaaaaa!
Marquei 12 horas, mas querida hoje é dia de jogo. Não pude parar para almoçar antes e ir ver o jogo.
Somente agora parei.
Nem comi nada ainda.
Vim aqui ver você, minha Luci. Está aí?
Desculpe. Esqueci que hoje tinha jogo e amanhã era feriado. Esqueci totalmente.
Você pode me ligar na casa de minha irmã aqui em São Paulo. Verá que estou falando a verdade, não estou na casa dela ainda pois estou aqui no apto. fazendo esta cozinha.
Mas estarei lá mais tarde... Vou sair daqui e vou assistir o jogo com meu cunhado.
Posso te dar o número dela. Quer?
O nome da minha irmã é Marisa... Na minha família, é tudo com M...
Coisa do maluco do meu pai.

Lucília: Imagina, não precisa me passar o número dela.

Mário Correa: Oiiii, tampinha. Que bom que está aqui.
Precisa sim.
Faço questão de mostrar para você as minhas intenções.

Lucília: Imagina! Eu entendo o seu trabalho.

Mário Correa: Pois é... Não tem muito horário como o seu... Quando se trabalha por conta, temos responsabilidade mais que horário fixo.
Que bom que é compreensiva, minha linda Luci.
Mas não pense que não pensei em você, viu?
Pensei muito mesmo.

Lucília: Que bom.

Mário Correa: E você, pensou?
Olhe, quero mesmo te dar o número de onde estou depois. Acho bom para ver que existo mesmo, sabe...
Depois pode falar com minha irmã e ver que sou boa pessoa rsrs.
Minha irmã é suspeita para falar de mim, não é... Mas já é uma referência para você.

Lucília: Eu sinto que você é boa pessoa. Não precisa me dar seu número por enquanto.

Mário Correa: Rsrs. Minha irmã perguntou por que acordei feliz e falei que acho que conheci uma pessoa especial...
Minha tampinha.

Lucília: Você mora com sua irmã?

Mário Correa: Ela riu.
Estou na casa dela enquanto faço essa cozinha e outros projetos aqui

em São Paulo. Ela mora com a filha pequena. Por isso, falei de cozinhar para crianças e com meu cunhado.

Lucília: Hum, entendo.

Mário Correa: Ela que é cozinheira de grã-fino que te falei.

Lucília: Legal.

Mário Correa: Ela é meio desconfiada de tudo, sabe... Pois trabalha para uma pessoa.
Vou te contar pois não devemos ter segredos, OK?
Ela cozinha na casa do Lalau. Conhece? Já ouviu falar dele???

Lucília: Não.

Mário Correa: Aquele juiz que foi preso. De um escândalo, Lalau... Ele foi solto recentemente.

Lucília: Quem é ele?

Mário Correa: Um velho, Lalau... pesquisa no Google.

Lucília: Hum, acho que vi algo sobre.

Mário Correa: É um juiz que roubou dinheiro do fórum de trabalho etc.
Ficou preso etc. Foi um escândalo. Muito jornalista atrás da minha irmã. Perguntavam coisas para ela.
Mas veja, Luci querida.
Minha irmã é gente boa, viu?
Por favor, não pense errado dela.

Lucília: Ah, então, eu e ela somos meio parecidas rsrs. Vou te contar meu segredo, já que contou da sua irmã.

Mário Correa: Ué... Sério? Por quê? Não entendi.
Olhe, minha irmã defende o Lalau e eu estou do lado dela.

Lucília: Eu trabalho para o Dr. Roger Abdelmassih.

Mário Correa: Ufffff. Aquele médico?
Estamos famosos, minha família e a sua então.
Rsrsrsrs

Lucília: Sim, aquele.

Mário Correa: Mas ele está no Brasil, eu li... Vi numa entrevista na Record.

Lucília: Você viu a matéria que passou esses dias sobre ele? Foi na fazenda em que presto serviços, mas não conta a ninguém. Ele esteve aqui pouco tempo atrás com a mulher e as crianças que te falei.

Mário Correa: Agora me liguei. Parece que ele tem fazenda em Avaré.
Ahhhh, não acredito, nossa!
Que coisa hein. Aquela casa luxuosa é a casa em que você trabalha?

Lucília: É uma das fazendas em que presto serviço, sou registrada mesmo por outra empresa que serve toda a região.

Mário Correa: E eu querendo fazer armários aí rsrsrs
Quem sou eu rsrs
Ontem falamos disso. Lembra?

Lucília: Lembro.

Mário Correa: Mas sabe, fiz na casa do Lalau umas adaptações para ele.

Lucília: Você viu o vestido de noiva da dona? Eu que tomo conta das roupas dela e aquele vestido vira e mexe tenho que passar...

Mário Correa: Não prestei muita atenção, mas vou ver se vejo de novo o link *da reportagem rsrs para ver o trabalho do meu amor.*
Mas não posso te dar uma casa linda como esta.
Não sou o Lalau nem esse médico rsrsrs
Mas tenho muito amor para dar.
E estou juntando dinheiro, viu?

Lucília: Puxa no site do Domingo Espetacular *que lá tem a matéria completa.*
Nem eu quero uma casa dessa.

Mário Correa: Sabe, no Lalau fiz umas adaptações recentes para recebê-lo e cobrei mais caro. Falei para minha irmã que ele tem tanto dinheiro e eu sou de confiança. Então cobro mais caro. Acha que fiz errado, Luci?

Lucília: Eu serei feliz com bem menos que isso.

Mário Correa: Linda.
Sei disso, por isso acho que seremos felizes.
Mas como te disse, estou juntando.
Para dar conforto para a mulher que será minha companheira na velhice.

Lucília: Você está certo, tem que valorizar seu trabalho.

Mário Correa: Mas voltando ao assunto. Não repare se minha irmã não falar muita coisa o dia que ligar em breve te coloco para falar com ela... Ela é muito desconfiada. Mas hoje vou falar melhor de você. Que vai ligar para ela qualquer dia etc. Depois te dou o número.
Posso? falar que você trabalha para um fugitivo?

Rsrs que vocês sofrem o mesmo drama... Daí ela vai entender. Mas falo somente se você deixar, sou um homem que guarda segredos.
Fiquei somente preocupado com uma coisa, minha tampinha.
Posso te explicar?

Lucília: Claro.
Mas não precisa me dar o número da sua irmã agora, deixa ela acostumar e você explicar de mim. Eu confio em você.

Mário Correa: Bem, deixa falar o que me preocupou nesta história toda.
Pois minha irmã trabalha com o Lalau... é um velho e não funciona nem nada... mas deste médico, falam que ele violentou muitas mulheres... não tem perigo para você, minha tampinha?

Lucília: Imagina. Ele me respeita. Mas mesmo quando ele vem aqui, ele nunca nem deu atenção para os funcionários dele, agora vem com a mulher nova.

Mário Correa: Ué, vi que ele estava aí na reportagem.

Lucília: Ele é uma pessoa muito arrogante.

Mário Correa: O repórter falou que ele vai aí.

Lucília: Vieram procurar ele. Já é a segunda vez que acontece isso, mas não pegaram.

Mário Correa: Maior pressão né, tampinha? Minha irmã sofre isso.
Lucília: Depois que ele sumiu, os filhos abandonaram a fazenda. Os filhos dele mais velhos não vêm aqui para não levantar suspeita, a dona é a nova mulher, Larissa.

Mário Correa: Ah, tá.

Mas estão caçando ele, eu li.
Tenho pena dele às vezes.

Lucília: Sim, estão oferecendo dinheiro pra quem souber dele.

Mário Correa: É, mas é difícil achar... Se você que trabalha aí, não sabe rsrsrs

Lucília: E nem quero saber deste dinheiro, sou fiel rs

Mário Correa: Mas ele está morando no Brasil? Falaram do Líbano... mas na reportagem foram lá e ele não estava.

Lucília: Não tenho ideia de onde ele fica direto, mas vem aqui e telefona muito. Quando vem, mas não sei para onde, ele vem pouco e rápido, de boné. Estranho, vem num carro preto e a mulher que dirige. Ele segura as crianças, que são gêmeos pequenos.

Mário Correa: É... difícil mesmo saber de onde vem.

Lucília: Sabe? Mesmo se eu soubesse, eu não denunciaria.

Mário Correa: Está certa.
Nem deve.
Sou a favor de ser fiel ao patrão.
Minha irmã também nunca abriu a boca.
Somente pra gente de casa falava as coisas, mas nós também ficamos quietos na época.
Mas ele foi preso. E agora libertado.

Lucília: Imagina, por dinheiro nenhum. Imagina a consciência como ficaria depois!

Mário Correa: Claro...

Depois, temos que ser fiéis aos que trabalhamos, eu penso assim.
Mas ele te paga bem? Deveria pagar seu silêncio.
Minha irmã teve umas vantagens.
Não conte que te contei isso, tá?

Lucília: O doutor também foi preso. Ficou 4 meses e depois saiu.

Mário Correa: Ele esteve aí depois de foragido e te aumentou o salário?

Lucília: Eu não tive vantagem nenhuma.

Mário Correa: É, mas merecia uma vantagem... pelo jeito ele é arrogante mesmo, rsrs
Deveria ser mais amigo dos empregados.

Lucília: Imagina, ele nunca foi!

Mário Correa: Olhe, mas não conte a minha irmã o que te contei, por favor!
Quando ela quiser, ela te conta está bem?

Lucília: Imagina. Eu nem vou falar com sua irmã tão cedo rs

Mário Correa: Nossa, 5 anos foragido... o cara tem uma casa dessa com luxo e tanto sapato rsrsr. Gostei dos sapatos dele que apareceram na entrevista. Foi o que chamou minha atenção e não usa... Oh, mundo cruel!
Queria 2 sapatos daqueles rsrs

Lucília: Primeiro, nós. Depois falamos com sua irmã.

Mário Correa: OK, primeiro nós.
O que importa somos nós. Está certa como sempre, tampinha... Sua tampa aqui é desajeitada.

Rsrs, deixa eu brincar com uma coisa?
Quando montarem uma loja para vender aqueles sapatos, me avise viu?

Lucília: Com o quê?
OK.

Mário Correa: Rsrsrs, quando venderem as coisas do doutor, rsrsrs pois se ele não usa... nem vai aí... tanta coisa rsrsrsrs dá para montar uma loja.

Lucília: Dá pra montar uma loja.

Mário Correa: Eu faço a prateleira da loja rsrsrsrs!
Brincadeira!

Lucília: OK.

Mário Correa: Esse doutor vai querer de volta as coisas dele, pois eram luxuosas, e da mulher também... Uma coisa que acho estranho nele... você falar que não sabe onde ele fica direto. Ele casou... vi na entrevista... mas te entendo, tampinha, que não queira contar para mim onde ele está... sei que não confia em mim, o que me deixa triste... pena, eu te conto tudo.

Lucília: Ele tem muita coisa. Luxuosa ela também. Muita bolsa, sapatos rsrs. Montaremos loja para homem e mulher então.

Mário Correa: É, eu vi... Sabe, eu assisto sempre ao Domingo Espetacular, *e vi a reportagem. Gosto do programa.*
E falaram muito, até mesmo do vestido de noiva etc... Bonita a mulher que casou com ele, nova não acha?

Lucília: O casamento foi aí em SP. Ele morava aí. Aqui é só casa de fim de semana.

Sim, muito bonita e nova pra ele né?

Mário Correa: Ah tá... mas mostraram como se fosse aí, até o vestido está aí... mas entendo quando te disse que não conte para mim nada... mas não vamos poder ser assim, está bem... o casal não pode ter segredos.
Eu fui traído pela minha mulher.
Ela me escondia coisas. Não quero mais isso para mim!

Lucília: O vestido, todas as roupas e o resto de mudança que sobraram quando colocaram a casa daí de SP à venda, trouxeram tudo pra cá pra guardar aqui.
A casa daí fica no Morumbi.

Mário Correa: Está bem, fofinha. Não precisa explicar não. Estamos falando por falar, pois isso faz parte de sua vida e faz agora parte da minha, nem mesmo me lembrava tanto do caso, fiquei curioso por você estar aí e fiquei preocupado com você.

Lucília: Não vendeu até agora.

Mário Correa: Eu vi. Uma grana, quase uma loteria a casa, 16 milhões. Mas a mulher dele é de uma cidade que não lembro o nome e alugaram uma casa etc. Vi tudo.
Pensei, o cara com uma casa desta morando de aluguel rsrsrs

Lucília: Jaboticabal. Foi minha colega de serviço que foi lá levar e buscar a mudança que tá guardada aqui. Ela passou um tempo lá. A família da mulher do meu patrão também é de lá e sempre vem ver o pai e mãe etc. trazer as crianças.

Mário Correa: Nossa, sua colega corre risco assim, fofinha. A polícia pode estar olhando.
Acho que era este nome mesmo da cidade.

Ué, a mudança foi para lá e sua colega se arriscou muito para levar coisas para lá e para cá.
Podiam ter mandado para aí logo e pronto.

Lucília: É sim, a família da mulher dele é de Jaboticabal, mas ninguém desconfia de nada, agora estão de olho na irmã.

Mário Correa: Por isso falo de compensação, sabe?
Minha irmã também fez as coisas para ajudar.

Lucília: É que ele ia vender a fazenda aqui. Daí, tirou a mudança.

Mário Correa: Que coisa estranha, não acha? Foi para lá a mudança e depois voltou para aí... Esquisito... sua colega se arriscando por nada.

Lucília: Você não quer comprar rsrs?

Mário Correa: Vou juntar dinheiro e comprar para você.

Lucília: Pra mim não, pra você.
Eu não preciso de tudo isso pra ser feliz.
Eu sonho pequeno.
Você taí?
Cadê você, tampaaaaa?
Poxa, me deixou falando sozinha. Por quê, tampa?

Mário Correa: Um minuto.
OK, linda.
Foi meu cunhado.
Cunhado no fone.
Vou ver o jogo, está bem???
Tenho que ir agora e tô com fomeeeeeeeeeeeeeeeeeee!
Nem só de amor vive um homem.

Lucília: Achei que tinha ficado bravo comigo.

Mário Correa: Não, nuncaaaaaaaaaaaaaa!
Mas quando atendo ao fone, tenho que sair do face. Não sei mexer nas duas coisas juntas.

Lucília: Vou deixar meu cel. Você quer?

Mário Correa: Minha boneca... Olhe, vou ver o jogo. Amanhã é feriado, e talvez vá para o sítio do meu cunhado.
Quero seu celular sim.
Oba!
Qual é a operadora?

Lucília: vivo

Mário Correa: Ele vai fazer churrasco e talvez eu vá... Posso? Minha dona?
Tá, mande o número OK?
O meu é tim.
Mas vou trocar para vivo. Depois te dou está bem?

Lucília: OK.

Mário Correa: Rsrs. Posso ou não ir ao churrasco?

Lucília: xxxxxxxxx
Claro que sim.
Se puder, me liga à noite.
Ou me manda mensagem.

21:14
Lucília: Poxa, já estou sentindo sua falta. Você sumiu.

13/7/2014
04h20
Mário Correa: Oi, tampinha. Estou no sítio. Na verdade, agora são 4 horas da manhã. No sítio aqui não funciona celular! Deu sinal agora de madrugada. A primeira coisa que fiz foi escrever para você, pois além de doido para te ver vi uma notícia na Veja *e me lembrei de você. Publiquei em sua página rsrs. Vi sua letra linda!!! Saudades muitas. Desculpe, mas te avisei que iria viajar com -meu cunhado, o sítio é simples, perto de Arujá, no morro, sem nada de mais, mas é bom para descansar! Muitaaaaaaaa saudade de você. Espero que não se importe com o que publiquei, minha irmã falou... nossa, namora uma famosa! Ela quer te conhecer. Beijos.*

Mário Correa: É bom compartilhar para não desconfiarem sobre a matéria da revista falando do seu patrão, pois com matéria na Veja *a coisa aperta, não acha?*

Lucília: O que foi que você publicou?
O que foi que você publicou?
Eu não vi.

13/7/2014
23h47
Mário Correa: Oi, amor... a net tá ruim e não deu para publicar nada, mas coloquei agora OK? Saudades, minha princesa! Amanhã à noite, estarei em São Paulo e quero ver você, urgente!! Não posso mais ficar sem falar com você, não! Melhor amor, para disfarçar, publicar, minha irmã que tá falando aqui... para repórter não ficar atrás de você, depois sabe... não quero minha tampinha exposta, não, mas minha irmã falou que se você gostasse de mim falava o que todo mundo quer saber, onde está o tal médico, mas eu te entendo tampinha! Beijos

14/7/2014
06:40

Lucília: Olha, quando ele vier vou dar um jeito de anotar a placa do carro e te falo de onde é. Será minha prova de confiança em você, tampa. Deixa sua irmã vai ver que confio em você. Agora é vida que segue.

Enviada de Avaré, São Paulo

Recado para Lucília, de Avaré: encerrei nossa conversa ao ver que já estava conseguindo o paradeiro de Roger por outras vias e percebi que não valeria a pena derramar o sangue de um coração partido de uma mulher. Portanto, Lucília: me perdoe se a magoei.

Pista 16

Cercando Avaré, Presidente Prudente, Jaboticabal, Miami e Paraguai: Madame X era o plano B que poderia ser o plano A, se por acaso essa última operação em Jaboticabal, com dados obtidos por meus informantes e retransmitidos ao Gaeco, não desse certo. Ela era a carta na manga! Se Roger não fosse preso pelo Gaeco naquele dia, seria pela Secretaria de Segurança, pois estávamos com o plano B engatado, em que havia boa vontade e empenho na união da força policial. No dia da prisão propriamente dita, havia uma reunião marcada, justamente para colocar o plano B em ação.

Minhas viagens on-line eram, como já disse, em "jatos virtuais". Em minutos transportava-me de um continente a outro. Mas onde mais planava era na florida Jaboticabal. Eu estava inteirada por meus "mirantes" de qualquer movimento da família Sacco, de Dimas, de Sérgio Molina em Avaré ou Jaboticabal. Certa vez, um helicóptero estava sobrevoando a cidade de Jaboticabal perto da farmácia, e Elaine, assustada, foi em seguida com o marido a Ribeirão Preto. Confirmei com Desiree que ela realmente viajara – na verdade, seu irmão ia muito para essa cidade. Ele mantinha uma agência de viagens, portanto eram normais seus vários deslocamentos, então, pedi a Desiree que ficasse atenta caso visse alguma passagem com nomes suspeitos, tíquete de pedágio, qualquer coisa... Ela dispunha da chave da casa de Elaine, como já expliquei, para que cuidasse das plantas, pois eram vizinhas. Ficou de olhar o interior e ver se havia algum recibo suspeito. Sabe-se lá, qualquer informação somava nessa reta final no encalço de Roger e Larissa.

Precisava saber o nome dos filhos gêmeos de Larissa: esse seria o ponto fraco do casal Abdel. Fazia tempo que conversava com Leandro a respeito; são várias as conversas pelo Skype e torpedos que ainda mantenho em *pen drive*. Irrefragável: essas duas inocentes crianças precisavam de pediatra, escola etc., portanto, por elas com certeza chegaríamos a Abdelmassih. Para escrever o esperado epílogo desta caçada ninguém precisaria ser magro, ou ter rosto agudo, nariz aquilino, olhos cinzentos penetrantes, nem mesmo o jeito de andar de Sherlock Holmes, a fim de obter esse desfecho axiomático. Se eu pudesse, gritaria bem alto com a voz esganiçada desse detetive imaginário: "O rastro do monstro é a prole", até chegar aos ouvidos da Scotland Yard, Interpol, CIA, FBI e outros.

Questão óbvia depois da certeza de que viviam um casamento juntos e não de aparências, como pensei no início de minha busca. Tentava descobrir em cartórios da região o nome desses dois filhos caçulas de Abdelmassih. Isso aconteceu bem antes de eu conhecer a delatora enfermeira já citada aqui antes e por quem, por fim, saberia os nomes dos gêmeos.

Atirei em várias direções. Uma amiga trabalhou em cartórios e fez uma pesquisa; nada fora registrado no Brasil.

4/5/2014 20:31
Vana Lopes
oi segue a certidão o documento inteiro pois aqui está somente parte dele ok acho que terei que mandar o documento por e-mail para você ver o carimbo do cartório não é?
7/5/2014 19:06
R. A

Entendi pesquisando
Nada encontrei ainda

Essas crianças nasceram fora! Isso me deixou com a pulga atrás da orelha. Depois, o nome dos gêmeos descobrimos, eu, Leandro e o Gaeco, quase ao mesmo tempo. Eles, com interceptação autorizada de telefones, eu com a escuta "legal" no pé da orelha da família Sacco. O casal de gêmeos de 3 anos não tem culpa dos desvarios de seus pais, mas foram eles que nos levaram ao endereço fatal.

Entretanto, antes da captura e desse final justo e merecido, meu trabalho de investigações estava a toda. Um dia, Desiree me disse ter seguido Dimas Campelo Maria ao banco, ele estava meio assustado. A revista *Veja* publicara a matéria sobre Elaine e chegou a procurá-lo para uma entrevista. A repórter Bela questionou se ele trabalhava para Abdelmassih, mas Dimas negou. Querendo saber o que fazia na farmácia, ele respondeu: "Pago umas continhas para dona Elaine".

Santander

SPB

Solicitação de TED – Transferência Eletrônica Disponível

Autorizo(amos) debitar o valor indicado abaixo em minha (nossa) conta mantida junto a esse estabelecimento bancário para emissão de TED – Transferência Eletrônica Disponível, em favor do destinatário(s) qualificado(s) no campo "Dados da Conta Destino" abaixo.

Dados do Remetente

Nome: AGROPECUÁRIA COLAMAR LTDA | CPF/CNPJ: [redacted]

Dados da Conta do Remetente

Nº Banco	Nº da Agência	Nº da Conta	Tipo de Conta		
[redacted]	[redacted]	[redacted]	☒ Conta Corrente	☐ Poupança	☐ Conta Investimento

Valor da TED – Transferência Eletrônica Disponível

R$	Valor por extenso
50.000,00	CINQUENTA MIL REAIS

Tipo de Transferência: Assinale apenas uma das opções

☒ TED E - Para conta de outra Titularidade
☐ TED D - Para conta de mesma Titularidade
☐ TED - Para Conta Investimento
☐ TED - Para Depósito Judicial
☐ TED - Para outra Instituição Financeira

Dados da Conta Destino

Nº Banco	Nome do Banco	Nº Agência	Nº Conta / Depósito Judicial	Tipo da Conta (não preencher quando o tipo de transferência for "TED - Para outra Instituição Financeira")
001	BANCODO BRASIL	[redacted]	[redacted]	☒ Conta corrente ☐ Poupança ☐ Conta Investimento

Nome/Razão Social do Favorecido (1º Titular)	☐ CPF ☐ CNPJ/MF
MARCIO THOMAZ BASTOS ADVOGADOS	[redacted]

Preenchimento obrigatório apenas quando o tipo de transferência for TED D – para conta de mesma titularidade ou TED entre Contas de Investimento

Essas "continhas", como mostrei, eram milhões. Acima está apenas uma delas. Portanto, ele estava, como dizem os nordestinos, "ressabiado".

Troca de e-mails entre a repórter da *Veja*, Bela, e Vana Lopes

De: Gabriela Zini Megale (xxxxxx@abril.com.br)
Enviada: segunda-feira, 7 de julho de 2014 06:13:54
Para: vítimas unidas (vitimas-unidas@hotmail.com)
Ok, Vana, vou atrás desse Dimas. Mas o que posso explorar com ele? É o responsável por qual tipo de transação que prova sua ligação com o ex-médico? Bjs Bela

De: vítimas unidas (vitimas-unidas@hotmail.com)
Enviado: segunda-feira, 7 de julho de 2014 0:05
Para: Gabriela Zini Megale; xxxxxxxx@gmail.com
Assunto: FW: denúncia Abdelmassih doc 1 promissória Colamar 6 milhões

Bela, querida, a Colamar pertence a Larissa, procuradora Elaine, conforme segue contrato, sendo que o Dimas Campelo Maria trabalha lá e tem inclusive um e-mail da empresa ok (Sérgio Molina idem)
bjs Vana

Era de pessoas desconfiadas que o "exército" montado por mim se constituía. Na tropa de elite havia muitos escoteiros fiéis e atentos. Devo agradecer à dama mais respeitada da cidade de Jaboticabal, Maria Aparecida Marino Giro, pelas postagens que fez me apoiando, o que me deu credibilidade, principalmente entre as classes humildes. Ademais, eu concedera entrevista ao jornal mais lido na cidade, *Jornal Fonte*, anunciando a recompensa de 10 mil reais, pedindo a quem lavasse latrinas e estivesse recebendo dinheiro direta ou indiretamente desse estuprador ou a quem estivesse acobertando esse monstro que optasse pelo prêmio oferecido pela Justiça. Isso repercutiu muito, exatamente onde desejava: a casa dos sogros, das sobrinhas etc. Repeti esses dizeres na rádio, em entrevista por telefone, o que durou mais de uma hora. Nessa ocasião, a família Sacco intimou a rádio em notificação extrajudicial para que não falasse deles, pois estava "sujando" o nome da família. Eu não quis nem prejudiquei o *Jornal Fonte*, mas disse na entrevista que quem estava entulhando o Sacco com lama era Larissa, ostentando o sobrenome Abdelmassih em sua certidão de casamento.

Depois da matéria da revista *Veja*, e da Record, em que se afirmou ser a procuradora Elaine Therezinha Sacco Khouri a verdadeira "Abdel feminina", e que lograva acesso a todas as propriedades e bens, publiquei em TODOS os grupos na cidade de Jabuka a confirmação da notícia impressa (os administradores dos grupos e seus integrantes são testemunhas vivas desse meu depoimento). Por fim, ela foi alvo de pessoas curiosas que passavam na farmácia e ficavam olhando a mulher que ajudava o monstro – assim eu escrevia. A princípio, tentei em vão alertar Elaine Sacco do que ela estava fazendo, leis etc. Ela nem me deu ouvidos. Na verdade, ria de mim, me chamava de louca e chegava a dizer aos mais íntimos, a fim de justificar sua recente notoriedade, que eu a estava ajudando a ficar "famosa".

Recebi a foto do carro de Dimas e a repassei para Leandro. O automóvel começou a ser alvo de investigação. Encaminhei essa foto também para o pessoal de Capturas envolvido em uma investigação paralela do mesmo caso. Certo dia, contaram-me os policiais, Dimas estranhamente ligou de um orelhão, em frente a um hotel, logo após sair do banco. Haviam colocado um rastreador no carro dele? Não me cabe responder, mesmo ciente dos segredos e táticas policiais. Isso nos deixou em alerta. Contei a Leandro o que me informou o pessoal de Capturas. Não escondia dele nenhuma informação.

Nessa ocasião, Leandro havia voltado a São Paulo e saído do posto de observação porque havia sido feito um boletim de ocorrência pela família de Larissa por Leandro importunar os pais dela. Eu me preocupava com isso, porém, trazia meus mensageiros e esses seres de luz não me deixavam sem notícias em momento algum. Foi quando enviei para o investigador Adinei Brochi, da Delegacia Antissequestro, as fotos da família de Larissa (irmãs e sobrinhas) no casamento. As mesmas que foram enviadas para Leandro e todos os outros. Conheci Brochi dessa maneira: ele me ligou após ler a reportagem da *Veja*, pois percebeu que eu era a detentora das informações quentes. Embora sendo somente uma cidadã, recebi essa missão do braço direito do Secretário de Segurança, Dr. Fabio Bechara, o papel de maestrina dessa orquestra, acondicionando minhas noites no envio de missivas.

Troca de e-mails com a Delegacia Antissequestro com fotos da família no casamento e outras, primeiro contato. (Fui orientada a retirar o endereço para segurança do detetive.)

Quarta-feira, 16 de julho de 2014 17:37, vítimas unidas <vitimas-unidas@ hotmail.com> escreveu:

Casamento de Roger e Larissa. Marina Padovani Mastro (mora em Jaboticabal), Regina Celia Padovani (mora em Assis), Elaine Therezinha Sacco Khouri (Jaboticabal), Ligia Padovani (advogada, mora em Assis) e Luisa Padovani (mora no Paraná), foto da festa. Como me mandou fotos, neste primeiro contato faço o mesmo! Segunda foto, Wanilda Pedro Sacco, sogra do foragido, Maria Candida Sacco Marcelino, Elaine e Larissa. Tentarei esta madrugada passar a você o que posso de imediato. Por favor, limpe sua caixa de e-mail, pois deverá receber uns 200! Grata,
Vana Lopes (Vanuzia Leite Lopes)

Quarta-feira, 16 de julho de 2014 19:25, antissequestro> escreveu:

Olá, Vanuzia

A família Padovani é agregada pelo casamento da Regina Célia. O marido dela é de Jaboticabal, mas agora trabalha em Assis. Mas eu não tinha essa foto (estamos rastreando em tempo real o veículo da Regina (Celta Spirit 2 portas prata 2006 placas DUQ-XXXX). Também conseguimos verificar a bilhetagem de todos da família, mas não encontramos nenhuma ligação suspeita. Certamente devem estar utilizando um meio secundário em nome de terceiros. Embora tenha uma ligação muito próxima com Regina, a Larissa foi procuradora em Assis, portanto dificilmente "queimaria a cara" numa cidade em que poderia ser facilmente reconhecida. Mas acredito que esteja nas imediações dali.
Indo por outra linha mais técnica, tivemos enormes progressos

em nossa investigação no final da tarde de hoje, de forma que acredito que agora temos um ponto de luz nessa investigação. Por favor, contenha a ansiedade, mantenha absoluta discrição e faça torcida positiva pelo nosso trabalho.
Qualquer outra informação será bem-vinda, por mais irrelevante que possa parecer. De repente um pequeno fragmento pode ser o principal elo de um grande quebra-cabeça.
Espero ter boas notícias em breve.

De: antissequestro@xxx
Enviada: quinta-feira, 17 de julho de 2014 03h49
Para: vítimas unidas (vitimas-unidas@hotmail.com)

Vanuzia, apenas corrigindo a legenda da primeira foto, pois as duas últimas pessoas estavam invertidas na tua relação:
Casamento da Larissa (12/2/2010): Marina Padovani Mastro (cunhada da Regina, comerciante, mora em Jaboticabal), Regina Celia Sacco Padovani, Elaine Therezinha Sacco Khouri, Larissa, Luísa Padovani (veterinária, filha da Regina, mora em Londrina-PR), Ligia Padovani (filha da Regina, advogada, mora em São Paulo).
Aquela outra foto dela com a mãe e as irmãs está na seguinte ordem, da esquerda para a direita:
Maria Cândida, Wanilde (mãe), Elaine, Regina Celia, Larissa (4/2010).

Att.

SUSPEITA DE FUGA PARA A ITÁLIA

Nos penúltimos minutos dessa partida há tempos sem gol... Rigorosamente uma semana antes de Abdelmassih ser localizado, um dos meus colaboradores teve acesso a informações de dentro da casa de Dimas Campelo e me contou um fato preocupante. Campelo havia falado com a embaixada da Itália – o informante disse o horário, mas não com quem foi a conversa. Mandei recado urgente para os policiais da Delegacia de Capturas, Interpol e Dr. Fabio Bechara, da Secretaria de Segurança. Temíamos que Abdelmassih fosse se utilizar do itinerário famoso de Pizzolato, que fugiu na calada da noite, de Copacabana para o exterior, via Paraguai. Os policiais de Capturas chegaram a ir ao consulado verificar com quem Dimas poderia ter pedido alguma informação e se havia passaportes sendo expedidos com algum nome suspeito. Veja a resposta da Secretaria a minha agonia:

Re: URGENTÍSSIMO PRECISO FALAR COM O SENHOR
Assunto Itália
fbechara 12/8/2014
Para: vítimas unidas

De: fbechara@xxxx
Enviada: terça-feira, 12 de agosto de 2014 13h02
Para: vítimas unidas (vitimas-unidas@hotmail.com)

Vanuzia
Saber para quem ele ligou na embaixada não e fácil porque muita gente trabalha lá.
Ontem consegui a lista e já repassei para os policiais.
Hj à tarde tenho uma reunião para definir como agiremos a partir de agora, levando em consideração tudo o que foi feito até agora
Vamos em frente
Abs

JOGANDO XADREZ E PACIÊNCIA

Madame X: Qual foi seu papel na caçada ao monstro Abdel e como é essa mulher

Seu enredo já escrevi, mas não me cansarei de repetir: Madame X, no dia 15 de agosto, portanto quatro dias antes da prisão de Roger, o denunciou corretamente pelo site oficial Web Denúncia. Disse o paradeiro certeiro – Paraguai – e sabia quem era o motorista que levava joias e roupas por parte da família da irmã de Roger! Eu e essa morena balzaquiana de olhos castanhos e cabelo repicado conversávamos pelo Facebook e estendíamos o papo para o Skype. Se não fosse por ela, muitos dos crimes a serem apurados não teriam nexo causal.

Ao começar uma partida de xadrez, ambos os lados têm forças iguais, quantidade e qualidade. No entanto, no transcurso do jogo, esse equilíbrio inicial se quebra e são criadas assimetrias e desníveis posicionais. Em princípio, quem joga xadrez deve tratar de criar debilidades no campo adversário e evitá-las no próprio, em um jogo tenaz e paciente. "Pôr em xeque" é uma expressão oriunda do jogo de xadrez, e significa que algo está em perigo, em situação difícil. No xadrez, o xeque é o lance em que o rei, peça principal do jogo, é ameaçado; se não houver possibilidade de fuga ou defesa, ou seja, se o ataque for decisivo, estará configurado o xeque-mate, que, em árabe, quer dizer "o rei está morto", isto é, o fim do jogo.

Por isso, escolhemos juntas o codinome X para nomear, nesta história real da minha vida, essa rainha que ainda me ajudaria a administrar várias outras peças – torres, bispos, cavalos e peões. As mulheres mais interessantes que eu tive o prazer de conhecer são originais. Elas não cabem nos dois modelos de sedutora dos filmes, que admitem apenas as variedades "misteriosa" e "meiga". Madame X poderia disputar o título de mulher mais encantadora e astuta do mundo. Linda e espalhafatosa, gosta de rir alto, ecoando uma sonora gargalhada. Seu sonho, ela me disse, é ser misteriosa. Enquanto estou a escrever esta narrativa, descrevendo-a, recordo-me da noite do nosso primeiro encontro on-line. Seu rosto ficou parcialmente escondido no Skype, observando-me como se fosse doutora em neurolinguística, tamanha era sua insegurança inicial. Olhava-me com os olhos semicerrados, exibindo nos lábios uma expressão desdenhosa. Luminosa, mesmo defendendo que não deseja ser transparente. Faz parte do seu eu ser falante, mas provoca ternura. Nenhuma pessoa é perfeita, como se saísse de um filme de suspense ou de uma comédia romântica com as falas prontas. Os seres de verdade erram, gaguejam, às vezes perdem as estribeiras, o que os torna humanos e amáveis, no sentido de poderem ser amados. Tenho preferência por humanos meio perdidos, que todos os dias ligam seu GPS mental, questionando o que os trouxe ao mundo e para quê. Esses me provocam empatia. Tenho essa tendência de me apaixonar pelas fragilidades dos outros; o importante, eu acho, é se livrar dos estereótipos. Madame X é um estouro à sua própria maneira escrachada e foi iluminando os pedaços escuros desta biografia da minha memória celular.

Veja a conversa que tive com a informante Madame X, que denunciou o paradeiro de Abdelmassih no Paraguai ao Web Denúncia.

15/8/2014 13:15
Vana Lopes: Oi, meu fone é 011 XXXXXXXXX. Estou à sua disposição, meu e-mail é vitimas-unidas@hotmail.com. Por favor, espero seu contato. Terás sempre meu apoio e sigilo absoluto, se assim preferir, pois honro tudo que me mandaram OK!! Obrigada e desculpe a demorar em responder!

15/8/2014 20:10
Madame X: Obrigada. Não me adicione por enquanto, como te expliquei e contei desde o mês passado.
Faz tempo que minha consciência fala. Estou aliviada. Denunciei como me orientou no telefone ao Web Denúncia hoje, dia 15. Posso te ligar amanhã? Você ficará surpresa com o que ainda vou contar. Mas agora temo.
Você vai se surpreender com o que houve. Peço que me proteja, mas não tenho medo. Mas tenho filhas e netos.
Amanhã te ligo.

18/8/2014 15:30
Vana Lopes: Sim, querida, fique tranquila, jamais falo nada das pessoas anônimas aqui, cuido de um verdadeiro exército, pode confiar. Se me ligar amanhã e se eu não atender, deixe um torpedo que retorno. Mas pode me ligar amanhã... Quero te ajudar, nem que seja para você aliviar seu peito tá! Se quiser, me dá um toque agora. O meu fixo é XXXXXXXX. Beijos.

20/8/2014 23:20
Madame X: Oi, Vana, que bom que eu ajudei de certa forma. Vocês estão felizes hoje, e estou aliviada por ter feito a denúncia, quando você me passou o site. Beijos.

Madame X: Oi. Estou no trabalho e vou te ligar. Vou confiar em você, porque tenho certeza que irá me entender. Tenho receio porque esse monstro não tem escrúpulos e nem caráter. Mas não poderia ficar solto. Apesar de ser da cidade da irmã dele, não a conheço. Sei que tudo está misturado na minha cabeça. Tomei um susto quando soube da prisão. Gostaria de contar o que houve e, se for preciso, disponho meu computador para a polícia ver a veracidade do que aconteceu. Te ligo mais tarde para conversar. Feliz por todas vocês.

25/8/2014 07:36
Madame X: Vana, bom dia. Ainda não vou te adicionar, mesmo sendo sua amiga e gostar muito de falar com você ao telefone e o monstro estar preso, mas ainda existe perigo! Lembra que disse que tem muita gente grande por trás disso tudo. O motorista que levava dinheiro e roupas é de Prudente. Tem ligação com os Medeiros e também com Carlos Amaral, que é casado com a Estela. Tem coisa pesada. O Carlos Amaral tem fazendas no Paraguai e ele é que deve ter acobertado isso. Me espantou também esse monstro ontem no Fantástico *dizer pra mandar ele pra Tremembé, porque a chefe de lá já o conhecia. Tem que investigar isso. Envolve muito dinheiro. Deve ter tráfico de armas e drogas no meio desse povo que tem propriedade no Paraguai.*

Preciso lembrar. Mas o nome do motorista que ouvi falando que esse amigo levava as coisas pro Roger, chama Marco Antonio. E ele tem muita ligação com os Medeiros, que têm fazenda e enriqueceram muito. Ninguém ganha tanto dinheiro assim com fazenda. Tem coisa no meio. Até RG paraguaio eles conseguiram. Trazem as coisas de fora pelo Paraguai e de lá, de avião, pra PP. Tenho medo. Mas tem muita farinha pra esse angu. Já estou em SP. Se precisar, encontro com você para conversar. Beijos.

Vana Lopes: Okkkkkkk, lindaaaaaaaaaaaaaaaaaaa, entendooooo tudo viu... Fica aqui meu agradecimento!

Madame X: Vou tentar achar o código web onde fiz a denúncia desse monstro, conforme você me orientou. O que importa agora é ele estar preso e ficar de olho nessa Larissa, ela é tão bandida quanto ele.

Vana Lopes: Simmmmmmmmmmmmmmmm, obrigadaaaaaaaaaaaa! Escuta, sabe algo da Larissa, onde ela pode estar? Veja se descobre para mim!! Beijos.

Madame X: Ela pode estar em Miami ou mesmo no PY.
Se ela sair do BR, vai sair de avião!
Com 2 crianças, é mais arriscado.
Tem que seguir a irmã dela.
O cunhado Carlos Amaral.
E a irmã Estela.
Mulher do Carlos.
Mas ela tem como sair do PY. Os Medeiros, Carvalho Cunha, têm avião pra isso.
É só vigiar o hangar!
E mesmo as fazendas que eles têm!
Eles usam as pistas nas fazendas!

Vana Lopes: OK. Mas veja o zum-zum, OK? Vê se escuta algo.

25/8/2014 18:14
Madame X: Okkkkk
Vou te dando informação.

Vana Lopes: Lindaaaa!

Madame X: Boca de siri. Mas meu noivo sabe que fiz isso. Ele me apoiou.

Vana Lopes: Legal o seu noivo. Paz no coração é a melhor coisa, né.

Madame X: Sim, verdade.
Estou em paz, mas tem que correr. Esse homem não pode escapar.

26/8/2014 23:37
Madame X: Vana, boa noite, achei meu código da denúncia. A data é dia 15 de agosto. Ele foi preso logo depois dessa data, exatamente no país que denunciei: PY. Alívio e dever cumprido.

Vana Lopes: Lindaaaaaaaaaaaaaaaaaaaa, maravilha viu!!!
Precisamos agora achar a Larissa... Se souber de qualquer coisa, me avise. Beijossssssss e alma lavada, é bom demais, né, amiga!
A sua denúncia entrou na sexta de manhã. Já verifiquei com o Secretário de Segurança, tá? Ele confirmou mesmo.

Madame X: Isso mesmo. Foi numa quinta à noite que fiz.

Madame X: Já te dei as pistas. Ela vai fugir de avião particular.
Ela não vai longe, mas tem como ser acobertada pelo cunhado Carlos e pela cunhada Estela (irmã do monstro).
No PY, tem muitos brasileiros com avião e money pra isso ela tem!

Vana Lopes: OK; vou repassar tá... Beijos

26/8/2014 23:42
Madame X: Vou procurar na minha agenda o banco de lá...
Porque podem estar movimentando a conta.
Vou deixando aqui o que souber.

Vana Lopes: Issooooooooo, espero seu contato amanhã, OK? Beijos.

Madame X: Fazendas no Chaco também precisam ser vistoriadas... tem pistas clandestinas dentro das fazendas.

Vana Lopes: Okkkkk

Madame X: Se ela fugir, ela vai pra Miami.

Vana Lopes: Por que Miami exatamente você acha?
Por que Miami?

Madame X: Porque as "aeronaves" que conheço fazem isso. Trazem de Miami pro PY e entram pelo MS.
Porque da família que te falei e da Estela tem estreita amizade com esse povo de lá. E tem esquema... preciso pegar a minha agenda.

Vana Lopes: Ah, tá explicado... Espero novo contato. Fique com a paz do Senhor... Obrigadaaaaaaaaaaaaa!

Madame X: XXXXXX
Nunca vi, mas "acho" que traziam armas de Miami pro PY.
Rolava muito dinheiro.
E a filha de uma joalheira, muito amiga da Estela, fez tratamento com este monstro. Por isso, acredito que ajudariam a escondê-la e os filhos.

Vana Lopes: Nossa... Bom saber!
Como se chama a filha?

Madame X: Famosa e o esposo tem aeronave e é muito amigo do Carlos Amaral.

Vana Lopes: Sim. Como é o nome... Seria bom saber.

Madame X: XXXXXXXXXXX

Vana Lopes: Aquela que você falou, né?
Lembro.
OK, amiga. Veja na agenda e depois me fala... Obrigadaaa, mesmo, viu? Está segura aqui comigo. Fique tranquila.

Madame X: Mas o marido é que tem fazenda. Ela faz tambor e é famosa em Barretos.

Vana Lopes: Sou uma pessoa de muita palavra.
Sim, vou investigar tudo, pois estou agora concentrada na lavagem de dinheiro para pegar seus cúmplices.
Vou passar tudo para a autoridade sem o seu nome. Você está sendo um verdadeiro anjo mesmo.

Madame X: Eu também.
Sei que pode vir muita coisa à tona.

Vana Lopes: Sim... cada uma, amiga, que estamos descobrindo, nem imagina.
Depois te conto tudo, tá?

Madame X: Mas se mexer, vão encontrar horrores!

Madame X: Se souber de alguma coisa, te falo.

Vana Lopes
Sim. OK

Madame X: Vou te enviando aqui. Não se preocupe em responder, sei da sua luta e correria.

Vana Lopes: Sempre lhe darei atenção, amiga... Beijos

Madame X: Fique com Deus. O que puder ajudar, eu falo sim.
OK. Beijos

Madame X: Ah, tem um doleiro aqui em SP também, vou procurar na agenda... tenho desde 2001. Depois te passo o nome. Ah, e as joias de Miami também vêm via PY, OK, de avião. A famosa joalheira era a loira do Magri, você lembra?

Vana Lopes: Hummmm, tudo será importante OK?

Madame X: Tem lojas aqui em Sampa.

Vana Lopes: Como é o nome das lojas?

Madame X: Curitiba, MS, Prudente.
O doleiro se chama XXXXX, depois passo até o telefone.

Vana Lopes: Legallllllllllll, passe mesmo. Espero, minha amiguinha... tudo me ajuda, viu?

Madame X: A primeira mulher do que tem avião denunciou a lavagem de money.

Vana Lopes: Foi, quem era ela?

Madame X: Mas não foi em frente, correu frouxo. Depois conto detalhes.

Vana Lopes: Sim, conte tudooooo, hehe, quero os detalhes sórdidos também, hehehe.

Madame X: XXXXXX, também joalheira em Prudente.

Vana Lopes: Putz, tem é gente, hein!

Madame X: Família de judeus famosos aqui de SP. Essa é a ex... que denunciou também as armas que o marido tinha. Só que quando ela abriu o bico, ele tinha enviado pra Venceslau pra um tal de XXXXXXXX... que escondeu essas armas por muito tempo. Uma hora conto tudo. Vou pegar nas agendas todos os detalhes. Eu nunca vi nada... mas dinheiro demais o santo desconfia. E tinha medo também... a corda cai pro mais fraco. E lá envolve muito dinheiro. Precisa ter cuidado, porque XXXXX tem muito policial que faz bico de segurança pra ele.
As lojas XXXXXXXXXXXX.
Vende joias no BR todo... Em abril de 2012, acho, a PF barrou ela e a filha em GRU mas nunca soube o que deu. Ela tem uma loja em Prudente.
Amanhã, lembrarei de mais coisas... sempre achei que alguma coisa estava errada. Porém, nunca tive prova de nada... Por isso, pedi o sigilo. Tenho muito medo.

Vana Lopes: Oiiii, amigaaaaaaaaaaaaaa. Me diga uma coisa, é importante OK... Sabe o nome do motorista... ou pelo menos o primeiro nome ou onde com certeza o encontro, por favor... É importante, senão não te pediria isso... Ele não terá problemas, não se preocupe... Mas preciso saber, OK? Beijãooooo!

Madame X: Vou tentar saber porque ouvi isso, de outro motorista. Ele nem sonha que eu ouvi.

Vana Lopes: Hummm, simmm... tenta descobrir para mim, please... Sério, muito importante, pelo menos o nome.

Madame X: Mas o motorista de quem eu ouvi se chama

XXXXXXXXXXX vou assuntar.

Vana Lopes: Okkkkkkkkkkkkkkkkkkkkkkkkkkkkk lindaaaaaaaaa.

Madame X: Vou tentar ligar pra ele.

Vana Lopes: Assuntaaaaaa, hehehe, rápido e rasteiro, tô na luta contra o tempo... Se eu mandar uma pessoa falar com XXXXXXXX. Sem ele saber de você... O que acha? Ele falaria? Daí, você não assuntaria, entende? Entendeu? Ficaria na moita. O que acha?

Madame X: Sim, mas lembre-se: ele trabalha pra gente que conhece os envolvidos.

Vana Lopes: Okkkk, eu sei, amigaaaaaaaaaaaaaaaaaa.
Mas fica quieta, nem fale com XXXXXXXXXX... Não pergunta nada...

Madame X: Sim, eu entendo.

Vana Lopes: Me passa o fone dele.

Madame X: Ai, ai.

Vana Lopes: Hehehehe, não tenha medo, não.

Madame X: Ele vai desconfiar.

Vana Lopes: Vai nada, será... Por quê?
A coisa tá no MP, na Interpol.
Muita gente.
Polícia inteligente, etc.
Estoura uma bomba domingo!

Madame X: Ah, OK
Espero que tenha ajudado a colocar esse monstro na cadeia!

Vana Lopes: Mas veja... Fica quieta... Meio assim sabe, ohhhh, que coisa... Estranhando tudo, sabe como é, né?
Muitoo, ajudou muito!
Agora precisamos saber outras coisas, amiga.

Madame X: Deixa eu procurar. Espera que já te passo.

Vana Lopes: Simmm, entendo.

Madame X: XXXXXXXX gente boa mas era quem levava as roupas e dinheiro pro Roger e de Prudente.

Vana Lopes: OK, amigaaaaa eu sei quem é gente boa ou não... Ademais, sabe como é, precisam do emprego, né?
Mas eles não serão prejudicados.

Madame X: (18) XXXXXXXXX
Acho que ainda é esse.

Vana Lopes: Ótimo, amigaaaaaaaaaaa. DEUS te ilumine sempre... Sabe, eu faço algo somente depois de ler o Salmo 86... Conhece... pois é, diz assim: "Mostre-me um sinal para o bem, para que vejam aqueles que me envergonham, quando tu Senhor me ajudares e me consolares", pois assim ELE coloca anjos em minha vida como tu, brucutu, linda.

Madame X: Eu poderia ligar e tocar no assunto, entendeu, porque ele trabalhou muitos anos XXXXX

Vana Lopes: Melhor não.
Pode desconfiar.
Fica quieta.

Não FALE nada.
Primeiro para mim é sua segurança, viu?

Madame X: E falei em Miami, porque eles alugam casa e carro para passear por lá.

Vana Lopes: Quem?
Madame X: OK

Vana Lopes: Quem aluga?

Madame X: Os XXXXXXXXXXXX
Esse povo tem $$$$$ sobrando!

Vana Lopes
É... mas será que eles vão ajudar a Larissa depois deste escândalo todo? hummm

Madame X: Na terça, meu noivo disse: Você não sabe quem acabaram de prender? Nem imaginei!
Eu a princípio tive receio. Quando fiz a denúncia, fiquei quietinha. Só depois contei a ele que faria e ele ficou do meu lado e vibrou quando o monstro foi preso.

Vana Lopes: Hehe, foi uma vitória mesmo prender este safado... Ele teve dor de barriga na hora, covarde... Mas valeu todo o meu esforço! Sabe, amiga, olhe, faremos manifestação grande. Sabia, tem gente de todo o Brasil do nosso lado... Será na próxima semana. Grupos de ativistas e pessoas do governo. Verá, amiga, a grande luta... Quando estamos do lado do BEM, tudo dá certo!

Madame X
O ex-marido de XXXXXXX também é muito amigo desse Carlos Amaral, marido da Estela.

Vana Lopes: Sim, eu sei...

Madame X: Affff, isso dá um livro!
Verdade, por isso acho que contribuí muito pra isso.
Vou procurar minhas anotações.

Vana Lopes: Como quer ser chamada no livro, hehehe, Madame X?

Madame X: Mas o PY tem muito suborno. Adorei o X!
De xadrez.

Vana Lopes: PY É O QUE MESMO?

Madame X: Kkkk. Paraguai. Tem esquema grande.

Vana Lopes: Esmalte descascando.
Ah, tá.

Madame X: Kkkk

Vana Lopes: Simples e eu assim hehehe.

Madame X: O hotel que o XXXXXXXXXXXX costuma se hospedar.

Vana Lopes: O que vale são as risadas no meio do caos, né?

Madame X: É assim que ele é chamado, se hospeda.

Vana Lopes: Ou seja, entre o CAOS e a EXATIDÃO, hehehehe, a solução é a fofoquinha de mulheres, hehehe, melhor que Interpol é o nosso INTERmulheres, hehehe, interwoman.

Madame X: No Hotel Margaritas.
Não lembro o nome do banco.

Vana Lopes: Nosso exército de anônimas é forte mesmo. Tem tropa de elite e pelotão de frente.
Diga, minha tropa de elite... Conte!

Madame X: Sou morena, kkkkkkk não burra!

Vana Lopes: Hehehe. Meu caso diferente do seu hehe, mas sou vítima e não coitada, e muito menos burra.

Madame X: E em Assunción mesmo. Preciso da agenda.
Infelizmente.

Vana Lopes: Pois é, a agenda de ouro... Precisa achar!

Madame X: Não queria que sofresse. Ajudei esse monstro a ir pra cadeia!

Vana Lopes: Quem sofresse, amiga?

Madame X: Ahhhh, a gerente do banco se chamava XXXXX
Acentuei pra você pronunciar corretamente.

Vana Lopes: Deste banco, mas e o nome do banco?

Madame X: Não me veio à memória ainda.
Integracion.
Eitaaaaaaaa!
35, mas com cabecinha de 15!

Vana Lopes: Hehehe, eu fiz quase 4 vezes 15!

Madame X: XXXXXXXXX... Sabe tudo e muito mais sobre os XXXXXXXXX
Faz todas as operações via PY.

Vana Lopes: É, mas preciso de nomes ligados a Abdelmassih. Ele é o foco por ora. Depois, todos serão investigados por lavagem de dinheiro.

Madame X: Sabia das armas... que ficaram escondidas... já lavaram muito.

Vana Lopes: Quem, hehehe, tô fazendo uma confusão danada.

Madame X: XXXXXXXX trazia sacos de lixo de joias no avião XXXXXXXXX.
Miami/PY/Prudente.
Agora devem ter colocado tudo certinho.
Por eles terem relação estreita XXXXXXXX e avião, não duvido ajudarem.

Vana Lopes: Hummm, aí o problema, pois para pegar tem que estar agindo errado ainda, né?

Madame X: A XXXXXXXX foi tratada por este médico e ela hoje é mulher XXXXXXXXX.
Ah... mas se não tiver quem leva o dinheiro...
falava que eles faziam tráfico de drogas.

Vana Lopes: Claro, ele tem ligações assim.

Madame X: Sempre foi o comentário. Minha querida, nunca ficamos milionários. Muito dinheiro fácil... aí tem.

Vana Lopes: Vamos apurar tudo.

Madame X: Uma filha do XXXXXXXX mora em Miami.
Casada com um piloto de corrida.

Vana Lopes: Hummmm, será que é para lá que a Larissa vai?

Madame X
Essas fórmulas alguma coisa... se chama XXXXXXXX
Não duvido.
Ou está na fazenda do Carlos no PY.
É o lugar mais fácil dela sair.
Vou fuçar e te conto.

Vana Lopes: Tá legallllllllllllll, vamos ver. Beijãoooooooooooo, vou te esperar com novidades, tá?

Madame X: Vou ligar para o meu casal de amigos em Prudente onde eram vizinhos da Stela.
E vou especular.
Vou ligar com a desculpa das saudades e assunto os bochichos.

Vana Lopes: ESPERO NOVIDADES. HEHEHE, EITA NOVELA BOA, SÔ! HEHEHE, beijão.

Madame X: achei um número celular do PY, não lembro de quem... 0059XXXXXXXXXX

Vana Lopes: Hummmmm, vou pedir para alguém ligar para ver.

Madame X: Kkkk. Estou com a agenda recente.

Vana Lopes: Achou a agendaaaaaaaaaaaaaa, hehehehehehe, esta MADAME X uauauua.
Passe a agenda toda aqui, amiga. Vai escrevendo tudo que achar importante.
Madame X: Calma, tenho faz tempo kkkkkk
Não te disse?

Vana Lopes: Oxe, hehehe, deve ter é coisa, hein!

Madame X: Não esqueça que todos eles têm RG do PY.
Fazenda XXXXXX, "famosa" por ser rota... 67 XXXXXXXXX. Não é mais dos XXXXXXX, venderam pra montar a usina.
XXXXXXXX, gerente das fazendas no PY.

Madame X: Dr. XXXXXXX ia às vezes a Prudente a serviço xxx
Outro hotel, La XXXXX

Madame X: Endereço do escritório em Assunção: Rua xxxxx, tel.: 00XX59XXXXXXXXX.
Por hoje, cansei kkkk.

Vana Lopes: Hehehehehehehehe, descansa, minha Madame X.

Madame X: Calma, achei os telefones de Miami.

Vana Lopes: Ótimoooooooooooooo!

Madame X: Não sei os nomes.
Em Miami: (305) XXXXXXX
Não sei se mudou.

Vana Lopes: Lindaaaaaaaaaa!

Madame X: Eu preciso de calma e dar um jeito de pegar o restante das minhas anotações no Rio.
Mas vou fuçando e dando nomes e contatos.
OK. Beijocas.
Telefone de Miami: 001305XXXXXXXXXX
Esse era do XXXXXXXXX, creio eu.

Vana Lopes: OK, linda, hehehe. Vai descansar. Amanhã, passa o resto, afinal esta agenda é de ouro, né?

Madame X: XXXX, cel. PY: 002159XXXXXXXXXX.
Agora, vou descansar.
Beijos.

Madame X: Quando for possível, me avisa que nos falamos... Aqui vai o meu (XX) XXXX-XXXX (XX) XXXX-XXXX.
Beijos e, realmente, "valores" não são comprados. Encarnação perdida. Veio ao mundo para trazer vida e ceifou tantas famílias. Usou a inteligência para o mal. O inferno começa aqui... Beijos.

26/9/2014
20h28
Madame X: Olá, alguma novidade? Tá tudo muito quieto.... Espero que tenha ajudado em alguma coisa. Quero que esse monstro pague cada centavo o que fez... mas na cadeia. Beijocas.

27/9/2014
18h38
Madame X: Mesmo não estando com você na manifestação dia 1 por conta do trabalho, estou com você em pensamentos e força. Esse crápula e a corja dele têm que apodrecer na cadeia. Ele nunca mais terá paz. Força, você é uma guerreira e tenho fé em Deus que Ele fará justiça. Beijos, fique com Deus e saiba que pode contar comigo.

1/10/2014
21h08
Madame X: Muita sorte!!!!!! Você merece tudo isso. Vejo suas postagens faz anos. Continue a luta!!! Não deixe isso cair no esquecimento. Força!!!! Beijos.

10/10/2014
22h19
Madame X: Minha amiga, fico aflita querendo saber notícias. Tudo bem?

Madame X está ativa nos dias atuais me passando informações. Naturalmente que os nomes e números fornecidos por ela nesta e em outras conversas não posso publicar, pois são alvo de investigações. Toda conversa na íntegra e sua real identidade foram enviadas ao Dr. Fabio Bechara, da Secretaria de Segurança, para ajudar a compor a investigação de lavagem de dinheiro dos Sacco. Sobre esse dossiê montado pelos promotores do Gaeco e outras autoridades: Dr. Bechara me deu a honra de ajudar a montá-lo, convidando-me para a apresentação formal. Minha contribuição foi requisitada justamente por ter participado de conversas como essa que transcrevi, da Madame X, por exemplo, e em função disso estou aprendendo a entender outra veia de investigação além dos álgidos cálculos matemáticos.

Madame X e outros informantes anônimos têm suas razões para continuar no anonimato, pois quem eu estava caçando mostra sua periculosidade como no artigo abaixo, extraído da internet.

Blog Alex Antunes
Abdelmassih e Mengele, uma questão de oportunidade
Por Alex Antunes - qui, 21 de ago de 2014

Claro que o ex-médico Roger Abdelmassih é um monstro. Atacava mulheres sob seus cuidados ou chefia, sedadas ou não. Sua pena é de 278 anos de prisão, por cerca de 50 estupros (foram 90 acusações, várias prescritas ou consideradas carentes de provas). A pena traduz esse inconformismo da sociedade com "um homem que abusava de mulheres que deveria proteger", ou que "abusava delas em seu momento de maior fragilidade". Fato.
Acontece que o doutor, capturado nessa terça-feira em Assunção, no Paraguai, onde havia se instalado numa mansão em um bairro fino (o mesmo do presidente), não é apenas um estuprador vulgar. Ele era também um médico de grande renome e sucesso, inclusive midiático. Chamava a si mesmo de "Dr. Vida", em função do alto percentual de casos bem-sucedidos em sua clínica de reprodução assistida.
Sua notoriedade começou quando atendeu o "rei" Pelé e a então

esposa, Assíria, que conseguiu engravidar de gêmeos. Seguiu-se uma lista de celebridades, incluindo as mulheres de Fernando Collor, Tom Cavalcante, Renan Calheiros e Gugu Liberato (Fátima Bernardes faz questão de negar que tenha sido atendida por ele). A caríssima clínica de Abdelmassih tinha alto percentual de casos bem-sucedidos, por volta de 50%, contra a média usual dos 30% de referência internacional. Ele dizia que era por causa do alto investimento em pesquisas.

Hoje, sabe-se que o Dr. Roger também estuprava a ética médica. À revelia das pacientes, usava óvulos ou espermatozoides não necessariamente colhidos dos casais que atendia, e inseminava óvulos em quantidade superior ao indicado, para melhorar a margem de sucesso. Fraudes e erros médicos eram o combustível real da sua taxa de acerto.

Dr. Roger está em boa companhia. Nos anos 1980, o médico americano Cecil Jacobson também alucinava em sua clínica de reprodução humana: usou seu próprio esperma em fecundações, produzindo possíveis 75 filhos seus em clientes desavisadas. Não se sabe se o Dr. Abdelmassih usou seu próprio sêmen. O médico mais famoso do III Reich, Josef Mengele, que fugiu para a América do Sul e morreu incógnito, em 1979, em Bertioga, no Brasil, por afogamento, é outro que juntava medicina e fetiches pessoais.

Entre 1943 e 1944, no campo de concentração de Auschwitz, o "Anjo da Morte" torturou e mutilou prisioneiros em seus "experimentos científicos", entre os quais se incluíam afogamentos, injeções nos olhos e até a tentativa de criar gêmeos siameses artificiais, juntando dois irmãos. Mengele ia ainda um pouco mais longe da casinha, com um empurrão conivente do nazismo. Mas, como Jacobson e o Dr. Roger, Mengele não tinha cara de maluco.

Tinha, isso sim, a mesma arrogância de praticamente toda a medicina branca e ocidental diante de seus pacientes – particularmente quando esses pacientes são mulheres. Saltam à vista casos recentes como o de Adelir Carmen Lemos de Góes, obrigada por decisão judicial e força policial a fazer uma cesariana indesejada em Torres (RS), e de uma paciente de Natal (RN), ridicularizada nas redes sociais por seu obstetra após discordâncias na condução do parto.

Com os seus respectivos graus de perversão, o tal obstetra de Natal, chamado Iaperi Araújo, mais Jacobson, Abdelmassih e Mengele são exemplares de um mesmo tipo de postura. A suposta autoridade da (assim chamada) ciência sobre a intuição. Do deslumbramento fetichista tecnológico sobre a magia natural. O jaleco faz o tarado.

Na ficção, as fantasias de Mengele ganharam uma dimensão mais megalomaníaca. No livro de Ira Levin, depois adaptado para o cinema, chamado Os Meninos do Brasil, *o médico-carrasco alemão combina seu gosto real por gêmeos com a especialidade em fertilização, antecipando Jacobson e Abdelmassih. Ele cria clones de Hitler em casais que buscam a gravidez assistida.*

Meu filho nasceu em casa, sob a orientação de uma parteira (ex-enfermeira obstétrica) e de uma xamã. Minha ex-mulher, que tinha um parto anterior em hospital, não tem a menor dúvida de que é melhor escolher seu canto para parir como uma gata, o mais confortável possível, se hidratando com pedaços de melancia, do que de pernas para cima, contra a lei da gravidade, em sofrimento, em jejum e sob a agressividade das luzes e do escrutínio dos médicos. Parir é saúde, não doença. E a cura de doenças, por sua vez, não é glamour. É saúde, psíquica inclusive.

No aniversário de 30 anos da primeira fertilização in vitro do mundo, em 2007, conforme o relatado no blog de Laura Capriglione, Abdelmassih fez uma festa opulenta, a Festa da Fertilidade, com a presença não só de vários de seus clientes famosos, como também de Luciana Gimenez e Hebe Camargo, que carregava animadamente um bebê de brinquedo como se fosse real. Mais um espetáculo midiático, mais uma exibição do "poder", mais fetiche.

No entanto, nas rodas médicas, os abusos de Abdelmassih eram comentados há anos, e nada se fazia. Só com a explosão pública do escândalo a entidade de classe se mexeu para cassar seu registro. Ele era um "poderoso", e amigo dos "poderosos". O ministro Gilmar Mendes, do Supremo Tribunal Federal, mandou soltá-lo, para que ele respondesse ao processo em liberdade - e ele fugiu para o exterior, desaparecendo por quase quatro anos.

Se entre Mengele e Abdelmassih é a mesma postura, só com diferenças de grau, fantasia e oportunidade, assim também é entre o nazismo e o mundo dos "famosos". Onde Abdelmassih fez sua fama, criando os verdadeiros "meninos do Brasil".

TORMENTO

Eu poucas coisas sei...

Mas sei...
Em momentos de dor e tormento
Parece que o tempo custa a passar...
O mesmo tempo ligeiro
Tempo traiçoeiro...
Mudou nossa imagem refletida no espelho...
Sem ao menos perguntar
Num simples truque...
Dependendo do seu olhar...
Em alguns momentos...
Esse mau tempo aparecerá e desaparecerá...

Minha poesia: se quiser, você pode lê-la também de cima para baixo e encontrará dois sentidos, como tudo na vida.

A filosofia oriental parece ter sustentado que o tempo, bem como o espaço, são construções da mente. O espaço remete-nos à problemática do ponto de vista filosófico: o da sensibilidade. Afinal, só se pode perceber os objetos no espaço e no tempo. Somos afetados pelo tempo de uma maneira diversa da do espaço. A irreversibilidade do tempo nos traz aquela angústia sobre o fim de tudo... Nós matamos o tempo, o tempo nos enterra, notava Machado de Assis.

Albert Einstein sustentava a visão do Ich Zeit, o tempo do eu: cada um dispõe de um tempo personalíssimo. Eu achava que, muitas vezes, em certo estado de coisas, o tempo do meu eu se arrastava: minutos se convertiam em horas maciças... angústia... digressões mil, baralhando teorias sobre o tempo, a vida...

Sem um estratagema nesses anos de caçada, minhas semanas e meses iam rotineiros. O tempo detido podia, de uma hora para outra, acelerar-se e fugir do meu controle. Era uma baderna... E, cativa na estratosfera de minha casa, tocava a vida lendo, por vezes escrevendo poemas, ou vendo TV – mas sempre comendo muito.

Eis a minha química de então: comer em doses industriais e sentir à flor da pele a angústia de um tempo curioso. Estava em um estado de desamparo. Comia como saída para tentar afastar de mim a gravitação da imagem do monstro. Compulsava a geladeira cientificamente.

Meus amigos não se conformavam com a minha ausência em aniversários, festas e natais. E já entrava o primeiro ano no qual Abdelmassih gozava de uma liberdade ampla e desmerecida.

Eu trazia a vista túrgida, sem ver nada, e nem sabia o porquê... O normal da glicemia gira em torno de 86 mg/dl, e a minha estava se aproximando de 500, quase óbito (eu mencionei estes números páginas atrás). Era o fruto mais palpável do meu isolamento. Eu estava me cegando.

Atônita, a amiga Carmem veio a São Paulo por conta da gravidade do meu caso. Como eu não queria de jeito nenhum ser hospitalizada na capital paulista, com medo de tudo e de todos, ela conseguiu acionar meu convênio e, assim, fui transferida para Salvador.

Na data de comemoração do Dia dos Estudantes que antes fez parte de meus festejos estudantis, justamente nesse 17 de novembro de 2011, fui internada com urgência na capital baiana, no Hospital São Rafael, em estado grave, quase em coma por conta do diabetes. Somente concordei com a internação por absoluta falta de opção.

A solitude, diferente de solidão, é quando decidimos ficar sozinhos. Esse era o meu estado. Enleada, não me sentia bem fisicamente para ir a lugar algum, transtornada com pesadelos diários de alguém me sufocando. Privava da companhia de um cachorrinho havia um ano, Toddy. E nunca tinha saído para passear com ele. Isso eu lamentava com Sandra, minha faxineira, quando ela vinha duas vezes por semana limpar a casa. Essa pessoa simples, de afável coração, era meu único contato com o mundo. E foi testemunha ocular, auscultadora, das intimidações por mim sofridas. Sandra de Alcântara fazia algumas compras e levava o dog Toddynho para passear nesses dias. Eu a via sair, tinha até vontade de ir junto, mas algo me impedia, uma sombra me acompanhava constantemente. Era o terror diluído em tudo: a carranca tutelar de Roger, em sua implacável geometria, desdobrava-se em outras coisas: climas, cheiros, ruas, sons, cores, olhares...

Eu alimentava a certeza de que ele, assim que pudesse, mandaria me matar. No fundo, Abdelmassih sempre soube: eu o localizaria. Ao me conhecer, por mais que eu tenha sido cortês, Roger estudara a minha personalidade: típica de quem não se compraz com injustiça.

Tanto que o estuprador de gume afiado não se atreveu a me molestar, a não ser dopada. Ficava pensando sobre isso, pois, se estivesse lúcida então, e dona dos meus movimentos, teria feito algo para detê-lo em sua "elefância". E o que mais me indignava: apesar de considerá-lo um covarde abjeto, a um só tempo esse ignóbil ainda detinha poder psíquico sobre mim: causava-me horripilações, nitidamente por agir por debaixo dos panos, de forma sorrateira, como um predador atocaiando inocentes em qualquer desvão da vida... que poderia ser tanto em São Paulo como em Salvador.

Rompeu-se mais um ano e dessa vez, na Bahia, passei ouvindo enfermeiras do hospital em que estava internada contando como se divertiram com a banda Eva e Jau: os cantores haviam animado a festa do Réveillon de Salvador na área verde do Othon, no bairro de Ondina. Algumas médicas me disseram que haviam acompanhado uma queima de fogos para coroar a entrada do novo ano, no Farol da Barra, no show de Carlinhos Brown. Porém, minha realidade era outra, um total desalento, mas a vida corria em sua alegria natural a quem não carregava um peso traumático como escudeiro. Controlado o diabetes, em 10 de janeiro de 2012, voltei a São Paulo, e fiquei dois meses esperando a liminar da Justiça para o meu tratamento da obesidade na clínica especializada. Finalmente, na Quarta-feira de Cinzas daquele carnaval, localizei na internet a foto pública de Larissa, passível de reprodução, e fiz um post provocador – **Esta mulher casou com o estuprador Roger Abdelmassih!**

Em seguida, noticiei em todos os grupos das cidades que mantinham contato com os nomes deles, e meu e-mail pedindo denúncias, garantindo o sigilo. Ainda eram os primeiros meses desse ano do dragão no horóscopo chinês, ocasião do recebimento dos documentos de contratos e da procuração com o nome da irmã dela, explicando: todo o dinheiro a Abdelmassih era entregue por Elaine Therezinha Sacco Khouri.

Achei mais de uma dúzia de denúncias da mídia contra Elaine e Larissa. A TV Bandeirantes, por exemplo, publicou em sua página na internet, em 7 de março de 2010, o seguinte texto:

A procuradora da República, Larissa Maria Sacco, casada com o médico Roger Abdelmassih, é acusada de fraudar o bloqueio de bens do marido. O médico, especialista em reprodução humana que é apontado como autor de mais de 50 estupros de pacientes de sua clínica, está com os bens bloqueados pela Justiça.
No entanto, segundo o promotor de Justiça Roberto Senise Lisboa, a procuradora teria aberto uma empresa em sociedade com sua irmã, Elaine Therezinha Sacco Khouri, para receber dinheiro das empresas que exploram uma fazenda de Abdelmassih, no interior de São Paulo. Dessa forma, os recursos não passariam pelas mãos de Roger, ficariam livres do bloqueio judicial.
O Ministério Público já pediu que os bens da procuradora, da irmã e da empresa aberta por elas, a Agropecuária Colamar, também sejam bloqueados.
Nesta sexta-feira, Abdelmassih prestou depoimento à Justiça e chorou duas vezes ao ser interrogado. O médico depôs por mais de três horas e afirmou que vai abandonar a medicina, e culpou a mídia pelos escândalos envolvendo seu nome.
Procurada pelo Jornal da Band, *Larissa não quis falar sobre as denúncias.*

Postei isto no Facebook:

Vítimas Roger Abdelmassih
Jaboticabal

Estuprador Roger Abdelmassih transferiu sua fortuna para a esposa Larissa Maria Sacco Abdelmassih, inclusive a clínica dos horrores, e quem é sua procuradora é Elaine Therezinha Sacco Khouri e sua filha Karime Abdelmassih. Essa é a maneira que este violentador se sustenta em sua fuga e corrompe quem o protege. Denunciem esse foragido que violentou mais de 60 mulheres casadas numa das maiores penas da História, 278 anos! Pois se trata de pessoa perigosa, descrito na sentença como desprovido de sentimentos humanos. Agradeço a todas as pessoas de honra, caráter e que tem filhas ou irmãs. Cuidado, esse crápula está nas ruas, perto de cada um de nós! Meu nome é Vana Lopes, garanto sigilo de qualquer informação, meu e-mail é vitimas-unidas@hotmail.com - Face Vítimas Roger Abdelmassih! (obs: o CPF e RG delas foi riscado propositalmente, mas tenho o documento caso alguém duvide da veracidade desta informação; podem também ver o documento no cartório, pois os dados e número das folhas estão acima).

Paralelamente, apurei-me em pesquisas para saber tudo sobre os Sacco. Havia, entre os documentos recebidos, contratos infames da clínica dos horrores. Nestes, Larissa passava poderes para a filha de Roger, Soraya Ghilardi Abdelmassih. Tais delitos assinados por sua procuradora universal, Elaine Therezinha Sacco Khouri, numa irmandade delituosa. Fiquei trépida: era um sinal, os negócios bandoleiros continuavam e a clínica estava em pleno vapor.

A imprensa ia taciturna sobre o ex-médico Roger, como se nada tivesse acontecido. Aos poucos as pessoas esqueciam-se do médico monstro. Tanto que nos grupos de discussão em que eu publicava (sobretudo na região de São Paulo, Jaboticabal, Avaré e Prudente) muitas vezes me perguntavam quem era ele. A mudez editorial apenas se desfazia em reportagens atestando a fuga do monstro para o Líbano... Alguns internautas, em face de minhas postagens, comentavam isso: "Não adianta a senhora procurar por aqui, soube que ele está no Líbano". Era o que a maioria escrevia. Eu dominara uma certeza, a de que ele não estava no Líbano, pois era vaidoso, de hábitos gastronômicos exigentes e apreciador de espumantes *rosé*, acompanhados de suculentos nhoques ou *penne*, o último em uma receita bem apimentada. Empenachado, martelando sempre que podia vulgatas de gastronomia, Roger, apreciador de cortes de carne, entregue a lugares requintados... Eu duvidava de que ele fosse viver num instável pedaço do globo estilhaçado por guerras e conflitos. Sua poltronaria não lhe permitiria ver cenas de lutos e lutas como pano de fundo de suas refeições, nessas vilas dos seus antepassados, ora povoadas pelo estrépito de jipes blindados. Mas na dúvida, pró-réu, resolvi ampliar os horizontes, e publicava em grupos internacionais, inclusive da Interpol no Líbano. Não sei como, nem por que, alguma divulgação irritou alguém: logo me remeteram um e-mail ameaçador, dizendo que iria detonar minha página e que, se eu não parasse de escrever sobre Roger, faria o mesmo comigo.

Como se vê, Roger sempre me aparecia, multiplicado em horizontes sobrepostos, em lonjuras imprecisas: em todo lugar, amiúde.

Quando li aquele e-mail, no intervalo da novela *Fina Estampa*, que às vezes assistia, em 25 de fevereiro de 2012, meu coração disparou. Fui até a cozinha fazer um chá para me acalmar. Minhas mãos tremiam tanto que deixei a água cair no meu pé. Na hora a dor foi intensa, o líquido fervente direto na pele produziu uma bolha de imediato. Com dificuldade, voltei ao quarto e tentei me acalmar. Como as dores eram fortes, e diante da erupção gigante, liguei para a farmácia 24 horas da qual eu era cliente. O farmacêutico plantonista me levou pomadas e ministrou uma injeção anti-inflamatória. Passados uns dias, meu pé piorou. Não entendia, estava aplicando a medicação corretamente e tomando os comprimidos... Depois descobri que aquilo era efeito do diabetes, por isso, tudo infeccionou mais rapidamente – e não cicatrizava.

Recebia poucas visitas, somente minha irmã mais velha e tia Iracema, acolá Marli, esposa de meu recém-falecido amigo Armando Iguario Filho, e minha comadre Carmem, de Salvador, que geralmente vinha ficar quinze dias comigo. Marli e Gui e seus dois filhos eram iguais aos personagens retratados em comerciais de deliciosas margarinas. Assim mesmo, creia! Louros, cabelos lisos, pele de pêssego e sorriso de cristal. As crianças, agora jovens, são perfeitas. Educadas, calmas, alegres, saudáveis, nunca responderam aos pais e não corriam gritando pela casa. Os cachorros – e eles tinham mais de dez – têm pelos impecáveis, e só lhes faltava falar. A mãe, Marli, mesmo cuidando da loja de artigos religiosos Ilê Axé, tem tempo para, todos os dias, ao acordar e de bom humor, preparar a mesa de café! Armando faleceu e sua viúva conseguiu louvadamente aumentar o patrimônio, graças a sua sensatez e grande tino comercial. Realmente, a família, por sua ascendência húngara, é toda de pele alva: Gui era parecido com um anjo barroco, de fofas bochechas. O legado aos dois filhos com Marli, além da boa índole, são as mesmas características físicas: o filho Armando Iguario Neto é a cópia do falecido pai, e a filha Amanda é igualzinha à mãe, até na expressão facial de quietude divina. Nunca poderei agradecer a Marli e a seus filhos o suficiente por me darem morada, não somente física, mas de alma. O jeito terno, altruísta, da família Iguario faz deles não somente senhorios do imóvel que habito, mas possuintes de um lugar nos céus por seu desapego a questões financeiras tão corriqueiras dos humanos normais. As pessoas de um modo geral lutam por bens materiais, e se transformam nestes ao final. Marli é construtora de outra espécie de edifício, outro patamar espiritual, destinado apenas aos filhos evoluídos do nosso Pai celestial.

Considero minha toda a parentela da família Iguario e os admiro.

Essas visitas me relaxavam, e, quando Carmem chegava, assistíamos a filmes e eu me deleitava com suas comidas deliciosas. Desta vez, algo a preocupava mais que o normal: o fato de eu ter engordado muito e minha perna estar tão doente. Ela decidiu ir ao meu médico reportar todo o acontecido e pedir uma bateria de exames. Eu não saía nem mesmo para ir à portaria do prédio, a ponto de terem sido trocados zelador e porteiros e eles não saberem quem morava naquele apartamento de número 71. Em 15 de março de 2012, fiz os exames com coleta domiciliar, pois não consegui ir ao laboratório, e paguei apenas uma taxa de 20 reais, pareceu-me sensato. Minha amiga Carmem é cristã e tentava me explicar que patavina nenhuma me aconteceria sem a permissão divina. Para tanto, me presenteava com livros evangélicos de nomes sugestivos: *Abandone as cinzas* ou *Beleza em vez de cinzas*, os dois da mesma autora, Joyce Meyer, que superou um estupro. Seu lema: "Não importa qual 'fogo' de adversidade tem atuado em sua vida, você também pode receber beleza no lugar de suas cinzas!". Eu realmente punha fé nisso, mas mesmo assim minha palidez se apresentava quando me lembrava de Abdelmassih.

Finalmente fui internada no Salute Bahia, que eu também já mencionei anteriormente, para ficar seis meses. As liminares eram deferidas de dois em dois meses, eram os obesos reavaliados e as autorizações judiciais renovadas. Viajei de avião com Carmem e andava em uma cadeira de rodas, nem sequer pisava no chão, a ferida da queimadura do meu pé insistia em não melhorar por causa do diabetes.

Tinha vivido e desvivido inúmeras situações e contingências, e tantas outras viriam, fosse por estar nos calabouços de minha mente dominada pelo pânico, fosse pela masmorra imposta pelo excesso de peso. Indiscutível é o ritmo da caçada, que se acelerou dois anos após o episódio narrado anteriormente, em consequência da matéria do *Domingo Espetacular* de 15 de junho de 2014. Contribuí ao máximo com a emissora Record, que disponibilizou o Leandro Mansel, por anos, para tentar localizar o monstro. Os documentos por mim recebidos anonimamente e os relatos de meus informantes, repassados, fizeram jus ao título dado pela produção: "Operação secreta localiza o último esconderijo de Roger Abdelmassih". Para quem não assistiu ao documentário, exibido no horário nobre de um solene domingo junino, cito os locais visitados pela equipe e as chamadas da matéria veiculada nesse canal:

- Genebra
- Avaré
- Jaboticabal
- Líbano
- Mônaco

"Onde está Roger Abdelmassih?", perguntava-se o apresentador.

Eu e Leandro fizemos extensa investigação, e o Principado de Mônaco foi mérito de uma brilhante jornalista.

A ÁGUIA SERRAT

Estamos no início de outubro de 2012, e o aniversário de mamãe era dia 6... Não pude vê-la, eu estava distante, em Salvador. E aí recebi um informe logo depois desse dia. Pela primeira vez surgia uma notícia de que Roger havia sido visto em Mônaco. Uma nova amiga, virtual, *habitué* da sociedade do Principado, me procurou, contando que o vira em um cassino. Apelidei-a de "minha águia", pois bastou uma simples pesquisa no Google para saber que Marta Serrat não era uma pessoa convencional e que se tratava de uma pessoa sagaz, sedenta de justiça e defensora dos direitos humanos. Em 1998, tornou-se muito conhecida por ter denunciado às autoridades brasileiras e americanas o assédio a seu filho por um internauta americano e a distribuição de pornografia infantil na internet. Ajudou a criar no Brasil a primeira coordenadoria de investigação de crimes eletrônicos junto com as autoridades brasileiras, FBI e Polícia Alfandegária Americana. Marta Serrat manteve contato com o pedófilo americano durante dois anos, fazendo-se passar por seu filho, e conseguiu prendê-lo. Ela estabelecia, com todas as letras: Roger estivera a seu lado, a centímetros de distância, em Monte Carlo, no sul da França. Reconheceu-o imediatamente. Disse-me ter chamado as autoridades locais e ter ficado quase quatro horas no encalço de Roger dentro de um cassino, em contato com as autoridades monegascas, e que depois de uma abordagem, segundo a policial Julien, ele apresentou documentação de residente com outro nome. Isso apesar da insistência de Marta para que legitimassem suas digitais, procedimento jamais executado.

Inconformada e movida pela indignação, Marta comunicou o fato a vários veículos de comunicação no Brasil, mas ninguém considerou sua denúncia. Voou para Londres e procurou a sede de uma emissora de televisão e expôs toda a história. Os e-mails enviados por ela à polícia local, à Interpol e à imprensa comprovam o interesse profundo dessa cidadã, frequentadora de castelos, e sua sede de justiça! Marta sustenta, até hoje, o acontecido. Ele foi abordado pela polícia. Apresentou uma documentação de residente – obviamente falsa – e, por conta desse documento, a polícia imaginou que se tratava apenas de um equívoco.

A "minha águia" me procurou para contar detalhadamente o que houve em outros lugares. Meses após seu relato, ficou confirmado que no mesmo período em que ela viu Roger dentro de um cassino em Mônaco, ele foi visto também em Paris. Portanto, eu acredito na história contada por Marta, e você, leitor, assim que souber quem é a Ave Marta, ficará seduzido pela mineirinha, minha pequena águia batedora!

Ela nasceu na cidade de Machado, Minas Gerais, ouvindo as linhas de Fernando Sabino em *Minas Enigma*:

"[...] Ser mineiro é esperar pela cor da fumaça. É dormir no chão para não cair da cama. [...] Mineiro não perde trem. [...] Ele não olha: espia. Não presta atenção: vigia só. Não conversa: confabula. Não combina: conspira. Não se vinga: espera. [...] Devagar que eu tenho pressa.[...]".

Mineiro é ser gente bão demais da conta, ô trem bão, sô!

Marta é jornalista e presidente de sua empresa de consultoria Agroluxo Ltda. É colunista do jornal *The Brazilian Post* e é ferrenha ativista conservadora contra a corrupção e a impunidade. Foi criada em São Gonçalo do Sapucaí, adora uma roça, frequenta o *jet set* e a ponte área internacional para todos os cantos do mundo, mas adotou a cidade do Rio de Janeiro como porto seguro. Divertida, vive dizendo que se considera "minhoca", mistura de mineira com carioca. "Minha águia" sempre aparece em colunas sociais e já foi cantora. Hoje se dedica a escrever roteiros para filmes e adora política. Mas Martinha é muito mais que tudo isso! Suas paixões são seus dois filhos e o projeto de prevenção ao abuso e exploração sexual infantil (http://projetovidadecrianca.blogspot.com).

Marta Serrat foi vítima de abuso sexual na infância e trabalha há mais de dez anos contra a pedofilia, dedicando-se a investigar crimes eletrônicos dessa natureza.

O paradeiro em Mônaco caiu como um revigorante e mudaria o rumo das investigações, pois todos pensavam que Roger poderia estar no Líbano por causa de sua dupla cidadania, brasileira e libanesa. Essa notícia era bem fundamentada, e notei que iria precisar de pessoas para verificar todos os lugares sobre os quais estavam me mandando denúncias. Não saía às ruas, cativa em minha espavorida psique, e tampouco havia dinheiro para verificar. Foi quando tomei uma decisão: deveria pedir ajuda à sagaz imprensa, inspirando-me ao ler este e-mail de Marta Serrat, igualmente a "rainha dos céus" ou "rainha das aves", o que justifica seu apelido, "Águia": ela escreveu para este benefício, justiça!

Veja os contatos de Marta Serrat, seu desespero em avisar as autoridades, viajando até Londres para questionar a não prisão desse estuprador! A minha amiga justiceira e filantrópica escreveu:

> *De: martaserrat@xxxxxxxxxx>*
> *Data: 28 de agosto de 2012 04:03*
> *Assunto: Re: Contato TV Globo*
> *Para: Felippexxxxxxx@tvglobo.com.br*
>
> *Felipe. Andaram me assustando muito. Disseram que eu não falasse com a polícia, pois o médico fugiu da prisão sabe-se lá como. Que, talvez, alguém da própria polícia tenha ajudado ele a fugir.*
> *De qualquer forma, eu vi esse médico jogando no cassino Café de Paris, em Monte Carlo, Principado de Mônaco, no dia 1 (primeiro) de agosto, entre 13h e 16h (horário de Mônaco).*
> *O cassino é este: http://www.trekearth.com/gallery/Europe/Monaco/North/Monte-Carlo/Monte-Carlo/photo907193.htm.*
> *Esta é a entrada do Cassino onde eu estava sentada em uma mesa bem perto da entrada e saída do Cassino, do lado direito, acessando a internet quando, depois de me acomodar, fui olhar para dentro do Cassino e avistei o Dr. Abdelmassih jogando tranquilamente em uma slot machine, bem de frente para a saída do Cassino. Meu coração disparou e eu fiquei observando-o durante alguns minutos e quando ele se levantou eu deixei na mesa minha mochila, computador, tudo e entrei no Cassino atrás dele e pude minuciosamente olhar para a roupa que ele estava usando, a fisionomia, bigode, olhos, sobrancelhas, o cabelo mais curto, ele mais magro e não tive mais dúvidas. Eu fiquei zanzando em torno das máquinas, ficava de longe, ficava de perto e sempre com medo de ele achar que estava sendo observado. Entrei e saí do cassino várias vezes para ligar para a TV Globo e para meu amigo, o agente federal Fabio Domingos, que estava on-line no Facebook. Para*

ter certeza conferi as imagens dele no Google e não tive mais dúvida alguma quando vi em uma das fotos que apareceu na pesquisa, o Dr. Abdelmassih usando a mesma camisa que estava usando naquele exato momento. Ele usava uma calça clara, sapato elegante e a camisa de fundo branco com xadrezinho azul, igualzinha à da foto que está anexada. O agente Fabio Domingos me pedia a todo momento via Facebook, tira a foto dele, faz uma imagem dele, mas eu não podia fazer, primeiramente porque estava sem meu iPhone do Rio e sem câmera e, mesmo se tivesse, não poderia fotografar ou gravar dentro do cassino. Por fim o Fabio me enviou a ficha publicada pela polícia que cuida do caso e pediu que eu chamasse a polícia. Na mesma hora fui procurar ajuda no posto policial da praça do cassino e fui atendida pela policial Julien (ou Giulia, Julia, não sei como se escreve). Contei o caso e dei todos os meus dados, passaporte, meu cartão de trabalho, e ela mobilizou a segurança do cassino e outros policiais. Já tinha passado mais de uma hora, eu fiquei ainda entrando e saindo para ter certeza de que ele não sumiria, mas tinha uma reunião de trabalho marcada para as 4 da tarde e eu não podia faltar. Mesmo assim, sempre do lado de fora do cassino, perguntei à policial se alguém estava fazendo alguma coisa para abordá-lo e ela disse que a ficha foi acessada e que já sabiam que ele tinha mais de 200 mandados de prisão e que eu ficasse tranquila que ele seria abordado. EU ME ARREPENDO TANTO DE NÃO TER FICADO ALI ATÉ O FINAL, MAS NINGUÉM FALAVA NADA. Deixei o caso na mão da polícia de Mônaco achando que aconteceria alguma coisa. Dois dias depois voltei a falar com a policial Julien/Julia(?) e quando eu perguntei sobre a abordagem do criminoso, ela respondeu que ele foi abordado mas que apresentou documentos de residente e que não puderam fazer nada porque usava outro nome e ficou por isso mesmo. Ninguém quis investigar nada.

O celular do agente federal Fabio Domingos, que foi, também, presidente do Sindicato da Polícia Federal, ele me autorizou a disponibilizá-lo. Segundo o agente Fabio, ele passou para a Interpol a minha história, mas até agora, nada. Celular/Fabio Domingos =21XXXXXXXXX.

Isso aconteceu no dia 1º de agosto, por volta de 13h e 16h, horário de Mônaco.

Minha anfitriã ficou muito zangada comigo porque ela é brasileira e não queria escândalo e por isso eu permaneci em Mônaco mais uns dias e vim para Londres. Aqui fiquei sabendo por intermédio de uma personalidade de nossa sociedade que uma procuradora teve filho com ele e o ajudou a fugir, além de ter ido ficar com ele. Eu não sei se isso procede, mas agora fico pensando:

01- Será que ele conseguiu residência em Mônaco com documentação obtida no Líbano com nome diferente?

02- Será que ele estava ali como turista e a polícia poderia não ter feito nada?

03- Será que a polícia o abordou mesmo e não quis fazer nada?

De uma coisa não tenho dúvida. Era ele.

Felipe, estou à disposição para colaborar na captura desse criminoso, e se vocês puderem acionar algum correspondente aqui na Europa e quiser que eu viaje para Mônaco para falar com a policial que me atendeu para descobrirmos e aprofundarmos mais esta história, estou à disposição, porque as imagens gravadas pelo monitoramento do cassino, pelo monitoramento da prefeitura de Mônaco nas ruas e praça e as imagens gravadas pelos estabelecimentos em torno do cassino vão provar que estou falando a verdade e mais. Para não haver dúvida alguma, se esse "presidente" puder ser legitimado pelas digitais, pessoalmente, poderemos comprovar tudo.

Felipe, não sei qual é o caminho legal para isso tudo, mas a essa altura temo por atitudes daqueles que teriam interesse em esconder esta história.

Não seria a primeira vez que ajudo a sociedade a encontrar criminosos.

Felipe, conheça a história do meu projeto social que toco, sozinha, sem ajuda de governo algum: http://projetovidadecrianca.blogspot.com.

Tenho voo marcado para voltar ao Brasil dia 2 de setembro, nice/frankfurt/rio. Até lá, se precisarem de mim estarei pronta a colaborar.

Esse canalha que está condenado a passar 278 anos preso não pode ficar livre. Autoridades no Brasil ajudaram ele a fugir e já me advertiram

que é para eu não falar mais nada sobre o assunto com a polícia, mas já falei com o delegado que cuida do caso mas ele nunca mais me respondeu e eu descobri, inclusive, que o e-mail dele consta na lista de e-mails invadidos pelo Anonymous:
Waldomiro Pompiani Milanesi
Delegado Divisionário de Polícia
Divisão de Vigilância e Capturas
w@sp.gov.br
11 - XXXXXX
11 - XXXXXX
Obrigada pela atenção.
Marta Serrat
Tenho um celular de Mônaco, mas aqui em Londres só acesso mensagens e recados.

* * *

Nos dias que correm, eu e Marta somos atestantes de nossas próprias andanças nessa nuvem cibernética, saboreando pães de queijo e cafezinhos, pelo Skype, cada uma em sua casa, e atualmente fazemos um tipo de justiça do bem, à la Mata Hari virtual (Margaretha Gertruida Zelle, acusada de espionagem durante a Primeira Guerra Mundial. Ao longo do tempo, Mata Hari transformou-se em uma espécie de símbolo da ousadia feminina).

Na minha busca por uma parceria que tivesse correspondentes em todo o mundo, pensei na Rede Globo, a primeira que procurei... Mas, como não dispunha de nomes de jornalistas específicos ali, mandava uma antologia de e-mails para a redação, que não resultaram em nada. Soube depois que uma das vítimas a quem mandei documentos procurou a mesma emissora, sem resultados. Como eu concedera uma entrevista na época da sentença à Record, o e-mail deles era mais seguro. Nem pensava mais se teria resposta, quando apareceu Leandro Mansel.

Nesse período, algumas das outras vítimas eram informadas sobre o desenrolar da marcha. Vi uma determinação fora do normal nesse jornalista, que combinava com a minha. Confiei nele tudo que sabia até então. Mandei um portfólio de todos os funcionários, amigos e descendentes de Abdelmassih, além de cunhados, sogros e parentes da esposa, dando maior ênfase ao gerente da fazenda e ao capataz.

Restante do e-mail do Leandro para mim e com cópia para outras vítimas:

Date: Thu, 29 Nov 2012 10h28
From: leandromansel@xxxxxx
To: vitimasunidas@hotmail.com

Segue um breve relatório da investigação que fiz nos últimos dois meses a respeito do assunto e que enviei ontem aos meus chefes aqui da TV:

Investiga Roger

- Começamos a investigar o paradeiro do médico depois que uma informação surgiu nos corredores do Domingo Espetacular. *De maneira vaga, a informação é que o Dr. Roger teria sido visto e abordado por um policial em um cassino no Principado de Mônaco. Enviamos um e-mail formal ao cassino (hotel, restaurantes) para saber da história e eles negaram que qualquer coisa de anormal tivesse acontecido no local nos dias mencionados por nossa produção.*
- Entramos em contato com o escritório da Interpol na França, através do adido da Polícia Federal naquele país. O nome dele é Davi. Ele pediu para uma fonte checar a informação em Mônaco. Oficialmente, o médico se hospedou naquele hotel (restaurante, cassino) em 2004. Em agosto de 2012, data que ele teria sido visto, não há registro no hotel com nome dele (mas isso não impede que ele tenha ido lá com nome falso ou até mesmo apenas almoçado e jogado no local).
- Surgiu uma informação, dada pela comunidade libanesa, de que Roger teria ido para o Líbano, já que tem cidadania daquele país e não poderia ser preso, já que não existe tratado de extradição entre o Brasil e o Líbano. As fontes diziam que o médico estaria na cidade de Enfhe, local de nascimento dos pais de Roger. O delegado da Interpol

na França checou a informação e descobriu que oficialmente o médico não teria dado entrada no país, já que tem passaporte libanês, não está sendo procurado e poderia circular livremente.
Partimos então atrás das vítimas.

("Elas" a que ele se refere sou eu, pois era a que tinha contato com ele e mandei o cronograma da quadrilha e documentos, mas enviava cópia de tudo que fazia para todas.)

Elas conseguiram através do Facebook alguns documentos. Faço aqui um resumo do que eu já consegui olhar:
- Essa investigação mostra que Roger Abdelmassih e Larissa Maria Sacco se casaram dia 12 de fevereiro de 2010. A certidão mostra que eles se casaram no regime de Separação Obrigatória de Bens e da Completa e Absoluta Separação de Bens, ou seja, se um dia o casamento acabar, um não terá direito sobre os bens acumulados do parceiro (isso antes e depois do casamento).
- Como está "foragida" com Roger, Larissa Maria Sacco Abdelmassih fez uma procuração para a irmã, Elaine Therezinha Sacco Khouri, de amplos poderes. As duas irmãs de Larissa abriram uma empresa, de nome Colamar, para movimentar os recursos que são gerados pelas fazendas de Roger em Avaré.
- Com a procuração, as irmãs negociam safras de laranjas das 4 fazendas de Roger com empresas interessadas. A Safra de 2011/12 rendeu cerca de 6 milhões e 200 mil dólares a Roger Abdelmasshi. Parte desse dinheiro está sendo usado na fuga.
- Elaine, irmã da mulher de Roger, é encarregada de coordenar os pagamentos e de distribuir a "mesada" do "médico". Ela deposita dinheiro nas contas de Karime Abdelmassih, Soraya, Vicente, da irmã Stela, advogados, etc. A conta da COLAMAR é utilizada para fazer isso.
- Essa conta é utilizada para pagar as contas de Larissa. Em uma das compras, a mulher do médico gastou cerca de 90 mil reais na CHANEL, uma loja de grife para ricos e que está presente em vários lugares do

mundo. No Brasil, a loja só existe em SP. Na Europa, a Chanel está presente em vários países, inclusive na Grécia e em Mônaco, dois lugares onde o médico poderia estar pelas dicas que temos.
- Um advogado, de nome Sérgio, é quem entra em contato com Roger e Larissa para saber o que estão precisando. O advogado faz a ponte com a irmã de Larissa, Elaine.
- Roger Abdelmassih passou a clínica para Larissa. Ela vendeu para o Dr. Chang e para o Dr. José Bento, que trabalhavam com Roger. Em 2012, houve uma alteração contratual, onde a clínica é vendida para Soraya e para Fernando Alcântara. Fernando Alcântara é na verdade o procurador de Larissa. Ou seja, a clínica voltou para as mãos do Dr. Roger.
- Tivemos acesso... uma ligação para um telefone na Grécia. É nesse número que estamos apostando. Acreditamos que a irmã de Abdelmassih tenha feito uma ligação de emergência para o irmão pedindo dinheiro.
- O delegado Troncon, superintendente da Polícia Federal em SP, me ligou depois que o delegado da PF (Interpol) da França ligou pra ele hoje de manhã, alertando sobre a investigação que estava sendo feita por nossa equipe. Ele quer entrar na investigação junto com o Domingo Espetacular. *Eles estão atrás de Roger e querem saber o que temos de fato. Se a pista for boa, ele me disse que a PF deve viajar com o* Domingo Espetacular *para tentar prender o sujeito e, nesse caso, a exclusividade está totalmente garantida.*
É isso...
Leandro

* * *

Animada por ter ajuda para verificar as denúncias remetidas à TV Record, comecei uma publicação em massa nos diversos agrupamentos virtuais. Contava sem cerimônia a quem perguntasse minha história detalhada e ia, aos poucos, fazendo vínculos com pessoas nas cidades e ex-funcionários da família de Abdelmassih. Também intensifiquei minha postagem em agregações de funcionários de todos os tipos, bancos e telefônicas, além dos correios e cartórios. Foi quando recebi anonimamente o primeiro extrato bancário.

Tudo o que as fontes me enviavam eu remetia às autoridades. Virei um duto ao qual convergiam cidadãos que confiavam em mim como se confiassem em autoridades legais!

Veja a resposta que recebi:

> *Subject: Roger Abdelmassih*
> *Date: Wed, 28 Nov 2012 18:44:34 -0200*
> *From: xxxxxxx@mp.sp.gov.br*
> *To: vitimas-unidas@hotmail.com*
> *CC: xxxxxx@mp.sp.gov.br*
>
> *Prezada Sra. Vanuzia,*
> *Por ordem da Exma. Sra. Dra. Cintia Marangoni, DD. Promotora de Justiça Substituta (em cópia), acuso o recebimento do e-mail encaminhado por Vossa Senhoria com informações e documentos acerca do caso do médico Roger Abdelmassih.*
> *No entanto, informo que, por ora, esta Promotoria de Justiça do Consumidor não poderá utilizá-los, tendo em vista que o Tribunal de Justiça do Estado de São Paulo entendeu que o Ministério Público não tem legitimidade ativa para propor Ação Civil Pública no caso em tela, por versar sobre direitos individuais disponíveis, cuja proteção deve ser buscada exclusivamente pelos lesados. Em face da aludida decisão foi interposto Recurso Especial ao Superior Tribunal de Justiça, cujo processamento e julgamento se encontra pendente (TJSP – Processo n.º 0143426-18.2010.8.26.0100 – a decisão que recebeu o Recurso Especial foi disponibilizada no Diário de Justiça Eletrônico em 08/11/2012).*
> *Desta forma, faz-se necessário aguardar o julgamento do recurso citado, a fim de saber se a Promotoria de Justiça do Consumidor poderá ou não prosseguir atuando na defesa dos interesses das pacientes lesadas pelo médico Roger Abdelmassih.*
> *Contudo, para que tais informações não se percam e possam vir*

a ser utilizadas no caso de provimento do recurso interposto pelo Ministério Público, solicito a Vossa Senhoria que todos os dados e informações encaminhados por e-mail sejam gravados em uma mídia e entregues nesta Promotoria Especializada, visto que não é possível saber se os anexos foram recebidos integralmente, em razão da limitação de armazenamento do correio eletrônico da Promotoria de Justiça do Consumidor.
Att.

Izabel M. T. Almeida
(Encaminho o e-mail por ordem do(a) Exmo(a). Sr(a). Promotor(a) acima identificado(a))
Oficial de Promotoria
Ministério Público do Estado de São Paulo
Promotoria de Justiça do Consumidor
Rua Riachuelo, 115, 1º andar, sala 130, Sé, São Paulo/SP, CEP 01007-904
E-mail: xxxxx@mp.sp.gov.br
Telefone: (11) XXXXXXXXXX
Fax: (11) XXXXXXXXXX

* * *

Apesar do desinteresse da Promotoria (a quem em madrugadas remeti documentos, e pesarosa com a vaga resposta deles recebida), paradoxalmente entrei em êxtase, e tudo ao ver contas bancárias com o nome de Larissa, movimentadas pela irmã, Elaine, com valores escoados para os parentes de Abdelmassih e advogados, entre outros. Tratando-se de pasta secreta, portanto impossível eticamente remetê-la, na íntegra, para o repórter, anotei os números dos bancos e das agências onde eram feitas retiradas. Atravessava dias mergulhada em riachos de *electronic paper*, procurando, peneirando dados vitais para entregar para o Leandro da Record.

Meu ex-professor Cláudio Macedo elucidou-me que eu havia feito o correto circulando ofícios a um órgão público, a Promotoria, a partir de 2 de outubro de 2012. E levei mais de um mês para receber a resposta negativa, mesmo assim com os dignos membros do Parquet acusando o recebimento. E esse protocolo atesta a minha boa-fé. Tecnicamente, procurei a Promotoria de Justiça do Consumidor, órgão sem incumbência de apurar estupro, mas de defesa de vítimas quando pacientes, isto é, clientes.

Urge esclarecer: o promotor que bloqueou os bens de Abdelmassih, Roberto Senise, do Procon, é especialista nesse tipo de fraudes, e cuidava justamente desse caso. Mas ele estava em licença, e me encaminharam à promotora Cintia Maragoni, a quem enviei algo como 40 e-mails. Estes atestavam, com provas: Larissa Maria Sacco Abdelmassih, de maneira desusada, desbloqueou todos os bens de Roger, transferindo-os para a agropecuária Colamar, associando-se à irmã Elaine. Repetindo: obtive resposta da Promotoria referindo: não era para lá que deveria mandar tais títulos. Fiquei sem saber o que fazer. A burocracia notarial, fria e calculista, emperrava meu trabalho solitário.

* * *

Foram seis meses de imobilidade por causa do meu pé, o que me fez ficar mais intensamente no meu laptop. Parte do restabelecimento foi em minha casa, e o restante no Salute Bahia. Durante esse período, eu era incansável, fazendo posts seriados e publicando com constância. Uma hora daria resultado, eu sabia.

O citado ano era o de 2012, em seus primeiros dias do mês da primavera, setembro, e recebi uma obsoleta conta de telefone da antiga mansão, sua morada anterior, nos Jardins. Uma prestadora de serviços de Roger que ainda tinha acesso à casa do monstro foi quem me presenteou. Eu a conheci porque publicava muito em Avaré, e ela me foi indicada por um homem, W., vítima de câncer, solitário e carente de atenção. Feita a amizade, a moça me disse que sabia o nome de uma das doceiras das festas que Abdelmassih e sua esposa faziam. Ela nada pôde fazer por mim, mas conhecia o *staff* que havia na época de saraus comemorativos, naquele palacete de quadros e pratarias, e me apresentou um dos integrantes. A cobrança telefônica era da antiga Telesp, com seu inexistente site, impossibilitando-me confirmar o antigo número, porém estava em nome dele.

Inscrição Estadual 108.383.949.112
CNPJ/MF: 02.558.157/0001-62.
http://www.telefonica.net.br

Local11000 Telefone [illegible]-1769 0 DV1	No. 11000-05.360.645/06/10/1 00001/0004
NRC01111395702Uso Residência	Emissão 08/07/2010
CNPJ / CPF Nº 107.800.848-53	Regime Especial Proc. DRT 1-14397-90

Total da Fatura	Vencimento	Mês	Cliente
547,31	27/06/2010	06/2010	ROGER ABDELMASSIH

PLANO DE MINUTOS - LIGACOES LOCAIS

Tal antigo documento estonteou-me... Embora anacrônico, abriu horizontes; ao ver o nome das operadoras que os familiares de Abdelmassih usavam e funcionários destas, eu procurei em grupos. Na semana seguinte, publiquei em várias comunidades de telefonia, implorando ajuda. Mendigava, certa de que o caminho era esse, havia pessoas de bom caráter que estavam me ajudando. De quando em quando recebia números utilizados pela irmã dele. Imaginei quem poderia ter difundido isso; depois percebi pelo e-mail que não existia ninguém cadastrado no Facebook com aquele nome, ou seja, era alguém que havia criado aquele endereço somente para me mandar documentos. Poderiam ser muitas pessoas, ex-funcionários, ou mesmo da operadora, ou um carteiro, não sabia nessa época quem tinha sido aquele executor, pois postulava ajuda em inúmeros cantos. Por certo era um beltrano que se apiedou... Depois de um tempo esse iluminado ser identificou-se, e prometi protegê-lo, o que faço até hoje, e se preciso for assumo como se fosse eu sua identidade em conversas informais. Essa dívida tenho com todos os informantes confiantes em meu sigilo – apenas o promotor Dr. Fabio Bechara e o policial de Capturas Johnny Adams sabem de quem se trata, pela eventual necessidade de proteger-lhes a vida.

Certa vez, algumas vítimas, intrigadas, me perguntaram como eu conseguia contas de telefone e apontamentos, e eu preferi falar que os obtinha sozinha; não confiava em ninguém para revelar algo que me confiaram.

Nessa altura, éramos unidas por este fim, capturar o estuprador! Todas riam, achando mesmo que eu conseguiria sozinha tal façanha, e chegaram a brincar, dizendo que eu deveria trabalhar no FBI.

27/11/2012 10:15
Vítima XXXXXX

hahahaha Deixa a CIA e a Interpol descobrir estas tuas façanhas, Vana!!! hahaha Contrato vitalício!!! hahahaha

FOFOCAS DOS BASTIDORES DA CAÇADA

Embora considerada um hábito feminino, estatisticamente os homens são mais fofoqueiros, sustenta estudo do Social Issues Research Centre.

Geralmente, as fofocas dos homens são sobre o ambiente de trabalho, gafes de colegas e principalmente sobre mulheres. Mas a diferença parece ser mais uma questão de semântica: o que as mulheres estavam felizes de chamar de "fofoca", os homens definiam como "troca de informações". As pessoas se envergonham do termo "fofoqueiro", porque soa trivial, como se você não tivesse nada melhor para fazer...

Eu frequentei barbeiros e salões de beleza on-line e outros ambientes onde se contam segredos – e, curiosamente, os donos deles não se lembram de que sempre há alguém disposto a ouvi-los... Conheci nessas minhas andanças pessoas de essência, defensoras de verdades absolutas, os meus fiéis soldados virtuais.

Mas confesso que eu observava também o tititi – e isso me ajudava na caçada. Após separar o joio do trigo, descobria alguns indícios. Somente encaminhava a autoridades tais relatos após verificada a origem. Dos relevantes, eu trazia o denunciante pessoalmente para a minha "casa" virtual, onde o ambiente é familiar. Fofoca não é crime tipificado na lei penal, mas se acusarmos alguém sem provas, essa "mentira" passa a ser calúnia, difamação ou injúria. Alerto diariamente em meus perfis sobre a gravidade hoje em dia de as pessoas fazerem o que considero "linchamento virtual": acusar sem antes ir a uma delegacia postular a ação e naturalmente assumir as consequências do processo. Lembrando: o ônus da prova é do acusador e não do acusado! Nada do que eu postava e posto em minha página (ou confidenciava em off com informantes, ou dizia à imprensa) é desacompanhado de provas cabais. Tenho esse cuidado com a reputação alheia. Entretanto, era de esperar que eu me convertesse em alvo de mexericos, sobretudo entre pessoas admiradoras do monstro tentando plantar discórdia para desequilibrar a tropa de cidadãos bondosos que se aglomeraram ao meu redor. Mas isso nunca me afetou, por ter segurança de quem sou.

Voltando à caçada: anotei todos os dados vistos naquela cópia de conta malfeita em nome de Roger Abdelmassih e memorizei os da irmã dele. Tudo era bom como referência, e, como não poderia ligar para aqueles números, digitava-os em pesquisa avançada no Google e esperava o resultado. Achei uma empresa da região de Monte Alto, que comercializava laranjas. Na hora procurei o nome dos donos e de funcionários em grupos relacionados à empresa. Também proprietários de números das cidades de Bebedouro e região.

Adicionei todas as confrarias dessas cidades. Até mesmo de músicas, *happy hour* etc. Em todos, a mesma história, meu drama e a foto dele e de Larissa e a lei explicando que amigos, funcionários, sobrinhos, cunhadas etc. não estavam amparados em ajudar criminosos e responderiam com pena se não falassem onde ele se encontrava. Deu certo. Passados uns dias, recebi cópia de uma nota promissória de 6 milhões de reais. Resultado da venda de uma das safras de laranjas da fazenda de Avaré, em nome de Larissa Maria Sacco Abdelmassih! Observe: uma safra foi esse valor! Nem acreditei ao abrir o arquivo e ver assinaturas e montantes destinados à empresa de Larissa, Colamar. Anexado me mandaram o contrato da agropecuária Sovikajumi de Roger (iniciais dos nomes de seus filhos, Soraya, Vicente, Karime, Juliana e Mirella), que tinha acordo de parceria com JFCITRUS e transferências de contratos para a nova companhia de Larissa, a Colamar.

Na página seguinte, uma das três promissórias:

Nota Promissória n.º 05/05

VALOR: R$ 1.840.000,00

VENCIMENTO: 10 de Outubro de 2015.

Vinculada ao contrato de compromisso de compra e venda de pomar de laranjas, de cessão de direitos e obrigações decorrentes de Contrato de Arrendamento e outras avenças datado de 27 de Outubro de 2.010.

Pagarei, por esta Nota Promissória, à AGROPECUÁRIA COLAMAR LTDA, inscrita no CNPJ/MF sob n. [illegible] Centro, na cidade de Jaboticabal (SP), ou à sua ordem, a quantia de: **R$ 1.840.000,00 (hum milhão oitocentos e quarenta mil reais)** e no dia do vencimento farei pronto pagamento em moeda corrente no país, na praça de Avaré, Estado de São Paulo.

Avaré, 27 de Outubro de 2.010.

EMITENTE:

JF CITRUS AGROPECUÁRIA LTDA
CNPJ/MF [illegible]
[illegible]

FIADORES:

José Francisco de Fátima Santos
RG n.º [illegible]
CPF/MF n. [illegible]
[illegible]

Maria Angela Turchetto Santos
RG n.º [illegible]
CPF/MF [illegible]
[illegible]

Francisco José Turchetto Santos
RG n.º [illegible]
CPF/MF n. [illegible]
[illegible]

A pessoa autora dessa ação caridosa me disse esperar que Deus fizesse justiça. Agradeci com versículos da Bíblia, pois vi que era religiosa, acrescentei que jamais conseguiria retribuir tamanha gentileza, e que poderia confiar na minha discrição. Esse cidadão não havia cometido nenhum ilícito, já que o mandado era público, assim como os contratos e promissórias.

Confirmado: Abdelmassih estava com dinheiro, ele poderia de fato estar morando no exterior. Mas não desejava desistir de Jaboticabal, tinha visto no arcaico Orkut uma família unida e sobrinhas orgulhavam-se da tia Larissa procuradora. Intensifiquei minhas buscas nesse site vazio e encontrei comentários e imagens do casamento. Ele não se encontrava nas fotos, mas em sua indumentária nupcial, com todas as sobrinhas e irmãs, felizes e arrumadas, estava Larissa vestida de alva noiva, com um sorriso nos lábios, apresentando o leve peso extra por conta da gravidez. Nesse momento, sanei minhas dúvidas: ela não era uma vítima. Larissa confirmou a união porque quis, com um velho estuprador, e contava com o apoio familiar. Resolvi observar o caminhar de cada sobrinha nos seus perfis abertos e ler postagens delas. Notei muita proximidade e trocas de mensagens carinhosas. Achei uma foto doméstica do Natal posterior em que Larissa figurava na ponta da imagem e quase não dava para vê-la. Na hora, me deu um estalo: se ela vivia com ele, se tinha tido bebês e veio ver os pais nas festas natalinas, então o monstro encontrava-se nas cercanias.

Notório: ela trazia os netos para os avós conhecerem, deduzi. Era a caçula e devia ser querida por seus pais. Pensei: neste axiomático elo localizarei Roger. Ulteriormente, carreguei em meus ombros dúvidas se os dois partilhavam uma vida juntos, matutando que ele poderia a distância receber recursos das Sacco. Muitas coisas cogitava, segredando a autoridades e a Leandro Mansel. Peguei a foto dela vestida de noiva e fiz uma colagem junto à dele, igual à da Interpol, em que havia um alerta. Reportava em minhas páginas com mensagens de apelo.

O EXÉRCITO DE VÍTIMAS

Eu já empregava o e-mail "vítimas unidas" para me comunicar com fontes. Resolvi formalizar isso com um grupo constituído na internet. Montei uma guarnição, um conjunto de forças quase militares, o grupo Vítimas Unidas, para guerrilhar comigo. Fundado por mim, é um exército de cidadãos do bem, anônimos ou não, dedicados a garantir a justiça e a paz para os seus membros e à sociedade. Hoje tem cerca de 50 mil participantes, somados aos dos meus três perfis pessoais e do Grupo Vítimas Roger Abdelmassih. A ideia atual é fortalecer as vítimas da violência, em todo o Brasil, por meio de um fórum permanente contra esse mal, com debates e a promoção de novas soluções que, futuramente, possam se transformar em leis. Sou apreciadora de partes do Common Law (do inglês "direito comum") e me baseio nele como proposta. Afora denúncias contra violações de direitos, a comunidade Vítimas Unidas é um esteio para os parentes das vítimas, seja ele de ordem moral ou jurídica. Atualmente, é administrada por cavaleiros e damas, guerrilheiros defendendo uma nação cujo presidente chama-se Coração. Meu movimento dialético, linear, foi conservar amigos antigos e adquirir novos nestes últimos quatro anos. Todos me ajudaram, mas fica aqui o destaque para aqueles orientadores diários – chamo-os de "anjolines".

Um deles, o consultor Elder Pereira, também conhecido como Guerreiro Incansável, natural de Farias Brito, estado do Ceará, milita na área do Direito há mais de 26 anos, com larga experiência em prática forense. No VU (Grupo Vítimas Unidas), Elder fornece informações sobre leis e direitos, promovendo debates sobre o que acontece na sociedade, do ponto de vista jurídico. Em linguagem coloquial, esse guerreiro escreve seus textos de forma bem simples, didática e humana, facilitando a compreensão dos termos jurídicos, para que todos possam participar com sucesso e entendam de forma plena seus direitos e obrigações. Elder também criou e mantém as fanpages e grupos Portal das Leis e Rede SOS Brasil, mídias sociais destinadas à promoção e divulgação de ações sociais que visem ao engrandecimento da comunidade.

A missionária cristã Fátima Miranda também faz parte da tropa de elite do Vítimas Unidas. Paranaense, radicada em Salvador, Bahia, é conhecedora do meu íntimo como ninguém. Criativa, é quem cuida da arte gráfica do grupo. Nascida em 30 de setembro, sob o signo de Libra, administradora, juntamente com o consultor Elder Pereira, dos grupos e fanpages Portal das Leis, Rede SOS Brasil, Desaparecidos e Igreja Virtual Templo do Espírito Santo, grande mediadora de conflitos, excelente comunicadora (radialista de FM), teóloga, palestrante de teologia e outros atributos conhecidos de seus seguidores.

Conto com a participação diária de Conceição Fonseca, outra grande mulher do VU. Sagitariana e doutora em Linguística, com especialidade em Análise de Discurso pela Unicamp, Conceição, atualmente, é professora da Universidade Estadual do Sudoeste da Bahia, onde atua como docente e pesquisadora do Programa de Pós-Graduação em Linguística. É editora do periódico científico Estudos da Linguagem e líder do Grupo de Pesquisa em Análise de Discurso, assim como tratados de direitos humanos no ordenamento jurídico brasileiro. É autora e coautora de livros. Em 2014, publicou, na Espanha, com Rita Maria Radl-Philipp, alemã, doutora em Sociologia, o livro *Violencia contra las mujeres: perspectivas transculturales.* Conceição me conheceu na luta por justiça. Dessa forma, afetada pela dor das vítimas do estuprador Roger Abdelmassih, bem como pela dor das vítimas de todos os tipos de violência, entrou na equipe dos administradores do grupo Vítimas Unidas, e, juntas, exercemos essa função social.

Como citar uma tropa e não falar da mélica e filantrópica Betty, nascida em 15 de março, sob o signo de Peixes, outra dama de fundamental importância a fortalecer os grupos e meu espírito? Betty de Mesquita Sampaio se formou em Teologia e, hoje, participa de várias obras sociais, fruto de seu trabalho como pastora na instituição religiosa Farol do Aprisco, localizada em Indaiatuba, no interior de São Paulo.

A dinâmica Paula Juliana Berssoty é escritora e ativista em prol da questão feminina. Gaúcha de São Gabriel, a libriana, quando menina, sofreu abusos sexuais. Entrou em depressão, mas deu a volta por cima, lançando o livro *Como sarar as feridas de um abuso sexual e vencer a depressão.* A obra é um manual que orienta pais a cuidarem dos filhos e evitar que se tornem presas de pedófilos, como foi o caso dela. Também tem uma fanpage, São Paulo contra a pedofilia. Seu lema é: "A vida é como um livro com páginas em branco, sobre o qual escrevemos ao longo de nossa existência. Tudo começa e termina com nós mesmos sendo autores de nossa própria história".

O versado cavaleiro Alexandre Roberto de Carvalho me faz sentir protegida, por seu conhecimento universal. Ele é aquariano, tradutor juramentado e psicólogo clínico. Paulista, católico e politicamente conservador, forma, junto com Elder, o comando masculino no grupo VU. Sua citação favorita pertence a G. K. Chesterton: "Quando os homens já não acreditam em Deus, não é que não acreditem em mais nada: acreditam em tudo".

Afora esses, ajudaram-me quase mil grupos externos, cito apenas alguns, pois, se falasse de todos, precisaria escrever outro livro em agradecimento.

Lineu Alexandre Zuculo, dentista, casado, morador de Taiaçu, SP, é administrador de comunidades, em um total de quase 30 mil membros, divididos nos grupos Jaboticabal Athenas Paulista; Olho atento sem barganha Taiaçu e região; e Taiaçu debates para melhorar. Fiz amizade também com o Grupo Elektronz Procurados ou Desaparecidos, e contei com a ajuda de outros como os diversos administrados em Ribeirão Preto por Marco Filho. Não posso deixar de acrescentar a colaboração crucial do funcionário do Tribunal de Justiça de São Paulo Sr. José Geraldo da Silva e seus grupos, assim como os conselhos recebidos pela jornalista Ana Maria Bruni – *Território Mulher* é uma de suas páginas. Esses nomes testemunhas da minha jornada exemplificam como a maioria é solidária, e ainda por cima me orientavam em minhas postagens.

Os comentários a seguir são para mostrar como essa milícia de simples cidadãos funcionava a pleno vapor quando comecei a ler outra onda de publicações. Enfrentava oposições e fiquei petrificada ao saber que alguns policiais na cidade eram corruptos, segundo os informes dados por uma colaboradora naquele tempo anônima.

15/6/2014 23:31
Deborah Moreno
Quando ele voltar por aqui, será difícil a polícia pegar... Simplesmente porque existe uma autoridade policial na cidade que é da "alta sociedade" e conhece a família Sacco...

Um outro morador da cidade de Jaboticabal, Marcio Antonio Augelli, conhecedor e defensor do abecê da verdadeira justiça, dono de um dos grupos em que eu publicava, disse-me o mesmo que Deborah: a força policial era relapsa no que tangia a Abdelmassih. Argumentou tê-lo visto em uma casa próxima e que uma vizinha ofereceu denúncia, que não foi levada adiante.

Minha atual amiga Deborah, naqueles tempos, ao ver uma nota dele sobre o assunto, falou-me da importância de conversar em particular com Marcio. Deborah, dona de um caráter fidedigno, me passou o telefone do Marcio e me disse que era certo, ele havia visto um automóvel Mercedes e suas movimentações numa casa alugada pela irmã de Larissa, ou seja, a cunhada de Abdelmassih, Elaine Sacco Khouri.

Note a seguir parte da conversa esclarecedora que mantive com esse informante.

18/6/2014 08:37
Marcio Antonio Augelli

Vana, bom dia! Vocês não acham que estão sendo muito ingênuos? É lógico que a polícia sabe onde ele está, onde anda, etc. Na minha opinião, vocês devem fazer o que estão fazendo, requerendo a lei cumprida, mas devem se unir e procurar o zorro, o qual faz justiça sem cumprir a lei. Os maridos de vocês devem ajudá-las a achar o zorro. Particularmente, se ele tivesse mexido com minha mãe ou irmã eu já teria achado esse fdp. Vai por mim, se unam e procurem um zorro.

18/6/2014 08:41
Marcio Antonio Augelli
Vou te contar uma coisa em particular: uma pessoa que conheço, esposa de um amigo meu, me disse que a tia da Larissa contou a ela que eles estavam escondidos na casa aqui em Jaboticabal, e então ela procurou a delegada da Delegacia da Mulher e contou, e esta disse que vigiaria a casa: eu nunca vi carro lá, nem P2, então ela contou pra mim que fiz eles entregarem a casa. Pense: a polícia sabe onde ele está, isso é esquema que deve estar levando muito dinheiro... procure um zorro.

18/6/2014 13:42
Marcio Antonio Augelli
Vana, eles já têm elementos pra processar vocês por difamação; foque na denúncia nele e não na família. Uma das pessoas que está na foto tentou ser minha amiga no Face, mas bloqueei. Aqui não estão com dó deles, mas simplesmente desdenham da situação, mesmo porque a própria tia dele falava aos 4 ventos que ele estava na casa; pena que eu andei muito tempo na capital, senão tinha pego esse fdp. Eu acho que vocês estão alertando a ele e ao esquema, eu não faria isso. Entrem com ação por danos morais e sequem a grana dele, bloqueiem os bens etc.

3/7/2014 10:38
Marcio Antonio Augelli
Vana, há vários fakes de Jaboticabal que pedem pra ser seus amigos para espionar. Verifique todos os seus amigos, veja se têm fotos autênticas e não gravuras da internet, se moram supostamente em outros estados e outros países... O grupo Jaboticabal Athenas pertence ao PT da cidade... não confie em ninguém...
10:40
Marcio Antonio Augelli
Retire Desara Lee Tirolei, por exemplo...

Marcio Antonio Augelli
Ela falou comigo e está em Jaboticabal, mas acredito que não está conseguindo muita coisa; ligue 11 XXXXXXXXX.
Querida, acho que estão todos chutando: não dá pra saber se ele está no Brasil ou não... tem um monte de furo na história.

7/7/2014 18:11
Marcio Antonio Augelli
Mandei esta mensagem abaixo para a Bela: Bela, aí ninguém vai te ajudar, mas veja: 1 – Um dos advogados do bandido é o Márcio Thomaz Bastos, que tem livre trânsito em Brasília; 2 – Verifique com o promotor que o Gilmar Mendes não poderia ter dado HC (habeas corpus), porque não tinha em mãos sequer cópia da decisão recorrida, ou seja, sequer toda a documentação estava nas mãos desse "ministro"; 3 – A polícia não vai te dar informação, mas como é que eles ainda não rastrearam as contas do casal no exterior? 4 – Como ainda não rastrearam as contas da irmã da Larissa, que tem a procuração? 5 – A família Sacco aluga uma casa pertencente à família que controla o bicho na cidade, a polícia "não sabe que existe jogo na cidade" e fica quietinha... 6 – Exceção feita ao meu vizinho da direita, um dentista que trabalha em outra cidade, toda a vizinhança via os carros da família na casa (eu só vi uma vez uma Mercedes e dois carros orientais, além de um Monza tubarão de cor escura, mas não me toquei porque mudei para aí há dez anos e não conheço essa honrosa família Sacco. Se você quiser escrever o que vou colocar agora aqui, pode colocar meu nome: na minha opinião, que investigo paralelamente o caso, a polícia sabia e sabe de tudo, e todos os moradores da cidade que têm relações de amizade com a família Sacco sabiam, porque a tia dela, Desiree, andou falando pra todo mundo. Fale com o promotor do caso em São Paulo.

9/7/2014 14:37
Marcio Antonio Augelli
OK, boa sorte... você é a maior pentelha que eu já conheci, parabéns... Um dia, vou te dar um troféu por isso. Beijos!

Vana, você não andou assistindo ao filme Shampoo, *andou? Espero que não...*

10/7/2014 09:59
Marcio Antonio Augelli
Vana, ainda é importante? Estou esperando uma pessoa entrar em contato comigo...
Tem um cara por aqui que me disse, jurou por Deus, que cerca de um mês atrás, antes da reportagem da Record, que a Larissa estava comprando pão numa padaria famosa aqui da cidade e fazendo o possível pra não ser notada; eu não sei se é verdade, mas não se descarta a hipótese...

12:09
Marcio Antonio Augelli
Vana, ninguém sabe de onde ela é, mas você pode ficar sabendo: vá até um cartório e peça cópia de casamento de lá, e com os dados dela peça a certidão de nascimento. Eles fazem uma varredura que você paga. Eu estou em Jaboticabal, o dono do cartório é maçom e vai contar pra eles, se eu fizer.

13/7/2014 13:41
Marcio Antonio Augelli
Vana, ainda bem que você gostou da reportagem, fiquei preocupado que não gostasse. Na realidade, a revista Veja *repetiu a Record. Eu dei um monte de dicas pra moça, andaram dois dias aqui e fizeram uma matéria que poderia ser feita apenas entrevistando você em São Paulo.*
Pra não perder o costume, a Veja *censurou várias partes, mas deixe assim. Nesta semana, vou fazer a denúncia na Corregedoria da Polícia, sob minha inteira responsabilidade. Os documentos que tenho são os mesmos da* Veja, *o que vai dar pra mostrar o que quero.*
Um beijo.
Vou pra Sampa ao redor do dia 21 e ficarei uma semana. Se estiver

por aí podemos nos conhecer...
Marcio Antonio Augelli

Atrás de contatos substanciais como esse, naveguei mares tropicais. Antes da fuga de Abdelmassih, nenhum dos meus amigos on-line tinha conhecimento do meu real estado físico; eu não colocava mais fotos na internet, envolta na desonra e na minha dor. Muitos a respeitavam, mas achavam que deveria desistir dessa busca... Todavia, compartilhavam meus recados como forma de apoio moral. Carmem, no papel de meu estandarte, colocava-os a par do meu estado de saúde. A situação financeira apertava e uma amiga se prontificou a pagar meu convênio, e nunca atrasava. A fiel amiga da minha mocidade, bem-sucedida por seus próprios méritos, Tânia Ortega, fulgurantemente loira, com seus cabelos finos e dourados, dotada de lídimo estilo vanguardista, reinava e ainda impera absoluta como *yacht designer* de sucesso internacional, graças a sua genialidade de unir simetricamente imponência e boniteza a praticidade, deixando as embarcações aconchegantes e funcionais. A marca registrada Tutto a Bordo das suas obras é a mesma da sua pessoa: elegância, tanto interior quanto exterior. Parafraseando José Saramago, não existe dicionário para definir Tânia, ela é Sorrisos:

O SORRISO (este, com maiúsculas) vem sempre de longe. É a manifestação de uma sabedoria profunda, não tem nada que ver com as contrações musculares e não cabe numa definição de dicionário. Principia por um leve mover de rosto, às vezes hesitante, por um frémito interior que nasce nas mais secretas camadas do ser.

Taninha, amiga desde os meus 15 anos, não se conformava ao me ver em estado deplorável, e a revolta que tinha por Abdelmassih era profunda. Seu prazer era saber que os iates de Roger, ornamentados com má vontade, ficaram confiscados no estaleiro. Ele havia comprado duas embarcações de luxo e estas tiveram que ser leiloadas. Soube por Tânia que Abdelmassih e sua falecida esposa Sonia os usaram uma única vez. Logo em seguida ela morreu e o escândalo dos estupros veio à tona.

PARAÍSO DE QUEM ESTÁ ACIMA DO PESO

A viagem de São Paulo a Salvador, em 20 de março daquele ano de 2012, foi difícil... Arremetida ao pânico, naturalmente não seria num avião que iria me sentir mais confortável, principalmente com a dificuldade de me acomodar naquelas cadeiras pequenas, não próprias para obesos e incômodas ao meu pé machucado. Foram mais ou menos três horas nesse deslocamento, na companhia de Carmem; quase quebrei sua mão de tanto que a apertei.

Ao chegar ao Salute Bahia, estava assustada, já que fazia um ano que não convivia com ninguém, e lá estavam internados mais ou menos 150 fofinhos e mais algo em torno de 150 funcionários. Isso mesmo, um para cada paciente. A clínica é de alto luxo, uma UTI para obesos. Tudo pago pelo convênio, despesas intermediadas por liminar na Justiça. Depois que se é examinado por uma perícia, dependendo da gravidade de cada caso, o juiz libera o tratamento. É difícil o Judiciário indeferir, afinal, se há sequelas corporais e o paciente morrer por isso, a responsabilidade será do Estado. Por ser a obesidade doença decorrente de muitos fatores, esse hotel de saúde dispunha de todos os especialistas, cardiologistas, endocrinologistas, dermatologistas, enfermeiras, psicólogas e psiquiatras.

Também há um aconchegante restaurante com garçons cheios de presteza e uma academia com o teto revestido de palha, semelhante a uma choupana, por conta da fibra natural. Ali estava todo o equipamento mais moderno para a prática de esportes, além de fisioterapia, e ao longe se avista a área arborizada. Um paraíso maiúsculo, em que as acomodações eram chalés à beira de um lago e com vasto espaço para caminhadas. As piscinas são aquecidas ou não para hidroginástica, e há ao lado delas um quiosque para cantigas à noite, luau e jogos. Afora o fato de não ter similitude com as montanhas geladas do Himalaia, me senti em Shangri-lá, da obra literária do inglês James Hilton, *Horizonte Perdido*, descrito como um lugar paradisíaco, de cenários maravilhosos, e em que o tempo parece deter-se em um ambiente de felicidade e saúde, com a convivência harmoniosa entre pessoas das mais diversas procedências. Minha primeira impressão foi essa, ao ver as casinhas de um branco nevado e o sol passando pelos coqueiros repletos de cocos parecidos com bolas de ouro.

A proprietária Cristina Praia veio nos receber, como fazia com todos os que chegavam. Ladeada por seus inúmeros cãezinhos e gatinhos, Miss Praia faz jus aos incontáveis grãos do seu nome, pois, como a areia, que o vento muda a todo momento de lugar, Cristina anda de um lado para o outro verificando se tudo está primorosamente bem administrado. Carmem estava comigo, visto que o meu plano de saúde permitia uma acompanhante, pela gravidade da minha situação. Não expliquei o suficiente quem é essa minha pessoal torcedora. Isso se faz necessário, pois em nenhuma partícula da minha existência estive longe da sua proteção. Uma couraça, me envolvendo de mimos...

Carmem Lucia Araújo, possuidora desde jovem de uma sólida e doce personalidade, de família unida e tradicional, uma linda e ímpar figura, baiana, de traços egípcios e uma pinta saliente que a incomodava perto do nariz... Eu a conheci quando éramos recém-casadas. De valores simples, sempre se vestiu de maneira clássica, com camisas impecavelmente passadas, de linho puro e perfumadas, é uma presença marcante aonde quer que vá. Por conta de seu casamento, Carmem era uma das herdeiras e donas da maior rede de supermercado do Brasil, o Paes Mendonça. Nessa época, por sermos católicas, a seu convite, batizei seu filho.

Ela morava no Rio de Janeiro, num casarão estilo inglês, na Barra, e uma vez por mês eu pegava a rodovia Dutra de carro e ia visitá-la. Mas, quando o tio do seu marido faleceu, Mamede Paes Mendonça, o patrono do império, veio a ruína. Da mesma maneira que éramos confidentes nos tempos de fartura, assim nos mantivemos.

Carmem voltou à Bahia, sua terra natal, e periodicamente nos visitávamos. Quando fiquei doente, ela ia à minha casa regularmente. Maternal ao extremo, chega ao ponto de pegar uma bucha e esfregar minhas costas e meus pés, dizendo que não sei lavá-los. Continua morando com o mesmo companheiro, meu compadre Pedro, o qual não se incomoda quando ela, em tom autoritário e adocicado, lhe diz: "Vou ficar com Vana"; é o tempo de pegar a maleta, sempre pronta.

Embora eu me sentisse bem, amparada com a armadura de Carmem naquele lugar e sentindo o cheiro da relva, o que me dava conforto, não conseguia relaxar totalmente. Vivia apreensiva, não tinha o hábito de ver tantas pessoas e, pior, muitas de branco. O fantasma do jaleco sempre me deixava arisca. Não confiava em ninguém de imediato; assim, vivia armada. Nesse local são feitos exames de todos os tipos, os cuidados são extremos, visto que é responsabilidade da clínica nosso bem-estar. Eu fui direto para o chalé, e creia: só saí dele depois de dois meses. Isso mesmo, minha síndrome do pânico piorou quando me vi em lugar aberto, desprotegida. Estava em confusão mental. No fundo entendia a proteção daquele lugar, havia uma guarita e um sistema de segurança muito grande. Não pelo risco de morte de ninguém especificamente, mas para evitar a infiltração da ambição maior de um gordinho: COMIDA. Então, nada passava sem ser revistado.

Ainda assim, eu não conseguia sair do quarto, e as médicas iam lá aferir minha pressão arterial e me examinar. Nada de homens, somente mulheres médicas, e eu pedia a elas que tirassem o jaleco. Elas carinhosamente faziam isso ao ver meu estado de fraqueza, insegura com tanta gente, e camareiras iam todos os dias arrumar meu aposento. Não era meu hábitat, e, como um animal que não reconhece seu território, assim eu me comportava.

Mas uma agradável psicóloga de estatura baixa, que parecia maior em seu bronzeado reluzente, insistiu em me dar apoio; seu nome: Dra. Denise Gersen. Ela começou a me atender a fim de descobrir o ocorrido comigo. Dra. Denise é mineira nascida em Belo Horizonte e formou-se na Faculdade da Cidade do Salvador. Alegre e extrovertida, ama a vida e o seu trabalho e adora desafios. Seu lema de vida: "Ninguém muda ninguém e ninguém muda sozinho, nós mudamos nos encontros" (Roberto Crema).

Eu não queria terapia, para não ter que relatar tudo de novo. Então me fechei em copas, não confiava de cara em ninguém. Minha sorte: Carmem! Essa comadre praticamente fazia a consulta por mim, contando toda a história. Eu a ouvia falando e parecia não ser eu. Cheguei a esse ponto, de me anular como pessoa, como se nada daquilo estivesse acontecendo. O tratamento ali era para me fazer emagrecer e descobrir a razão da obesidade.

Da comida, não senti falta, apesar de ser bem menos do que eu estava comendo antes - apática, nem isso me incomodava. Como a alimentação era sem sal, naturalmente meu organismo sentiu, e de imediato passei mal. Ao perceberem que eu não saía do quarto por pretexto nenhum, deixaram que eu me alimentasse no chalé. Pontualmente, nos horários marcados, chegava um garçom com a refeição. Fiquei umas semanas sem acessar a internet. A depressão tomou conta de mim; o desafio era grande, emagrecer 70 quilos. Este era meu peso, quase 140 quilos, o que me deixou inchada e com dificuldade de locomoção. Não frequentava as aulas de dança, hidroginástica, nem usufruía as massagens a que tinha direito. Ficava acampada o dia todo no quarto em posição fetal.

Decorridos os primeiros dias de adaptação, reagi. Não poderia deixar minha busca sem continuidade, e, entre um livro e outro levados para me distrair, entrava na nuvem digital. Meu mundo continuava ali. Os amigos on-line estavam curiosos para saber se eu havia chegado bem, se tinha me adaptado etc. Quando falo amigos, são muitos e de verdade, eu os fiz ao longo da vida e na rede social. Com cerca de cem eu conversava de certa forma semanalmente, os mais íntimos. Parece difícil ter esse número, dezenas, mas, para mim, não, pois mesmo com todos os meus problemas, conseguia postar coisas interessantes e divertidas, provocando um frenesi de comentários na página. Houve um período em que me sentia como uma atriz interpretando um papel quando entrava no Face, contradições vividas em que ora me sentia feliz e até ria com várias postagens que via, ora meu coração se encontrava em angústia ao desligar o computador.

Após dois meses fechada no quarto, a psicóloga resolveu não me mandar mais as refeições, para me forçar a sair. Assim, ela foi oferecendo a comida somente no restaurante, em horário não frequentado. Parece fantasioso, mas foi isso que aconteceu, um sistema de libertação pelo alimento. Depois disso, não mais me serviam fora do horário e precisei almoçar com todos. Quando cheguei ao restaurante, eu parecia um bicho acuado e procurei uma mesa com o mínimo de pessoas possível, mas despertava curiosidade dos demais viventes ali, uma pequena vila onde tudo é motivo de comentário. Então, queriam saber quem eu era e por que estava escondida, falavam que meu rosto era bonito e levantavam minha autoestima. Fui aos poucos fazendo amizades nos horários das refeições, me acostumei com aquele lugar e, depois de um tempo, me senti segura.

Todos naquela cidade *fat* tinham Facebook e, portanto, me adicionaram e, por fim, souberam quem eu era. Cada um à sua maneira ia me ajudando, compartilhando. Na festa junina do ano de 2012, fizeram uma festa com bandeirolas e quadrilhas, uma série de danças típicas no salão de nome sugestivo – Bar Diet – perto da piscina. Fazia muito tempo que eu não ia a comemorações, mas, na Bahia de Todos os Santos, uma festa de São João é um acontecimento imperdível. Meses haviam se passado na clínica e a psicóloga intimou-me a pelo menos ir comer os quitutes feitos de mandioca e milho, liberados nesse dia sem tantas reservas. Sinceramente, fui mais pelo cardápio do que pela festa. Pensei: se sobrevivi a um vulcão, não será em uma festa de São João que vou morrer.

Ainda bem que tomei essa decisão, pois conheci uma pessoa ímpar internada também, Leninha, uma sindicalista da Petrobras que, junto com sua tia Eloisa, estava acostumada a fazer manifestações em prol da saúde dos trabalhadores. Eloisa tinha sido vítima de assédio moral e sexual na Petrobras, e foi a primeira árbitra de futebol do Brasil, nos anos 70. Estava com 63 anos e conservava sua formosura, mesmo fora do peso, disfarçando-o em vestidos longos floridos adornados com lenços, e usava turbantes originalmente amarrados em seus cabelos negros.

A direção do Salute Bahia me disse que o seguro saúde havia cortado o direito a acompanhante e eu não poderia mais ficar num chalé individual. Sugeriram que o dividisse com alguém. Seria difícil, pois eu não estava acostumada a viver acompanhada. Porém, essas duas fortes mulheres me convidaram para ficar no quarto delas, maior que os outros. Acredito que foi a melhor coisa acontecida naqueles tempos. Vaidosas, elas gostavam de se maquiar e colocar mil adereços no pescoço e não se conformavam que eu não usasse nada.

Elas me tratavam como uma boneca: penteavam meus cabelos, e não havia como fazê-las desistir de pintar minhas unhas e me passar rímel e blush. Divertidas, conseguiam dar um tom de brincadeira aos meus posts. Comecei até mesmo a achar burlesco postar. Cada uma ficou responsável por um número de grupos – às duas revelei minha senha e elas me ajudavam: enquanto assistíamos à TV, publicávamos em mais ou menos 600 grupos. Esse foi o recorde de uma noite. Entramos o ano de 2013 juntas e depois nos recolhemos ao fim da festa de Réveillon ornamentada de balões brancos e amarelos, em que jantamos em mesas forradas com toalhas rendadas repletas de comidas. Ainda ouvindo ao fundo o som dos fogos de artifício, fomos dormir, com fé nas promessas de um ano vindouro com paz e saúde. Descansamos e, após uns dias, postávamos alguma coisa para não deixar a página sem notícias. Fazia algum tempo que o repórter da Record, Leandro, nada me escrevia, nem mesmo telefonava. Eu receava que ele desistisse.

Ponderava sobre isso nos meses subsequentes quando Leandro Mansel me ligou e disse que a polícia da França estava interessada em procurar Roger e queriam saber se eu permitia que eles olhassem as denúncias que eu recebia. Dei minha senha, pois se tratava da Polícia Federal.

GENEBRA

Era início de março, quando Leandro me procurou com boas novas. Avisou que fariam uma investigação numa mansão em Genebra, pertencente à filha de Roger, Mirella, casada com o milionário Cutrale. Eu sabia dessa propriedade; encaminhei a ele detalhes do genro de Abdelmassih, José Cutrale, e Mirella. Eles possuíam casas em vários lugares.

Date: Fri, 1 Mar 2013 14:46:19 -0800
From: leandromansel@xxxxxx
Subject: Re: leia leandro urgente
To: vitimas-unidas@hotmail.com

Novidades - Roger Abdelmassih - CONFIDENCIAL - POR FAVOR, NÃO REPASSEM ESSAS INFORMAÇÕES

A Polícia Federal (de SP e o escritório da França) já sabe que Roger não está utilizando cartões de crédito e nem de débito para pagar suas despesas no exterior. Isso indica que pessoas ligadas à família estariam viajando para levar recursos para que ele possa continuar a fuga, ao lado da mulher, a ex-procuradora Larissa Maria Sacco Abdelmassih.
A Polícia Federal já sabe que a filha de Roger, Mirella, fez uma viagem para o exterior levando bastante dinheiro. Ela desembarcou em Genebra, na Suíça, no dia 1º de fevereiro desse ano e voltou ao Brasil através de um voo vindo da Itália, mais precisamente de Roma, no dia 7 desse mês. A suspeita é que ela tenha ido levar dinheiro para o pai.
É a irmã de Roger, Maria Stella Abdelmassih, que entra em contato semanalmente com os advogados do ex-médico. Os advogados são: José Luís de Oliveira Lima, Sérgio Freitas (interior de SP e que cuida da papelada da fazenda) e também com o escritório do ex-ministro Márcio Thomaz Bastos (esse com menos frequência).

Cronologia da Fuga
Início de 2012 - Roger foi visto no Lido, da França. A PF teria até

fotos de Roger frequentando o local, que é considerado um dos mais glamorosos do mundo.
Junho – A irmã de Roger fez contato em junho com um telefone da Grécia. Não conseguimos avançar nessa questão.
Agosto – O foragido foi visto num cassino em Mônaco, em agosto do ano passado. Achamos a brasileira que viu Roger no Principado e que o denunciou à polícia. O nome dela é Marta Serrat. Ela mora no RJ e está disposta a ir até o cassino para contar exatamente o que viu ao Domingo Espetacular *quando a história tiver um desfecho.*
Setembro – No dia 18 de setembro de 2012, a irmã de Roger ligou para um hotel em Paris. É um hotel de altíssimo luxo. O nome é Le Bristol Paris (luxury). A PF foi até o local, mas não encontrou registros recentes de Roger no local, e descobriu que ele já teria se hospedado nesse hotel em outras ocasiões.

O PLANO
Dei uma olhada agora na internet e vi que tanto na França quanto na Suíça não é necessário um visto para entrar no país como turista. Amanhã cedo eu vou ligar na embaixada dos dois países para saber se jornalista precisa de alguma autorização especial para trabalhar nesses lugares. Pelo que vi até agora, não precisa. Na Europa, só Espanha e Inglaterra exigem vistos de brasileiros. Passagem, hospedagem e algum dinheiro, com passaporte com validade de seis meses, é o suficiente.
Precisamos de um orçamento aprovado para três pessoas em caso de uma viagem de emergência:
Repórter / Produtor / Cinegrafista
A ideia é deixar dois orçamentos aprovados para uma viagem de emergência. Ou utilizamos o Plano A, ou o Plano B. Se as investigações apontarem para outra direção, aí refazemos o planejamento na medida em que isso mude.
O Plano A seria descer em Paris, na França, ter hotel e um carro à disposição com motorista (minha carteira internacional deve chegar em uma semana, aí podemos simplesmente alugar um carro sem motorista e eu mesmo dirijo).

O Plano B é descer em Genebra, na Suíça. Vamos precisar de hotel e um carro à disposição com motorista (minha carteira internacional deve chegar em uma semana, aí podemos simplesmente alugar um carro sem motorista e eu mesmo dirijo).
OBS. – Podemos até ir de carro da França para a Suíça (são seis horas apenas), mas acho prudente ter as duas aprovações na mão para o caso de uma emergência. Quero perder menos de 24 horas e tentar chegar junto com a PF na hora da prisão.
O delegado de Paris prometeu me avisar assim que tiver localizado o Roger. Ele me contou que para prendê-lo é outra história. Será bem mais burocrático. A ideia dele é localizar o sujeito e monitorar, até a hora que tiver toda a documentação na mão para que ele seja realmente preso.

Numa noite de lua crescente, assim também eram minhas expectativas. Em 20 de abril de 2013, soube que viram roupas de crianças na casa de Mirella, apesar de os muros serem altos. Abarrotei-me de esperanças e me pediram para verificar a idade dos filhos de Mirella, ou seja, netos de Abdelmassih, para saber se tais vestimentas eram deles ou dos recém-nascidos de Larissa. Achei incoerente me pedirem essa investigação, pois, em se tratando da polícia federal francesa, esta deveria ter mais dados do que eu. No entanto, ajudei no que podia, fiz uma pesquisa em todos os perfis da família e transmiti os dados, que Leandro retransmitiu àquele mesmo policial de Paris, Marcelo:

Em 20/4/2013 às 11:41 horas,
From: "Leandro Ruiz SantAna" < leandromansel@xxxxxx >
TO: Adidancia Policia Federal Paris, Franca

Fala Marcelo...
Veja se te ajuda em algo...

Abc,
Leandro

Meu e-mail para Leandro

Date: Mon, 22 Apr 2013 04;44
From: vitimas-unidas@hotmail.com
To: leandromansel@xxxxxx

Estes dados você tem, Leandro? Ele tem outra filha casada com esse homem - eu já sabia, mas fiquei tão focada na Mirella - veja, ele é de Budapeste, parece que mora nos EUA, posso verificar - casado com a filha de Roger, Juliana Abdelmassih Nagy - DADOS E FOTOS DO GENRO DELE QUE É EMBRIOLOGISTA TAMBÉM OK http://www.myeggbank.com/donor-eggs/doctors.php?Zsolt-Peter-Nagy-Ph.D.-Embryology-9

Loja que achei da Chanel em Genebra, como vc sabe ela compra bolsa da Chanel (lembra do cheque para cobrir no e-mail da irmã da Larissa) 1204. Genebra. DETALHES ENVIAR POR E-MAIL. 2. CHANEL Shoes & Bags Boutique. 46.2029779. 6.1471209. Bon Génie. 34, rue du Marché. 1204. Genebra...

Mirella pediu para mudar o título para Genebra olhe http://genebra.itamaraty.gov.br/pt-br/consulta_de_titulo_eleitoral.xml

Abração
Vana Lopes

Quisera naquele momento em 2013 transformar-me em uma rajada de vento e, nessas moléculas, viajar em um pensamento àquela cidade ao oeste da Suíça para acompanhar *in loco* todos os acontecimentos. O tempo, que parecia parado, insistia em adiar o final dessa busca.

A seguir o e-mail de Leandro me posicionando. Nem todos eu repassava às demais vítimas, pois em alguns ele me pedia sigilo. Este foi dividido com elas:

Date: Tue, 30 Apr 2013 13:32:21 -0700
From: leandromansel@xxxxxx
Subject: Notícias Roger !!!!
To: vitimas-unidas@hotmail.com

Boa tarde

A semana passada a Polícia Federal (da França) foi até Genebra para fazer um corpo a corpo com os policiais da Suíça. Agora, além dos franceses, a polícia da Suíça está atrás de pistas que levem a Roger Abdelmassih.
Os policiais brasileiros ficaram na Suíça por 4 dias. Durante esse tempo eles contaram toda a história e os crimes que o ex-médico cometeu aqui no nosso país. Os suíços se comoveram com o pedido de ajuda da polícia brasileira e entraram na investigação.
Na Suíça, a polícia descobriu e localizou o endereço de Mirella, a filha de Roger. Isso só foi feito depois que um informante dos policiais suíços conseguiu localizar um carteiro que trabalhou na região e que sabia o novo endereço dos Cutrale em Genebra. Tudo feito com muita discrição e profissionalismo.
Os suíços ficaram intrigados com a mudança dos Cutrale na Suíça. Por que sairiam de um endereço e mudariam para outra residência na mesma cidade sem deixar nenhuma pista?
Depois de alguns dias de investigação eles descobriram a casa onde Mirella estava. É uma casa grande, que fica num bairro nobre e de difícil acesso para os investigadores, já que todos naquele local são facilmente notados, justamente por ser uma área totalmente residencial.
Durante mais de 12 horas os policiais suíços, na verdade um grupo de elite especializado nesse tipo de serviço, vigiou o local. A casa é bem fechada, com várias árvores cercando todo o terreno. Foi possível ver Mirella, os filhos e uma empregada. Mas não viram crianças pequenas e nem o movimento de babás na residência. Uma outra casa, que fica nesse mesmo endereço e é "acoplada" à casa maior, chamou a atenção, mas ninguém foi visto nesse outro local.

De qualquer forma, a investigação vai continuar. A pista que temos é muito boa e parece que cada vez estamos mais perto do sujeito. O que eu gostaria que vcs entendessem é que estamos investigando um cara que tem um conhecimento enorme, muito dinheiro, que apesar do que aconteceu ainda mantém contato com pessoas poderosas e pode estar sendo acobertado por um dos homens mais ricos do Brasil. Não é fácil!!! Está dando muito trabalho, mas creio que temos chance de encontrar o sujeito.
É isso.
Não preciso dizer a vocês o quanto essas informações são confidenciais. Qualquer informação dessas que cair em mãos erradas pode simplesmente jogar tudo o que fizemos até agora por água abaixo.
Conto com a colaboração de todas vocês!!!
Um beijo a todas e vamos em frente!!!

Leandro Mansel

MATO GROSSO

Certa vez, recebi de informantes números telefônicos usados pela irmã de Roger, Stela Abdelmassih, que ligava com frequência para a região de Sinop, em Mato Grosso.

Imediatamente avisei Leandro e ficamos confusos, pois a Polícia Federal francesa estava observando a mansão da filha do estuprador em Genebra. Mas eu e Leandro ficávamos atentos a tudo. Então, partimos para essa investigação no centro-oeste do Brasil. Tínhamos receio de divulgar esses dados até mesmo para outras vítimas, a correspondência era restrita entre nós dois e o chefe de Leandro.

Fragmentos do e-mail do repórter Leandro somente para mim.

> *Date: Thu, 23 May 2013 14:00:10 -0700*
> *From: leandromansel@xxxxxx Subject: MT 2*
> *To: vitimas-unidas@hotmail.com*
>
> *Oi Vana...*
>
> *A PISTA QUE TEMOS É SENSACIONAL!!!! Acho que ele está em SINOP, no Mato Grosso. Não dá pra ter certeza ainda, mas as evidências são bem grandes.*
> *Fui atrás dessa pista depois que um amigo meu da polícia me falou que um advogado do escritório do Thomaz Bastos, um dos advogados de Roger, foi até o Mato Grosso para que o ex-médico assinasse alguns documentos.*
> *ATENÇÃO - Peço que mantenha cada frase desse e-mail em sigilo, já que isso pode prejudicar o trabalho que venho fazendo há um ano. Se isso vazar o cara foge.*
> *Reunião com a polícia hoje - Conversei com aquele meu amigo agora à tarde. Ele disse que a chance do cara estar lá é bem grande...*
> *Ele ficou ainda de conversar com os chefes dele para saber o que fazer. Mas não vai abrir nada. Só vai dar uma "sondada" se os caras liberam ele pra fazer isso comigo. Deve me dar uma resposta até terça-feira...*

Esse cara é 100%. Eu o conheço há vários anos e só por isso levei o caso a ele. Ele me disse que o caminho é a irmã de Roger, mas é complicado por questões "legais". Ele ficou de pensar em algo e me falar. De qualquer forma, daqui de São Paulo tudo é mais difícil. Só posso pedir uma viagem ao meu chefe se tiver 100% de certeza que vou encontrar o cara.

Por enquanto é isso... Estamos chegando!

Leandro

* * *

Leandro seguia, como sempre, espetacular e esforçado ao extremo. Afeiçoei-me a ele e à sua determinação. Eu era sua fonte primária, mandando correntezas de informações. Em locais alvo, eu adicionava grupos e observava todos; não foi diferente em Mato Grosso. Descobri amigos da família de Abdelmassih por lá.

Meu inferno astral estava passando: segundo a astrologia, ele se estende por 30 dias antes do aniversário, e já havia transcorrido um mês: estávamos em 21 de junho de 2013. Olhava tudo. Mas, mesmo assim, continuava com a vista firme em linha direta para Jaboticabal. Alguns grupos eram fundamentais para divulgar as fotos de Abdelmassih, em simulações fotográficas do monstro com e sem barba ou bigode. Em todas, colocava: **Procura-se: estuprador foragido e perigoso está nas ruas!** Adicionava à mensagem a lei com meu e-mail, explicando quem eu era e que havia sigilo na denúncia. Assim escrevia em destaque:

Esta postagem é um serviço de utilidade pública e segurança nacional

Para esclarecimento da população e também dos que estão envolvidos, e sabem o paradeiro do estuprador Roger Abdelmassih, sejam estes cunhados(as), sobrinhos(as), sogros(as), amigos(as), vizinhos(as) e funcionários(as), de fato, todos os que obstruírem a ação do Estado respondem com ação penal conforme lei abaixo. Por favor, a Secretaria de Segurança de São Paulo oferece 10 mil reais de recompensa e garante sigilo para quem der sua exata localização.

Contribuam com o governo, e não se prejudiquem por causa de um foragido condenado a 278 anos de prisão sem mais direito a recursos. Se preferirem, podem fazer a denúncia no e-mail vitimas-unidas que encaminhamos às autoridades e mantemos confidencialidade como sempre fiz. Site denúncias do governo neste link *abaixo depois da lei.*

Código Penal:
Favorecimento pessoal
Art. 348 – Auxiliar a subtrair-se à ação de autoridade pública autor de crime a que é cominada pena de reclusão: Ver tópico (1975 documentos)
Pena – detenção, de um a seis meses, e multa.
§ 1º – Se ao crime não é cominada pena de reclusão: Ver tópico (51 documentos)
Pena – detenção, de quinze dias a três meses, e multa.
§ 2º – Se quem presta o auxílio é ascendente, descendente, cônjuge ou irmão do criminoso, fica isento de pena.

Obrigada pela atenção, por favor repassem aos que têm contato com esse bandido, meu nome é Vana Lopes e sou responsável jurídica por esta página e publicações http://www.webdenuncia.org.br/ — com vítimas Roger Abdelmassih

Escrevia em letras maiúsculas SERVIÇO DE UTILIDADE PÚBLICA para que administradores não tirassem das comunidades e por ser de fato questão de segurança nacional e internacional.

Já um ano antes de ele ser localizado, eu me preparava fisicamente para o dia em que precisaria ir à caça desse Herodes pessoalmente, numa pertinaz corrida, e para tanto não poderia ser obesa. Então, após ter emagrecido, comecei a fazer caminhadas, andando em torno de dez quilômetros. Não saía daqueles muros em hipótese nenhuma. Sentia-me resguardada ali dentro. A psicóloga, ao concordar em me atender sem jaleco, fez-me sentir à vontade. E Dra. Denise, estudiosa, resolveu escrever uma tese sobre etapas do tratamento. Conversamos sobre minha libido, achando boa ideia falar com alguém do sexo masculino, gênero que eu bloqueara por trauma. Depois de muita insistência, fiz um perfil com esse fim. Eloisa e minha filha me recomendaram um site. Fizemos juntas minha descrição, tiraram fotos na webcam. Magra, ainda fora do peso ideal, mas o rosto não mais disforme, me animei com essa nova fase e resolvi clarear os cabelos. Lá dentro havia um salão de beleza e, depois de mais de dois anos, estava indo a um. Foi um acontecimento para todos na cidade *fat*: médicas, enfermeiras, pacientes e funcionários esperando minha transformação.

RECUPERANDO A APARÊNCIA

Ouvindo uma insistente música que tocava aos quatro ventos no programa *Roda de Viola - Saudade de Minha Terra* em todas as televisões no Salute Bahia, me bate uma saudade de mim! Estou em 24 de dezembro de 2013, determinada a recuperar meu peso e aparência. Não iria mais passar nenhum Natal gordinha. Havia me convencido, nesse tratamento com apoio psiquiátrico, de que a culpa do estupro que sofri não era minha.

Precisava corrigir minha postura, fiquei até mesmo meio corcunda por não querer chamar a atenção. Meu corpo respondeu ao subconsciente instintivamente. Isolei-me nesses anos, e piorei quando me senti violentada ao encará-lo no tribunal. Acredito que foi tão ou mais catastrófico que o estupro em si, pois estava lúcida o tempo todo, e até mesmo pensar que respirávamos o mesmo ar me fez enojar, além do fato de ter de me controlar naquele dia e não lhe arrancar os olhos. Segurar a indignação de uma vítima perante seu violentador, no momento em que ela fisicamente pode reagir, é difícil.

Mas já havia acontecido e precisaria superar a qualquer custo. Preparei-me para enfrentar esse tirano. Confabulava com Leninha e Eloisa sobre a possibilidade de ir à ONU fazer uma manifestação, amarrada em uma corrente grossa. Ficaria na frente da sede dessa organização até alguém localizar o Roger monstrengo. Estava certa desse plano, não era impossível de ser feito, elas haviam feito algo parecido para lutar pelos direitos na Petrobras. Concordamos que faria isso no próximo encontro de juristas, em junho de 2014. Chequei o preço de passagens e nos hospedaríamos na casa de uma amiga na Suíça, e nesse país eu estava vendo quanto custaria fazer panfletos em três idiomas. Minhas duas amigas seriam o meu suporte, me trariam comida e eu ficaria ali, amarrada dia e noite, até acharem Abdelmassih. Dúvidas me assolavam de que seria um tiro com uma pontaria difícil, mas chamaria a atenção das autoridades para esse caso, afinal ele era um dos mais procurados da lista da Interpol, informação da Wikipédia, inclusive, e em São Paulo a recompensa maior era por sua cabeça, como nos filmes de faroeste: 10 mil reais capturado.

Foragido desde o início de 2011, Roger Abdelmassih figurava

vergonhosamente no rol dos 25 criminosos mais procurados pela Polícia Civil do meu Estado.

Precisaria estar preparada para esse ensejo, magra e com saúde. Fazia maratonas, aulas de hidro, nadava e andava na esteira, ouvindo música e imaginando esse dia: eu mesma entregando Roger na bandeja.

Assim, com fones no ouvido, há testemunhas da minha cantoria no refrão da melodia predileta revigorante, no cântico da possível vitória... Lá, lá, lá... ...lá, lá, lá...

Estou falando alto, não estou dizendo muito
Sou criticada, mas todas as suas balas ricocheteiam
Você me derruba, mas eu me levanto

Sou à prova de balas, não tenho nada a perder
Atire, atire
Ricocheteiam, você acerta o alvo
Atire, atire
Você atira em mim, mas não vou cair
Eu sou de titânio
Você atira em mim, mas não vou cair
Eu sou de titânio

Pode acabar comigo
Mas você é quem terá mais para sofrer

("Titanium", de David Guetta)

Eu não vivia obstinada, de forma doentia, mas era atômica minha preparação. Os laudos e especialistas que me acompanhavam diziam que eram justos os meus anseios de encarcerá-lo, libertando-me desse passado tão presente. Como disse, em meu sangue corria o mal de Abdelmassih. Bastavam os exames mensais para ver as taxas do meu fígado e saber que jamais poderia esquecer. Esse verdugo Abdelmassih surfava no meu sangue e mensalmente via sua prancha em minhas taxas sanguíneas.

Susto e angústia acompanham o diagnóstico da hepatite C; informação pode levar à cura
Vírus que provoca lesões no fígado carrega o estigma de ser uma DST. Pacientes sofrem com crises depressivas e recolhimento
Celina Aquino
Publicação:19/3/2014
O abalo emocional é comum entre pacientes com hepatite C, doença crônica transmitida por vírus que provoca lesões no fígado. Muitos chegam a se isolar, com receio de contaminar quem está por perto. "Não deve haver grandes mudanças na vida, pois dá para conviver normalmente com a doença. Tem que haver vigília", defende a psicóloga Cláudia Cristina da Cunha, uma das fundadoras do grupo que reúne pacientes, familiares e profissionais de saúde no Hospital das Clínicas da Universidade Federal de Minas Gerais (UFMG).

Essa doença taciturna, que insiste em vagar em minhas veias, não poderia mapear meu destino à languidez e entrei numa fase de vivificação. Pensei em uma vida normal, e já estava aceitando a ideia de namorar alguém. Depois que fiz meu perfil no site de relacionamentos, recebi muitos galanteios. Eram muitos do exterior - esse site cobre a área de Portugal, Itália e França. Comecei de forma afoita um relacionamento virtual com Jorge pelo Skype e às vezes por telefone, isso depois de uma pequena triagem que fiz, baseada nas primeiras conversas. Nutria receio de ligar a câmera. Como Jorge Duarte era mais paciencioso, eu o escolhi.

Meu querido Jorge. Tentarei ser breve ao descrevê-lo, apesar de precisar ler os papiros da antiga biblioteca de Alexandria e quiçá encontrar palavras suficientes. Um português, domiciliado no interior de Portugal, de 52 anos, entendedor das minhas dificuldades e traumas, ele me esperou, e hoje, consolidado nosso relacionamento, estamos noivos.

Começamos nosso chamego pela internet em 8 de janeiro de 2014, mas a primeira vez em que nos vimos foi no Natal de 2013. Por causa dele, aceitei usar batom pela primeira vez depois de tantos anos. Queria estar colorida no primeiro encontro on-line. Já fui esclarecendo: não fazia sexo pela internet, era poetisa e, se quisesse, poderíamos conversar até surgir um carinho e quem sabe um dia nos encontrarmos. Assim, comecei o relacionamento impondo certas regras.

Ele, agradável, aposentado por problemas de saúde, mora numa vila de 3 mil habitantes em Portugal, do lado de um castelo cuja fortificação acredita-se que remonte à época romana, com base em uma inscrição latina encontrada em 1635. Jorge tem um hobby: flores! Mandava-me fotos do seu jardim, onde cultiva tulipas e girassóis. Romântico e apaixonado, enviava músicas portuguesas divinas, que eu não conhecia. Uma delas, da Mariza, dizia: "Vou pedir ao tempo que me dê mais tempo para olhar para ti, de agora em diante não estarei distante, eu estou aqui!".

Eu finalmente abria meu coração, depois de anos num estado letárgico, refratário. O novo amor de ultramar me infundia vida a cada instante, numa nova classe de vida. Todo dia falava com ele e, após uns meses, a intimidade era sentida. Da mesma maneira que investiguei sobre Abdelmassih, naturalmente fiz o mesmo com Jorge, antes de relaxar. Afinal, era avisada de crimes na internet com relação a homens, portanto, deveria ser cautelosa. Mas Jorge estava desarmado e, verdadeiro como é, me apresentou o filho, a futura nora e a mãe, além de alguns amigos.

Mas como eu poderia ver Jorge um dia se nem mesmo conseguia sair de dentro daquela clínica? Estava totalmente dependente daquela instituição; nela me sentia segura. Iniciou-se uma problemática com o convênio, pois cheguei a um peso e eles não queriam me manter internada àquele custo. Pediram que eu saísse. Na verdade, ordenaram. No entanto, o diretor da clínica, Dr. Sérgio Braga, era conhecedor do meu drama, ciente do meu pânico e da minha socialização, ou seja, eu estava perdendo o medo dos médicos com eles e não poderia simplesmente interromper o tratamento. Agora, era importante me reintegrar ao mundo lá fora, no tempo e na situação corretos, para evitar que o pânico voltasse com maior força ao primeiro obstáculo que encontrasse ao ultrapassar os portões daquele encantador centro de reabilitação. Sendo assim, Dr. Braga orientou as psicólogas a fazerem um "desmame" comigo. A proprietária, Cristina Praia, me deu todo o apoio.

Todos naquela clínica torciam por minha melhora e reintegração social. Começaram a me levar primeiro a uma praia deserta, acompanhada por uma terapeuta e por Eloisa. Em seguida, me levaram a uma farmácia em um horário em que não havia movimento, para eu entender o que era sair. Mais tarde, fomos a um pequeno supermercado, tudo perto do Salute Bahia. Toda vez, ao sair para esses "desafios" – assim os considerava –, meu corpo reagia. Quem tem síndrome do pânico entenderá o que descrevo a seguir: sudorese, dores de cabeça, ânsias e cólicas, além da sensação de desfalecimento. Diversas vezes eles voltaram comigo, a uma quadra de onde estava. Detalhe: por causa do meu medo, o motorista só podia ser o Beto, um taxista eleito, amigo de Eloisa. Seu carro era uma confortável van, tinha penduricalhos do seu time favorito, e ele, dono da mansidão característica desse povo baiano, dizia em sotaque arrastado: "Oxente, dona Vana, voltamos sem problemas se a senhora ficar com medo!".

Minha noturnidade poderia encontrar um fim. Minhas navegações azaradas pelo mar do alheamento sempre foram contidas pelo porto da busca por justiça. Mesmo assim, fiz dos meus despojos de guerra legal o lastro para retomar a luta. Acho que, quando conheci meu príncipe português, digamos assim, olhei para trás. E estabeleci: sim, eu mereço, pelas contingências vividas, sair do estado hibernal. Eu desejava a vida. Eu merecia aquilo a que os filósofos chamam de devir: transformar as coisas no seu contrário. Dar vida à vida.

Certa vez, um mês depois de começar a namorar Jorge, no exato dia 8 de fevereiro de 2014, Eloisa foi comigo a uma consulta médica, e, se eu tivesse coragem, teríamos assistido ao filme *A menina que roubava livros*, uma adaptação da obra homônima que havíamos lido de Markus Zusak – esse era nosso plano. O filme havia estreado por aqueles dias no shopping, em Salvador. Aprontei-me a contragosto, mas obedeci à "mami" e vesti a saia com que me presenteara, longa, fundo branco com estampas turquesa e rosa, uma blusa regata turquesa e uma rasteirinha no pé. Passei um batom rosado e rumamos à portaria da clínica. Ávida por me restabelecer, decidira que com minha guardiã Elô eu conseguiria. Era engraçado, sempre ao sair, éramos obrigadas a nos pesar, afinal, lá era esse o objetivo fundamental: perder peso. Na volta, o interno, como assim é chamado, precisa se pesar novamente. Há situações terríveis entre os obesos, parece mentira, mas realmente acontecem. Alguns escondem comida até mesmo no frasco de xampu, em forma de leite condensado, outros escondem chocolates no próprio corpo, como se fossem drogas. Havia esse câmbio negro e a cumplicidade de todos, que sabiam as maneiras de fazer entrar comida, mas ninguém entregava o outro. Eu não fazia isso, estava curada do desejo de comer. Eloisa também não, tinha receio de ser pega numa revista e perder a moral, como ela mesma dizia. Por isso, quando saíamos para ir ao médico, ela realmente não trazia nada escondido, mas comia o que queria e não queria fora da clínica em minutos, numa voraz vontade de quem estava internada fazia um ano e dispunha do direito a uma saída por mês.

Nesse dia, mal chegamos à esquina, numa grande padaria, Ponto do Pão, Eloisa comeu um pãozinho e então nos preparamos para ir a Salvador, com trânsito, a mais ou menos duas horas de Camaçari, onde estávamos. Não consegui seguir adiante, perdi o chão ao ver alguém parecido com Roger naquela padaria e fiquei paralisada. Esse homem, de perfil, tinha a mesma altura, bigodes e os cabelos brancos, meio careca. Fiquei de tal forma estática que Eloisa e o motorista Beto me levaram de volta à clínica. Meu corpo enrijeceu naquele transe de pavor. Quando cheguei, viram-se obrigados a me dar uma injeção de relaxante muscular, para me destravar. Minha amiga estava apavorada com o meu estado e também preocupada, pois teria que se pesar e descobririam que ela tinha comido em demasia. Isso a deixava triste, seria um sermão para o dia todo do diretor. Eram rígidos, e creia: havia pessoas que saíam em um dia e engordavam cerca de três quilos. Eram os compulsivos alimentares – estes, quando dispunham de uma folga, comiam um boi.

Após esse ocorrido, resolveram que deveriam ser cautelosos com minhas saídas, e todas acompanhadas pela psicóloga: o medo dos médicos na clínica era de que o pânico se tornasse crônico. Decidiram que eu faria, depois de várias tentativas, uma ida ao shopping, ladeada por Eloisa e Dra. Denise. Escolhemos uma segunda-feira, que seria um dia de movimento pequeno, e fomos as três. Ao chegar, eu estava arrumada por elas, com sapato alto, calça jeans justa e uma blusa de renda da Bahia tipo camisa, muito delicada, da cor branca. Passei um batom vermelho e arrumei os cabelos ainda meio longos, agora castanhos-claros com fios dourados.

Também estava com uma cor na pele, pois pegara sol e estava com o bronzeado bonito. Mas não sabia que chamaria a atenção, pois no Salute Bahia estava acostumada com todos os elogios, eles eram realmente de carinho de pessoas vibrando em me ver renascer.

Desci do carro da Dra. Denise com a observação de que deveria corrigir minha postura, isto é, ficar altiva e dona do meu nariz. Foram dias colocando na cabeça que eu não tinha culpa de nada na vida e deveria andar erguida. Assim entrei no shopping. Não sei se foi porque estava loira, se foi o perfume ou o batom vermelho, não sei o que exatamente ocorreu, mas todo mundo me fitou. Homens e mulheres, naquele prédio com poucos transeuntes, parecia que estavam ali me olhando, e Eloisa, orgulhosamente, dizia: "Vaninha, você está linda". Uma de um lado, outra do outro, segurando minha mão. Não queria decepcioná-las, então apenas pedi que me levassem ao banheiro para passar um pouco de água no pescoço e relaxar para depois tomarmos um lanche e um sorvete. Quando cheguei ao toalete, aconteceu algo surpreendente que deixou as duas atônitas: eu, parada, sem saber abrir a torneira. Havia sensores nas torneiras – os anos se passaram e eu não havia acompanhado a tecnologia. Nesse momento senti-me dentro de um casulo, e o mundo evoluindo. Então, disposta a enfrentar tudo para recuperar minha liberdade, fomos a um café e concordei em ficar sozinha por alguns minutos, enquanto elas entravam numa loja ao lado. Sentada, com um copo de refrigerante, um homem se aproximou e quis fazer um galanteio. Fiquei dura, comecei a transpirar e fui salva por uma garçonete conhecida da médica, que havia pedido à moça que ficasse de olho em mim. Ela veio em meu socorro e pediu ao homem que se afastasse.

Mesmo com esses atropelos, acho que fui bem no teste. Ao chegar à clínica, soltei uma exclamação de alívio, dizendo: "Nossa, como é bom chegar em casa!", embora tivesse a sensação de ali não ser o meu lar. A única forma de obter alta médica e ter uma vida novamente, sem sustos, seria se Abdelmassih fosse preso, e eu não mediria mais esforços para que isso acontecesse.

Foi assim que retomei a jornada meses depois: me alforriando. Liguei para o repórter dizendo-lhe que iria intensificar minhas buscas em Jaboticabal e região. Alimentava a certeza de que, se Roger não estivesse lá, alguém naquela cidade saberia seu paradeiro, o dinheiro era mandado por lá. Fui ampliando os amigos e grupos na região e continuei a receber documentos de bancos, contratos e números de telefones e nomes de pessoas com quem ele falava constantemente. Tudo me contavam.

No feriado de 1º de maio de 2014, quinta-feira, finalmente, tive alta da clínica e voltei para São Paulo. Nesse período em que estive internada, minha filha se separou e foi morar em meu pequeno apartamento, com minha neta de 8 anos. Isso foi uma providência divina, animando-me a voltar e recomeçar minha vida. Peguei o voo acompanhada de Carmem, temente por minha segurança e saúde. Meu telefone em casa recebia chamadas frequentes de número desconhecido, e nada falavam. Leda, minha filha, havia me dito isso, e, quando eu publicava intensamente, esse tipo de ligação acontecia mais vezes.

Uma das tantas formas sob as quais o Nirvana se manifesta é ao conviver com uma criança... Distraí-me com minha neta Julia, minha Jujuba, me contando falante seus "casos" escolares entre diversas caixas de chocolate. Meu pesar foi saber que meu cachorro, deixado aos cuidados de um casal amigo, Lucia e Sr. Elisio, havia morrido, sem eu nunca tê-lo levado para passear. Deram-me as cinzas de Toddy, a quem peço perdão sempre que posso.

DE VOLTA A SÃO PAULO

Apesar de toda a acolhida e conforto familiar ao chegar a São Paulo, na capital paulista a vida foi mais difícil. Mesmo morando numa viela sem saída, relativamente segura, e tendo me apresentado aos porteiros – estes nem sequer me conheciam, porque eu pouco saía –, não me sentia à vontade para ir às ruas. Quando cheguei, eu era outra mulher. O antigo zelador não me reconheceu, afinal, foram quase 70 quilos deixados em Salvador. Também deixei meus hábitos de obesa. Aprendi a me alimentar com satisfação, sem necessidade de comer em demasia. Fazia planos de passeios e chegava a me vestir, mas não conseguia.

Piorava ao saber que o monstro Abdelmassih vinha com a esposa ao interior do estado de São Paulo, mais especificamente às cidades de Jaboticabal e Avaré, relativamente perto da capital. Roger sabia quem eu era, assim como seus capangas. Eu estava publicando muito na cidade e entrando em contato com ex-funcionários e os atuais, portanto, tinham uma noção do que acontecia.

Dia 17 de junho, depois da matéria da Record, olhe minha publicação em grupos:

Vítimas Roger Abdelmassih publica no grupo Mulheres Vítimas de Violência.

> *Vítimas Roger Abdelmassih*
> *17 de junho de 2014 16:59*
> *Reportagem* Domingo Espetacular *15-06-2014 com detalhes dos envolvidos que estão ajudando este estuprador foragido, condenado a 278 anos por violentar 69 mulheres casadas! denuncias vitimas-unidas@hotmail.com, manterei sigilo absoluto como sempre fiz*
> *Operação secreta descobre último refúgio do médico Roger Abdelmassih – Vídeos – R7*
> *noticias.r7.com*

* * *

O repórter Leandro Mansel havia me falado bem antes quais eram os planos do *Domingo Espetacular*, ou seja, fariam um programa com tudo que havia sido apurado naqueles últimos três anos. Era final de maio quando me prometeu que, em breve, haveria uma grande matéria. Combinamos a entrevista em que eu daria um depoimento, além de outras vítimas, sendo que algumas nem mesmo sabiam qual o teor da matéria. Orientei todas segundo o combinado com Leandro, que me pediu que entrasse em contato com elas.

Não me preocupei se iriam falar da minha ajuda ou não. Queria resultados, e eu sabia, a partir do momento em que saísse em um programa de televisão, que o caso voltaria à tona. Era o mês da Copa do Mundo, a Globo detinha os direitos de transmissão dos jogos, e a Record investiu nessa reportagem. Mandaram repórteres para Jaboticabal a fim de seguir todas as pistas dadas por mim, a casa onde o solidário Márcio, dono de um dos grupos, vira o carro Mercedes. Nessa cidade entrevistaram a vizinha que vira e conversara com Larissa, defensora do marido Roger. Foram também, na pessoa do jornalista Raul Dias, à farmácia Sal da Vida, da irmã de Larissa, Elaine, e esta se escondeu. Chegaram a fazer a imagem da casa dos sogros de Roger, e o Sr. Vicente ainda defendeu o genro, dizendo: "Meu genro é boa pessoa". Também estiveram na fazenda de Avaré. Lá, intacto, estava o vestido de noiva e a foto do casamento, além de um rol de coisas que Larissa pedia que fossem transferidas para Jaboticabal. Era a prova de que frequentavam aquelas terras. Na minha conversa em que me travisto de Mário, o fazedor de armários (sempre a paquerar a funcionária), descobri quem fez a lista.

Mostraram na reportagem da Record a cidade de Genebra, e a campana de uma semana de investigação. De tudo eu participei, passara muitos dados ao Leandro, nada era novidade para mim. Mesmo assim, quando chegou a hora da minha entrevista, ao falar o nome Roger Abdelmassih, comecei a suar muito e o inaudito expert repórter Raul Dias, por isso mesmo sensível, parou diversas vezes para eu me enxugar. Falamos sobre isso, que podemos até fingir que derramamos uma lágrima, um ator aprende a fazê-lo no palco, mas transpirar não é algo que pode ser interpretado, é um ato de franqueza em que o corpo demonstra seu sofrimento numa sinceridade ímpar. O meu suor era indubitável, e o jornalista ficou comovido com o que estava acontecendo, mesmo porque ele sabia o quanto eu estava contribuindo para encontrar o criminoso.

Avisei todo mundo que a matéria ia ao ar naquele domingo frio de junho. Publiquei em diversos grupos com ajuda de minha filha, de minha amiga Vera e de Eloisa e Leninha, que, mesmo de Salvador, dispunham da minha senha e dividíamos as tarefas. Não podia perder aquela oportunidade.

Era hora de contar mais detalhes sobre isso ao meu namorado, Jorge Duarte. Estávamos firmes em nosso relacionamento e falávamos havia seis meses, diariamente, por horas, mas adiava o máximo possível a confidência em minúcias. Havia lhe contado por alto. Jorge sofrera violência doméstica e entendeu o que estava acontecendo, além de me dar forças, falando que era importante resolver isso para viver com ele em paz. Lembro-me de ele ter dito que queria que Abdelmassih fosse meu passado, e ele, Jorge, meu futuro. Concordei, mas lhe pedi paciência para enterrar essas lembranças, e isso somente seria possível com Roger preso. Fazia planos de ver Jorge em Portugal assim que prendessem o monstro. Certa de que isso aconteceria em breve, me lembrei da profecia do meu amigo Valter. Quando eu desanimava, ele me dizia: "Setembro, Vana. Setembro".

Como eu havia emagrecido muito, estava sem roupas. Conhecia uma amiga na internet cuja mãe era costureira havia quarenta anos. Elas vieram à minha casa e desenhei uns vestidos, e a filha foi comprar os tecidos nas cores pedidas. Decidida a retomar minha vida, pedi a ela que comprasse uma bolsa e sandálias combinando, assim como algumas roupas de frio.

Ficamos íntimas uma da outra, por muitas vezes ela foi ao meu apartamento e conversamos por horas. Vera Moraes me lembra aquelas atrizes italianas dos anos 70, com seus olhos amendoados, sua boca carnuda, proporcional, bem cuidada e com um brilho especial do batom vermelho realçando um sorriso constante em seu rosto largo. É diretora de uma revista, portanto entende muito de comunicação, então dividimos tarefas para divulgar a entrevista da Record.

Naquele domingo, dia 15 de junho, no qual o *Fantástico* revelou a mordomia que rolava solta para chefes do crime em algumas penitenciárias do país, o clímax da concorrente eram os esconderijos de Abdelmassih, "chefe de estupros morais e físicos", pois estar solto era vergonhoso. No dia seguinte, tudo mudou em Jaboticabal e região dos aparentados de Abdelmassih. Todos os dias, eu ia ao perfil da família de Roger e Larissa e publicava o *link* da matéria para quem não tivesse assistido. Fazia isso, pois a imagem da capa da comunidade era pública. Então ela começava a rodar no Face até a hora em que as donas, como as sobrinhas, a irmã e as filhas, viam a montagem, e excluíam minha mensagem. Elas apagavam e eu colocava de novo, até que me bloquearam e eu não podia mais entrar com o perfil nominado Vítimas Roger Abdelmassih.

Fiquei chata mesmo, então publicava com o meu pessoal, Vana Lopes. Não dava sossego; como uma artilharia pesada no final de uma guerra, assim me comportava. Eu, minha filha Leda, minhas amigas Vera, Eloisa e Leninha nos transformamos em dedos metralhadores. Enquanto isso, o Leandro, da Record, resolveu dar sequência e foi a Jaboticabal para ver o alvoroço na cidade. Jabuka, relativamente pequena, se viu no centro das atenções. Os que não assistiram na TV agora viam, em todos os grupos da cidade, que Roger Abdelmassih tinha estado na região. Aos mais duvidosos, eu mandava alguns documentos, pois a emissora mostrou rapidamente e eles queriam ler se realmente aquela mulher da farmácia, Elaine Sacco Khouri, era o Roger em sua versão feminina, mascarado.

A seguir, uma das procurações que Abdelmassih deu a Elaine; nesta consta também sua filha caçula Karime, como procuradora. Depois Karime foi retirada, ficando somente a cunhada, Elaine Sacco, como procuradora universal dos bens de Larissa.

OFICIAL DE REGISTRO CIVIL DAS PESSOAS NATURAIS E TABELIÃO DE NOTAS

ARANDU - SP

COMARCA DE AVAPÉ - ESTADO DE SÃO PAULO

TABELIÃ MIAKO SAKANIVA LOURENÇO

Livro n. 043
Fls. 051/052
1º Traslado

PROCURAÇÃO BASTANTE QUE FAZ LARISSA MARIA SACCO ABDELMASSIH.=/=

Saibam quantos este público instrumento de procuração bastante virem, que aos vinte e nove (29) dia do mês de Novembro, do ano do Nascimento de Nosso Senhor Jesus Cristo, de dois mil e dez (2.010), nesta cidade de Arandu, do Estado de São Paulo, em cartório, perante mim, Primeira Substituta da Oficiala/Tabeliã, compareceu como outorgante, **LARISSA MARIA SACCO ABDELMASSIH**, RG. n. [redacted] e CIC. n. [redacted], brasileira, empresária, casada conforme consta da certidão de casamento extraída do livro n. B-00086, fls. 263, Termo n. 06171, do Oficial de Registro Civil das Pessoas Naturais Do 28° Subdistrito do Jardim Paulista, em São Paulo, Capital, residente e domiciliada na [redacted], ora de passagem por esta cidade; reconhecida como a própria de que trato, pelos documentos apresentados, do que dou fé. E, pela outorgante, me foi dito que, por este público instrumento nomeia e constitui suas bastante procuradoras, **ELAINE THEREZINHA SACCO KHOURI**, RG. n. [redacted] e CIC. n. [redacted], brasileira, casada, farmacêutica, residente e domiciliada na cidade de [redacted] e, **KARIME ABDELMASSIH**, brasileira, solteira, bacharel de direito, RG. [redacted], CIC. N. [redacted], residente e domiciliada na [redacted] as quais confere os mais amplos, gerais e ilimitados poderes para, sempre em conjunto, gerir e administrar todos os seus negócios pessoais, direitos e interesses da outorgante, inclusive bens móveis, imóveis, semoventes ou veículos; podendo, ainda, prometer comprar ou comprar, permutar, doar, receber ou concordar com doações; alugar, sublocar, hipotecar, demarcar, lotear, desmembrar, dar em pagamento, prometer vender, vender, ceder, transferir, ou ainda, faze-lo de forma definitiva; gravar ou por qualquer forma alienar quaisquer bens móveis, imóveis, semoventes ou veículos, de propriedade da outorgante; receber sinais, prestações, preço total; passar recibos e dar quitação; assinar recibos de transferências de veículos; assinar quaisquer escrituras necessárias, com as cláusulas e condições que forem ajustadas; receber e transmitir posse, direito, ação e responder pela evicção de direito; fazer quaisquer declarações necessárias para a formalização dos atos, inclusive sob responsabilidade civil e criminal; firmar contratos de mútuo, de construção e de financiamentos de um modo geral, inclusive efetuar empréstimos bancários, aceitando e concordando com suas cláusulas e condições; assinar escrituras de convenção de condomínio; receber quaisquer quantias em decorrência dos poderes conferidos, dando recibos e quitações; assinar contratos de abertura de crédito; abrir, movimentar e encerrar contas correntes; depositar e retirar quaisquer importâncias em dinheiro ou cheques; emitir, endossar, avalizar, descontar e assinar cheques e ordens de pagamentos; requerer e retirar cartões magnéticos, cadastrar e recadastrar senhas; verificar saldos, requisitar talões de cheques; fazer retiradas mediante recibos; autorizar débitos, transferências e pagamentos por meio de cartas; receber quaisquer importâncias devidas a outorgante, pensão e de quaisquer outros benefícios, assinando os necessários recibos e dando quitação; representar a outorgante junto ao INSS ou onde mais necessário for, tudo requerendo, alegando e assinando; assinar requerimentos, livros e quaisquer outros documentos e papéis que se fizerem necessários; representar a outorgante junto a quaisquer repartições públicas, federais, estaduais, municipais, autarquias, cartórios, prefeituras, TELESP ou TELEBRÁS, DETRAN, CIRETRAN, INCRA, Corretoras de Valores e/ou

MIAKO SAKANIVA LOURENÇO
ESCREVENTE AUTORIZADA
1ª Substituta do Tabelião

REPÚBLICA FEDERATIVA DO BRASIL

União Internacional do Notariado Latino (Fundada em 1948)

RUA JOÃO FEREZIN 377 - CENTRO
ARANDU SP CEP 18710-000
FONE/FAX: 14 37661313

REPÚBLICA FEDERATIVA DO BRASIL
Estado de São Paulo

Bolsa de Valores e onde mais necessário for; juntar e retirar documentos; passar recibos e dar quitação; constituir procuradores com os poderes da cláusula "ad judicia" para o foro em geral, em qualquer instância, Juizo ou Tribunal; acordar, transigir, recorrer, impugnar, e ainda para receber citação inicial e, ainda, praticar todo e qualquer ato por mais especial que seja no interesse dele outorgante, o que tudo dará por bom, firme e valioso a todo tempo, inclusive substabelecer o presente em parte ou no todo. Assim o disse e de tudo dou fé. A pedido da outorgante, lavrei este público instrumento que, feito, foi lido e achado em tudo conforme, aceitou, outorgou e assina, dispensando, expressamente a presença de testemunhas instrumentárias, nos termos do que lhe faculta o Provimento n. 58/89, da Egrégia Corregedoria Geral da Justiça deste Estado. Eu, ____ (MIAKO SAKANIVA LOURENÇO), Primeira Substituta da Oficiala/Tabeliã, a digitei e subscrevi. oooooooooooooooooooooooooooo (a.a.) LARISSA MARIA SACCO ABDELMASSIH. MIAKO SAKANIVA LOURENÇO. (Selado o original na forma da lei). Trasladada em seguida dou fé. Eu, ____ (MIAKO SAKANIVA LOURENÇO), Primeira Substituta da Oficiala/Tabeliã, a datilografei, a conferi, achei conforme, subscrevo e firmo em público e raso. oooooooooooooooooooooooooooooooooooooooooooooo

EM TESTEMUNHO ____ DA VERDADE

OFICIAL DE REGISTRO CIVIL E TABELIÃO DE NOTAS
ARANDU
COMARCA DE
AVARÉ-SP
F (14) 3766-1313
CEP 18710-000

MIAKO SAKANIVA LOURENÇO
ESCREVENTE AUTORIZADA
1ª Substituta da Tabeliã

TABELIÃO....R$	83,50
ESTADO ......R$	23.73
REG. CIVIL...R$	4.40
IPESP.......... R$	17.58
Stas Casas....R$	0.84
Trib. Justiça R$	1.40
TOTAL........R$	134.45
Selos pagos por verba guias (s) n.ºs	048/2.010

SELOS RECOLHIDOS POR VERBA

Uma pessoa da sociedade, influente e de credibilidade, fez o mesmo – no caso a então primeira-dama Maria Aparecida Marinho Giro, de Jaboticabal – e foi ameaçada pela família de Larissa: diziam-lhe que moveriam uma ação de danos contra essa que estava do meu lado. Quando a vi preocupada, eu lhe garanti que nada caberia a ela responder processualmente. Se houvesse alguma ação judicial, seria então contra a Record, que mostrou Elaine, sua farmácia e a procuração, ou a minha página, de onde se originavam as postagens. Também a tranquilizei dizendo que falasse para essa família me processar, pois eu não contava mentiras e sim mostrava títulos públicos, assinados por Elaine. São documentos públicos, frisei, e então ela se acalmou.

16 de junho de 2014 19:16
Maria Giro
Agora vou te contar mas te peço fica em off tá mais tarde te conto, a cunhada ligou e me ameaçou na hora fiquei muito nervosa, ela ligou e disse que eu não poderia compartilhar e que eu estou sujando o nome da família Sacco e que vai acionar seu advogado para me processar por calúnia e difamação nossa agora eu que virei bandida nunca na minha vida fui ameaçada assustei mas já passou Vc me tranquilizou

16 de junho de 2014 19:19
Vana Lopes

ela terá que processar a mim não você... fui eu que coloquei em sua página, diga a ela que quero muito que ela me processe... ela que venha, pois tenho provas de tudo que escrevo.

Havia duas pessoas que eu seguia on-line: Sérgio Molina e Dimas Campelo Maria. Os dois, pode-se dizer, "capangas" de Roger, com títulos de gerentes da agropecuária. Observava-os fazia tempo e até mesmo dos problemas conjugais de um deles tive conhecimento. Fiz amizade com amigos deles – na verdade, não gostavam dos dois, decepcionados com o fato de trabalharem para um estuprador. A rede de anônimos estava funcionando. Como você já viu, eu recebi uma foto do carro de Dimas em frente à farmácia de Elaine. Eu mandava tudo para Leandro, na cidade, observando o movimento naquela "farmácia".

Falava com o repórter Leandro Mansel diariamente, relatando tudo, numa parceria cujo objetivo era prender Roger. Ele só confiava nos policiais do Gaeco de Bauru, com quem estabelecia contato. Eu havia conhecido o Secretário de Segurança, Fernando Grella. Um amigo, empresário, Beto Nogueira (falecido recentemente), muito respeitado no meio político e empresarial, ao me ver aflita, publicando sem parar, marcou uma audiência na Secretaria com o próprio Dr. Grella e seu assessor direto, o promotor Fabio Bechara. Isso foi fundamental para o desfecho final. Estava de posse de mais de 300 documentos reunidos ao longo de três anos e precisava enviar a uma autoridade incorruptível. Por informações vindas de Jaboticabal, ouvira que meu agressor e seus comparsas mantinham ligações na polícia, que de público sustentava não dispor dos nomes dos envolvidos. Isso me afligia!

AUTORIDADES

Tenho que divagar para conseguir explicar o que esses senhores doutores representaram para mim! Para tentar personalizá-los de forma respeitosa e lúdica, peço licença a essas autoridades, mas vou compará-los a Dom Quixote de la Mancha, de Miguel de Cervantes, um dos personagens mais fascinantes da literatura mundial de todos os tempos. Tornou-se uma espécie de paradigma dos idealistas pela coragem, hombridade, cortesia e um vasto elenco de outras virtudes que, parece, estão cada vez mais escassas nos tempos atuais. Na verdade, Dom Quixote é um símbolo ou, quem sabe, um estereótipo de quem nutre algum ideal. Tanto que já existem palavras derivadas de Quixote, como "quixotear", "quixotesco" e por aí afora. O pintor Pablo Picasso disse: "Concordo com Dom Quixote: o meu repouso é a batalha". Ou seja, deveríamos fazer da ação, concreta e positiva, uma rotina. Apresento-lhe na descrição anterior, a meu ver, o promotor Dr. Fabio Bechara e o Secretário de Segurança Pública Dr. Fernando Grella!

Entrei nesse clima "quixotesco" no sétimo mês do ano no calendário gregoriano, julho, que deve seu nome ao imperador e general romano Júlio César, portanto, mês de batalhas e de procurar os generais! Era o dia 10 de julho de 2014, dia sem jogos da Copa na nação verde e amarela. Não foi a tarde mais gélida desse mês, mas os calafrios me consumiram. Tive que tomar coragem e ir ao encontro do secretário. Vinha mantendo certo contato com a Secretaria, pois Beto Nogueira tentou em vão marcar almoços. Não conseguia ir, algemada que estava ao medo.

Lembro-me de que para ir à delegacia e à Secretaria coloquei uma roupa que minha amiga Vera acabara de comprar. Uma blusa de lã bege e preta com uma calça preta, botas bege e um pequeno brinco de pérola. Prendi o cabelo – agora meu rival, pois estava molhado, e, mesmo sentindo frio por causa do tempo, a sudorese do pânico era incontrolável. Antes passei na Dra. Celi, da Delegacia da Mulher, para fazer um B.O. de ameaça, e levei Silvia Franco e outra vítima comigo. Havia recebido mais um telefonema de um homem dizendo que, se eu não parasse as postagens, não ficaria viva para ver o final dessa história. Essas foram suas palavras literalmente, relatadas no Boletim. Não podia dar autorização para verem minha conta e tentarem descobrir o número e a quem pertencia, e eu também achava que nada adiantaria, pois tenho certeza de que esses covardes empregaram um chip falso. Não me arriscaria a autorizar uma devassa em minha conta, pois para muitos delatores em Jaboticabal eu ligava desse número. Seria um risco que eu não poderia correr, pois havia garantido a eles confidencialidade e segurança acima de qualquer coisa. Mesmo que viesse a ser processada no futuro, nunca revelaria nem jamais revelarei as fontes. Eles confiaram em mim e assim faço jus à sua confiança.

No entanto, apesar do medo, discorria: oxe! Se não posso andejar na delegacia ou mesmo na Secretaria de Segurança, localizadas próximo uma da outra, se não estivesse segura lá, onde estaria, então? Com esses pensamentos reconfortantes, fui ao encontro do homem que me daria certa paz. Apesar de contrariar o repórter Leandro, pois não era de seu agrado que eu falasse a respeito das últimas descobertas com as autoridades, era muita responsabilidade carregar isso sozinha. Uma pessoa – Ange estava nos ajudando, e ele, o próprio Leandro Mansel – poderia precisar de intervenção policial confiável caso os jagunços a mando de Roger ficassem agressivos; eu me preocupava igualmente com a integridade física de Ange e de Leandro Mansel. Comentei com meu amigo Luiz Roberto Coutinho Nogueira, o Beto Nogueira, sobre isso, que se colocou à minha disposição, se precisasse.

Beto tinha 63 anos, era grande empresário, filho de um ministro da Agricultura, fazendeiro, dono de uma agência de publicidade e praticava como *hobby* o automobilismo, além de ter uma empresa de transportes aéreos. Ele me ofereceu um helicóptero para tentar localizar Abdelmassih.

Chegamos a imaginar o trajeto, iríamos em um dos seus helicópteros dar um "rasante" na fazenda de Abdelmassih, se necessário fosse, ou mesmo em Jaboticabal. Tudo que sabia contei ao secretário, com quem Beto mantinha uma relação estreita e de confiança.

Ah, meu amigo Beto, a quem estas palavras dedico *in memoriam* para ler no espaço infinito no qual se movem os astros. Ele foi o sinônimo do céu para mim, me colocou em firmamento quando me encontrava entre o céu e o inferno. Feliz o dia em que nos encontramos na estrada software. Ainda nos conectamos, precisamente quando sua saudosa amada Gisela e eu nos encontramos e tecemos orações em meio a recordações de seus feitos e desejos interrompidos.

Respeitando o tempo em sua matemática, voltando àquele final da quinta-feira, dia 10, fui recebida com toda a importância, pois o assunto necessitava de atenção extrema. As duas vítimas que haviam ido comigo não puderam esperar, tinham seus afazeres. Eu não me afastei dali, gostaria de ser como elas, dedicar apenas alguns momentos à causa. Era impossível para mim, não se tratava de algo fantasmagórico, vidas de pessoas envolvidas poderiam ser ceifadas, minha luta nada valeria se no porvir avistasse túmulos de inocentes. Depois de relatar os fatos àqueles homens, Dr. Fernando Grella e Dr. Fabio Bechara, que me transmitiram credibilidade e idoneidade, me senti finalmente na autopista. Eles protegeriam Ange e Leandro, então, tranquilizei-me. Foi no início de maio que a Secretaria liberou, depois de anos de estudo, o Web Denúncia, em que o prêmio maior era de 10 mil reais pela cabeça de Roger. Contei ao secretário que havia mais de um mês estava fazendo publicações em que divulgava o site citando a recompensa. Mencionei a eles os comentários das pessoas: *o valor é pequeno perto da fortuna de Roger, ele pagaria o dobro para ninguém denunciá-lo.* O secretário achou um absurdo a descrença da população, e eu comentei que havia algum tempo dava entrevistas em rádios locais, pequenos veículos de comunicação, mas que atingiam justamente a classe trabalhadora. Contei a ele que, nessas minhas interlocuções, falava com firmeza para as pessoas que se elas estivessem lavando "latrinas e cuecas" de Abdelmassih, o dinheiro oferecido pelo Estado era mais honesto, além da paz com Deus. Assim eram meus discursos, em entrevistas ao telefone por horas a rádios de todo o interior. Lembro-me de que o secretário ficou impressionado com tamanha determinação e coragem da minha parte, parabenizando-me quando, ao me despedir, após acertar falar dali em diante em celular direto com eles, e mandar os mais de 300 documentos, determinou uma equipe de mais dois policiais, Baroni, da Secretaria, e Barbosa, da Polícia Militar, homens de confiança, para avaliar tudo.

Antes de partir eu disse a ele uma frase. Eles estavam espantados com o fato de uma vítima ter tanto conhecimento do seu carrasco, sendo que a própria Secretaria até então não tinha um dossiê sobre um dos foragidos mais procurados pela Interpol. Eles me explicaram que eram muitos os crimes, e que partilhavam da mesma procura, mas infelizmente não dispunham do meu interesse individual. A frase que eu disse depois ficaria como um lema. Falei ao secretário que eu era vítima, mas não COITADA. Em outra ocasião, soube por ele próprio, Dr. Grella, que naquele dia ele repetiu meus dizeres a sua filha, como exemplo de alguém que não se deixa abater.

Eu realmente pensava sobre o que tinha dito. Era vítima, sim, de uma situação em que fui dominada, mas libertada, como diz a Bíblia, Salmo 91, "do laço do passarinheiro". Mesmo fragilizada, eu não era uma coitada, podia raciocinar. Sem forças, usaria o que me havia sobrado: minha razão.

Naquela semana, recebi um telefonema intrigante, daquela pessoa que mencionei anteriormente, o Adinei. O homem apressou-se em explicar quem era, bem como seus feitos, e cheguei a pensar que poderia ser um infiltrado de Abdelmassih interessado no que eu sabia. Fiz uma pesquisa sobre ele e liguei para o Dr. Fabio Bechara narrando o acontecido e pedindo orientações, a fim de saber se deveria confiar. Toda ajuda era bem-vinda, assim me disse a Secretaria, mas iriam verificar a ficha daquela pessoa na polícia. Por fim, soube que era limpa. Após confirmar isso, confiei a essa pessoa de moral ilibada os 110 e-mails com anexos totalizando 300 documentos. Todos ficaram boquiabertos com tanta coisa. Nada escondi, tudo enviei. Somente protegi o nome de alguns delatores. Segundo os próprios promotores da Secretaria, eles não fariam juízo de valor, e era-me possível e legal fazer isso.

QUASE NO FIM

Encontrava-me agitada e às vezes desanimada com os resultados, mesmo com Leandro estando em Jaboticabal. Soube que ele, ao mexer no lixo da casa onde moravam os pais de Larissa, como já mencionei, foi abordado pela polícia. Afinal, eles, protegidos pelo Estatuto do Idoso, dispunham de foro privilegiado e reclamaram legalmente. Os pais de Larissa, sogros de Abdelmassih, senhor Vicente Sacco e dona Wanilda, têm mais de 70 anos e, junto com Elaine Sacco Khouri, denunciaram Leandro. Houve confusão e Leandro me ligou, dizendo que precisaria sair da cidade; parecia assustado e temi por ele. Aquilo me deixou triste e pensei que poderia perder pistas. Eu estava convicta de estar perto de alguma coisa, haja vista as ameaças, sinal de que eu estava incomodando.

O assunto na cidade de Jaboticabal era a farmácia e Abdelmassih. Em toda esquina, falava-se sobre isso e sobre a mulher, Vana Lopes, postando direto nos grupos. Vários cidadãos, homens e mulheres, cada um à sua maneira, me falavam algo, e eu não desprezava nada. Deram-me o nome do arquiteto que fez uma reforma na casa da família de Larissa, com um quarto especial para receber a filha e sua prole e o "querido" marido. A casa dos sogros é relativamente simples, e essa reforma foi feita para recebê-los antes de a irmã de Larissa, Elaine, alugar uma casa. Chamaram esse profissional porque tais adaptações precisavam de supervisão, mas no final eles optaram por essa casa, arrendada por Elaine para Roger, residência essa vista na reportagem da Record, ou seja, aquela em que o cidadão Marcio viu a Mercedes e onde, como já disse, uma vizinha confirmou ter visto Larissa e Roger.

Buscas em cartórios foram feitas depois dessa matéria da Record, por volta do dia 20 de junho. Fizeram buscas em todas as cidades da região, para ver se as crianças haviam nascido por ali. Alguém muito especial conseguiu que a pesquisa se ampliasse a todos os tabelionatos no Brasil. Eu estava intrigada: como ela podia ter feito pré-natal e tido gêmeos sem o apoio da família? As crianças precisavam de vacinas e de cuidados de recém-nascidos: alguém tinha que saber de algo.

Não canso de dizer que Leandro tinha informações mais precisas, porque o tinha posto em contato com Ange. Relatei um problema à Secretaria e disse ao Dr. Fabio que o repórter não confiava em ninguém, não queria nem mesmo que eu entrasse em contato com as autoridades, e ainda pedia silêncio em relação às informações recentes. A Secretaria também estava trabalhando no caso, mais especificamente na lavagem do dinheiro, com os muitos documentos de bancos e movimentações financeiras enviados por mim.

Havia também o pessoal da Delegacia de Capturas, Johnny e Marcelo, mais maleáveis, homens de brio, empenhados, e sem tardança coloquei-os em contato com o Secretário de Segurança. Dr. Fabio pediu-me que coordenasse a remessa de documentos para todos: já nesse período essa era minha rotina diária: Interpol, pessoal da Capturas, Leandro, da Record, Polícia Militar, Antissequestro. Eu ia passando o que podia. O chefe-geral da Interpol, o delegado Luiz Navajas, me procurou nos últimos dois meses interessado em saber se Roger estava fora do país ou se saía com frequência, e ele poderia pegá-lo. Eu procurava ter contato, assim, com pessoas de hombridade, como o Dr. Navajas, que com afinco avaliou todos os meus documentos e contatos, e coloquei-o para conversar com Marta Serrat. Intrigado, ele queria punir quem deixou Abdelmassih escapulir em Mônaco.

Com todos empenhados, eu tive certeza, seria desta vez. Éramos uma tropa. E ainda havia meu amigo profeta a me serenar. Leandro, achando que seu celular estava grampeado, como também já mencionei, disse que não podia mais falar comigo com segurança. Pedia para eu cessar com as publicações... Era preciso que eles entrassem em contato com Roger, e tanto a cunhada quanto Dimas estavam cautelosos por causa das postagens em massa nos grupos e em toda a cidade, onde eu reproduzia a reportagem da revista *Veja*. O próprio Roger, após a prisão, disse ao jornal *O Estado de S. Paulo*, como mostrado neste trecho de reportagem:

> *Abdelmassih também falou sobre o momento da prisão. "Quem me pegou foi um rapaz da Polícia Federal. Diz ele que teve informação da VEJA que estampa o rosto da Larissa. Por isso eu usava peruca. Não saía de casa sem peruca", disse ao repórter da rádio Estadão.*

link http://brasil.estadao.com.br/noticias/geral,abdelmassih-diz-que-fuga-foi-ideia-da-mulher-e-alega-falta-de-provas,1547046

Em cada esquina de Jaboticabal se falava do médico monstro e do envolvimento da família Sacco, e sobre a empresa laranja, usada como fachada, a farmácia Sal da Vida. Eram muitos os curiosos, iam lá para ver quem era Elaine. Apareceu inclusive uma pessoa querendo cobrar uma dívida de Roger, indo atrás de Elaine. Havia saído em rádios, na revista *Veja* e na TV que era ela quem controlava o dinheiro dele. Elaine se assustou e contratou seguranças. Sua cunhada Desiree me contava tudo, às vezes se arriscava e até seguia Dimas altas horas da noite. Várias outras pessoas me diziam que Elaine estava me xingando e dizendo a todos que eu era louca e que iria me processar. Respondia a todos em *off* que, se eu era "louca", minha loucura era documentada, e mostrava a quem duvidasse o envolvimento dela. Soube que inclusive Elaine e Dimas fotografaram minhas páginas e chegaram a ir a um cartório para registrá-las, com a finalidade de, em seguida, fazer uma denúncia na delegacia. Mas, como eram muitas páginas, por conta de milhares de pessoas que as haviam compartilhado, o valor total ficou absurdo. Desistiram e resolveram fazer uma busca sobre mim e meu passado, para tentar achar algo que me desabonasse; fizeram o mesmo com outras vítimas. Algumas pessoas que Elaine pensava serem suas amigas me contavam tudo o que ela, Dimas e outras pessoas ao redor conversavam. Eu seguia virtualmente uma sobrinha de Larissa, dona de uma butique na cidade, e recebi denúncias: ela vira a tia em janeiro e levara roupas a ela. Eu tinha uma página no Face em que postava diariamente sobre a lei e a matéria da revista *Veja* nesse perfil comercial. Isso a irritava, mas fazia com que várias pessoas viessem para o meu lado.

PISTA FALSA

Estava nesse martírio quando recebi um pedido de Leandro. Ele falou que todas as pessoas colocadas em contato com ele estavam ajudando de forma basilar. Não poderia dar mais detalhes, não confiava nada por telefone, mas queria pedir-me um favor: que eu publicasse que tínhamos localizado Abdelmassih no Guarujá, para seus apóstolos ficarem mais tranquilos. Obedeci e publiquei assim: "Certeza, viram Abdelmassih no Guarujá. Logo ele será preso". Seguia a foto dele, já sem as faixas verdes e amarelas, pois a Copa havia terminado. Realmente, a Alemanha ganhou, como previra meu amigo profeta Valter. Eu me enchi de esperança e ele mandou que eu me preparasse: Roger seria preso.

O clima ficou tenso em minha página, com amigos juristas e policiais me falando que eu não deveria avisar o local em que ele foi encontrado, era imprudente escrever. Aos de minha confiança, donos de grupos com quem fiz amizade e que me ajudavam muito, como Elder, um advogado, em contato direto na página Nação Jurídica com mais de 5 mil advogados, eu explicava: era uma pista falsa. Minha amiga de Mônaco, Marta Serrat, conhecia Romeu Tuma Jr., ela nos apresentou on-line, tenho a conversa do Face em que ele disse haver prendido quase 29 estupradores e queria me aconselhar a não publicar o local onde Abdelmassih fora visto, não era uma boa técnica, argumentou. Quando Marta me colocou em contato com Tuma Jr., expliquei também a ele, um pouco constrangida... Nem tudo eu podia aclarar, colocando também nessa ocasião uma vítima nesse chat. Chegamos a marcar de nos encontrarmos num futuro próximo, para que ele pudesse nos dar mais conselhos. Essa reunião não ocorreu porque viajei quase em seguida para Portugal e também tinha medo de me locomover em São Paulo. As intimidações haviam me deixado circunspecta.

O PEDIDO DE LEANDRO

Na que chamo de prorrogação desta partida entre o bem e o mal, Leandro me manda este e-mail, mas eu estava em Portugal:

De: Leandro Mansel leandromansel@xxxxxxx
Enviada: terça-feira, 5 de agosto de 2014 00:10:11
Para: vana lopes (vitimas-unidas@hotmail.com)
Oi Vana... Tudo bem?
Preciso de um favor...
Essa semana e a outra serão muito importantes!!!
Preciso que vc e as meninas continuem em silêncio!!!
Invente uma história pra elas, mas precisamos que todos continuem mudos... Quanto mais ele se sentir a vontade, melhor pra gente!!!

Obrigado!!
Leandro

Urgia me calar em minha página e esperar os acontecimentos de Leandro, que *in loco* seguia Dimas, casando os dados com os que Ange lhe enviava. Recebi advertências maldosas, que se eu realmente conhecesse o Doutorzinho, iria ser pega e levar uma surra por não saber ficar de boca calada. Relatei à Secretaria que as ameaças eram constantes e decidi sair do Brasil por uns dias. Todos concordaram que seria melhor eu ir a um local seguro e esperar o desfecho. Sim, Leandro me dissera que apostava a vida dele, que daquela vez pegaria Roger. As pistas de Ange eram quentes e todos os dados que havia lhe passado estavam sendo cruzados. Ele me adiantou que existia uma investigação por lavagem de dinheiro e que a polícia estava monitorando telefones, além disso, ele estava a par de cada movimento do Dimas e de suas idas ao correio. Sabíamos que esse capanga mandava coisas para Roger! A informante Ange, que apresentei a Leandro, lhe garantira.

Resolvi viajar para o local onde me sentiria mais segura naquele momento.

SILÊNCIO FORÇADO

O mês de julho chegava quase ao fim e eu já sentia saudades do sol que, todas as manhãs, me acordava pelas frestas da janela. O inverno começava com rajadas de vento e os dias cinza raiando. Foram vários, que eu atravessei angustiada e vendo a vida por intermédio de um teclado. Estava sob forte tensão, pois o repórter Leandro Mansel garantira que, se não o localizasse desta vez, iria desistir. Para ele, era uma questão profissional e, para mim, um direito legítimo de defesa. Neste somos amparados constitucionalmente, justificando muitas atitudes. Porém, minha natureza é a favor da via lex, estrada da lei. Sou apreciadora da expressão *dura lex sed lex* a lei é dura, mas é lei”. Entretanto, eu continuaria atrás de Abdelmassih se ele não fosse capturado dessa vez, mesmo sem a ajuda do repórter.

Fazia um ano desde a suspeita de Genebra e Mato Grosso e, por fim, a certeza de que Roger estivera em Avaré e Jaboticabal. Combinei com Leandro Mansel de abrir um champanhe no dia da captura. Mas ele me confidenciou que a polícia estava com interceptações legais nos telefones da irmã Stela Abdelmassih, além de outros números. Por isso, me mandou o recado para eu me recolher naqueles que seriam os dias finais, para não assustar a “caça”.

Liguei para a Secretaria de Segurança, que me avisou que estavam preparando um dossiê com a equipe de inteligência e iriam me chamar para uma reunião em, no máximo, duas ou três semanas. Então, mais nada poderia fazer, senão emudecer.

From: vitimas-unidas@hotmail.com
To: Fabio Bechara - xxxxxx@sp.gov.br
Em 11/7/2014, à 01:45, “vitimas unidas” <vitimas-unidas@hotmail.com> escreveu:

Vítimas Unidas, em comum acordo depois de conversa sobre ajuda mútua no Gabinete do Secretário, na intenção de localizar o estuprador Roger Abdelmassih, condenado a 278 anos de prisão, sem mais direito a recursos, foragido desde 2011, enviam para o Dr. Fabio Bechara por intermédio do e-mail xxxxxx@sp.gov.br para conhecimento do Secretário de Segurança de São Paulo, Dr. Fernando Grella Vieira, denúncias recebidas a partir do ano 2012 no e-mail vitimas-unidas@ hotmail.com assim como as obtidas em perfil, página e Grupo em rede social - Vítimas Roger Abdelmassih. Muitas destas já anteriormente foram encaminhadas via correio eletrônico para e-mail M.P, órgão competente pjconscap@mp.sp.gov.br em dois de outubro de 2012, à 01:32:51, confirmado recebimento. Alguns documentos fazem parte também de um processo civil contra a clínica e seus coparticipantes, movido por uma das vítimas preservada pelo sigilo.

Os documentos enviados na data vigente a este Órgão do Governo do Estado de São Paulo são: dados dos envolvidos, cronograma de ação da quadrilha, transferências bancárias, nota promissória, contratos sociais, certidões, procurações e troca de e-mails entre pessoas envolvidas com o foragido, além de outros como contas de telefones, foto de carro e de pessoas e links *de reportagens. A intenção visa exclusivamente ajudar a capturar esse criminoso, expondo a rede de pessoas que o protegem financeiramente. Suplicamos aos órgãos competentes do Estado que tomem as devidas providências para rastrear o caminho do dinheiro e/ou de telefonemas e assim "seguir" as pessoas que com esse bandido têm contato.*

Com a finalidade de obter mais denúncias, optamos por divulgar na imprensa a seriedade e responsabilidade das investigações onde preservamos sempre com total sigilo a identidade e origem do informado, sendo assim, alguns documentos foram encaminhados também à revista Veja, *onde na edição do próximo domingo o devem publicar em matéria de 4 páginas.*

Consideramos, além do exercício de cidadania em nome da moralidade e segurança pública, uma atitude também de legítima defesa de nossa integridade física e psicológica, pois sofremos ameaças, sendo feitas principalmente a Vanuzia Leite Lopes, que responde civil e criminalmente pela página no Facebook e publica incansavelmente faz 3 anos fotos do foragido em mais de 300 grupos

da região de São Paulo e outros mais 200 de direitos humanos e políticos, alcançando desta maneira milhares de pessoas.
Todas nós somos testemunhas do sofrimento de Vanuzia, e algumas fazem parte do B.O. feito pela mesma na Delegacia da Mulher. A mesma em especial será protegida, em lugar seguro, com pessoa de confiança, até o desfecho final que seja o retorno do algoz à penitenciária. No entanto, por confiar na pessoa de Vossas Senhorias, somente com os doutores será mantido contato por ela e enviados novos documentos que a partir de agora obtiver.
Sem mais,

Vanuzia Leite Lopes
Demais vítimas (retirados os nomes por questão de segurança)

Após esse e-mail, demorei onze dias preparando a minha viagem, que aconteceu apenas no dia 22 de julho. Naquele instante final, comedimento era crucial, de modo que a família de Larissa Sacco Abdelmassih, especificamente sua irmã, Elaine Sacco Khouri, e os lacaios Dimas Campelo e Sérgio Molina pensassem que eu havia desistido. Jorge, meu querido namorado on-line, via minha tormenta e sugeriu que eu fosse para sua cidade, pois lá estaria protegida. Ele alimentava muita vontade de me conhecer pessoalmente, embora já fôssemos muito ligados nesses últimos meses. Todos os seus desejavam isso. Falei com amigos, com minha irmã, filha e tia, fizeram mil recomendações para ele, intimavam-no a cuidar de mim e a me respeitar em meus traumas. Eu não tinha dúvidas quanto a isso, pois sempre conversamos abertamente e ele me dizia que teríamos todo o tempo do mundo para nos conhecermos e sustentava a certeza de que eu era a mulher da vida dele.

Sim, sentia assim mesmo, como se meu futuro estivesse escrito com o mel da família de Jorge e seus valores enraizados. Era o que eu observava nas pessoas depois de Roger, ASAS. E assim, junto da família Duarte, fui me proteger do suspense final dessa procura de mais de três anos. Eu não tinha situação financeira para uma viagem desse porte, estava sem trabalhar e meu dinheiro era contado para despesas de sobrevivência, mas isso não era empecilho para Jorge, que, mesmo sem grandes condições financeiras, mas honesto e controlado, certo de que seria um passo importante para o nosso futuro e a minha saúde, me mandou a passagem para Lisboa.

É preciso enfatizar que eu não conseguiria viajar à Europa sem a ajuda voluntária de amigos como Tânia e Eloisa. Esta última, sabendo da necessidade de eu ir a um local seguro e concordando que na cidade de Jorge eu estaria distante das garras da quadrilha de Roger, comentou sobre a viagem com nosso amigo Eugenio. Eu conhecera a mãe dele no Salute, uma senhora angolana irmã na fé, elegante com suas vestes típicas de causar inveja a grandes estilistas. Ficamos amigas, e seu filho, irmão cristão de Eloisa, Eugenio Figueiredo, que mora em Nova Lisboa, Angola, ministro da Defesa de Angola e doutorando na Universidade de Granada, ciente do meu risco de vida, pois me acompanhava on-line fazia anos, preocupado com minha segurança, enviou-me de presente dinheiro para a compra dos euros necessários para apresentar na alfândega, valor correspondente aos dias em que ficaria em Portugal, dizendo-me que minha luta era válida e abençoada. Fiquei surpresa com esse desprendimento, não por ele, que sei que costuma ser filantrópico em muitas ações, mas por ter ciência de que arcanjos como Eugenio realmente existem em minha vida e me levaram à altura das nuvens.

Meu querido escudeiro, o escorpiano cearense da cidade de Iracema do Norte, o taxista Zairo Valente, me levou ao aeroporto e esperou comigo até o embarque, e, com previsões do meu amigo profeta Valter de que a viagem me faria bem e depois finalmente eu teria paz, viajei confiante. Antes, deixei o número da casa de Jorge com a família e o enviei para as autoridades, Capturas, Antissequestro, Secretaria, Interpol e o repórter Leandro. Nada disse na internet sobre meu real paradeiro, somente que me afastaria por duas semanas, para que ninguém se preocupasse com minha falta de postagens.

Desembarquei em Lisboa naquela manhã quente dos últimos dias de julho, pois lá era outra estação. Como quem num dia de verão abre a porta espreitando o calor dos campos, cheguei desconfiada, olhando de um lado para o outro, ainda temendo Abdelmassih. Minha amiga Vera, cuja mãe é costureira, havia feito algumas roupas para mim, apropriadas para o calor europeu. Escolhi, para o nosso primeiro encontro, um conjuntinho de calça e casaco castor, uma camisa de jérsei bege, e me adornei com um colar comprido, simples, de cordão preto, com um crucifixo de pedras aperoladas no papel de pingente, que ganhei de Tânia. Essa amiga da minha adolescência completou, com o desprendimento de uma verdadeira irmã, meu pequeno enxoval com peças de grife exclusivas, bolsas, sapatos e bijuterias. Meus cabelos ainda um pouco aloirados estavam presos em parte por uma tiara preta. Bolsa castor e preta Louis Vuitton de Tânia compunham o *look*. Jorge foi com o filho e a nora me buscar no aeroporto e, para isso, viajou 300 quilômetros. Nem por uma hora eu queria ficar numa cidade grande, pois, mesmo distante dos olhos da quadrilha de Abdelmassih, não me sentia segura entre a multidão. Tínhamos esse acordo, de que assim que chegasse a terras portuguesas iria direto para a sua cidade. Na verdade, a cidade de Jorge é uma pequena vila no centro de Portugal, e faz dez anos que não nasce uma criança por lá, então todos se conhecem, o que me lembra a querida Diamantina da minha infância.

Essa semelhança com a minha cidade me deixou mais tranquila, principalmente quando ao chegar vi o castelo, um forte secular rodeado por praticamente todas as casas. Diamantina não tem esse tipo de construção, mas as montanhas da serra eram como um muro de proteção, assim como as muralhas desse vilarejo onde moram Jorge e sua família. Sua casa fica numa rua pequenina e bucólica, com o nome de sua avó. E tudo dentro da casa é simples e acolhedor. Em um canto da espaçosa sala, um pequeno livro conta a história da cidade e traz estampada a foto da avó paterna, a matriarca. Não há como não fazer uma viagem ao passado no lar dos Duarte, pois seu pai, falecido há muitos anos, foi capitão e trouxe de suas viagens e guerras pela África muitas lembranças, objetos de marfim e tapetes de leopardo que enfeitam alguns aposentos. Sua viúva, dona Zeca, a mãe de Jorge, conserva com orgulho livros e apetrechos, louças e fotos de toda a geração da família.

Fui recebida com carinho e aconchego por todos e, na mesma noite, reservaram uma mesa no restaurante mais frequentado da cidade, o "Muralhas", onde me esperavam as duas sobrinhas de Jorge, Madalena Duarte e Maria João. Madalena tem mestrado no Instituto de Medicina Tropical e trabalha no Hospital Infante D. Pedro, em Aveiro. Maria João ainda estuda e as duas nasceram numa cidade maior, Viseu. Seu pai, João Duarte, irmão de Jorge, também estava presente. Ele seguiu os passos do pai e frequentou o Colégio Militar de Lisboa, mas optou pela carreira bancária. É casado com a professora e doutora em História Anabela Patrício Bento, uma elegante portuguesa com a qual de cara me entendi em conversas culturais. O melhor amigo de Jorge estava a postos para nos acompanhar no jantar, o Nuno Seco, humanista, acima de tudo. Frequentou o Colégio de São Teotônio em Coimbra e me falou dessa cidade que eu muito quis conhecer. Não poderia faltar o casal Vitor e Alice Valente com sua filha Joana, de 9 anos, que são donos de quintas, do posto de gasolina e do hotel central.

A mesa era enorme, ocupando todo o lado leste do restaurante, e na ponta dela ficaram o filho de Jorge, Gonçalo Duarte, estudante de Comunicação e Relações Públicas no Instituto Politécnico da Guarda, com sua colega de faculdade e noiva Joana Correa. Ao seu lado, dona Zeca, mãe de Jorge, e tia Alice, irmã dela, as duas com seus cabelos curtos e prateados, conversavam preocupadas com o que eu me alimentaria e lamentavam a ausência da única irmã de Jorge, apelidada de "Ni", e seu marido Alberto, que depois vim a conhecer em Penafiel, cidade em que moram. Voltando ao jantar, ainda caberiam do lado oposto dessa imensa mesa os amigos de Jorge, Tania Gomes e Tozé Fonseca, que fabricam o melhor queijo da Serra da Estrela da região, que é feito com leite de ovelha e tem consistência macia, o qual eles me ofertaram dizendo: "Vana, para você, uma prenda de boas-vindas!".

Fazia mais de quatro anos que eu não saía para um programa desses. Espaçoso, o restaurante Muralhas oferece pratos variados e apetitosos, refletindo a autêntica culinária da terrinha, e conquistou diversos prêmios. Um local agradável, ocupando uma construção com amplas janelas e área espaçosa em estilo colonial. Ao chegar ao restaurante, o próprio dono, Marcos, e sua esposa, a jovem e carinhosa anfitriã Catarina, me receberam. Já sabiam da minha vinda e que era vegetariana. Prepararam um prato especial para mim: omelete com cogumelos assados e, naturalmente, batatas e muito azeite, o que não pode faltar numa mesa de família portuguesa. Os demais iriam comer bacalhau refogado no azeite, onde nadavam as azeitonas, e vinho.

Todos os amigos de Jorge sabiam da minha busca e torciam para um final feliz, mas também eram conhecedores do meu estresse e decidimos que não falaríamos disso por, pelo menos, uns três dias. Esse período realmente foi de descanso mental, e cheguei a pensar que Abdelmassih não existia. Dormia até tarde, depois de passar a madrugada assistindo a novelas, cujo final já sabia, com a querida tia Alice e a mãe de Jorge, dona Zeca. Depois, ficávamos vendo filmes até altas horas da noite, regados a lanches deliciosos com o queijo da Serra da Estrela, típico da região, que ganhei dos amigos de Jorge. Quando me recolhia para dormir, era num quarto preparado especialmente para me receber, onde adormecia à meia-luz, olhando os porta-retratos numa estante com fotos de Jorge, sua irmã, irmão e mãe quando pequenos.

Era acordada pela manhã, com Jorge batendo na porta trazendo uma flor do seu jardim. Girassóis de dois metros de altura que ele cultiva e cuida como se fossem filhos. Depois do café da manhã, um "pequeno almoço", como se costuma dizer por lá, eu concordava em dar pequenos passeios na cidade, nos becos de pedras encaixadas, iguais às ruas por onde caminhava quando pequena. Isso me encheu de vigor e de coragem. Era tudo de que precisaria para, ou voltar a caçar Abdelmassih pelo resto da minha vida, ou finalmente prendê-lo. Jorge sabia desses meus planos e nunca se opôs, pois concordava que era o mínimo que esse monstrengo merecia – ser perseguido – se continuasse foragido. Nem eu, tampouco ele deixaríamos que essa liberdade desmerecida fosse gozada com a paz que ele tirou de suas vítimas.

Jorge também sabia da história de muitas anônimas, cujos relatos eram os que mais chocavam, e me estimulavam, pois ainda sofriam quando viam que ele estava solto e impune. Todas queriam vê-lo preso. E tinham esperança de que isso aconteceria, sabiam da minha determinação e que lutava por mim e por elas. As que mais me encorajavam eram justamente estas, as anônimas; elas nunca me deixaram desanimar e numa mudez forçada gritavam por intermédio da minha voz. Além de buscar justiça para mim, sentia que seria um alívio para todas se eu conseguisse ajudar nesse feito. Dispunha, na verdade, de um exército de anônimas, como dizia a elas. Qualquer informação e ajuda de que precisava, cada uma em sua profissão me explicava. Não importava o tema: direitos, leis ou atualidades sobre a medicina da fertilização. Como já explanei, Roger fez vítimas médicas e procuradoras, entre outras, então esse exército era qualificado. Algumas desistiam durante um período, como se fosse para recuperar o fôlego, e passavam tempos sem querer tocar no assunto. Depois, retornavam querendo saber se eu tinha novidades. Eu colocava todas a par dos últimos acontecimentos, salvando determinadas informações no computador sobre as quais o jornalista Leandro Mansel e as autoridades pediam sigilo. Mantinha esses segredos não por não confiar nelas, mas com receio de que algum computador fosse invadido. Tinha perdido um dos meus perfis havia pouco tempo, por causa de um vírus que me mandaram, e não consegui recuperá-lo. A sorte foi que as conversas com os delatores estavam no meu perfil pessoal, e tomei muitos cuidados para protegê-lo. Por alguns dias essas precauções me impediram de acessá-lo de Portugal.

Passei alguns dias sem ter notícias, quando o telefone tocou na casa de Jorge, e minha filha, que tinha acesso ao meu perfil, me disse que Madame X precisava falar comigo com urgência. Depois de horas consegui acessar meu perfil e tive de pedir ao provedor que enviasse um código de acesso para o meu celular, mas, como este estava em São Paulo, apesar da diferença de quatro horas, ou seja, o dia ainda estava para raiar, acordei minha filha para que ela me reenviasse o número a fim de que eu conseguisse ler e conversar com Madame X. Realmente, a informação dela era valiosa: Madame X ouvira o motorista da irmã de Abdelmassih falar que iria levar roupas para o médico no Paraguai. Mas ela não sabia o endereço exato.

No entanto, tinha ciência de que o cunhado de Roger, Carlos Joaquim Amaral, marido de Stella, mantinha fazenda naquele país e de que Larissa estava lá com ele, pois ouviu conversas sobre joias que uma pessoa mandaria para ela. Orientei Madame X para que denunciasse via site da Secretaria no Web Denúncia, oficializando essa informação. Eu tomaria as providências necessárias para que chegasse à mesa do secretário. Quando o telefone tocou, era um dos policiais da Delegacia de Capturas, o laborioso Johnny, me dizendo que guardava uma indicação de uma fazenda do interior de São Paulo (a pista lhe foi passada por uma das vítimas, mas era incorreta). Isso me deixou confusa e achei melhor voltar ao Brasil. Quando o jornalista Leandro Mansel me chamou no Skype, apenas me disse rapidamente que colocasse o champanhe para gelar. Era o sinal que eu estava esperando para arrumar as malas e voltar.

BRASIL

Cheguei ao Brasil no domingo pela manhã, depois de passar dez horas num avião. Despedi-me de Jorge de uma maneira que considerei um avanço para minha cura: consegui, no último momento, dar um selinho nele, como promessa de amor no futuro. Ele me respeitou todos os dias em que estive ao seu lado e o máximo que fez foi me beijar as mãos, pois segurava-as me dando o carinho e o estímulo de que precisava naquele momento. Essa pureza de sentimentos, apesar de ele ser um homem viril e ainda jovem em seus 52 anos, me deixou confortável e com a certeza de que um dia poderia recomeçar minha vida – e, se ela tivesse recomeço do ponto de vista sexual, seria com aquela pessoa apaixonada, não somente pelo meu físico, já desgastado pelo tempo, mas pelo que ainda via em mim, uma pessoa de fé, e estava conquistando dia a dia, como quando regava suas flores e esperava, calmamente, o seu tempo natural para florescer.

Logo que voltei ao meu apartamento, trazida pelo senhor Zairo, que fora ao aeroporto me buscar pela manhã, não tive tempo de pensar em medos ou de refletir sobre o que faria nos próximos dias. Precisava dormir, por causa da diferença de fuso horário. Era quase o fim da segunda-feira e me vi apavorada em telefonar para a Secretaria de Segurança antes que fechasse, às 18 horas. Precisava falar com o secretário sobre Madame X. Combinei de encontrá-lo no dia seguinte, terça, após as 14 horas, pois haveria uma reunião em que todos os envolvidos traçariam um plano para, finalmente, prender Roger Abdelmassih e também indiciar aquela facção por lavagem de dinheiro e sonegação fiscal. Falei que trazia informações novas, mas não achava seguro passá-las por telefone, então, pessoalmente, após a reunião, daria detalhes.

Tirei o restante da noite para dar a minha filha e minha irmã, que fora me visitar, algumas lembranças que trouxe: para a netinha, um avental xadrez de menina, rosa, com a estampa de um galo de Barcelos, e bonecas. Contei-lhe a lenda do galo de Barcelos, símbolo do país, que narra a intervenção milagrosa de um galo morto na prova da inocência de um homem injustamente acusado – ela ouviu atenta a frase do pobre senhor: "É tão certo eu estar inocente como certo é esse galo cantar quando me enforcarem". Também trouxe o que havia comprado no aeroporto: pastéis de Belém, o único pedido da minha filha, pois se lembrava de uma viagem a 11 países na Europa quando tinha 15 anos. Passara três dias em Lisboa e queria recordar esse sabor. Minha irmã mais velha, que é uma formiguinha, degustava os pastéis enquanto falávamos de como eu enfrentara de tudo. Ela estava confiante em que Jorge seria um bom cunhado, já que me tratou com doçura, como havia prometido a ela. Assim fui dormir, depois dessa degustação, da qual Jorge participou com sua mãe no computador ligado na mesa de jantar e, pelo Skype, todos fizemos promessas de nos encontrar num futuro próximo.

O DIA DA PRISÃO

Aquela terça-feira começou cedo para mim. Como havia dormido demais, acordei disposta a desfazer as malas. Tomei banho e me despedi da minha filha e de minha neta, que foram para seus afazeres. Para ir ao trabalho, Leda colocou uma blusa listrada azul e branca que lhe dei de presente, e minha neta levou para a escola as canetas e os lápis de cor com figuras de bonecas que eu trouxe para ela. Depois que saíram, me vi sozinha e, após o banho, finalmente entrei no Facebook para avisar que havia chegado de viagem. Fazia dias que meus amigos estavam sem notícias e eu tinha muitos recados para responder. Não coloquei uma foto da viagem, pois não podia dar uma dica de onde fora me proteger. Em *off*, os amigos não se conformavam com a falta de novidades. Os mais íntimos estavam preocupados, por causa das ameaças constantes que eu recebia. Após tranquilizar a todos, ainda era cedo, eu ainda estava na internet quando o celular tocou, de um número diferente. Eu me preparei para atender com medo, pois era um desconhecido, assim como o DDD.

Do outro lado da linha, ouvi a voz familiar de Leandro perguntando eufórico se meu champanhe estava na geladeira. Respondi que sim, como de costume, sem muita paciência, porque pensei que fosse a mesma notícia de sempre – "estamos perto" etc. Mas, para minha surpresa, ele acrescentou: "PODE ABRIR!". Não tive como não soltar um grito e perguntar se era isso mesmo, e ele completou: "Liga a TV, ligaaa, vai estar na Record a prisão dele agora, és a primeira a saber, como te prometi e mereces!".

Os momentos seguintes foram de total confusão: a televisão estava num game sintonizado por minha neta e eu, excitada, não sabia como mudar para a TV. Corri ao computador ainda incrédula e coloquei a notícia: Roger foi preso! Em seguida, mandei uma mensagem para as vítimas. Nem mesmo pude ler os comentários e liguei para a Secretaria, no celular do Dr. Fabio, que pensou que eu estava ligando para falar da reunião que seria dali a poucas horas, e ficou surpreso quando lhe dei a notícia.

Não pude falar muito, porque algumas vítimas me telefonavam, algumas delas aos prantos, pois alimentavam pavor dele, me agradecendo e me parabenizando. Não deu tempo de falar com ninguém. Trazia a responsabilidade e a promessa de ligar para a revista *Veja*, que tão eticamente havia segurado informações sobre Dimas e a quadrilha de Roger. Foi quando me dei conta de que não sabia nem em que cidade ele havia sido preso, pois nem isso perguntei ao Leandro, não deu tempo, ele também tinha muitas decisões a tomar. Falei à repórter Bela que devia ter sido na cidade de Sorriso, último nome que Leandro aceitou falar ao telefone, num código, pois tinha receio de que estivesse grampeado. Começou uma confusão de dados errados, quando a repórter ligou para o MP confirmando a prisão e falou o nome da cidade que eu havia lhe passado; não confirmaram, então liguei para Leandro, que me disse que ele estava em Assunção, no Paraguai. Na hora me lembrei de Madame X, e falei com o secretário novamente para que ele visse no Web Denúncia a informação que eu iria levar naquela tarde. Estava confirmado: Roger estava no Paraguai! Dr. Fabio viu que era verdade, assim como os detalhes da denúncia, feita no dia 15, isto é, quinta-feira, quatro dias antes. Mas não dispunha do endereço do esconderijo de Roger. No entanto, concordamos que, se não fosse o Gaeco e Leandro, era questão de tempo: a Secretaria chegaria ao mesmo resultado.

Depois de uns dias, esse detalhe irrelevante do telefonema que dei à revista *Veja* seria a origem de um desconforto entre mim e Leandro, que perdura até hoje. Ele achou que o traí. Passadas algumas horas, a equipe da revista estava na cidade de Assunção, antes da matéria da Record ir ao ar avisando da prisão; a repórter Bela já sabia de muita coisa e estava no Paraguai. Eu não o traí, apenas fui fiel e grata à revista que também ajudou na captura, e não poderia haver cartel, não quanto a uma informação dessas. Apesar de todo o empenho e da conquista do furo merecedor da Record, o fato já havia se consumado e era importante que todos soubessem, mesmo porque as imagens da captura já eram merecidas e exclusivas de Leandro. Mas os outros veículos, entre eles a revista, de certa forma ajudaram, e mereciam uma fatia desse que seria tema de reportagens durante as quatro semanas seguintes ou mais.

Na minha página no Facebook, durante anos adicionei diversos jornalistas, então, quando leram o que eu havia escrito sobre a prisão, minutos depois muitos estavam me ligando. Marcaram entrevistas e eu chamei as demais vítimas, e dei os telefones delas aos outros repórteres, pois eu não estava dando conta de atender a todos. Passei esse dia fazendo isso e mandando alguns documentos da caçada aos que me pediam detalhes de quem era Dimas, Elaine e assim por diante. Falava ao mesmo tempo com a Secretaria de Segurança, me inteirando da trajetória de Abdelmassih para o retorno à penitenciária, desde o momento em que chegou ao aeroporto em Assunção até o horário em que estaria em São Paulo no dia seguinte. Naquela noite, não dormi. Ao anoitecer voltei da casa de uma das vítimas em que havia passado a tarde, pois ela insistiu em que as entrevistas deveriam ser dadas nesse local, por sua morada ter um espaço maior, mas depois repórteres me acompanharam até meu apartamento, com uma vítima que considero meu amuleto, Silvia Franco.

Eram duas horas da manhã quando o último jornalista se despediu, à porta do meu prédio. Além disso, eu deveria falar com todas as anônimas: passamos a noite relembrando seus dramas, entre suspiros de alívio. Eram muitas, quase vinte, algumas de outros países. Houve um momento em que comecei a confundir as histórias delas, embora soubesse de cor e salteado todo o sofrimento. Carinhosamente, elas compreenderam. Com uma coisa todas concordaram: eu deveria ir ao aeroporto receber esse estuprador e olhar para ele com os olhos delas. Algumas falaram que estariam lá, entre as pessoas, e não poderiam aparecer, mas dariam um sinal. Silvia Franco, a vítima "mascote" que entrou por último e me deu sorte, dormiu em minha casa naquela noite. No pouco tempo em que cochilamos, quando acordávamos, perguntávamos uma para a outra: será que é verdade ou sonhamos?

AEROPORTO

Naquela noite maldormida embaralhou-se o real e o sonho. Roger foi realmente preso? Eu me questionava sobre tudo. Passei a habitar uma zona sublunar entre a vigília e o delírio. A plenipotência de Roger era murchada pela onipresença da mídia, e isso ainda não me descia como verdade. Passou a viver em mim, naquele dia, um propósito secreto, evidente e até didático, digamos, que repetia um mantra: é mentira, é mentira, ele está solto, ele está solto...

Meu senso de realidade estava afetado. Evocava o velho cambalear furtivo, que eu alimentara nas crises, sempre cheio daquelas insônias que me consumiram por anos e anos. Tive de lutar contra esse estado de coisas para ficar ereta e encarar a realidade: eu havia vencido o monstro pela senda da legalidade, da cidadania.

Mas essa verdade soava como um bolo duro na minha garganta, que eu não queria comer. Nem "descomer". Veja meu estado: a consumação de minha luta em vê-lo preso sublinhou em mim um descrédito tão grande que as notícias moídas pelo radinho, sobre Roger, soavam-me mais como desfalecimento do que como vitória. Não houve em mim, a princípio, nenhum senso de deleite. Tudo na mídia me soou como a prefiguração de uma farsa.

Naquele dia 19 de agosto de 2014 eu só tinha tido tempo de dar uma folheada num artigo de Rosely Sayão, na *Folha de S. Paulo*, que tratava justamente de quanto a internet pode colaborar na cidadania. Foi uma coincidência dos diabos.

Não consegui ler nem mesmo assistir a nenhuma entrevista que eu ou o monstro dera. Enquanto tentava tomar um rápido café, após o banho, ainda com os cabelos molhados – resolvi lavá-los para conseguir ficar acordada –, pensava nos anos em que havia esperado por aquele momento. Despedi-me de Silvia, que ia até sua casa para se trocar, com esses pensamentos.

Roger havia sido preso usando uma camisa cor-de-rosa: a mesma cor que anos mais tarde José Genoino escolhera para se entregar à Polícia Federal, por conta de sua condenação, então inapelável, no Mensalão.

Alguém me disse que advogados e consultores de crises, os chamados *spin doctors*, sugerem que acusados enverguem o rosa, uma cor que representa romantismo, fragilidade, feminilidade. Que ironia, não? Camisa cor-de--rosa em Roger, cercado de policiais paraguaios, em coletes negros à prova de bala nos quais se lia Senad (Secretaria Nacional Antidrogas). Que zorra de conceitos cercava o monstro!

Antes de sair rumo ao aeroporto, entrei na rede. A página da Interpol já anunciava a retirada de circulação do monstro.

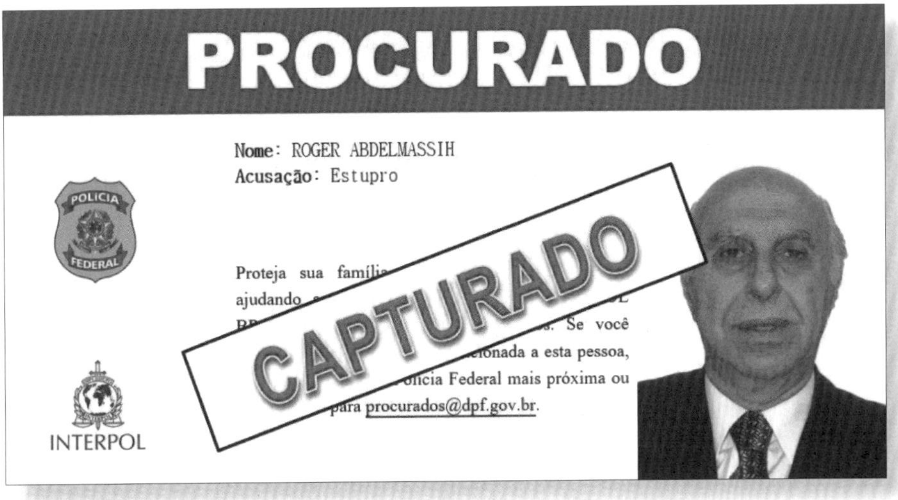

Sabia apenas que deveria ir ao aeroporto para ver o monstro com meus próprios olhos. Eu intuía que ele poderia fugir em alguma emboscada. Com esse compromisso de tomar pulso do mundo, saí para enfrentar o dia, que seria longo. Pensei em colocar algo confortável e quente, pois não sabia a que horas voltaria e estávamos ainda em pleno inverno. Eu mantinha poucas roupas, mas havia comprado em Portugal uma calça preta de couro e um casaco combinando, cujas mangas tinham furinhos em formato de flores. Sentia calafrios. Não sabia se era por causa do vento que batia na janela e meus cabelos ainda estavam molhados ou se era o medo de vê-lo. O pavor não poderia me dominar a ponto de eu não ir ao aeroporto. Havia prometido à noite para as vítimas anônimas que estaria lá por elas, e, assim, enquanto calçava uma bota de salto baixo, terminei de me vestir. Lembro-me de ver o sol despontando e cheguei a pensar que poderia sentir calor durante o dia, por isso resolvi colocar uma blusa leve meio cáqui por baixo do casaco.

Peguei a bolsa e, dentro, coloquei uns biscoitos e um remédio para dor de cabeça, que, por falta de dormir, começava a latejar. Tomei um comprimido com um suco de laranja e me dirigi à porta, onde já havia jornalistas me esperando. Ao mesmo tempo, meu telefone não parava de tocar, uma ligação atrás da outra, e sempre a imprensa. Eu tinha sido atendida, tempos atrás, por muitas rádios, locais e pequenas. Não era porque a imprensa maior do país estava me procurando que eu não daria atenção a elas naquele momento. Então, quando podia e não era ao vivo, me desdobrava para dar entrevistas por telefone para várias rádios. As perguntas eram as mesmas: como estava me sentindo e o que pensei na hora da prisão. Respondia contando a história do champanhe e dava a alguns repórteres os telefones das outras vítimas. Lembro-me de que houve momentos, naquela manhã, em que eu deixava meu telefone ser atendido por alguns câmeras, quando estava falando. Era necessário, pois ao vivo o telefone não pode tocar. Ficava dando entrevistas preocupada com o celular. Não por não confiar no câmera, que gentilmente me fazia aquele favor, mas por medo de perder o aparelho, no qual guardava muitos torpedos de delatores e conversas secretas destes e de Leandro.

Avisei as outras vítimas, que também estavam dando entrevistas, da minha ida ao aeroporto. Elas falaram que iriam também, me perguntando exatamente o horário e qual aeroporto seria. Para saber isso, eu ficava em contato direto com o Dr. Fabio, da Secretaria de Segurança Pública, que me dizia onde estava Roger, passo a passo. No final daquela manhã, soube que ele se encontrava a caminho, preparando-se para voltar ao Brasil. Havia dúvidas sobre aonde iria primeiro. Se seria à Polícia Federal ou para o aeroporto de Congonhas. Eu queria pegá-lo descendo do avião para ter certeza de que não iria escapulir. Para isso, coloquei sapato baixo, pensei que teria de andar pelas pistas. Foi quando me avisaram que ele primeiramente iria para o DHPP – Departamento de Homicídios e Proteção à Pessoa –, e lá já estavam repórteres com a mesma informação. Na dúvida, ao ligar para a Secretaria, soube que o local ideal para encontrá-lo seria o aeroporto de Congonhas, na delegacia. Eles me deram o nome do delegado, Dr. Nico Gonçalves, responsável por recebê-lo e encaminhá-lo para o presídio. Essas informações privilegiadas da marcha de Roger me eram fornecidas diretamente pela Secretaria, que sabia o quanto eu me esforçara para aquele desfecho.

Ao ver que eu sabia o local exato e que queria ir até a cadeia acompanhá-lo, uma jornalista da Record, Lenita Krauss Resende, mineira natural de Lambari, prontamente resolveu ceder o carro da empresa para me levar, e juntas nos dirigimos ao aeroporto. Era ainda o início da tarde e faltavam mais de três horas para ele chegar. Não queria me atrasar e, mesmo com a agenda lotada de pessoas querendo falar comigo, durante o trajeto conversava com todos os que me procuravam falando onde estaria e poderia atendê-los. Procurava ser gentil, mesmo sem preparo para esse assédio. Sentia-me segura fisicamente ao lado dos repórteres: se a quadrilha tentasse algo contra mim, com certeza não seria na frente da imprensa. Nem por um momento me preocupei com ameaças, nem com mais nada, afinal o patrão estava algemado, e os comparsas, pensava eu, ainda estavam digerindo isso, portanto nem se lembrariam de mim.

Com esse espírito, cheguei ao aeroporto e me dirigi à delegacia. O delegado tomou um susto ao me ver lá. Fez aquele olhar dos que acabam de acordar. "Como assim, a vítima está esperando por ele?", foi a mensagem que o olhar do delegado me enviou, sem emitir um único vocábulo.

Sim, ele já sabia que Roger estava a caminho, mas não imaginava que eu fosse recebê-lo. Expliquei quem eu era, contei sutilmente que tinha ajudado a localizá-lo e queria, sim, saber os detalhes do procedimento. Ele foi gentil e me explicou como seria juridicamente o ato. Ou seja, ele seria entregue à polícia do Brasil formalmente naquele momento e, depois, encaminhado a uma prisão comum, já que não era mais médico. Logo em seguida o delegado recebeu um telefonema e me informou que não seria mais uma prisão comum, e sim Tremembé, presídio de máxima segurança. Também me disse que fariam um cordão de isolamento, pois temia que ele fosse agredido sob seus cuidados e era dever do Estado proteger a vida do criminoso.

Não tive muito tempo para pensar em nada. Lembro-me da chegada em massa de curiosos de todos os tipos e de jornalistas. Ao saberem que eu era uma das vítimas, e a única até então no aeroporto, queriam uma palavra minha. Mostrava a eles documentos do meu primeiro processo, tinha levado somente isso – não sei por que, antes de sair, havia colocado na bolsa, entre tantos papéis que possuo, o meu primeiro B.O.

Então brandia esse papel e respondia a todos, calmamente, referindo estar feliz e, que finalmente, a justiça estava feita no meu caso, numa espera de mais de vinte anos. Como uma cachoeira autogerada, uma autêntica massa de pessoas (quem sabe umas cinquenta, cem), aquele povo descreveu um círculo imperfeito à minha volta. Cada jornal queria uma foto com ângulo diferente. Mas eu não podia sair de onde estava, pois a posição que tinha conseguido era estratégica: ali eu o veria chegando. Então, dentro do possível, me locomovia apenas para pontos próximos, mas dentro do mesmo espaço. Andava em elipses. Por telefone (que sumia de minhas mãos e voltava quando quem tomava conta do aparelho dizia ser uma ligação importante), recebia a localização exata de Abdelmassih. Ele tinha chegado e estava a caminho do aeroporto em um camburão, conforme a última informação recebida. Outras vítimas se achegaram e eu as apresentei à imprensa. Eles se distraíram falando com elas, quando ouvi um sussurro ao meu ouvido. Era uma anônima, frágil, lépida, elástica, que passou e disse baixinho: "Estou ali, escondidinha. Enfrente-o por mim!". Logo em seguida, sumiu entre os demais.

Alguém me deu um copo d'água. Estava com a boca seca de tanto que tinha falado. Foi um câmera que gentilmente trouxe a água, quando viu que eu estava ficando rouca. Não tinha me alimentado desde a manhã e, quando a água desceu pela garganta, foi uma sensação de frescor como jamais havia experimentado. Aquilo não era somente água: era o hidratante dos séculos!

Foi a última coisa que me lembro de ter sentido antes de ver Roger se locomovendo, e daí eu passar a viver tudo novamente. Os jornalistas adejavam como passarinhos, de uma hora para outra, e o alvoroço precedia a chegada do monstro em minutos. Os repórteres se amontoaram: eu soube que em questão de segundos Roger entraria pelo saguão. Apesar de ele estar com colete à prova de balas e ladeado por dois policiais que o seguravam, num cordão de isolamento, ao olhar para aquela figura meu pânico voltou terrivelmente. Fui varada por uma seta ardida no coração. Só ouvia gritos. Gritei também, num minuto de coragem, para desfalecer em seguida. Minhas pernas ficaram bambas, e uma ânsia de vômito tomou conta de mim. O cheiro horrível do dia em que ele me violentou, com seus lábios herniados e mãos predatórias, impregnava o ar abafado, com tantas pessoas.

Não parecia que ele estava encarcerado, sentia que me violentava novamente ali... Não percebia, mas meu corpo não respondia ao cérebro. E eu era tomada de movimentos involuntários, músculos zanzando, pequenos galopes descadeirados, o diabo... Minha raiva renascia fisicamente, rodopios desarvorados me davam repuxões nos braços. Eu agonizava, sem dó nem remanso, estava completamente eletrizada.

Por mais que eu soubesse que o sacripanta estava ali dentro com o delegado e iria para a cadeia, eu seguia naquela toada física difusa. Aquele homem velho e totêmico me ameaçava, com seu halo distante. E foi então que caí ao chão, estatelada, com as mãos fechadas sobre o ventre.

Não desmaiei, apenas as pernas ficaram moles e, no meio da multidão, ouvia alaridos, gritos. Estava prostrada, sem conseguir me mexer, como se o mal, mesmo encarcerado, tivesse vencido.

Nesse momento, segundos talvez, muita coisa passou na minha mente, como se fosse um filme. Os anos no computador, toda a angústia, ele me violentando, ao mesmo tempo eu na frente da juíza, o dia do *habeas corpus*. As lembranças não estavam na ordem precisa dos acontecimentos, 15 anos, 20 anos, o tempo estava sem hora. Mas um sentido ligava o espaço: era o cheiro e a ânsia. Preparei-me para vomitar, mas vi que estava no escuro, no chão. Notei muitos pés e não poderia fazer isso ali, nas pessoas. Levantei-me, na intenção de sair dali e ir ao banheiro. Quando ressurgi, como quem estava nas profundezas da dor, me enchi de coragem. Muitos repórteres estavam com microfones e câmeras voltados para mim. Vomitei o que podia naquele momento: palavras presas e gritos mudos de minha alma. Não pensei no que falava nem media palavras, fui despejando tudo o que estava engasgado, o sexo anal, as noites me humilhando pedindo ajuda, as ameaças que tinha sofrido. E, quando me perguntaram o que eu tinha ido exatamente fazer naquele aeroporto, respondi: "Vim dar a este estuprador AS BOAS-VINDAS AO INFERNO!". Completei dizendo: "NÃO TEM MINISTRO QUE TIRE VOCÊ DAQUI! EU ESTUDEI DIREITO PARA QUE NÃO SAIA MAIS, EU DERRUBO QUALQUER TESE!".

Escutei a voz de uma das vítimas dizendo que dispunha de mais de 300 documentos etc. E ela tentava, ali, puxar a investigação para si... Foi então que ouvi uma das vítimas proclamar, como uma imperatriz:

– Mas foi Vana Lopes que conseguiu que ele fosse preso!

Aumentando a voz em tom desafiador, confirmei:

– FUI EU, VANA LOPES, quem te procurou estes anos todos! Você não sai mais daqui, você está entrando preso e eu vou ficar LIVRE! Faz quatro anos que não saio de casa, presa a este inferno em que você me colocou...

Enfim, pude me aproximar do monstro, sem medo. O letargo inverossímil que me consumira anos a fio tinha chegado ao fim. Naquele momento eu deixava de viver às apalpadelas, iria a uma plenitude que havia duas décadas eu desconhecia. Alguém anos atrás tinha me contado a história de Ben Abraham, que sobreviveu a Auschwitz. Jamais voltou a dormir de novo. Até que um dia estabeleceu um ritual simples: resolveu botar no papel tudo o que viveu. Nasceu assim o seu lindo livro... *E o mundo silenciou*. Quando Abraham teclou o ponto final da obra, Hitler havia saído de dentro dele. O monstro foi expurgado quando Abraham resolveu tornar pública a luta de seu espírito.

Prometi jamais esporear minhas lembranças com esses prodígios de limpeza que constituem a chamada memória seletiva. Lembrar cada detalhe do monstro, suas mãos nodosas, lábios tentaculares, a postura monstruosamente totêmica, e evidenciá-los publicamente, foi o remanso da minha consciência. Ter-me tornado uma escritora (o que eu já vinha fazendo desde meu livro de poesias) não passou a ser um desejo tão somente do ego, mas uma profissão de fé. E muito mais que isso: um ato de fé.

Não falo isso só em meu nome, mas no de todas as vítimas com seus gritos abafados pelo monstro. Essas anônimas que represento e pelas quais lutei. Aplausos - são necessárias duas mãos, para a Justiça ser aplaudida é fundamental darmos as mãos. Nesse sentido, estas linhas deveriam ter sido relatadas num plural majestático.

O final de *O Grande Gatsby* estabelece: "E assim rumamos contra a correnteza, impelidos incessantemente contra o passado". Refaço: rumo junto com a correnteza, impelida, agora, para o futuro. E ponto final...

Nessa minha luta nivelei meu destino com pessoas sem as quais jamais teria sobrevivido ao monstro. Talhei meu código de comportamento, nas horas difíceis, com o kit de sobrevivência psíquico que elas me forneceram: compreenderam-me através da dor como ninguém. E sem requerer nada em troca. Nesse sentido, a verdadeira amizade é totalitária: quer apenas ceder, sem esperança de troco da outra parte. A verdadeira amizade é uma ditadura benevolente: impõe o doar-se, mas raramente concede que o outro retribua com algo. Contrariando isso, retribuo a essas pessoas nas linhas que se seguem.

Leda Maria Gonçalves

Minha filha ainda é uma menina. Mas, na verdade, se tornou uma mulher forte e tem hoje 30 anos. Tem o temperamento bom, mas é determinada em suas ações. Franca e dona de um raciocínio prático, é doce também. Eu a conheci quando tinha 6 anos, portanto, parte de sua personalidade já estava formada. Graças a seu olhar carente, eu me apaixonei por ela e, embora fosse já grande para adoção, não me incomodei e não tive dúvidas do nosso amor espiritual. Não tem vícios físicos nem de caráter. Honesta e controlada financeiramente, ela se adaptou tanto aos tempos em que eu tinha dinheiro e podia proporcionar viagens ao exterior, babás e motorista, como hoje anda de metrô com a maior naturalidade. Eu me orgulho de ensinar a ela os princípios básicos do bem-viver em paz. Entendeu meu problema com a balança, pois também trava uma luta com ela. Homem não brinca com seus sentimentos, ela foi real nos relacionamentos que teve, é fiel e leal às pessoas que ama. Sua filha, Julia, minha neta de 8 anos, é calma como a mãe e tem maturidade avançada para sua idade. Aceitou com tranquilidade a separação dos pais, sem maiores traumas. Leda sempre me apoiou na minha luta e, mesmo quando chegava cansada do trabalho, ao me ver dormir em cima do computador, esgotada, assumia as postagens noite adentro. Muitas vezes me preparava uma surpresa pela manhã, quando carinhosamente me trazia o café na cama. Desde pequena, ensinei esse dengo a ela. Minha mãe, quando eu era criança, fazia o mesmo, principalmente no aniversário dos filhos. Quando não tinha dinheiro para comprar presentes, um pão com café e leite era, na cama, o cafuné que esperávamos nessa data, que sempre achei importante para todas as pessoas que amo. Leda nada me cobra na vida, apenas deseja que eu seja feliz. Nunca me deu trabalho, nem mesmo quando era adolescente. Hoje sei que foi a melhor decisão que tomei: adotar minha filha. Se tenho uma família, devo isso a ela. Foi ideia de Leda eu ativar meu perfil no Facebook. Ela me ensinou os primeiros passos. Também me incentivou, anos depois, a visitar um site de paqueras para ver se eu me interessava em namorar novamente. Algumas amigas tinham conhecido homens bons e já estavam de casamento marcado. Leda é feliz com o que tem, pois assim define a vida: paz com felicidade. Não é apegada a nada material, vive do seu trabalho e cuida da filha, dando-lhe carinho e cuidados de princesa, mas a cria de forma independente. Uma família harmoniosa, que agora pode planejar piqueniques e várias coisas que, durante anos, não pude fazer.

Eloisa Alves Oliveira

Mulher que quebrou tabus em sua época; como disse anteriormente, ela foi a primeira árbitra de futebol. Tem esse orgulho com razão de ser, e conta aos mais íntimos suas façanhas, quando apitou no Maracanã o jogo em homenagem a Garrincha, para granjear ajuda financeira à família. Linda quando jovem e até hoje, mesmo com sobrepeso, tem um sorriso que é sua marca registrada. Cristã desde o ventre da mãe, sofre de depressão exógena e endógena, motivo pelo qual, às vezes, chora. Por ser destemida e protetora, me identifiquei com ela. Ela me ajudou a não me culpar por ser sexy e me incentivava a voltar a ser normal, como sempre tinha sido. Eloisa não mede esforços, e o pouco que ganha é para ajudar as pessoas, de modo geral. Era a mais querida dos garçons do Salute Bahia e foi madrinha de casamento de um deles, proporcionando o Dia da Noiva, um luxo que ela mesma não teve, pois não casou no religioso. Gosta de proporcionar alegria às pessoas que quer bem.

Devo a ela minha recuperação do pânico, pois, muitas vezes, quando eu estava angustiada ou apavorada, era em seu colo que deitava a cabeça, enquanto ela cantava hinos até eu dormir e me acalmar.

Quando Roger foi preso, dois dias depois ela estava em São Paulo, com mala e cuia, para me apoiar. Ao me ver na televisão, no aeroporto, ficou apavorada, com receio de que eu passasse mal e não soubesse lidar com tudo o que estava acontecendo.

Eloisa e eu organizamos sozinhas a manifestação para, na frente do tribunal, entregarmos 70 mil assinaturas feitas no site Change.org com o apelo de manter o estuprador encarcerado. Eu e Rafael Sampaio optamos por contar a história da primeira vítima nesse pedido on-line. Quem pagou o carro de som foi Eloisa com seus poucos recursos. E as faixas usadas na manifestação me foram ofertadas pelo meu falecido amigo Beto Nogueira.

Eloisa foi comigo a Brasília para protocolar minha moção de repúdio pelo *habeas corpus* a favor de Roger. E corrigiu o texto que escrevi, com seu português fabuloso. Foi minha incentivadora nesse gesto, que anunciei no aeroporto que faria contra o ministro Gilmar Mendes. Não se intimidou pelo fato de ele ser do Supremo e assinou a moção comigo, como testemunha de todo o sofrimento desnecessário que ele me proporcionou, ao dar ao monstro aquele *habeas corpus*.

Minha querida irmã

Minha irmã mais velha pediu-me que não citasse seu nome neste livro, nem a felicitasse. Ela silenciosamente ensina-me a não rebuscar em minhas lembranças nem o perdido nem o desfeito, para que a felicidade volte a instalar-se no coração fazendo o mundo mudar de cinza para a cor amarelada do sol... É especial sermos agraciadas com irmãos mais velhos, pois eles são um norte em nossa passagem. Não é diferente a convivência com a minha.

Bem-aventurança aos Leite Lopes terem-na como nosso guia. Ela foi minha amplidão, auxiliando-me a enfrentar o barulho mental desses anos vulcânicos. Meus agradecimentos amplio a seus filhos, meus sobrinhos, que, ao me verem vivendo este pandemônio, nem por isso deixaram de me apoiar.

VÍTIMAS FALAM

Fui entrevistar outras vítimas, além daquelas que fazem parte da sentença apresentada nesta obra e com quem compartilhei minha dor. Estados onde vivem e idades foram alterados para garantir seu sigilo. Antes de minha exposição solitária às autoridades e à mídia (que me ignoraram por anos a fio), todas elas viveram diariamente a presença do ectoplasma Roger, que aparecia, como fantasma, ameaçando quem revelasse seus crimes. No texto a seguir, presto minha homenagem a elas, trazendo alguns depoimentos de quem sofreu em silêncio: com medo do Roger sempre excessivamente aparelhado junto às autoridades que o encobriram, ou por incúria, ou por má-fé – ou por coisas que nem quero imaginar...

Vítima 1 – capixaba – 38 anos

Mãe de gêmeos, uma das vítimas faz aqui o seu sofrido relato. Abusada por Abdelmassih, não se esquecerá jamais do que passou.

"O meu caso data de 1997. Fui indicada por meu ginecologista para a clínica de Roger, devido à varicocele do meu marido. Sou do Espírito Santo. Na época, tinha 25 anos e já estava casada havia dois anos. Casei virgem.

Acertamos o pacote de três tentativas de inseminação. Logo de cara, achei o médico muito atencioso, mas relevei. Enquanto eu fazia o ultrassom com o Dr. L. S., seu assistente, Roger ficava segurando as minhas mãos. Estranhei, mas como ele me dizia que sua filha, Soraya, tinha a mesma idade que eu, achei que estava apenas sendo paternal.

Quando acordei da sedação, após a primeira coleta dos óvulos, Roger estava se masturbando, bem ao meu lado. Estupro, não sei se houve, durante a sedação. Ele se refez calmamente, como se fosse um comportamento de rotina. Disse que iria chamar a enfermeira e que tudo tinha corrido bem. Fui para a recepção, pálida e amedrontada. Todos os que ali aguardavam atendimento me olhavam.

Roger veio logo atrás de mim e explicou que tive algumas alucinações, causadas pelo anestésico. Era normal, já que nunca havia sido sedada antes. Recomendou repouso.

Eu e meu marido voltamos para o hotel. Chegando lá, corri para tomar um banho. Estava me sentindo imunda e não parava de chorar. Ainda não estava certa de que havia visto a masturbação do crápula ou se estava delirando.

Partimos para a segunda tentativa. Aí, a coisa piorou. Roger tentou me agarrar, logo após eu fazer um exame de sangue e ultrassom com o Dr. L. Esse médico também sabia de tudo, mas fingia não ver o que estava acontecendo. Como me esquivei do ataque, Roger se vingou de mim durante a coleta dos óvulos. A dor era imensa. Eu fechava as pernas e gritava. Fiz tanta força que entortei a agulha para a coleta dos óvulos. Logo depois, fui sedada e não me lembro de mais nada.

Voltei da sedação muito estranha. Estava agitadíssima e não conseguia parar de balançar a cabeça, de um lado para o outro. Ouvia o que estavam falando no quarto, mas não entendia bem o quê. Depois que a enfermeira e o Dr. L. saíram do quartinho (o quarto de repouso para onde as pacientes iam, após a sedação, para se recuperarem), o monstro abriu minha roupa e alisou meus seios e coxas, e lambeu meu rosto. Quis gritar, mas ele tapou minha boca e disse que ninguém iria me escutar. Nem acreditar em mim.

Abusada e desacreditada, me sentia um lixo. Não tinha coragem de contar para ninguém. Se contasse para o meu marido, ele, com certeza, mataria o monstro. E ainda tínhamos mais uma tentativa, pois a gravidez não ocorrera.

Um terceiro médico da equipe de Roger, Dr. L. F., que fazia a aspiração dos óvulos, se desligou da clínica antes de eu terminar o tratamento. E Soraya, filha de Abdelmassih, com certeza sabia de tudo. Ela era a responsável pelo laboratório onde eram produzidos os bebês. Porém, ninguém me informava o que era feito com os óvulos excedentes. Eu, por exemplo, produzia 20 a 22 unidades por ciclo. Mas a resposta às minhas dúvidas era sempre a mesma: nós descartamos. Não acreditava nisso. Para mim, eles eram reutilizados em clientes que precisavam de doadoras ou em pesquisa.

Desesperada, pedia ao marido para desistirmos. Mas ele insistia, afinal ainda tínhamos uma última tentativa. E engravidei de quadrigêmeos. Para o meu marido, Roger passou de médico a semideus. Mas eu vivi todas as semanas da gravidez sem saber de quem seriam meus filhos, de Roger ou do meu marido.

Fui para o exterior fazer uma *embryo reduction*, ou redução de embriões. Fiquei apenas com dois. Mas comecei a sofrer de depressão, o que é frequentemente atribuído a esse procedimento. Ninguém da família tomou conhecimento disso. Na verdade, a minha gestação foi com dois bebês vivos, evoluindo, e dois mortos em saco gestacional. Hoje, os gêmeos são saudáveis e estão na faculdade.

A depressão pós-parto que tive foi fortíssima. Ela me persegue até hoje. Vivo tendo recaídas. E ela quase acabou com o meu casamento, pois fiquei anos sem contar o que ocorrera para o meu marido. Ele somente soube dos abusos quando outros casos foram divulgados, em 2009. Mesmo com as notícias na TV, meu marido preferiu se calar. Eu é que tomei coragem e, finalmente, contei para ele. Ele pediu para que não contasse os detalhes. E disse que fiz o certo, em só ter contado muito tempo depois. Se fosse na época, ele o teria matado.

Nunca denunciei, por dois motivos. O primeiro era a minha idade. Com 25 anos, quem iria dar crédito a mim, diante de um homem tão poderoso quanto Roger? E também não queria expor minha família, nem passar por vadia. Acima de tudo, amo minha família e meu marido. Quando Roger conseguiu o *habeas corpus* dado por Gilmar Mendes, tive a certeza de que fizera certo em não denunciar por todos esses anos. O dinheiro e o poder desse homem eram mais fortes do que qualquer denúncia apresentada ao Cremesp.

Talvez isso possa ser interpretado como covardia. Peço a vocês, vítimas como eu, que me perdoem por isso. Mas não quero ter mais problemas do que os que já tenho. A exposição para quem tem filhos e já está casada há tanto tempo seria devastadora. Na verdade, nossos parentes nem mesmo sabem que nós fizemos o tratamento para engravidar. Continuarei anônima, mas na torcida. Contar a minha história é uma forma de participar. Há uma corrente enorme de vítimas anônimas que lutam por justiça, da sua própria maneira. Em silêncio.

Roger não precisou nem mesmo buscar as suas vítimas. Fomos entregues para ele de bandeja. É tudo muito nojento e doloroso. Ao contrário do que ele disse na reportagem do *Fantástico*, não jogávamos milho para ele. Jamais me envolveria com um velho babão, prepotente e asqueroso como ele. Sou muito bem casada e desfruto de uma situação socioeconômica tranquila.

Soube de mulheres que estão sofrendo ameaças, graças à coragem de delatar. Ele tem advogados muito poderosos e regiamente pagos. Eles tentam incutir o medo nelas, pois querem evitar novas denúncias.

Outra coisa: a clínica dele nunca emitiu um recibo sequer. Nunca obtive nenhum comprovante dos medicamentos, pagos em dólar, e que só podiam ser adquiridos na clínica. Se por acaso não tivéssemos os dólares para pagar, Roger indicava um doleiro de sua confiança. Para quem vem de outro estado, como eu, faz-se qualquer negócio para ter um bebê. Compramos Lupron e Progesterone sem saber o preço e sem poder questionar.

Meus exames nunca foram mostrados, quanto mais entregues. Voltei para o Espírito Santo sem eles. Todos ficaram na clínica.

O motivo de eu estar contando tudo isso aqui, com tantos detalhes, é um só: quero justiça. Aliás, são dois motivos. Depois da justiça, quero paz. Essa paz só existirá quando o endereço desse monstro passar a ser Tremembé. Não suportaria mais um *habeas corpus*.

Grande abraço, fique com Deus e não desista. Ainda vamos poder dormir em paz!

Vítima 2 – paranaense – laqueada

Sou paranaense, de Ponta Grossa, e tenho 58 anos. Casei em 1980 com o meu primeiro namorado. Tivemos três filhos, vindos ao mundo por meio de cesariana. Na verdade, a primogênita faleceu assim que dei à luz.

Eu e meu marido sempre dizíamos que ter um filho era uma bênção de Deus. E Ele nos agraciou com três! Duas meninas e um homem. Como passei por três cesarianas, o médico aconselhou que fizesse a laqueadura de trompas. Concordamos com ele, na época.

O tempo foi passando e sentíamos vontade de ter mais filhos.

Porém, com a laqueadura, era difícil. Estávamos em 1990. No dia 14 de outubro, minha irmã se suicidou, pois estava revoltada com o governo Collor. Foi uma tragédia terrível para todos nós.

Ficamos muito fragilizados com isso. No início de 1992, estávamos assistindo ao programa da Hebe Camargo na TV, que falava sobre o Dr. Roger Abdelmassih. Ele demonstrava a eficiência da sua clínica de fertilização. Mostrava vários casais com os filhos, gerados graças ao tratamento dele. Isso nos encheu de entusiasmo e esperança. Tínhamos passado por muito sofrimento nos últimos tempos. Mais um filho seria um novo horizonte para nós e nos permitiria renovar nossas vidas.

Tínhamos um problema, porém: a laqueadura. Como fazer para reverter? Problemas para engravidar, não tínhamos. Marcamos, então, a consulta com o Dr. Roger. Ele demonstrou estar muito feliz com a nossa presença. Dizia que éramos um casal abençoado por Deus, pois já tínhamos filhos e queríamos mais!

Assim, depois de conversarmos sobre o nosso caso, o Dr. Roger garantiu que não haveria problemas para engravidar, visto não termos maiores complicações, como alguns pacientes da clínica. Não tínhamos muito dinheiro, é verdade. O Dr. Roger começou a falar sobre o pacote com três tentativas de fertilização, mas isso não nos interessou. Não tínhamos dificuldades para engravidar! Por isso, optamos por apenas uma tentativa, mesmo sendo mais cara.

O tratamento durou quase três meses. Vinha de Ponta Grossa de ônibus. Viajava de 22 horas às 10 da manhã e saltava na então Rodoviária Bresser. Dali, embarcava num táxi rumo à clínica. Lá me sentia até um pouco constrangida. Enquanto todos chegavam com seus automóveis luxuosos, recepcionados pelos manobristas da clínica, eu chegava de táxi, humildemente. Mas o meu desejo de ser mãe novamente superava tudo. Lá ia eu partir para a fertilização.

Eles tiravam sangue, às vezes, e faziam a ultrassonografia endovaginal. Os procedimentos eram feitos ora pelo Dr. Roger, ora pelo Dr. L. S. Também tinha um japonês, chamado Dr. U. A equipe era grande. Logo, era liberada e voltava para a Bresser, para pegar o ônibus das 11h30 e chegar a Ponta Grossa às 23h30.

Depois de saber quando seria a coleta dos óvulos, o Dr. Roger pedia ao meu marido para coletar o material dele também. Os maridos eram atendidos no andar de cima, e o meu foi encaminhado para exame pelo Dr. U. Depois, acompanhado de uma secretária, que lhe entregava o coletor, meu marido passava para uma sala com banheiro, onde havia vasto material pornográfico e ele poderia colher o sêmen. A secretária ficava esperando do lado de fora. Depois que meu marido abria a porta, como um sinal de que já tinha terminado, ela entrava para pegar o material.

Nós, mulheres, ficávamos nas salas de baixo. Havia várias. O Dr. Roger também subia para falar com os maridos, e depois descia pelas escadas como um deus, todo sorridente. Cumprimentava as mulheres apertando a mão de todas e, às vezes, beijava-as no rosto. Isso não tinha nada de mais. Eram só três beijinhos respeitosos. Além disso, nossos maridos estavam perto, no andar de cima.

Tomei muitos medicamentos à base de hormônio: Lupron, que eu comprava na Drogaria São Paulo. Tomava a injeção na coxa, bem embaixo, perto do joelho. A outra medicação injetável era vendida pela clínica. O preço era calculado pela secretária do financeiro, que, por sinal, era bem antipática. Na época, o dólar a cada dia tinha uma cotação diferente. Era assim que eram cobrados os remédios e os exames do dia.

Na semana marcada para colher os óvulos, eu ficava hospedada na casa de uns parentes, perto da clínica. Eles davam o maior apoio. Todo dia me levavam para a clínica de carro. E depois, quando voltava para a casa deles, colaboravam para o meu repouso, levando as refeições para mim na cama.

Tudo parecia estar dando certo. Meu marido praticamente explodia de felicidade e o Dr. Roger não parava de dizer que eu tinha "muito material" para trabalhar e que poderia até ter trigêmeos. Ele não escondia a alegria quando ia colher os meus óvulos.

Chegou o dia de colher o sangue. Fui em estado de graça. No final da tarde, Roger me deu o resultado: negativo. Fiquei arrasada. O médico me consolou, vendo meu desespero. Falou que era assim mesmo. Bastava que repetíssemos o procedimento, pois iríamos conseguir. Ele facilitaria o pagamento também. Como éramos um casal abençoado por Deus, merecíamos realizar o nosso sonho.

Acabamos concordando com ele. Começou tudo de novo: as medicações, os exames, as injeções, ultrassom endovaginal direto, as viagens, saudade dos meus filhos e da minha família. Mas ainda não sabia que o pior estava por vir. O dia tão esperado para a implantação dos embriões. Fui para a sala, onde fiquei naquela posição tão triste de parto normal, deitada na maca com as pernas abertas, apoiadas nos suportes. Havia outros médicos e enfermeiras na sala. Depois, fui sedada e não vi mais nada.

Quando acordei, levei o maior susto. O Dr. Roger estava debruçado sobre mim, me acariciando. Não sei quem se assustou mais: se fui eu com ele ou ele comigo. Perguntei o que estava acontecendo. Ele simplesmente me olhou com os olhos arregalados e disse que estava tudo bem. Senti um nojo que nunca senti antes na vida, além da vergonha. Como poderia contar isso para o meu marido? Ele confiava cegamente no doutor e queria, mais do que tudo, ser pai de novo.

No dia de colher o sangue para saber o resultado, estava me sentindo péssima, triste e enjoada. No final da tarde, liguei para a clínica e o resultado foi, novamente, negativo. Ele tinha me dito que colocaria de cinco a seis embriões, mas, certamente, apenas dois ou três vingariam. Eu estava sendo enganada e manipulada? Onde estava aquela fartura de "material" que ele não se cansava de elogiar? Não queria mais saber de fertilização na minha vida. Pedi aos meus primos que me levassem até a estação do trem, que de lá eu iria para a Bresser. Queria ficar sozinha.

Sentada, aguardando o trem chegar, não parava de chorar e tremer. De repente, meus primos chegaram. Foram até lá para pegar o trem e o metrô comigo. Não sossegaram enquanto não me viram embarcar no ônibus para o Paraná. Perceberam que eu estava muito mal. Onde estavam meus filhos, meus sonhos e meu dinheiro? O tempo perdido, em que poderia ter estado com a minha família, em casa? Percebi que na clínica não rolavam sentimentos, apenas o dinheiro. Onde foram colocados os meus embriões, que, tenho certeza, não foram colocados em mim?

Assim que cheguei a Ponta Grossa, contei toda a história para o meu ginecologista. Ele, então, vendo o meu desespero, me indicou para um colega com especialização no Canadá. Ele tinha consultório em Curitiba e fazia a reversão da laqueadura. Marquei consulta com ele assim que pude. Fiquei encantada com o atendimento e as explicações que ele me deu. Marcamos a laparoscopia em um dia para saber as chances de recanalizar as trompas. Se fossem boas, no dia seguinte faria a cirurgia. Confiei no médico e em Deus e fiz a recanalização no dia previsto. E, em 1993, fiz a quarta cesariana.

Esperei mais um pouco e engravidei de novo. Tive um aborto retido e fiz a curetagem. Pouco tempo depois, engravidei novamente e a quinta cesariana ocorreu em 1996. Tudo deu certo, e o acompanhamento que tive foi maravilhoso, em todos os momentos.

Em meu poder, tenho todos os documentos que comprovam as gravidezes e a reversão. Mas ainda tenho algumas dúvidas até hoje:

Por que não engravidei com o tratamento do Dr. Roger?

Por que a insistência dele para que eu fizesse o pacote com as três tentativas?

O que foi feito com o meu material? Onde estão os meus embriões?

Até quando vou carregar esse peso, na consciência e no coração, por confiar em um médico que, na realidade, é um monstro?

Onde estão os meus filhos, Dr. Roger? Foram vendidos?

Vítima 3 – hiperestimulação com dose hormonal de mulher de 45 anos

Olá, Vana Lopes. Conversamos ontem pelo MSN. Eu tinha 24 anos quando procurei o Dr. Roger pela primeira vez. Estávamos em 2000. Estava animada por saber que ele era o melhor do Brasil e, assim, realizaria o meu sonho.

Mas não foi bem isso o que aconteceu. Ele tentou me beijar, por várias vezes. Se estuprou, não sei, pois estava sedada e não me lembro de nada.

Fiz o pacote de três tentativas com as respectivas hiperestimulações dos ovários. Duas foram em 2001 e uma em 2002. Só para ter uma noção, eu, na época com 24 anos, recebi uma dosagem hormonal de uma mulher de 45 anos, que não ovulava. Confiei cegamente, mesmo assim. E produzi, em uma só vez, 17 óvulos de cada ovário! Nesse dia, fui à clínica com dores fortíssimas e cheia de medo. Lembro bem de ouvir o monstro dizendo: "Você pode explodir!".

Até hoje, não sei o destino dos cerca de cem óvulos que fabriquei, e que ficaram com ele. Meus óvulos sumiram. Juro a você que, se ele pedisse para eu doar, o faria com a maior satisfação. Sei muito bem como deve ser a dor das que não podem ter um bebê. Tenho muita curiosidade em saber onde estão essas crianças. Assim como as mães delas, que devem querer saber a origem do material genético dos filhos.

Depois de pagar ao Dr. Roger tudo o que ele pedia, e ter inclusive de fazer empréstimos, ele um dia me disse que eu tinha uma célula assassina. Que qualquer embrião que fosse em mim implantado, morreria. Por isso, me ofereceu uma solução: doze injeções, vendidas pela clínica, para que o meu corpo não rejeitasse o bebê. Cada uma custava 2.500 reais, o que, na época, era muito dinheiro.

Depois disso, saí da clínica para nunca mais voltar. Pensei em adotar e entrei na fila de espera. Quando menos esperava, engravidei do meu filho, hoje com 16 anos. No dia do parto, encontrei o Dr. M., no corredor do hospital, que me disse que o Dr. Roger queria me ver, pois meu caso era muito interessante. Não voltei. Ofereci a uma irmã a última tentativa que ainda restava, já paga. Ela somente teria que pagar os remédios. Ele recusou.

Meu marido não gostaria que eu relembrasse toda esta história. Mas o monstro não pode sair impune depois de tudo o que fez. Conto a história então para você, Vana Lopes, mas prefiro manter meu nome em sigilo.

Vítima 4 - brindada com um selinho, sem nota fiscal e sem informação sobre seus óvulos

Fiz tratamento com o Dr. Roger em 2002-2003. Ele sempre demonstrava ser uma pessoa fria. Às vezes, me abraçava e me beijava no rosto. Um dia, fui com o meu marido até a sala dele para tomar um medicamento. Ele passou o medicamento. Quando meu marido se despediu e saiu, ele segurou uma das minhas mãos e me deu um beijo na boca, do tipo selinho. Estranhei. Saí da sala parecendo que estava sem chão. Contei para o meu marido e chegamos à conclusão de que tinha sido sem querer, mas, no fundo, eu sabia que não foi. Fiz três tentativas e fiquei grávida na terceira vez de uma menina, hoje com 11 anos. Roger nunca me deu nota fiscal. Tenho ultrassom e algumas receitas. Gostaria de saber o que foi feito com os meus óvulos, pois ele me elogiava muito em relação a eles. Na segunda tentativa, quando os óvulos foram aspirados, senti uma dor excruciante. Não conseguia nem me sentar. Lembro como se fosse hoje. Por favor, gostaria que me ajudassem, pois não sei como devo fazer.

Vítima 5 – doente renal, atendida e agarrada pelo residente e estagiário de plantão Roger

Não moro no Brasil, pois sou britânica. Porém, na década de 1970, morava aqui. Devo ter sido uma das primeiras vítimas da carreira desse médico.

Na época, ele usava barba. E tudo isso me voltou à memória depois de assistir ao *Domingo Espetacular*, de 15 de junho de 2014, na TV Record Internacional. Falavam sobre o criminoso mais procurado do país. Daqueles olhos, nunca vou me esquecer.

Fui internada no Hospital Irmãos Penteado, de Campinas, com dores fortíssimas devido a uma crise renal. O médico que me atendeu foi o residente Roger Abdelmassih. Na emergência, ele queria fazer um exame ginecológico. Fiquei apavorada.

Ele não me poupou. Tentou me agarrar de todos os jeitos. Mesmo com as dores violentas, me ergui da maca para resistir. Saí cambaleando do quarto e, me lembro como se fosse hoje, derrubei um carrinho com líquidos que estava no caminho da porta.

Saí da emergência feito louca, descalça e sem saber o que fazer. A sorte foi que encontrei uma boa alma. Ela me aconselhou a internação na Casa de Saúde de Campinas, onde conhecia alguns médicos. Fiquei internada lá durante três meses, depois da cirurgia. Meu caso era muito grave e fiquei sem forças inclusive para falar. Foi Deus que não quis que eu morresse. Na verdade, a vesícula rompeu e expulsou os cálculos. Tive uma infecção fortíssima no aparelho digestivo.

Depois da recuperação, comentei com alguns parentes o que tinha ocorrido. Acharam melhor nada falar, pois o importante é que estava viva para contar. Fiquei em silêncio durante todos esses 40 anos. Mas a lembrança nunca mais saiu da memória. Assim como o medo, o nojo e o pavor. E estou feliz, hoje, por saber que ele está preso. Dou os parabéns a todas vocês, pelo belo trabalho que fizeram, denunciando e investigando. Espero, do fundo do meu coração, que ele nunca mais saia da cadeia e cumpra a pena.

Vítima 6 – Cinco tentativas, sem gravidez e com perfuração na uretra

Eu era jovem quando fui, acompanhada do meu marido, à clínica de Roger. Tinha 22 anos. Nossa ânsia de ter filhos era tão imensa que decidimos fazer cinco tentativas.

Normalmente, eu conseguia 15 a 18 óvulos por ciclo. Porém, nenhum deles era congelado. Uma vez, precisei tomar albumina humana durante uma semana, devido à hiperestimulação. E, em outra, a uretra foi perfurada durante a aspiração dos óvulos.

Não engravidei em nenhum desses procedimentos. Hoje, sabendo do que ocorria na clínica dos horrores, tenho certeza de que os meus óvulos eram usados para turbinar os óvulos de pacientes mais velhas.

Para piorar a situação, na última vez em que fui lá, meu marido não pôde me acompanhar. Ainda não tinha acontecido nenhum assédio. Apenas esses problemas de saúde. E eu ainda tinha que sofrer o golpe final. Era uma sexta-feira. Como de praxe, Roger conversava com a paciente antes de submetê-la ao procedimento. Conversamos sobre amenidades e tudo parecia estar transcorrendo normalmente. Ao final da conversa, ele se levantou da mesa e veio na minha direção. Sem mais nem menos, quando estava bem próximo de mim, me perguntou se não gostaria de fugir para a Itália com ele. Disse isso com um sorriso nos lábios e me olhando fixamente.

Ato contínuo, me segurou pelos braços, me levantou da cadeira e me levou até uma estante, em frente à mesa. Atônita, fiquei sem reação. E ele começou a me beijar na boca! Consegui me desvencilhar dele, com um empurrão, e saí desesperada pela clínica, como uma louca. No caminho, todos os funcionários me olhavam assustados, até o Dr. P., que, ao me ver daquele jeito, abaixou a cabeça, constrangido.

Nunca mais voltei à clínica. Somente o meu marido, para pegar o dinheiro de volta relativo a essa última tentativa. Pouco depois, me separei. Hoje tenho três filhos, sendo que um deles, do meu ex-esposo, foi concebido com o tratamento que fizemos em outra clínica. E os outros dois filhos nasceram naturalmente, quando estava com 37 e 43 anos, respectivamente. Nesse ínterim, ainda engravidei, mas perdi [o bebê] alguns dias depois de uma das transferências.

Denunciei o Roger na delegacia. Devo essa coragem ao meu atual marido, que muito me incentivou para que fizesse isso. Ele foi comigo à delegacia e ao Fórum. A atitude dele nem era necessária, pois essa história com o Roger nem faz parte da vida dele. Mas a indignação se apossou dele de tal forma que me disse que eu precisava fazer isso. Não seria só por mim, mas pelas outras vítimas, principalmente as que foram estupradas. Refleti muito antes de tomar a atitude. Na verdade, essa é uma marca que nós, vítimas, vamos carregar pelo resto da vida. Se vocês precisarem de mim, estou aqui. Essa luta é de todas nós!

MOÇÃO DE REPÚDIO

Escrevi 12 páginas para tentar convencer o ministro corregedor do CNJ a aceitar meu requerimento da moção de repúdio contra Gilmar Mendes e anexei 85 documentos. Pedi uma apreciação urgente, pois também comunico ao Estado de Direito sobre crimes contra a humanidade que o ex-médico e estuprador Roger Abdelmassih cometeu, neste documento agora oficial com o protocolo. Desculpe se errei formalmente na escrita deste documento, mas fiz sem ajuda de advogado. Porém, contei com a ajuda fundamental da amiga e mestra Eloisa Alves Oliveira na correção do texto. Obrigada pelo apoio de todos.

EXCELENTÍSSIMO SENHOR MINISTRO CORREGEDOR DO CONSELHO NACIONAL DE JUSTIÇA.

Vanuzia Leite Lopes, brasileira, divorciada, estilista, poetisa, portadora do RG nº..., inscrita no CPF sob..., residente e domiciliada na rua..., em São Paulo, Capital, vem a Vossa Excelência, com base no art.103-B, § 4º, III, da Constituição Federal, e arts. 72 e seguintes do Regimento Interno do Conselho Nacional de Justiça, apresentar esta Moção de Repúdio contra o Excelentíssimo Sr. Ministro Gilmar Mendes, pelos fatos e fundamentos do Direito que passo a expor.

I - DOS FATOS:

Inicialmente, esclarece a Vossa Exa. ser uma das vítimas do ex-médico Roger Abdelmassih. Se possível fosse minimizar cicatrizes da alma, o relato seria pequeno, pois bem dizia Winston Churchill: "...das palavras devemos usar as mais simples, das mais simples, a menor...". Todavia, entende-se como melhor e mais direta maneira de comunicação para uma compreensão de alguns fatos ainda ser a imagem, motivo que pede o obséquio a Vossa Exa. que, por favor, leia e veja imagens nas matérias de entrevistas a respeito, como complemento do seu juízo de valor. (Anexo somente algumas matérias com imagens.)

É visível por intermédio dos fatos e fotos o que este infortúnio causou a uma pessoa feliz, bem casada, realizada profissionalmente, poetisa, romântica, autora de livros poéticos, lúdicos e infantis, estilista e empresária. Acima de tudo uma pessoa crédula, que acredita em pessoas sadias de ideias afins para alcançar ideais, de fato, uma pessoa que comunga com os princípios básicos da conduta humana, baseados no núcleo familiar, que é a primeira sociedade após a saída da casa materna, o útero.

No entanto, de personalidade diversa é seu algoz, Roger Abdelmassih, que tinha por hábito estuprar mulheres, covardemente. Ele as anestesiava naquela "clínica". Esse era um dos modus operandi *desse violentador que, assim, pegava desarmadas suas vítimas, uma vez que todas estavam em tratamento para construir uma família e, no momento mágico, onde ele dizia que após sedação seriam divinamente abençoadas com um ser em seus ventres, abusava delas.*

A requerente adormecida após fazer oração e tomar a medicação, viu-se acordada, e ainda debilitada, sentiu a presença ordinária desse elemento perverso violentando-a, e sentiu que o ânus sangrava. Por consequência do estupro e atentado violento ao pudor e da lesão corporal gravíssima, ficou estéril. Os detalhes técnicos médicos da bactéria adquirida após o coito anal e vaginal encontram-se no documento anexado ao processo CRM e B.O., datados de 1993 e 1994.

Atualmente, sofre de disfunção hormonal, prolactina altíssima, gastrite, esteatose grau 4, diabetes mellitus, adquirida em função da obesidade elevada por causa do evento traumático, e depressão severa (conforme vários laudos disponíveis e outros que poderão vir a ser também anexados a este requerimento, entre eles de hepatologistas, infectologistas, endocrinologistas, clínicos gerais, nutricionistas, psiquiatras e inclusive de laudo psiquiátrico forense anexado, feito por perito judicial na época da sentença a pedido da Corte). A mais grave de todas as doenças fatoriais é a HEPATITE TIPO C, sem subestimar as demais. Por causa desta doença, há risco de óbito, já que não pode se tratar com Interferon, uma vez que este remédio aguça o martírio e a depressão fica mais forte, com risco de suicídio.

O relato é semelhante ao de diversas outras vítimas, que nunca haviam se encontrado, pois era uma das maneiras vis que esse então urologista Roger

Abdelmassih viciadamente usava e abusava das suas vítimas, ora quando lúcidas e/ou anestesiadas. Foi entendido pela juíza que o condenou como cruel e desumano. Era na intimidade do consultório, vindo a saber após denúncias que nem mesmo era especializado em ginecologia. São mais de 20 anos que a requerente sofre situações de dores físicas e psicológicas vexatórias, passando por discriminação, constrangimento, humilhação e ameaças. Esse monstro não somente violentou o corpo físico como também a alma de futuras mães, de mulheres e esposas, e, como foi provado por outras vítimas, ele abusou da confiança do casal e dilacerou, com seu ato criminoso, um núcleo familiar, enfim, estuprou famílias!
Mesmo sabendo que existem no mundo seres sombras, isto é, se todos no planeta brilhassem como uma simples vela, até mesmo o Sol se tornaria obsoleto, ainda assim, nunca foi buscado para atos de vingança, basta dizer que se este fosse o objetivo, no ano de 1993, quando aconteceu a violência, a "justiça com as próprias mãos" poderia ter sido feita pela vítima, se não fosse respeitado o caráter bom da vítima que acredita na Justiça Divina e dos homens, observando e obedecendo à Constituição e respeitando a Carta Magna. O motivo real dessa Moção de Repúdio é a confiança nos princípios da fé.
O estuprador Roger Abdelmassih é poderoso financeiramente e tem relações com pessoas importantes de várias camadas do Poder Público e com artistas e empresários, pois alguns conseguiram sucesso na maternidade em sua clínica, fato que ele usa como objeto de proteção. Haja vista as interceptações telefônicas feitas recentemente, a comprovação de alguns nomes de pessoas influentes, até mesmo na política. Porém, ele pode ter muito dinheiro, mas na diferença da igualdade da palavra "valores", acredito nos valores judiciários que pesam mais, pois estes tratam de valores éticos e da razão. Cabe neste momento citar a lógica razoável de Alaor Caffe Alves: "Se ao bater na razão a lógica não repercute no coração, não serve para nada".
Todavia, importante se faz comunicar, agora oficialmente, neste requerimento ao ESTADO DE DIREITO, que para Roger Abdelmassih não somente sua tara lhe bastava. Além dessa crueldade primitiva, ele também cometeu CRIMES CONTRA A HUMANIDADE. Após o inquérito de manipulação genética, já em andamento, pretende-se denunciar ao órgão competente o

desaparecimento de centenas de óvulos e embriões de diversas pacientes, desviados pelo monstro ex-médico Roger Abdelmassih. Há inclusive relatório médico obtido pela paciente em notificação extrajudicial (anexo cópias e alguns dos relatórios "confissão" que confirmam a existência desses "filhos lúdicos"). Esses documentos são assinados pelo próprio ex-médico Roger Abdelmassih e outro corresponsável médico.

No Brasil, desde a Lei de Biossegurança 8.794/95, além da LEI Nº 11.105, DE 24 DE MARÇO DE 2005, se notará que o embrião implantado recebe o mesmo tratamento jurídico do nascituro, adquirindo direitos desde a sua concepção, ou seja, sua implantação no útero materno. Não sabendo em quem foram implantados os embriões e a dimensão das experiências genéticas, muitas das suas vítimas estão montando um "banco de dados" com suas histórias genéticas, para que, no futuro, se essas crianças e/ou adultos tiverem problemas de saúde, possam, se assim desejarem, até mesmo anonimamente rever sua genética, consultar sua família biológica no direito da sua memória celular. Sabendo que pais são os que criam, haja vista a filha adotada, a vítima entende esse sentimento de amor com desprendimento.

O monstro Roger Abdelmassih precisa responder por mais crimes: lavagem de dinheiro, crimes sexuais e por crime de negligência e erros médicos com lesão corporal gravíssima, além do crime da prática de abortos em sua clínica com ajuda de familiar. Uma de suas vítimas tem provas reais da participação de médico da clínica, que receitou remédio abortivo e não socorreu a vítima, que, sozinha e desamparada em sua residência, teve contrações de um parto, pois o feto sem coração já estava em estado avançado da gravidez de quatro meses. Um dos agravantes nesse crime foi que os "médicos" deixaram um feto morto na paciente, que poderia ter lhe levado a óbito, mas com a bênção divina a mesma salvou-se. Porém, ficou com sequelas da mesma bactéria que a requerente. Independente da idade do feto, o aborto é justamente considerado um crime, pois até mesmo o embrião não é um órgão da mãe. É outra vida humana, com carga genética própria, um ser que inicia sua vida e sua história.

Registro aqui a minha indignação e inconformismo ao Excelentíssimo Ministro Gilmar Mendes por conceder o habeas corpus *ao réu, que desde 2009 era denunciado com elementos claros e significativos por um número impressionante de estupros, nunca visto em nosso país. Outro fator que precisa ser esclarecido, entre os vários motivos que levam à Moção de Repúdio contra sua decisão, trata-se que nesse ato é do entendimento que tal pertence ao âmbito jurídico seu julgamento, isso todos concordam perfeitamente, mas afora a questão aplicativa da lei, em seu caminhar nos tribunais é vital observar o recurso sim, mas levando em consideração o "curso" em prol do princípio da moralidade na sociedade vigente.*

Em suma, quando diante de tamanha monstruosidade feita por um indivíduo, é real esta verdade compactuada, ou seja, determinados sujeitos, devido ao seu desvio de caráter e personalidade, não podem viver entre os demais, pois se criam ruelas de prantos e becos de desesperos humanos. Durante a solitude como vítima, vivenciam-se anos e anos pelas ruas da solidão do trauma e de mãos dadas com a fé no DEUS todo-poderoso e na razão. As pessoas creem que em seus diversos planos há a sabedoria do silêncio. Atualmente, não mais o grito calado, mudo e preso somente na dor deve ser aceito pela sociedade, pois as vítimas não são criminosas para serem estigmatizadas. Na verdade, vítimas unidas somente podem deixar de ser quando solidárias com o ser humano em geral. A cura do evento traumático pode acontecer por intermédio de atitudes reais de postura contra o medo que deve ser ignorado como escudo, mas enfrentado como um dedo metralhador, sendo assim as vítimas, valendo-se do próprio medo como um tipo de espada defensora, dão credibilidade a uma denúncia e impedem a impunidade.

Depois de tudo o que aconteceu, depois dos depois, com tudo que aconteceu por décadas, contudo, há ainda um fôlego do ser íntimo da requerente que, nos últimos quase quatro anos, ajudou a procurar o foragido Roger Abdelmassih, justamente por não entender como se consegue com a tecnologia ir à Lua, mas as autoridades não encontravam essa pessoa, que estava em companhia de sua mulher e duas crianças. Sofredora de pânico e sofrimento físico e não virtual em rede social e por intermédio desta, foi montada pela vítima uma página, site, perfil, grupo Vítimas Roger Abdelmassih, e recebeu diversas denúncias e documentos de anônimos solidários que se compadeceram das suas dores.

Foram mais de 300 documentos e 110 e-mails recebidos, todos enviados à Interpol, Secretaria de Segurança de São Paulo, MP e Delegacia de

Capturas, assim como também a uma Delegacia Antissequestro, entre outras autoridades. Alguns disponibilizados à imprensa, para viabilizar a investigação e a prisão em sua clareza. Uma rede de lavagem de dinheiro foi descoberta por um processo legitimado movido por autoridades, sendo feitas interceptações telefônicas para os envolvidos, autorizadas pela Justiça, que coincidem com informações recebidas de delatores.

Ameaçada durante a sentença de Roger e também recentemente após sua fuga (anexo cópia de B.O.), mesmo frágil e em pânico, a determinação no caráter da vítima, que utiliza a verdade como princípio fundamental e total desapego a paradigmas seculares de que vítimas têm que ser vitimizadas eternamente, vítima não é COITADA, pois logo, livre do "laço" do passarinheiro, esta ainda tem força íntima. No tocante a este tema, há um desejo, embora difícil, de saber do destino dos "filhos" desviados do corpo das vítimas para outras mulheres. Porém, esse desejo e talvez com o simples desejar de DEUS que é longânime possa proporcionar esse encanto e em algum canto, num sopro divino, ajudar a reparar a monstruosidade genética. Por isso, o e-mail vitimas-unidas@hotmail.com continua ativo, recebendo denúncias e ouvindo vítimas de diversos criminosos, portanto sua função é puramente social.

Ressalta-se por oportuno, para entender a razão neste caso concreto de Moção de Repúdio, é que Abdelmassih estava preso havia cerca de quatro meses quando foi agraciado pelo sr. ministro Gilmar Mendes com este habeas corpus *em 22 de dezembro de 2010. Importante esclarecer que em relação aos fatos narrados acima, a vítima no direito de cidadã vem se manifestar contra esse* habeas corpus *concedido ao estuprador Roger Abdelmassih, já que o mesmo a levou a sofrimento desnecessário e risco de morte. Sendo assim, com documentos legais anexados a esta Moção, notará que o drama pessoal da vítima não foi observado pelo ministro do STF, mesmo sendo os crimes e suas artimanhas praticados pelo réu noticiados com frequência, ou seja, esses eram de conhecimento público, além de que vários documentos aqui anexados pertencem ao processo inicial sentencial como prova que auxiliou a pena de 278 anos de reclusão. Uma decisão desta magnitude não poderia ter sido tomada sem que todo o processo fosse bem analisado, para fundamentar a liberdade.*

O Brasil se submete à jurisdição internacional, e os direitos e garantias expressos na Constituição não excluem outros decorrentes do regime e dos princípios por ela adotados, ou ainda dos Tratados Internacionais em que o país faz parte, embasado nos quais pretendo representar contra a decisão proferida pelo ministro Gilmar Mendes, favorecendo os "direitos" do estuprador em detrimento do direito de suas vítimas.

Apesar das questões que a sociedade discute no que tange ao corporativismo da comunidade jurídica, penso ser uma luta importante no direito de legítima defesa da vítima em sua integridade física e psicológica, além do fato de a mesma ser quartanista de Direito e saber sobre o princípio da impessoalidade desta Ciência.

A atitude será eficaz, assim como o ato em si, se acatada a Moção de Repúdio, uma vez que impedirá de certa maneira outro habeas corpus *a este criminoso, sem a observância do risco de morte e o direito de ir e vir cerceado da vítima e de outras vítimas. As consequências dos atos de Roger Abdelmassih serão provadas com outros documentos e fotos que poderão ser enviados, além das mais de 300 (trezentas) testemunhas que poderão ser arroladas, caso este Órgão as considere pertinentes para instruírem esta petição.*

II - DO DIREITO:

O CONSELHO NACIONAL DE JUSTIÇA, no exercício da competência que lhe atribuíram a Constituição Federal (art. 103-B, § 4º, I e II), a Lei Orgânica da Magistratura Nacional (art. 60 da LC nº 35/79) e seu Regimento Interno (art. 19, incisos I e II); CÓDIGO DE ÉTICA DA MAGISTRATURA NACIONAL (Aprovado na 68ª Sessão Ordinária do Conselho Nacional de Justiça, do dia 06 de agosto de 2008, nos autos do Processo nº 200820000007337).

CAPÍTULO VIII

PRUDÊNCIA

Art. 24. O magistrado prudente é o que busca adotar comportamentos

e decisões que sejam o resultado de juízo justificado racionalmente, após haver meditado e valorado os argumentos e contra-argumentos disponíveis, à luz do Direito aplicável.
Art. 25. Especialmente ao proferir decisões, incumbe ao magistrado atuar de forma cautelosa, atento às consequências que pode provocar.
Art. 26. O magistrado deve manter atitude aberta e paciente para receber argumentos ou críticas lançados de forma cortês e respeitosa, podendo confirmar ou retificar posições anteriormente assumidas nos processos em que atua.
Considerando que é fundamental para a magistratura brasileira cultivar princípios éticos, pois lhe cabe também função educativa e exemplar de cidadania em face dos demais grupos sociais;
Considerando que a adoção de Código de Ética da Magistratura é instrumento essencial para os juízes incrementarem a confiança da sociedade em sua autoridade moral;
Art. 3º - A atividade judicial deve desenvolver-se de modo a garantir e fomentar a dignidade da pessoa humana, objetivando assegurar e promover a solidariedade e a justiça na relação entre as pessoas.

CAPÍTULO I

DISPOSIÇÕES GERAIS

Considerando que a adoção de Código de Ética da Magistratura é instrumento essencial para os juízes incrementarem a confiança da sociedade em sua autoridade moral; RESOLVE aprovar e editar o presente CÓDIGO DE ÉTICA DA MAGISTRATURA NACIONAL, exortando todos os juízes brasileiros à sua fiel observância.
Face ao exposto sancionado pelo mais alto escalão da magistratura, há de se pensar que a dignidade humana deve ser observada mais pela vítima do que pelo criminoso e a falta de um olhar para a mesma é inaceitável em qualquer lugar e situação, de fato, a justiça não é uma arte, mas sim um dever de obrigações e responsabilidades, que se espelham no mais alto patamar, onde impera a luz que permeia um Estado de Direito Democrático.

ALÉM DA LETRA FRIA DA LEI

O exercício da magistratura exige conduta compatível com os preceitos do Código e do Estatuto da Magistratura, norteando-se por diversos princípios, entre eles o da prudência. A obediência que o magistrado deve à lei precisa ser crítica, não submissa, sob pena de tornar-se um juiz montesquiano, que só serve para pronunciar a letra da lei.

"O juiz que é somente escrupuloso passivo da lei não é um bom juiz", diz o constitucionalista italiano Gustavo Zagrebelsky. Para outro autor, Bobbio, "o problema fundamental em relação aos direitos do homem não é tanto o de justificá-los, mas o de protegê-los".

Não se admite num país democrático um juiz que decida somente pela letra da lei, ressuscitando o velho brocardo "dura lex, sed lex" para justificar decisões injustas e alheias às peculiaridades do caso concreto.

Os Princípios de Bangalore da Conduta Judicial versam que um juiz deve assegurar-se de que sua conduta esteja acima de reprimenda do ponto de vista de um observador sensato, sendo claro que o comportamento e a conduta de um juiz devem reafirmar a fé das pessoas na integridade do Judiciário.

A prudência é a virtude a que o juiz precisa recorrer com mais frequência, e a precipitação é inimiga da precaução. O ministro Gilmar Mendes decidiu sobre o habeas corpus *com uma rapidez impressionante, diverso da ministra Ellen Gracie, que negou um* habeas corpus *ao estuprador observando que "(...) não é necessário que [Abdelmassih] seja médico para que o mesmo tipo de delito [sexual] seja praticado; apenas era facilitado em razão das circunstâncias em que ele atuava e pelo estado de fragilidade em que se encontravam as suas vítimas". Ademais, devido à periculosidade do réu, o desembargador José Raul Gavião de Almeida também negou um* habeas corpus *a Roger Abdelmassih.*

O ministro Gilmar Mendes, em sua "pressa" de julgar, não deve ter entendido a sentença, nem mesmo prestado atenção aos testemunhos de maridos e vítimas, que provaram o modus operandi *do ex-médico. Se assim o fizesse, não justificaria sua decisão no fato de ele não mais clinicar. Ora, uma pessoa não tem como profissão estuprador. Logo, ele coloca o jaleco e violenta mulheres. Não existe isso. O delinquente tem esse desvio em seu caráter, sendo médico ou não. Portanto, as bases da fundamentação do* habeas corpus *não têm nenhuma força expressiva que justifique esse ato. Direitos estão resguardados na Constituição, entre eles o da segurança, que foi retirado na soltura desta criatura, que após janeiro de 2011 foi considerada foragida, trazendo um gasto desnecessário ao Estado, que teve que mover uma força-tarefa para capturá-lo. Qualquer cidadão pode acionar o Conselho Nacional de Justiça para fazer reclamações contra membros ou órgãos do Judiciário, inclusive contra seus serviços auxiliares, serventias e órgãos prestadores de serviços notariais e de registro que atuem por delegação do Poder Público ou oficializado. Não é preciso advogado para peticionar ao CNJ ou em tribunais internacionais. Porém, não houve sucesso em ser acompanhada por um jurista; de fato, existiu uma dificuldade de conseguir um que representasse, visto que aqueles que foram consultados têm receio de que suas ações no Supremo possam vir a ser apreciadas de maneira equivocada, justamente por defenderem uma vítima contra um ministro deste próprio Órgão.*

Convém ressaltar que esta Representação não visa nenhuma reparação financeira por intermédio de ação civil ou criminal. Há uma diferença latente entre erro e pecado. Quem cometeu o pecado foi Roger Abdelmassih, quem cometeu um engano foi o ministro Gilmar Mendes ao soltá-lo. A característica de um sábio é assumir seus erros e, ao fazer isso ele voltará a ser um sábio, então merecedor de uma Moção de Aplausos.

Por fim, a requerente desprende-se do sigilo deste requerimento, desnudando-se em sua intimidade em prol de sua legítima defesa, a fim de ver a Justiça em sua totalidade e o réu preso cumprindo a sentença de 278 anos em regime fechado.

III – DO PEDIDO:

Ante todo o exposto, vem requerer a esse Conselho Nacional de Justiça que sejam apurados os fatos acima narrados, instaurando-se o competente processo legal administrativo disciplinar para aplicação da penalidade cabível e prevista em lei para a espécie. Para demonstração do alegado, colocando-se à disposição para produção de todos os meios de prova em direito admitidos, para que Vossa Excelência se digne em conceder o desagravo público por parte do ministro Gilmar Mendes que prolatou a decisão deste habeas corpus.

Termos em que pede deferimento.

Brasília, 17 de setembro de 2014.
Vanuzia Leite Lopes

ALGUNS DOS PROCESSOS CONSULTADOS NO INÍCIO DE MINHA INVESTIGAÇÃO

Foro de Indaiatuba
0000027-95.1975.8.26.0248 (248.01.1975.000027)
Execução Fiscal
Exectdo: Roger Abdelmassih
Recebido em: 31/3/1975 – 1ª Vara Criminal
Foro de Osasco
0047950-42.2009.8.26.0405 (405.01.2009.047950)
Carta Precatória Criminal
Réu: Roger Abdelmassih
Recebido em: 26/10/2009 – 2ª Vara Criminal
0042230-94.2009.8.26.0405 (405.01.2009.042230)
Carta Precatória Criminal
Réu: Roger Abdelmassih
Recebido em: 22/09/2009 – 3ª Vara Criminal
Foro de Osvaldo Cruz
0005011-41.2009.8.26.0407 (407.01.2009.005011)
Carta Precatória Criminal
Réu: ROGER ABDELMASSIH
Recebido em: 23/09/2009 – 1ª Vara
Foro de Presidente Prudente
0026291-37.2009.8.26.0482 (482.01.2009.026291)
Carta Precatória Criminal
Réu: ROGER ABDELMASSIH
Recebido em: 26/10/2009 – 3ª Vara Criminal
Foro de Santa Bárbara D'Oeste
0011329-50.2009.8.26.0533 (533.01.2009.011329)
Carta Precatória Criminal
Indiciado: ROGER ABDELMASSIH
Recebido em: 26/10/2009 – Vara Criminal
Foro de São Joaquim da Barra
0007524-64.2012.8.26.0572 (572.01.2012.007524)

Embargos à Execução / Liquidação / Cumprimento / Execução
Embargte: Roger Abdelmassih
Recebido em: 21/11/2012 - 2ª Vara
0001843-84.2010.8.26.0572 (572.01.2010.001843)
Execução de Título Extrajudicial / Obrigações
Exectdo: Roger Abdelmassih
Recebido em: 22/03/2010 - 2ª Vara
Foro de São José do Rio Preto
0063793-19.2009.8.26.0576 (576.01.2009.063793)
Carta Precatória Criminal
Indiciado: ROGER ABDELMASSIH
Recebido em: 26/10/2009 - 2ª Vara Criminal
Foro Central Criminal Barra Funda
0009154-77.2009.8.26.0050 (050.09.009154-0)
Crimes de Calúnia, Injúria e Difamação de Competência do Juiz Singular
Querelante: Roger Abdelmassih
Recebido em: 10/02/2009 - 26ª Vara Criminal
0065357-98.2005.8.26.0050 (050.05.065357-1)
Ação Penal - Procedimento Ordinário / Furto
Vítima: Roger Abdelmassih
Recebido em: 17/08/2005 - 20ª Vara Criminal
0870485-66.2005.8.26.0050
Ação Penal - Procedimento Ordinário / Furto
Vítima: Roger Abdelmassih
Recebido em: 17/08/2005 - 20ª Vara Criminal Foro de Taubaté
Foro de Taboão da Serra
0009714-29.2009.8.26.0176 (176.01.2009.009714)
Carta Precatória Criminal
Réu: Roger Abdelmassih
Recebido em: 24/09/2009 - 2ª Vara Judicial
Foro de Carapicuíba
0015249-86.2009.8.26.0127 (127.01.2009.015249)
Carta Precatória Criminal
Reqdo: Roger Abdelmassih

Recebido em: 15/10/2009 - 2ª Vara Criminal
Foro de Araras
0010395-25.2009.8.26.0038 (038.01.2009.010395)
Carta Precatória Criminal
Réu: Roger Abdelmassih
Recebido em: 26/10/2009 - Vara Criminal
Foro de Cotia
0014016-76.2009.8.26.0152 (152.01.2009.014016)
Carta Precatória Criminal
Indiciado: Roger Abdelmassih
Recebido em: 26/10/2009 - 3ª Vara Cível
0012356-47.2009.8.26.0152 (152.01.2009.012356)
Recebido em: 22/09/2009 - 2ª Vara Cível
0012354-77.2009.8.26.0152 (152.01.2009.012354)
Carta Precatória Criminal
Indiciado: Roger Abdelmassih
Recebido em: 22/09/2009 - 2ª Vara Cível Exibindo todas as partes
>>Exibir somente as partes principais.
Partes do Processo
Reqte: Jacques Jose Caminada Miranda
Advogado: Jacques Jose Caminada Miranda
Reqdo: Olga Pedro Abdelmassih
Advogado: Celso Fantini
Reqdo: Maria Stela Abdelmassih do Amaral
Reqdo: Roger Abdelmassih
Reqdo: Patricia Vicente de Azevedo Abdelmassih
Reqdo: Felipe Vicente de Azevedo Abdelmassih
Reqdo: Mauricio Vicente Azevedo Abdelmassih
Processo:
0870485-66.2005.8.26.0050 Suspenso
Classe:
Ação Penal - Procedimento Ordinário
Área: Criminal
Assunto: Furto

Local Físico: 25/02/2014 00:00 - Arquivo Geral - PAC. 6362/14
Distribuição: Livre - 17/08/2005 à 00:00
20ª Vara Criminal - Foro Central Criminal Barra Funda
Outros números: 583.50.2005.065357, 583.50.2005.065357/00/01
Dados da Delegacia: Boletim de Ocorrência n. 92/2005 - DEIC - 4ª Delegacia da DICCPAT - São Paulo-SP
Exibindo somente as principais partes >> Exibir todas as partes
Partes do Processo
Autor: Justiça Pública
Ré: Janice de Campos
Advogado: Waner Paccola
Vítima: Roger Abdelmassih
Interessado: GRECIO SILVESTRE DE CASTRO
Testemunha/A: Vicente Ghilardi Abdelmassih
Testemunha/D: Lorival Aparecido Finotti
Processo:
1092650-55.2014.8.26.0100
Classe:
Procedimento Ordinário

MATRIX

facebook.com/MatrixEditora